상하이학파 문화연구
비판과 개입

문화과학 이론신서 67

상하이학파 문화연구:
비판과 개입

임춘성 엮음

중국 '문화연구' 공부모임 옮김

문화과학사

차례

책을 펴내며 상하이학파의 가능성

1_

나는 2011년 8월 22일부터 1년간 상하이대학 '중국당대문화연구센터' (Centre for Contemporary Cultural Studies, CCCS. 이하 '센터')에 방문학자로 머물렀다. '센터'는 2001년 11월 창설되었는데, 화둥사범대학 중문학부 교수였던 왕샤오밍(王曉明)은 이 '센터'와 문화연구학과 개설을 위해 상하이대학으로 자리를 옮겼다. '센터'는 1년여의 준비기간을 거쳐 2003년부터 1단계 연구 활동을 시작했고, 2008년부터 2단계 프로젝트를 시작해 현재 진행 중이다. 1단계 연구주제는 '1990년대 상하이지역 문화 분석'이었고, 10년 예정의 2단계 주제는 '당대 문화의 생산기제 분석'으로, 이는 '새로운 지배문화의 생산기제 분석'과 '중국 사회주의 문화의 문제점 분석'이라는 세부주제로 구성되어 있다. 1단계를 '비판적 분석'의 단계라 한다면, 2단계는 '촉진적 개입'의 단계라 할 수 있는데, 이는 새로운 이론을 건설할 때 이전 것을 '파괴'하면서 새로운 것을 '구성'하는 것과 맞물린다.

'센터'는 중국 문화연구 최초의 진지라 할 수 있다. 2004년 대학원 협동과정으로 중국 대륙 최초의 문화연구 교학기구인 '문화연구 과정'(Program in Cultural Studies)을 개설했고, 2012년에는 독립적인 단위로 석박사 대학원생을 모집하게 되었다. 기존 분과학문 제도를 비판하며 학제간 횡단과 통섭을 지향하는 문화연구를 전술적으로 제도화시킨 만큼, 왕샤오밍은 연구자와 학생들이 기존의 사회 재생산 기제에 흡수되는 것을 특히 경계한다. 이를 위해 역사적 깊이가 있는 글로벌한 안목, 이론적 사유 능력, 당대 중국 문화와 사회 현실을 이해하고 분석하는 능력, 현실적 조건에서 실제로 문화변혁을 촉진시키는 능력, 사회변혁에 대한 믿음 등을 공들여 배양하려 한다.

교학 외에 '센터'의 주요 활동은 당연히 연구와 교류에 집중되어 있다. 내가 2003년 처음 '센터'를 방문했을 때 연구원은 주임을 포함해 3인이었고, 이 구성은 일정 기간 지속되다가 최근 '센터'/문화연구학과의 전임 교직원은 7인으로 증원되었다. '센터' 운영의 기본 메커니즘은, 연구 주제를 개별적/집단적으로 진행하면서 일정 기간 경과 후 국내외 학자들과 만나는 장, 즉 학술토론회를 마련하고 그 결과를 간행물이나 단행본으로 출간하는 것이다. '연구-학술토론회-출간'이 삼위일체를 이루고 있다. 그간 무크지 형식의 간행물 『열풍학술』(熱風學術) 6권과 30여권의 시리즈가 출간되었다. 이들의 연구 대상은 무척 다양하다. 도시와 농촌 관계, 농민공 문제, 사회주의 노동자신촌, 인터넷문화/문학, 도시화, TV드라마, 매체문화, 신(新)다큐멘터리 운동, 교과과정 개혁, 젠더와 도시 신빈곤 등에 대한 연구를 진행했거나 진행하고 있다. 이들은 또한 사회주의시기의 문화와 상하이지역 문화부터 당대

지배문화와 주류 이데올로기의 생산기제 및 작동방식 그리고 당대 '감정구조'를 밝혀내고자 한다. 목하 핵심 프로젝트는 '현대 초기 혁명사상'과 더불어 '상하이 청년들의 주거문화'다. 후자는 새로운 도시형 주거생활을 경제제도, 일상생활, 매체의 세 측면으로 나누어 현지조사와 통계, 설문과 인터뷰를 활용하는 방식으로 진행되고 있고, 조만간 새로운 연구 결과물을 우리에게 선보일 것이다.

이들이 다른 학파와 변별되는 가장 중요한 특징으로 '중국 혁명전통과 문화연구의 접합'을 들 수 있다. 대부분의 이론들은 그 이론이 나온 시대와 지역의 경험에 근거하고 있다. 이른바 '여기 지금'(here and now)에 기초한 것이다. 왕샤오밍도 이런 맥락에서 중토성(中土性)을 강조하고 있다. 중토성은 중국의 진보적 혁명 전통을 창조적으로 계승하는 한편 외래의 문화연구를 비판적으로 수용해, 양자를 접합시키려는 기획으로 표현된다. 이를 위해 사회주의 혁명 이전의 비판적 혁명사상을 발굴해 그것을 사상자원으로 삼아 오늘과 미래를 가늠하는 시금석을 벼리고자 한다. 1천 쪽이 넘는 『중국 현대 사상 문선』은 그 최초의 성과물이다. 2013년 6월 29일 한국문화연구학회 국제학술대회에서 왕샤오밍은 현대 초기 혁명사상의 특징으로, 늘 피억압자와 약자 편에 서고, 정신과 문화의 관점에서 변혁을 구상하며, 새로운 중국과 세계 창조를 제일 동력으로 삼고, 부단하게 실패를 기점으로 삼으며, 고도로 자각적인 실천 및 전략 의식을 가지고 있음을 들었다. 수많은 중국 학자들이 빠지곤 하는 중국중심주의의 함정을 경계한다면, 중국의 비판적 혁명의 사상자원을 가져와 우리의 사상자원으로 삼을 수 있고, 나아가 동아시아의 공유 자원으로 삼을 수도 있을 것이다.

'비판적 분석과 촉진적 개입의 절합'을 특징으로 삼는 이 그룹을 '상하이 학파'(Shanghai School)라 명명할 수 있다. 이들은 센터와 문화연구학과라는 진지를 구축해 4세대를 아우른 집단연구를 지향하고 있고, '비판적 현지조사'라는 독특한 연구방법을 실험하고 있다. '비판적 현지조사'는 기존의 사회과학에서 실시하는 정량적 현지조사에서 한 걸음 나아가 질적 연구를 지향하는 것으로, 인류학의 '민족지'(ethnography) 연구방법과 겹친다. 문화연구의 발원지인 버밍햄대학의 현대문화연구소도 현판을 내렸다는 지금, 상하이대 문화연구학과는 협동과정의 단계를 거쳐 2012년 석박사 과정을 운영하는 독립 단위로 인가를 받았다. 그러나 제도화의 길을 가면서 고착화를 지속적으로 경계하는 것, 이는 이후 '센터' 및 문화연구학과 존립의 관건이 될 것이다.

2_

이들은 이미 상당한 연구 성과를 축적하고 있다. 그에 대해서는 이 책의 1장 「포스트사회주의 중국의 사상 상황과 비판적/개입적 문화연구」에서 개괄하고 각 글의 말미에 요약을 덧붙였으므로 생략한다. 여기에서는 이 책에 수록한 상하이 문화연구를 대표하는 글들을 네 부분으로 나누어 요약하고자 한다.

1부는 이 책의 '도론' 역할을 한다. 엮은이인 필자가 쓴 1장은 상하이의 비판적/개입적 문화연구에 대한 해제라고 보면 될 것이다. 우선 전반부에서는 상하이 문화연구가 형성되기 이전 포스트사회주의 중국의 사상 상황에 대해 리쩌허우, 첸리췬, 왕후이에 초점을 맞춰 개술했다. 이는 후반부에 본격적으로 서술될 상하이 문화연구의 비판적, 개입적 성격을 선명하게 드러내기 위함이다. 2장인 왕샤오밍의 글 「문화연구 관점에서 바라본 중국 현대 초기 사상과 혁명」은 상하이 문화연구의 또 다른 핵심인 '중국 혁명전통과 문화연구의 접합'에 대한 최초의 시도다. 이 글은 1949년 이전 중국의 진보적 좌익사상자료를 발굴·분류해 자료집을 출간하고 그에 붙인 서문이다.

2부 '농민공 조류와 농민의 도시 진입'에서는 목하 중국 사회를 바라보는 키워드 가운데 하나인 '삼농'(三農) 문제를 문화정치학의 관점에서 다룬 글들을 골랐다. 농민공 조류를 역사적으로 고찰한 뤼신위의 글, 문학작품에 표상된 형상들의 계보를 추적해 도농관계를 바라본 쉐이의 글, 그리고 최근 도시 신빈곤 현상을 성별 관점에서 고찰한 진이훙의 글은 각 주제에 대한 장기간의 심층적인 고찰을 통해 나온 결과물이라 할 수 있다.

3부는 21세기 중국 대중문화의 꽃이라 할 수 있는 TV 드라마를 통해 당대 지배이데올로기의 작동 방식을 고찰하려는 의도를 가지고 고른 글들로 채워져 있다. 우선 3부의 서두에 실린 두 차례의 좌담은 상하이 문화연구의 핵심 멤버들이 '중국 TV드라마의 중국적 숨결'과 '중국 TV드라마의 시대의 아픔'이라는 주제로 진행한 것이다. TV드라마 연구의 선봉장인 마오젠은 주선율 드라마가 대중의 환영을 받는 현상을 '총알받이'(炮灰) 제재에 초점을 맞추어 분석했고, 니웨이는 첩보드라마를 통해 혁명이 신앙화되는 현상을 문화적 징후로 진단했으며, 둥리민은 시공초월극에 초점을 맞춰 젠더와 역사가 어떻게 만나는지를 고찰했다. 1편의 좌담과 3편의 글을 통해 우리는 최근 중국 TV드라마의 흐름을 파악할 수 있을 것이다.

마지막 4부 '생활세계와 문화 유턴'에는 네 편의 글을 수록했다. 존엄이 있는 생활세계를 구현했던 상하이 노동자신촌에 대한 뤄강의 조사보고서, 생활세계를 재구성하고 생활정치를 재가동해 미시혁명을 구현하자는 젠더적 관점이 돋보이는 장롄훙의 제안, 상하이를 바라보는 여러 가지 방식을 검토하고 있는 쩡쥔의 글, 그리고 2008년 베이징올림픽을 전후한 중국에서 '국민국가'란 무엇인가라는 질문을 '포스트80 세대'에 초점을 맞춰 기술한

레이치리의 글 등은, 우리에게 보다 구체적이고 섬세한 중국인의 생활세계를 보여주는 동시에 이후 중국인들이 어떤 선택을 할지에 대한 단서를 제공한다는 점에서 그 풍부한 함의들을 찾을 수 있을 것이다.

3_

이 책의 기획은 2011년 가을 상하이에서 시작되었다. 이전부터 교류해온 상하이대학교 중국당대문화연구센터에 1년간 방문학자로 가있던 중 이들의 연구 성과를 한국에 소개하려는 생각을 가지게 되었다. 그 창구는 오래 전부터 문화연구를 키워드로 삼아 한국의 문화연구를 선도해온 『문화/과학』이었다. 한국 내의 문화연구뿐 아니라 '해외문화연구 동향' 란을 신설해 매호 중국 학자들의 글을 소개할 기회가 『문화/과학』에 축적되었기에 가능한 일이었다.

그리고 무엇보다도 글을 선별하는 과정에 도움을 준 왕샤오밍 선생과, 다른 글을 추천해준 쉐이 선생과 궈춘린 선생에게 감사를 표한다. 아울러 흔연하게 글 번역을 수락해준 필자들에게 깊은 감사를 드린다. 대부분의 중국 학자들이 미국화에 경도되어 있고 가능하면 영어로 학술교류에 열을 올리고 있는 중국에서 한국 학자와의 만남에 의미를 부여하고 자신들의 연구 성과를 한국에 소개하는 것에 의미를 부여하는 학자들의 존재는 소중하다. 이들을 통해 한국의 연구 성과를 중국에 소개하는 것도 적극 추진할 과제다.

상하이에서 푸단대학과 상하이대학의 유학생들을 만난 것은 커다란 즐거움이었다. 1년 동안 매주 한 차례 만나 들뢰즈와 벤야민을 읽는 과정에서 교학상장(敎學相長)의 의미를 되새길 수 있었다. 『중국근현대사상사론』 출간 이후 번역을 삼가고 있던 엮은이가 다시 공동 번역 기획을 추진할 수 있었던 것은 이들을 만났기 때문이었다. 중국어의 엄밀한 구조를 분석하며 그 내용을 토론하던 지루한 대조과정을 거치는 동안 이들은 어느덧 글쓰기 주체로 성장하고 있었다. 이들을 중심으로 문화연구에 관심을 가지고 있는 몇몇 소장학자들이 번역작업에 동참했다. 엮은이를 믿고 함께 해준 이들 소장학자 및 학문후속세대에게 깊은 감사를 전한다. 최근 서양 이론의 합리적 핵심을 중국 근현대문학과 문화연구에 어떻게 결합시킬지는 여전히 명쾌하게 해결하기 어려운 과제다. 함께 했던 시간이 이들의 학위논문에, 나아가 이후 맞닥뜨리게 될 장기지속의 동서고금과의 대결과정에서 자그마한 실마리가 될 수 있기를 바랄 뿐이다.

한국 문화연구를 대표하는 강내희 교수의 번역 원고에 감사드린다. 2012년 상반기 상하이대학 중국당대문화연구센터에 방문학자로 체류하면서 중국어 회화와 독해를 익힌 강교수가 왕샤오밍 교수의 글을 엮은이와 함께 독해한 후 독자적으로 번역한 것은 '노익장'의 저력을 보여준 것이다. 후학들의 훌륭한 귀감이 될 것으로 기대한다.

마지막으로 이 책은 지구적 자본주의 문화에 공동으로 대응할 시의성의 긴급함으로 하여 중국 문화연구의 이론적 성과와 실천을 한국에 소개할 필요성이 생겨났기 때문에 가능한 작업이었음을 덧붙여 말해둔다. 특히 이 책은 2009년 출간된 『21세기 중국의 문화지도—포스트사회주의 중국의 문화연구』의 속편이자, 이 책과 함께 출간되는 왕샤오밍의 문화연구 글 모음 『가까이 살피고 멀리 바라보기』의 자매편으로 위치 지을 수 있다. 혹여 한국 문화연구가 소홀히 지나치거나 미처 고려하지 않은 부분이 있다면 이 책을 통해 그에 대한 적절한 보완이 되기를 기대해 본다.

강호 제현의 관심과 질정을 바란다.

2014년 1월 3일　엮은이 씀

제 1 부

도 론

포스트사회주의 중국의 사상 상황과 비판적/개입적 문화연구

임춘성

1_ 포스트사회주의 중국

2012년 7월 29일 상하이대학 문화연구학과의 초청으로, '한국 문화연구 20년의 궤적과 초점'이라는 주제로 발표[1]와 그에 대한 열띤 토론이 있었다. 중문학/문화연구를 전공하는 중국 학자들이 한국을 주제로 하는 학술회의에 관심을 가지는 경우는 거의 없다. 여름방학임에도 불구하고 100명 가까운 참석자들의 호응은 전례 없는 일로, '문화연구'라는 공통점과 상하이 문화연구 그룹의 관심 없이는 불가능한 일이었다. 두 편의 발표문은 그보다 한 달 전에 있었던 특강[2] 원고와 왕샤오밍(王曉明)의 논평

---

[1] 심광현, 「한국 문화연구 20년의 이론과 궤적: 개혁과 혁명의 변증법적 리듬 분석을 중심으로」(韓國文化研究二十年的理論軌跡: 以改革和革命的辨證法節奏分析爲中心); 이동연, 「한국 문화연구의 이론적 실천과 문화운동」(韓國文化研究的理論性實踐和文化運動, 『韓國文化研究二十年的軌跡和焦點』(자료집), 第6期文化研究月會, 2012. 7. 29.

그리고 필자의 해제와 함께 『열풍학술』(熱風學術) 제7집에 게재될 예정이었다. 그런데 '이런저런 사정'으로 지연되더니 지금까지 발간되지 못하고 있다. '이런저런 사정' 가운데 주요한 것은 바로 '검열'이었다.

현 중국 사회를 바라보는 키워드는 논자에 따라 다양할 수 있다. 그러나 중국의 심층을 바라보는 눈 밝은 이라면 '검열' 문제를 비껴가지 않을 것이다. 개인 경험만 하더라도, 인터넷에 올린 글에서 <색계>의 섹슈얼리티(性)를 논했다가 한동안 검색이 금지되었고, 장뤼(張律) 관련 글을 세 번 퇴짜 맞았으며, 『신세기 한국의 중국 현당대문학 연구』3)를 편집하는 과정에서 가오싱젠(高行建) 관련 글과 작가의 세계관 지양(止揚, Aufheben) 관련 글을 제외시켜달라는 출판사의 요구를 거절할 수 없었고, 최근에는 한국에서 발표한 첸리췬 선생 관련 칼럼4)을 중국 친구에게 보냈더니 난색을 표명해 결국 발표를 포기하기도 했다.

우리도 군사독재 시절에 겪었지만 '검열'의 해악은 그 자체로 끝나는 것이 아니라 '자기검열'을 유발하고 후자의 기준은 항상 전자의 기준을 상회하기 마련이라는 점에 있다. 그리고 분명 '검열'에 비판적인 중국 지식인들도 외국 친구의 호의적인 지적을 받다보면 어느덧 중국에 자신을 동일시하면서 중국 국정(國情) 운운하며 불필요한 자존심을 드러내곤 한다는 것이다. 2011-2012년 방문학자로 머물렀던 상하이대학 중국당대문화연구센터의 웹사이트도 내가 방문하기 전 어떤 일로 폐쇄되었다가 내가 귀국

---

2) 강내희, 「1987년 체제 이후 한국에서의 신자유주의 지배와 문화지형 변동」, 상하이대학교 문화연구학과 특강 발표문, 2012. 5. 9. 당일 왕샤오밍(王曉明)의 사회로, 뤄강(羅崗), 쑨거(孫歌), 궈춘린(郭春林) 그리고 필자가 토론자로 참여했다.

3) 임춘성·왕광둥(林春城·王光東) 編 『신세기 한국의 중국 현당대문학 연구』(新世紀韓國的中國現當代文學硏究), 復旦大學出版社, 2013.

4) 임춘성, 「루쉰에서 마오쩌둥까지」, 『서남포럼 뉴스레터』, 2013. 7. 25.
http://seonamforum.net/newsletter/view.asp?idx=2138&board_id=21&page=2

할 무렵 간신히 해제되었다. 폐쇄 조치는 해당 기간 웹사이트를 활용하지 못하게 하는 것에 그치지 않고, 그동안 축적했던 자료를 회복하는 데 다량의 시간과 인력을 들이게 하고 있다. 엄청난 낭비가 아닐 수 없다. 이는 마치 청조에서 한족 지식인들의 비판의 화살을 다른 곳으로 돌리게 하려고 『사고전서』를 편찬케 한 일과 유사하다. 『사고전서』는 인류의 문화유산이 되었지만, 웹사이트 자료 회복은 단순한 소모로 그칠 가능성이 크다. 시진핑(習近平) 정권 들어 더욱 강화된 검열 지침은 지난 2013년 6월 인쇄만 남겨둔 『열풍학술』 제7집을 다시 표류시키고 있다. 그 외에도 이루 말할 수 없지만, 이 글과 관련해 언급할 것은 '포스트사회주의'(後社會主義)도 검색 금지어 목록에 올라있다는 사실이다.

중국 현지에서는 거론이 금지되었음에도 불구하고, 포스트사회주의 (postsocialism)는 현재 중국을 바라보는 유효한 시야임에 틀림없다. 포스트식민(postcolonial) 담론이 식민지를 전제로 삼았듯이, 포스트사회주의 담론도 '현실 사회주의'를 전제로 삼고 있다. 포스트사회주의는 포스트냉전 (post Cold War)의 문제의식과도 중첩되어 있다. 1987년 고르바초프가 페레스트로이카를 선언하고 1989년 베를린 장벽이 무너진 후 소련이 해체되고 동유럽 사회주의권이 와해되면서 포스트냉전 시기로 진입한 것은 모두 아는 사실이다. 지구적 차원에서는 자본주의 진영과 사회주의 진영 간의 대립으로 표상된 냉전 체제가 무너진 것이고, 사회주의권에 초점을 맞추면 '현실 사회주의'가 붕괴된 것이다. 그렇지만 '현실 사회주의' 사회들이 동질적이지 않았을 뿐만 아니라 포스트냉전 시기에 각 사회주의 국가들이 취한 대응도 각양각색이었다. 특히 페레스트로이카보다 10년쯤 앞서 개혁개방을 실시한 중국은 소련 및 동유럽과 무관하게 자발적으로 포스트사회주의 단계로 진입한 셈이다. 지금의 중국이 사회주의를 견지하고 있다고 보기도 어렵지만, 이들 사회주의권 국가의 대응을 일률적으로 '자본주의에 투항'이라 보는 것은 피상적 관찰에 불과하다. 포스트사회주의라는 문제의식은 현실 사회주의가 자본주의를 수용해서 어떻게 변화했는지, 사회주의와 결합한 자본주의에는 어떤 변화가 생겼는지, 그리고 사회주의와 자본주의를 뛰어넘는 제3의 가능성은 무엇인지 등과 연계되어 있다.

일찍부터 '현실 사회주의' 이후에 주목한 아리프 덜릭(Arif Dirlik)은 1989년 「포스트사회주의?—중국 특색의 사회주의에 대한 성찰」5)이라는 글에서 포스트사회주의를 일종의 '국면'(dimension)으로 파악하면서, 사회주의적 이상이 현실에서 실현될 가능성이 배제된 현재 상황에서 '사회주의가 자본주의와 결합한 상황'을 포스트사회주의로 설정하고 이를 자본주의의 복권으로 귀결지어서는 안 된다는 전망을 제시하고 있다. 흔히 자본주의의 궁극적 승리라고 일컬어지는 현상을 '사회주의와 자본주의의 결합'으로 인식하되 그 전제가 '현실 사회주의의 제약'이라고 읽어내는 통찰력은 주목을 요한다.

'유라시아 시야(Eurasian perspective)에서 포스트사회주의의 이상과 이데올로기 그리고 실천을 인류학적으로 검토하고 있는 크리스 한(Chris M. Hann)은 「사회주의 '타자'와의 작별」에서, 과거 제국주의 시절의 인류학자들이 비서유럽 사회를 '야만적 타자'(savage other)로 설정하는 우를 범한 예를 들면서, 지구적 자본주의 시대에 사회주의를 '타자'로 설정해서는

---

5) Arif Dirlik, "Postsocialism? Reflections on Socialism with Chinese Characteristics," in Arif Dirlik and Maurice Meisner, eds., *Marxism and the Chinese Experience* (Armonk, N.Y.: M.E. Sharpe, Inc., 1989). 여기에서는 중국어 번역본(아리프 덜릭[阿里夫・德里克], 「포스트사회주의?—중국 특색의 사회주의에 대한 성찰」(後社會主義?—反思"有中國特色的社會主義"), 위안제(苑潔) 主編, 『포스트사회주의』[後社會主義], 中央編譯出版社, 2007)을 먼저 입수함으로 인해 그것을 저본으로 삼았고 부분적으로 원문을 참조했다.

안 된다는 경고를 하고 있다.6) 캐럴라인 험프리(Caroline Humphrey)는
「'포스트사회주의' 범주가 여전히 의미가 있는가?」에서 '현실 사회주의'
의 몰락을 문자 그대로 '사회주의의 몰락'으로 볼 수 없다고 했다. 한 사회
가 쉽게 다른 사회로 '이행'하기도 어렵고, 비록 실패를 고했다 하더라도
실재했던 70여 년의 역사 경험은 지구 곳곳에 스며들어 있을 뿐만 아니라
더 중요한 점은 사회주의의 이상과 이론에 합리적 부분이 있다는 것이다.
그러므로 사회주의에 대한 연구―최소한 그 유산에 대한 평가―를 통해
자본주의와 비교해 보다 더 나은 인류의 새로운 길을 모색해야 한다는
것이다.7) 사회주의 및 그 유산에 대한 평가와 연구를 통해 자본주의를
뛰어넘는 새로운 길을 추구한다는 점에서 아리프 딜릭의 문제의식과 상통
한다.

　　그러면 중국은 어떠한가? 아리프 딜릭은 소련과 동유럽의 사회주의가
실패를 고하고 자본주의에 투항한 이후에도 '중국 특색의 사회주의'를 견
지하는 중국 현실에서 포스트사회주의를 해석하려 한다. 그는 우선 중국
사회주의의 기본모순을 세 가지로 정리한다. 중국의 사회주의와 그 자본주
의적 지구성 사이의 모순, 사회주의의 특수성과 보편성 사이의 모순, 역사
사업으로서의 사회주의와 그 원역사의 예측 사이의 모순이 그것이다. 그런
데 중국 관방이 주도하는 '중국 특색의 사회주의'는 주로 이데올로기적
선전으로 사회주의를 민족화함으로써 그 목표를 달성하려 한다.8) 사실
중국의 사회주의는 역대로 강렬한 민족주의 경향을 표현함으로써 부강

---

6) Chris M. Hann, "Farewell to the socialist 'other'," in Chris M. Hann, ed., *Postsocialism: Ideals, Ideologies and Practices in Eurasia* (London & New York: Routledge, 2002), p. 1.

7) Caroline Humphrey, "Does the category 'postsocialist' still make sense?", in Chris M. Hann, ed., op. cit., p. 12.

8) 阿里夫・德里克, 「後社會主義?―反思"有中國特色的社會主義"」, 28쪽.

추구의 도구 역할을 해왔던 것이 사실이다. 이른바 '혁명적 사회주의'도 장기간 중국의 사회주의자들에 의해 민족자치와 발전을 실현하는 전제로 구상되었던 것이다. 그런데 개혁개방시기에 '혁명적 사회주의'는 '중국 특색의 사회주의'라는 목표를 실현하는 데 장애가 되었다. 이것이 바로 아리프 딜릭이 말하는 '중국 사회주의의 합리성 위기'[9]인 것이다.

덜릭의 문제설정은 주목을 요한다. 사회주의 중국이 자본주의를 수용하면서 이전 단계의 '혁명적 사회주의'가 방해가 되었다고 한다면 "사회주의 제도가 자본주의 세계체계 속으로 진입한 것은 자본주의 자체에 대해 무엇을 의미하는가"라는 질문도 가능하다는 것이다. 자본주의의 최종 승리라고 일컬어진 미국 주도의 지구화의 수혜자는 아이러니컬하게도 동아시아였고 그 가운데에서도 중국이 최대 수혜자였다. 오랜 무역 흑자로 축적된 자금은 이제 미국에 역투자되어 미국의 금융 위기를 구원하고 있으며 중국의 급속한 경제 발전은 국제무대의 발언권을 강화시키고 있다. 그러므로 개혁개방은 중국인들에게 새로운 가능성을 가져다 주었다. "첫째 비교적 큰 경제 선택의 공간이 생겼다. 둘째 이전에 비해 더욱 많은 민주의 가능성이 생겼다. 왜냐하면 강제적 유토피아주의에 대한 신앙을 포기했기 때문에. 셋째 더 풍부한 문화 선택의 가능성이 생겼다. 이런 가능성은 지구적 문화다양성에 대한 중시에 따라 증가했다."[10] 그러므로 덜릭은 현 세계를 "당대 자본주의(지구적 자본주의)와 '현실 사회주의' 사이에 미래를 쟁취하기 위해 진행하는 전 방위적 투쟁"으로 설정하고, 포스트사회주의를 "'비자본주의적 발전'을 통해 자본주의 세계체계에 의해 제약된 발전 목표를 실현"하는 것으로 간주하는 것이다. 그러므로 그에게 "포스트사회주의는 사

---

9) 같은 글, 29쪽.
10) 같은 글, 42쪽.

회주의의 종결을 의미하는 것이 아니라 사회주의의 위기에서 새롭고 창조적인 방식으로 사회주의를 성찰할 가능성을 제공"11)하는 담론인 것이다.

이 지점에서 다음과 같은 질문이 가능할 것이다. 1949년 충분한 자본주의를 거치지 않은 채 사회주의에 진입한 중국은 발전한 생산양식과 낙후한 생산력 사이의 모순을 극복하지 못한 채 30년을 보냈다. 덩샤오핑은 생산력을 발전시키기 위해 자본주의와의 타협을 불사했고 30년이 넘은 지금 개혁개방은 생산력 발전이라는 목표를 어느 정도 달성한 것으로 평가할 수 있다. 그렇다면 현재 중국의 '사회주의 시장경제'는 관방 사회주의를 위한 변호인가, 또는 중국에서 자본주의 복권을 은폐하는 것인가? 아니면 '비자본주의적인 제3의 길'인가? 이는 현재 '중국 특색의 사회주의'를 평가하는 문제이기도 하지만 이후 포스트사회주의 중국의 앞에 놓여 있는 세 갈래 길이기도 하다. 과연 비자본주의적 출로가 가능할까?

현재 중국의 변화를 '이행의 관점'에서 바라보는 것이 중요하다. "이행이 현 중국 담론의 핵심 개념"임을 강조하는 케빈 레이섬(Kevin Latham)은 이행의 목적론(the teleology of transition), 특히 포스트사회주의에 대한 접근이 서양식 시장 자본주의로의 가정된 이행을 전제하는 것을 경계한다. 레이섬이 볼 때 현재 "중국과 중국인들은 무엇인가로 이행중"이다. 학생들과 지식인들은 민주로의 이행을 희망하고 언론인들은 언론의 자유와 더 큰 민주로의 이행을 원하며 많은 중국인들에게 이행은 단지 더 커다란 재화와 삶의 더 나은 기준으로의 이동을 의미한다는 것이다. 레이섬은 이를 '이행의 수사학'(rhetorics of transition)이라 명명했다.12) 이는 중국이

---

11) 같은 글, 43쪽.

12) Kevin Latham, "Rethinking Chinese consumption: social palliatives and the rhetorics of transition in postsocialist China," in Chris M. Hann, ed., op. cit., p. 230.

이행중이라는 사실만 지시할 뿐이지만, 이행의 목적론을 경계한다는 점에서 비자본주의적 출로를 모색하고 있음을 알 수 있다.

우리는 이 지점에서 기본적인 문제의식을 환기할 필요가 있다. 현실 사회주의가 자본주의를 수용해서 어떻게 변화했는지, 사회주의와 결합한 자본주의에는 어떤 변화가 생겼는지, 그리고 사회주의와 자본주의를 뛰어넘는 제3의 가능성은 무엇인지? 아리프 덜릭의 도저한 낙관론과 중국의 새로운 주류 이데올로기에 대한 왕샤오밍[13]의 결연한 비판은 정도의 차이는 있지만 분명 자본주의와 사회주의가 유기적으로 결합되어 양자를 초월하는 새로운 길을 모색하고 있다. 이를 칼 맑스의 용어로 표현하면 '사회주의와 자본주의의 변증법적 절합'이 될 것이고, 레이먼드 윌리엄스(Raymond Williams)[14]식으로 유비하자면 '지배적인 자본주의'와 '잔여하는 사회주의' 사이에서 새로이 '대두하는 제3의 길'이 될 것이다. 이를 크리스 한은 '유라시안 시야'라 했고 조반니 아리기는 '아시아와 유럽 유산의 근원적 교배'라 했다. 이는 또한 '예술과 학문과 사회 간의 수평적 통섭이라는 역사적 과제'를 어떻게 해결하느냐에 따라 인류 앞에 '통제사회와 문화사회의 갈림길'[15]이 놓여 있다는 심광현의 용법을 빌자면, '사회주의와 자본주의의 수평적 통섭'의 과제이기도 하다.

---

13) 왕샤오밍, 「새로운 '이데올로기 지형'과 문화연구」, 임춘성·왕샤오밍 엮음, 『포스트사회주의 중국의 문화연구』, 현실문화연구, 2009.
14) 심광현에 따르면, 윌리엄스가 말하는 표의체계(signifying system)에는 언어, 사유와 의식의 체계, 이데올로기 체계, 특정한 형태로 표의작용을 하는 예술과 사상의 집합체들이 포함되며, 이는 단지 체계로서만이 아니라 반드시 능동적 활동과 정신상태로 존재하기도 하는 것들이다. 어떤 '표의체계'가 어떤 사회체계들에 내재해 있고, 또한 사회체계들의 역사적 변형과 표의체계들의 역사적 변형이 어떻게 상호작용하고 있는가를 연구하는 것이 곧 오늘날 문화와 사회의 상호작용을 연구하는 '문화연구'의 중심 과제라고 할 수 있다. 심광현, 『유비쿼터스 시대의 지식생산과 문화정치: 예술-학문-사회의 수평적 통섭을 위하여』, 문화과학사, 2009, 454쪽 참조.
15) 같은 책, 60쪽.

2_ 신좌파와 자유주의

21세기에도 좌파는 존재하는가? 그렇다면 좌파의 기준은 무엇인가? 지구상에 몇 안 되는 공산당이 집권하고 있는 중국은 신민주주의 혁명을 통해 중화인민공화국을 건립한 이후, "소부르주아적 뿌리를 가진 정치 이데올로기적 조류"인 '마오주의'(Maoism)가 "그 본질상 <마르크스-레닌주의>와 원리적인 적대 관계에 있다"16)라는 평가에도 불구하고, '중국적 사회주의' 또는 '중국 특색의 사회주의'를 60년 이상 시행해왔다. 그러나 개혁개방 이후, 특히 1989년 '톈안먼 사건' 그리고 1992년 '남방 순시연설' 이후의 중국을 과연 사회주의라 할 수 있을지 의문이다. 그와 더불어 '일당전제'의 '당-정 국가'에서 좌파의 존재 여부와 존재 방식의 문제는 관심의 초점이다. 전자는 '중국은 어디로 가는가?' 문제와 연계되어 있고, 후자의 경우 '일당전제'의 '당-정 국가'라는 평가에 동의한다면 당내에서 좌파는 찾기 어렵게 되고 이른바 '신좌파'가 우리의 주목을 끈다.

가오리커(高力克)는 '자유주의와 신좌파의 논쟁에 관해'라는 부제를 붙인 글에서, 1990년대 시장화 추세로 인해 자유주의와 신좌파 사조가 1980년대 '신계몽 운동'이라는 범자유화 사조로부터 분화되었다고 진단하고, 1994년 『구준(顧准)문집』과 왕후이(汪暉)의 「당대 중국의 사상 상황과 현대성 문제」(한글판)17)의 출간을 그 표지로 삼는다. 그의 분석을 좀 더 들어

---

16) 한국 철학사상연구회 편, 『철학대사전』, <마오주의>조, 동녘, 1997, 363쪽. 이 평가에 따르면 "<마르크스-레닌주의>는 중화인민공화국의 공적 생활에서 추방되었다." 이와 관련, 원톄쥔의 다음 발언을 주목할 만하다. "중국이 세 차례의 토지혁명전쟁과 반세기의 노력을 거쳐 세운 것은 공산주의 국가가 아니었다. 농민이 주력이 되고 경자유전을 목표로 삼아 벌인 혁명전쟁을 통해 건설한 것은 세계 최대의 소자산계급 국가였다." 원톄쥔, 『백년의 급진—중국의 현대를 성찰하다』, 김진공 옮김, 돌베개, 2013, 37쪽.
17) 왕후이, 「중국 사회주의와 근대성 문제」, 이욱연 옮김, 『창작과비평』 86호, 1994.

보면, 신계몽적 입장을 견지하고 있던 자유파는 서양의 자유주의로부터 시장화와 민주화의 사상적 자원을 찾아내려 했고, 지속적으로 심도있게 극좌 이데올로기와 권력구조를 비판하는 한편, 중국의 입헌 민주 체제를 위한 정치 체제 개혁을 추진하고 있었다. 그에 반해 신계몽 진영으로부터 분화되어 나온 신좌파는 서양의 좌익 비판 이론으로부터 영감을 얻어, 반(反)자본주의적인 신좌익 비판 전통을 새롭게 건설하려 했다. 서양 자유주의에 뿌리를 두고 있고 그것을 중국 상황에 적응/왜곡시킨 중국의 자유주의가 복잡한 것만큼 또는 그 이상으로, 이른바 '신좌파' 또한 "각종 좌익 비판 사상의 혼합체로, 그 사상 자원은 맑스주의, 사회주의, 세계체제이론, 프랑크푸르트학파, 공화주의, 공동체주의, 포스트모더니즘, 포스트식민주의 등 각종 비(非)자유주의적 이론을 포괄하고 있다. 신좌파는 이론 형태가 복잡한 반(反)자유주의 사상 연맹으로, 그 가치지향과 사상자원은 각자 다르다. 자유주의에 대한 신좌파의 비판은 중국의 하이에크식 경제적 자유주의와 귀족적 자본주의의 시장 만능주의를 직접 겨냥하고 있으며 그 주요 주장은 평등과 공정의 문제에 놓여 있다."[18] 자유주의에 하이에크 중심의 우파와 롤스 중심의 좌파가 있는데, 왕사오광(王紹光), 추이즈위안(崔之元) 등과 함께 '신좌파'로 불리는 간양(甘陽)은 자신들을 맑스-레닌주의식의 '구좌파'와 변별해 '자유 좌파'라 부르기도 했다. 그에 따르면, 1990년대 중국 자유파 지식인이 '자유 좌파'와 '자유 우파' 또는 '신좌파'와 '신우파'의 두 진영으로 분화되었다는 것이다.[19] 간양이 말하는 '자유 우파' 또는는

---

18) 이상 가오리커(高力克), 「제7장 전환중인 중국을 어떻게 인식할까—자유주의와 신좌파의 논쟁에 관해」(第七章 如何認識轉型中國—關於自由主義與新左派的論爭), 쉬지린・뤄강(許紀霖・羅崗) 等, 『계몽의 자아 와해: 1990년대 이래 중국 사상 문화계의 중대한 논쟁에 대한 연구』(啓蒙的自我瓦解: 1990年代以來中國思想文化界重大論爭硏究), 吉林出版集團有限責任公司, 2007, 195, 196쪽.
19) 같은 책, 197쪽.

'신우파'는 바로 레이거노믹스를 추종하는 '신자유주의파'를 지칭하는 것이고 '자유 좌파' 또는 '신좌파'는 케인즈식 수정주의 입장에 가깝다. 이들에 비해 왕후이의 비판이론은 월러스틴과 폴라니[20]를 대표로 하는 서양 신좌파 전통에 기대고 있다.

1990년대 중국 사상계를 대표하는 논쟁인 '자유주의와 신좌파의 논쟁'에 대한 첸리췬(錢理群)의 평가를 살펴보자. 첸리췬은 4가지 쟁점으로 나누어 양자의 견해를 대비시키고 있다. 첫째, 중국 사회의 성격에 대한 인식이 달라 사상 문화적 비판 대상에 대한 인식의 차이를 초래했다. 신좌파는 중국 사회의 자본주의화가 세계자본주의 체계의 유기적 구성부분이라고 보았고 중국 사회의 질적 변화를 표지한다고 보았다. 이는 현재 중국 사회의 주요한 위험이고 마땅히 주요한 비판 대상이 되어야 할 것이다. 자유주의자는 사회 성격과 사회제도 측면에서 1990년대 중국 사회는 마오쩌둥 시대와 일맥상통하며, 사회주의라는 이름 하에 실행되는 전제였고, 수천 년의 봉건적 잔재가 중국의 전진을 가로막고 있으며, 따라서 중국 특색의 집권(集權)전제에 대한 비판이 역시 미완성의 임무라고 보았다. 둘째, 1990년대 크게 발전한 중국식 시장경제에 대한 태도에서, 신좌파는 비판의 예봉을 시장 패권과 독점 엘리트에게 조준했고, 시장경제의 발전을 통해 민주, 공평, 그리고 정의에 도달하려는 시도는 새로운 시장숭배이며 또 다른 유토피아라고 생각한 반면, 자유주의자는 중국의 시장경제로의 전환 문제가 아무리 심각하다 해도 고집스럽게 나아가야 하며, 중국 문제의 근원은 여전히 개혁되지 않은 독점권력 구조가 시장경제 발전의 미비와 미성숙을

---

20) 최근 왕후이의 칼 폴라니와 세계체계론의 수용을 고찰한 글이 흥미롭다. 하남석, 「칼 폴라니와 세계체제론 수용을 통해 본 왕후이의 정치경제학적 사유의 특징」, 『젠더·정치·지역』(2013년 한국 중국현대문학학회 춘계 학술대회), 2013. 6. 8.

초래하는 것이고, 반대할 것은 시장에 대한 권력의 관여라고 보았다. 셋째, 이로부터 파생된 마오쩌둥, 마오쩌둥 사상, 마오쩌둥 시대, 그리고 중국혁명에 대한 서로 다른 역사적 평가에서, 신좌파는 중국의 맑스주의 자체가 일종의 현대화 이데올로기이며, 중국의 사회주의 운동은 현대화 실현을 목표로 했을 뿐 아니라 그 자체가 중국 현대성의 주요한 특징이며, 마오쩌둥의 사회주의 사상은 일종의 자본주의 현대성에 반하는 현대성 이론이라고 강조했다. 이는 마오쩌둥 사상에 대한 전혀 새로운 해석으로, 영향이 아주 컸다. 그래서 신좌파는 중국혁명 및 마오쩌둥 시대에 대해 더욱 많은 긍정적 평가를 부여하고 문화대혁명에 대한 전면적 부정에도 반대한다. 자유주의자는 마오쩌둥의 전제주의에 대한 비판, 계급투쟁 중심의 마오쩌둥 시대 비판, 마오쩌둥의 프롤레타리아계급 독재 하의 계속혁명 이론과 실천(문화대혁명)에 대한 비판, 그리고 폭력혁명에 대한 비판을 견지했다. 그래서 '고별 혁명'을 주장했다. 넷째, 중국의 미래 발전 노선에 대해, 자유주의자는 민주와 자유를 강조했고 명확한 목표를 세웠다. 바로 시민사회를 발전시켜 서방이 이미 성숙한 경험을 갖고 있는 헌정민주의 길을 걷자는 것이다. 그래서 그들은 1980년대의 사고를 연속해 중산계급에게 희망을 기탁한다. 신좌파는 사회적 평등을 중시했고, 중국혁명과 마오쩌둥의 사회주의 실험의 경험을 참고하여 중국 자신의 발전 노선을 걷자고 주장했다. 그들은 더욱 많은 희망을 인민민주의 발전에 기탁했고, 동시에 민족국가의 지위와 작용을 강조하여, 미국을 우두머리로 하는 서방 패권에 반대하고, 민족주의의 부흥이 역사적 필연이라고 생각한다. 그러나 자유주의자는 민족주의에 대해 시종일관 경계하는 태도를 취하고, 민족주의의 비이성이 전제체제에 의해 이용될 수 있다고 걱정한다.21)

챈리췬은 이 논쟁이 모두 1990년대 중국 사회변동에 대한 반응이며 서로 다른 판단과 이론적 분석이 있고, 서로 다른 대책을 가지고 있고 그 자체로서 깊이 있는 역사적 내용과 현실 의의를 가지는 것이며 동시에 논쟁을 통해 모종의 공통 인식(즉, 이른바 최대공약수)에 도달할 수도 있고, 동시에 각자의 의견을 보존할 수도 있었다고 보고 있다. 그러나 문제는 쌍방이 상대방을 주요 위험으로 보았다는 데 있다고 진단한다. 신좌파는 자유주의자가 독점 엘리트의 대변인이라고 여겼고, 자유주의자는 신좌파가 전제체제의 공모자라고 보았다는 것이다.[22] 이렇게 역사는 반복되고 있다. 상호 변증법적으로 절합해야 할 개혁세력의 쌍방이 적대적으로 대립하고, 그 사이에 보수 세력은 유리한 고지를 차지하고 개혁세력의 분쟁을 지켜보고 있는 것이다.

'자유 좌파'라 자칭한 추이즈위안 등은 후진타오 시절 이른바 '싱크탱크' 노릇을 한 반면, 왕후이는 여전히 체제의 경계에서 자신의 독특한 영역을 구축하고 있다. 그리고 현 중국 체제에서는 쉽지 않은 민간 사상이라는 영역을 개척해 자신의 목소리를 내고 있는 첸리췬을 주목할 필요가 있다. 그러면 먼저 이들에게 직간접적으로 영향을 준 리쩌허우(李澤厚)[23]를 살펴보자.

---

21) 이상 첸리췬(錢理群), 『모택동 시대와 포스트 모택동 시대 1949~2009 (하)』, 연광석 옮김, 한울아카데미, 2012, 384-85쪽에서 발췌 인용.

22) 같은 책, 385쪽.

23) 고희(古稀)를 넘겼으면서도 여전히 왕성한 집필 활동에 몰두하고 있는 리쩌허우를 비판하는 부류는 두 가지로 나뉠 수 있다. 하나는 그가 지나치게 맑스적이라는 것이고 다른 하나는 그가 비(非)맑스적이라는 것이다. 전자의 이론 기저에는 맑스주의에 대한 회의와 부정이 놓여 있고, 후자의 이론적 근거에는 마오쩌둥-덩샤오핑 사상이 강하게 작용하고 있다. 심지어 신자유주의라는 비판도 있었다. 분명한 것은 리쩌허우의 『중국근대사상사론』에서 관철되고 있는 것은 과학적인 맑스주의라 할 수 있다. 리쩌허우는 한 인물의 역사적 의의를 그 인물이 처한 역사 시대에서의 역할에 초점을 맞추되, 그 역사 인물이 시대적 과제인 '반봉건 계몽'과 '반제 구망(救亡)'을 얼마만큼 자각적으로 의식하고 그것을 얼마나 충실하게 수행했는지에 초점을 맞추어 분석·평가하고 있다. 그동안 반제 구망에 대한 연구는 많았기 때문에 그의 논술이 반봉건 계몽에 보다 무게를

3_ 리쩌허우의 사상사론

한 세기를 풍미했던 마오쩌둥의 '반제반봉건 민족해방민중혁명(NLPDR) 론'이 동북아에 국한되지 않았던 '제3세계 혁명론'으로 각광을 받았음은 모두 아는 사실이다. 마오쩌둥의 '반제반봉건 NLPDR론'은 중국의 근현대 적 과제가 서양을 학습(반봉건)하는 동시에 서양을 배척(반제)해야 하는 이중적 투쟁임을 명시했다는 점에서 여전히 역사적·사상적 가치를 지니 고 있다. 그러므로 아편전쟁으로부터 시작된 중국의 근현대24)가 태평천국 운동, 변법유신, 신해혁명을 거쳐 신민주주의 혁명에 이르러서야 '부정의 부정'의 역사 발전 과정을 완성했다는 리쩌허우의 평가25)는 타당성을 가 진다. 또 중국 근현대 과제의 이중성에 대한 마오쩌둥의 인식이 전제되었 기에, 리쩌허우의 '계몽과 구망의 이중 변주'26)라는 개괄이 나올 수 있었 다. 또한 현실 사회주의권의 붕괴 이후 사회주의가 자본주의 발전의 특수 한 형태라는 인식이 확산되면서 신중국 성립 이후 마오쩌둥의 혁명주의 노선을 '반현대성적 현대화 이데올로기'로, 덩샤오핑의 실용주의 노선을 '현대성적 현대화 이데올로기'로 개괄한 왕후이의 논단27)도 마오쩌둥과

싣고 있다고 말할 수 있다. 그러나 그의 계몽은 역사 발전에 대한 기여 여부에 잣대를 두고 있다.
24) 여기서 '근현대'는 아편전쟁 전후의 어느 시점에 시작해 지금까지를 하나의 유기적 총체로 보는 개념으로, '서유럽 모던'에 대응하는 '동아시아 근현대'를 염두에 두고 있는 개념이다.
25) 리쩌허우, 「후기」, 『중국근대사상사론』, 임춘성 옮김, 한길사, 2010(2쇄. 1쇄: 2005).
26) 리쩌허우, 「계몽과 구망의 이중변주」, 『중국현대사상사론』, 김형종 옮김, 한길사, 2005.
27) 왕후이(汪暉), 「당대 중국의 사상 상황과 현대성 문제」(當代中國的思想狀況與現代性問題), 『문예 쟁명』(文藝爭鳴), 1998년 제6기. 이 글은 한국에서 먼저 발표된 후(이욱연 옮김, 「중국 사회주의와 근대성 문제」, 『창작과비평』 86호, 1994년 겨울), 중국에서 주목을 받아 저자의 대폭적인 수정 보완을 거쳐 중국에서 발표되었다. 수정된 전문은 한국에서 다시 완역 발표되었다(이희옥 옮김, 「세계화 속의 중국, 자기 변혁의 추구—근대 위기와 근대 비판을 위하여」, 『당대비평』 10-11호,

리쩌허우의 이론에 크게 빚지고 있다 할 수 있다.

이런 맥락에서 최근 중국의 '셴당다이'(現當代) 학자들이 '진다이'(近代)로 거슬러 올라가는 것은 당연한 일이다. '신좌파'의 명망을 한 몸에 아울렀던 왕후이는 2004년에 출간한 4권짜리 『현대 중국사상의 흥기』에서 중국사상을 하나의 연속선으로 파악하면서 첫째 권에서 한당(漢唐), 송명(宋明), 청(淸)을 다루었고, 둘째와 셋째 권에서 이른바 '진다이'를 다루었으며 마지막 권에서 5.4 이후를 다루고 있다.[28] 중국의 셴당다이문학 연구와 문화연구를 대표하고 있는 왕샤오밍은 서양 이론을 가져다 중국의 급격한 변화를 해석하고 출로를 전망할 수 있을 것으로 여겼던 1980년대의 보편적 믿음이 1990년대 들어 사라졌다고 판단[29]한 후, 1949년 이전 중국의 자생적인 진보적 사상자료 발굴에 관심을 기울이면서 '진다이' 쪽으로 연구영역을 확장하고 있다. 이들의 선배 세대인 자오위안(趙園)과 왕푸런(王富仁)도 일찍부터 '진다이'를 거슬러 올라가 전통을 재해석하는 중요성을 강조한 바 있다. 1985년에 제기되어 중국 내외에 상당한 영향을 주었던 '20세기 중국문학' 담론이 리쩌허우의 '20세기 중국문예'[30]의 계시를 받

2000년 봄·여름).

28) 2천 년이 넘는 중국 사상사를 다루면서 '진다이' 80년에 무거운 비중을 두는 방식은 리쩌허우의 '사상사론'의 영향을 받은 것으로 볼 수 있다.

29) 왕샤오밍, 「'포전인옥'(抛磚引玉), 임춘성·왕샤오밍 엮음, 『포스트사회주의 중국의 문화연구』 참조.

30) 리쩌허우, 「20세기 중국문예 일별」, 『중국현대사상사론』. 리쩌허우는 이 글에서 '지식인의 심태(心態) 변이(變異)'를 기준으로 다음과 같은 구분을 행하고 있다. (1) 전환의 예고(1898 戊戌-1911 辛亥), (2) 개방된 영혼(1919-1925), (3) 모델의 창조(1925-1937), (4) 농촌으로 들어가기(1937-1949), (5) 모델의 수용(1949-1976), (6) 다원적 지향(1976년 이후). '세대연구'와 '지식인 심태 변이'의 기준은 맞물려 있다. 리쩌허우는 '성인이 되는 시절(17-25세) 공통의 사회 경험을 가진 사람들이 행위와 습관, 사유 방식과 정감 태도, 인생 관념과 가치 척도 그리고 도덕 기준 등의 각 방면에서 가지는 역사 성격에 주의를 기울이는 '세대연구' 방법에 의거하여 중국 근현대 지식인을 신해 세대, 5.4 세대, 대혁명 세대, 항전 세대, 해방 세대, 홍위병 세대의 여섯 세대로

왔듯이, 리쩌허우의 『중국근대사상사론』은 중국 학자들이 반드시 넘어야 할 산이라 할 수 있다.

리쩌허우는 중국 '진다이' 사상의 특징을 아래와 같이 개괄하고 있다.

> 궁쯔전(龔自珍)과 웨이위안(魏源)으로부터 쑨중산(孫中山)과 전기 루쉰(魯迅)에 이르기까지 모든 중국 진다이의 진보적인 철학 사조는 한편으로는 각성한 리얼리즘과 유물론의 성분을 가지고 있는 반면, 다른 한편으로는 심지(心知)를 강조하는 농후한 관념론과 신비론의 요소를 줄기차게 가지고 있었다. 그러나 중국 진다이의 진보적인 철학 사상의 주요한 또는 기본적인 추세와 특징은 변증적 관념의 풍부성이었고, 과학과 이성에 대한 존중과 신뢰였으며, 자연과 사회의 객관 법칙에 대한 진지한 탐구와 해설이었고, 정주 이학(程朱理學)을 핵심으로 삼는 봉건주의의 정통 관념론에 대한 대항이자 투쟁이었으며, 어두운 현실에 대해 변혁을 요구하는 진보적 정신과 낙관적 태도였다.[31]

중국 진다이의 진보사상이 한편으로 리얼리즘과 유물론을 다른 한편

나누었던 것이고, 아울러 사상사의 입장에서 지식인의 심태, 즉 문화심리구조의 변천이라는 기준으로 각 세대의 주요 활동을 여섯 시기로 나눈 것이다. 특히 이 글은 1980년대 중국근현대문학 연구의 전환점을 이루었던 '20세기중국문학' 개념에 결정적인 영향을 주었다. '20세기중국문학'의 대표 논자인 천쓰허(陳思和)는 그 영향을 이렇게 서술하고 있다. "이 글「중국 신문학 연구 총체관」[中國新文學硏究整體觀]의 6개 문학 층위에 관한 묘사는 리쩌허우 선생의 『중국근대사상사론』,「후기」의 영향을 받은 것…그의 여러 세대 인물에 관한 사로(思路)는 나를 계발하였고 나로 하여금 중국 신문학에 대해 20세기 초부터 신시기까지를 하나의 유기적 총체(整體)로 삼아 고찰하게끔 촉진하였다"(『흑수재만필』[黑水齋漫筆], 111). 또한 「20세기중국문학을 논함」의 주 집필자인 첸리췬(錢理群)도 1993년 서울에서 개최된 중국현대문학 국제심포지엄에 참가했을 때 사석에서 『중국근대사상사론』으로부터 받은 계발을 피력한 바 있다. 이상 임춘성,「'서유럽 모던'과 '동아시아 근현대'에 대한 포스트식민적 고찰」,『현대중국연구』 제9집 2호, 2008, 355-56쪽 참조.

31) 리쩌허우, 『중국근대사상사론』, 234쪽.

으로 관념론과 신비론을 동시에 가지고 있었지만, 그 주요한 측면은 진보적이고 변증법적이며 과학적이고 이성적이며 봉건주의 관념론과 투쟁했다는 것이다. 여기에 리쩌허우는 하나를 더 보탠다. 이들이 전통을 창조적으로 계승하기보다는 서양에서 참조할 사상 자료를 취했다는 점이다.

중국 진다이 진보사상의 보다 중요한 지표는 그들이 거의 "모두 유럽과 미국에서 자신의 해방사상을 빌려왔다"[32]는 점이다. 그들은 모두 "천신만고 끝에 서양국가에서 진리를 찾은"[33] 인물이었다. 쑨중산은 물론 더욱 그러했다. 홍슈취안(洪秀全)이 1840-50년대에 서양 전도사로부터 기독교의 소박한 '천국' 관념을 빌려오고,[34] 캉유웨이(康有爲)가 서양 자본주의 단계에서 자본주의 세계의 낙원에 대한 대동공상을 탄생시켰다면, 쑨중산은 오히려 제국주의 탄생 시대에 서양 자본주의의 길에서 벗어난 사회주의를 수용하고 그것을 제창했다 할 수 있다.[35]

물론 리쩌허우가 고대사상의 계승과 발전을 전면 부인하는 것은 아니다. 경지균분(耕地均分), 경세치용(經世致用), 정전제(井田制) 등은 진다이에 계승한 개혁 사상이었다. 그러나 리쩌허우가 보기에 그것은 주요한 측면이 아니었다. 19세기 중반 동양과 서양이 충돌하던 시점에 역사의 진보는 서학(西學) 쪽에 있었던 것이다. 그의 '서체중용'(西體中用)은 '중체서용'에 대

---

32) 레닌, 「중국의 민주주의와 민수주의」.

33) 마오쩌둥, 「인민 민주 전정을 논함」.

34) "태평천국의 특징은 서양에서 배운 새로운 형식으로…이론체계를 만들어낸 점…계급투쟁을 진행하는 근본적인 사상무기로 삼았다는 점이다"(리쩌허우, 『중국근대사상사론』, 52쪽). "그의 창조성은 서양의 상제(上帝) 관념을 빌려와 농민혁명의 사상과 이론에 기초로 삼은 점에 있다"(53쪽). 그러나 "외래종교가 중국의 혁명을 불러일으킨 것이 아니었다. 그와 반대로 중국 내 혁명 요구가 홍슈취안에게 이 외래형식을 빌려 개조하게끔 했다"(54쪽).

35) 리쩌허우, 『중국근대사상사론』, 534쪽.

한 언어유희가 아니라, 근본적인 전복을 주장한 것이다. 그는 근현대 중국의 역사과정에서 중국의 전통이 가지는 강고한 힘이 외래(外來)를 압도했다고 본다. 그러므로 과제는 전통을 해체하고 재해석하는 것이다. '문화심리구조', '실용이성' 등은 이 과정에서 만들어진 개념이다. 그리고 현대적 대공업과 과학기술을 현대 사회 존재의 '본체'와 '실질'로 인정하여 그것을 근본으로 삼아야 한다고 주장하고 있다. 그것은 전통적인 '중학'이 아니라 근현대의 '서학'인 것이다. 서학 수용에서 중요한 것은 비판적 태도이다. 그것은 무조건적인 수용이 아니다. 우선은 루신식의 '가져오기(拿來)주의'에 입각해 모든 것을 가져와 그것이 중국 현실에 적합한지를 살피는 것이 중요하다. 연후에 그것을 중국 토양에 맞게 본토화(localization)해야 한다. 여기에서 경계할 것이 '우리 것이 좋은 것이여!'라는 식의 복고적 태도다. 우리는 서학을 비판하면서 봉건의 품에 안긴 사례를 수없이 봐왔다. 서학을 비판적으로 수용하여 본토화하는 것은 복고와는 다른 것이다. 리쩌허우는 이 점에 착안해 중국 진다이의 사회주의 유토피아 사상이 우선은 서학을 참조했고 그것을 중국에 맞게 개량했다는 사실을 강조한다. 봉건으로의 회귀를 경계하면서 중국의 사회적 조건과 시대적 임무에 맞는 서학의 사상자원을 찾는 일, 이것이 진다이 사회주의 유토피아 사상이 나아간 길이었다. 물론 그 과정은 순탄치 않았다.

3_ 첸리췬의 민간사상 연구

첸리췬은 20세기 중국의 특징으로 마오쩌둥 사상과 마오쩌둥 문화를 든다. 그가 볼 때 마오쩌둥의 사상과 문화는 다음과 같은 기본 특징을 가지고 있다. 첫째, 맑스주의자로서 세계를 해석하는 사상가에 그치지 않고, 동시에 세계를 개조하는 행동가이다. 사상이 추구하는 것은 철저와 비타협, 하지만 실천은 타협을 해야 한다. 사상이 추구하는 것은 초월적인 것, 하지만 실천은 현실을 중시한다. 그러므로 "사상의 실현은 곧 사상 자신과 사상가의 훼멸(毀滅)이다." 둘째, 시인. 이론 형태의 낭만주의가 실천 층위의 전제주의로 전환했다. 셋째, 국가의 최고 통치자. 넷째, 권위주의적 국가의 지도자. 다섯째, 마오쩌둥은 사상을 개조하고자 한다. 마오쩌둥은 스스로를 호걸이자 성인으로 자리매김하고자 했다. 여섯째, 그가 통치하고 개조하고자 한 대상이 전 세계에서 가장 인구가 많은 나라인 중국이라는 점이며, 그 영향이 크고 깊어 가벼이 볼 수 없다. 마오쩌둥 사상은 반세기 동안 지구 인구의 3분의 1을 차지하는 중국인의 생존방식, 기본 사상, 행위 방식을 지배했다. 마오쩌둥은 아주 목적의식적으로 그 자신의 사상을 이용하여 중국과 세계의 현실, 그리고 중국인의 영혼세계를 개조하고자 했고, 또한 그의 사유 모델에 따라 중앙에서 지방의 기층에 이르는 사회생활의 조직구조를 만들고자 했다. 이는 사상적 존재일 뿐만 아니라, 더욱이 물질적이고 조직적인 존재이다.[36)

  첸리췬에 따르면 마오쩌둥 사상은 "근본적으로 대륙 중국인의 사유 방식, 정감 방식, 행위 방식, 언어 방식을 전면적으로 바꾸었으며, 나아가 민족정신, 성격, 기질에도 아주 깊은 각인을 남겼습니다." "이리하여 하나의 시대적 문화 및 정신을 형성했고, 우리는 사실 그대로 이를 '毛澤東 문화'라고 부를 수 있을 뿐입니다. 다시 말해, 중국 전통의 유·도·묵·법 등 외에 중국 대륙은 마오 문화를 하나 더 가지고 있는 것입니다. …

---

36) 이상 첸리췬, 『모택동 시대와 포스트 모택동 시대 1949~2009 (상)』, 연광석 옮김, 한울아카데미, 2012, 23-26쪽에서 발췌 인용.

마오 문화는 확실히 중국 전통문화 밖의 하나의 새로운 문화입니다. 이러한 마오 문화는 오랫동안 조직적이고 계획적이며 지도적인 주입을 통해 중국 대륙에서 이미 민족 집단의 무의식, 곧 새로운 국민성을 형성했습니다."37) 그러므로 첸리췬은 자신을 "마오 시대가 만들어냈고 마오 문화가 혈육과 영혼 속에 스며들어, 아무리 발버둥치고 자성하고 비판해도 여전히 구제불능인 이상주의자, 낭만주의자, 유토피아주의자"인 동시에 "마오 시대의 목적의식적인 모반자"38)라고 자평한다. 그러므로 그는 마오쩌둥 문화를 "저주하면서도 축복하고, 결별하면서도 그리움을 두며, 복수하면서도 사랑하는"39) 그런 양가적인 관계를 가지고 있다고 본다. 그러나 중요한 것은 "어떻게 마오로부터 빠져나올 것인가?"이다. 이는 첸리췬 개인만의 문제가 아니다. 마오쩌둥 사상은 이미 마오쩌둥 개인의 것이 아니고 마오쩌둥 문화는 전통 중국 밖에 존재하는, 그것과 확연히 구별되는 새로운 문화로, 이는 중국 대륙의 새로운 국민성을 형성케 했기 때문이다. 1980년대 지식계는 그 과제를 인식하지 못했고 그렇기 때문에 해결하지 못했다. 우리는 첸리췬의 이런 평가를 현실로 받아들일 필요가 있다.

첸리췬의 연구에서 또 하나 중요한 성과는 마오쩌둥 체제의 문제다. 그가 볼 때 "공화국의 역사에서 1957년의 반우파운동이 하나의 관건이며, 그것이 건립한 '57년체제'와 그 후의 대약진, 인민공사운동, 4청, 그리고 문화대혁명의 출현이 밀접한 관계를 맺고 있다." 첸리췬이 볼 때 공화국 건설 후 9년째 되는 1957년의 반우파운동 이후 수립된 '57년체제'가 마오쩌둥 체제의 근간을 이루며 그것은 개혁개방 이후에도 지속되었다. 그는

---

37) 같은 책, 26쪽.
38) 같은 책, 21쪽.
39) 같은 책, 22쪽.

마오쩌둥과 덩샤오핑을 연속체로 본다. 특히 부국강병과 개인 독재라는 측면에서 그러하다. 그러므로 덩샤오핑 체제를 지칭하는 '6.4체제'는 "1989년의 '6.4대학살'"이라는 "역사적 전환점" 이후 형성되었는데, "'6.4' 이후에 진일보하게 강화되고 발전한 일당전제체제가 마오 시대의 '57년체제'의 연속임과 동시에 새로운 덩 시대의 특징을 가지며, 이러한 '6.4체제'는 '6.4' 이후의 중국 사회구조의 거대한 변동과 밀접하게 연계"되어 있다는 것이다. "'6.4대학살이 중국 정치에 가져온 직접적 영향은 정치체제 개혁의 전면적 후퇴, 민간저항 역량에 대한 전면적 타격, 그리고 당의 권력의 전면적 확장 등"40)이다.

마오쩌둥 사상문화의 영향력은 "현재 중국의 집정자들과 모반자들이 어떤 관념에 있어서 사유 방식, 행위 방식, 정감 방식, 언어 방식상 마오와 매우 놀라운 유사성을 가지고 있다는 것이고, 우리는 심지어 일부 이의분자, 모반 지도자에게서 '작은 마오'를 발견하기도" 한다는 점에서 편재(遍在)하고 있다. "그 안에는 긍정적 요소들도 있지만, 부정적인 것이 다수를 차지"하는데, "마오가 지난 세기 연속적으로 추진했던 '후계자 양성', '수정주의 반대 및 예방, 화평연변 반대' 교육, 그리고 그 후의 홍위병운동, 지식청년 상산하향운동의 깊은 영향은 절대 가볍게 볼 수 없"다.41) 그러므로 마오쩌둥 문화는 공산당의 집단적 지혜의 산물인 동시에 지식인이 동참했으며 대중과의 관계를 통해 형성된 것이다. 첸리췬은 특히 '마오쩌둥 사상과 민간이단사상의 관계'에 초점을 맞추고 있다. 장시간에 걸친 연구를 통해 그는 "민간이단은 기본적으로 마오에 의해 각성"되었고 "최후에 이러한 민간사상가는 모두 그의 반대자"42)가 되었다는 사실을 깨닫게 된다.

---

40) 첸리췬, 『모택동 시대와 포스트 모택동 시대 1949~2009 (하)』, 365쪽.
41) 같은 책, 27쪽.

첸리췬이 관심을 가져온 민간이단사상은 크게 학원운동과 민간사상으로 나눌 수 있다. 전자에는 1956-1958년 중국 학원에서의 사회주의 민주운동, 1960년대 초반 중국 학원의 지하 신사조, 1998년 전후의 베이징대학 개교 100주년 민간 기념 등이 있고, 후자로는 문혁 후기의 민간 사조, 1989년 천안문 민주운동, 1998년 '베이징의 봄', 21세기의 권리방어운동과 온라인 감독 그리고 비정부조직 등 3대 민간운동의 흥기 등을 들 수 있다.

이처럼 첸리췬은 민간이단사상에 초점을 맞춰 기존의 당 일변도의 역사 해석에 균열을 내고, 마오쩌둥 체제와는 다른 것으로 인식되었던 덩샤오핑 체제를 마오쩌둥 체제의 축소된 연속체로 파악함으로써 공화국 60여 년 역사의 흐름을 일목요연하게 보여주었다.

4_ 문제적인 왕후이를 문제화하기

왕후이는 현재 서양에 가장 많이 소개된 중국학자이다. 문학연구로 시작해 철학과 사상 그리고 사회과학을 넘나들고, 중국에 국한되지 않고 아시아를 사유하며 소수자에도 관심을 기울여 티베트와 오키나와 등의 연구에도 성과를 내고 있는 인문사회과학 학자다. 그의 탁월함은 '키워드를 통한 아젠다의 제시'에서 두드러진다. 루쉰을 연구할 때도 '절망에 반항', '역사적 중간물' 등으로 루쉰의 정신과 그 역할을 요약했고, 그 이후에도 '반현대성적 현대화 이데올로기'와 '현대성적 현대화 이데올로기'라는 용어로 마오쩌둥의 '중국적 사회주의/혁명적 사회주의와 덩샤오핑의 '중국 특색의 사회주

---

42) 같은 책, 29쪽.

의'/개혁개방 사회주의를 변별했으며, '탈정치화된 정치화'는 단기 20세기의 혁명 실험이 실패—중국의 경우 1989년 톈안먼 사건—로 끝난 이후 탈혁명화 상황을 요약한 것이고, '트랜스시스템 사회'는 포스트사회주의 시대에 민족주의와 국민국가를 초월하는 동시에 신자유주의적 글로벌리즘에 제한을 가하는 방안으로 제시한 것이다. 이처럼 그는 키워드를 통해 중국 지식계의 아젠다를 제시하곤 했다. 그는 1994년 한국에서 먼저 발표된 글을 통해 자유파와 신좌파의 논쟁의 불을 지피고 신좌파의 명망을 한 몸에 얻었지만, 정작 자신은 신좌파라는 명명보다는 비판적 지식인을 자처한다. 그는 이른바 '신좌파' 중에서는 서유럽의 '뉴 레프트'에 가까워 보이지만, '세련된 중화주의자'라는 혐의에서도 자유롭지 못하다.

1996년부터 시작한 『두수』(讀書) 주편 경력은 그의 진보성을 드러내는 동시에 체제와의 타협이라는 측면도 존재한다. 아울러 『두수』와 리카싱의 커넥션도 눈여겨볼 지점이다. 싼롄서점 홍콩지사 전 대표였던 모 인사는 몇 년 전부터 리카싱의 지원을 받아 리카싱의 부인과 함께 <중국문화논단>을 만들었다. 그 인사는 퇴직한 후에도 싼롄서점에 막강한 영향력을 발휘했던 출판인이다. 리카싱의 해외자본과 중선부 산하의 싼롄 그리고 거기서 발행하는 『두수』의 커넥션은 어제오늘의 일은 아니다. 왕후이 등이 주관한 『두수』의 역할을 폄하할 필요는 없지만 다소 과대평가된 것도 사실이다. 신화화된 측면이 없지 않은 것이다. 이는 당국과 유연하게 '협상과 타협'을 하고 있는 이른바 '6세대' 독립영화 제작자들43)과 유사하다.

---

43) "천안문 사건 이후 새로운 도시영화, 특히 독립영화 제작자들은 선배 세대와는 달리 권력기구와 상업 조류 그리고 국제 예술영화 시장과 '양가적이고 공생적인 관계'를 가지고 있다. 이들은 더 이상 국가 제도 및 자본과 일방적으로 각을 세우거나 무력하게 그 속으로 들어가지 않는 유연함을 가지고 있다. 이들은 도시 리얼리즘과 다큐멘터리 기법 그리고 디지털 비디오, '비-전문직 배우' 및 '전문적인 비-배우'의 활용 등을 통해 유토피아를 추구했던 천안문 사건의

그러므로 왕후이가 『두수』 주편을 그만둔 것을 중국 당국의 탄압이라 여기고 그에 대해 항의해야 한다고 했던 일부 국내 학자들의 반응은 난센스였다 하겠다. 왜냐하면 주편 임명도 당국에 의해 이뤄졌기 때문이다. 그리고 2010년의 표절 사건이 있었다. 2013년에는 밀실정치와 신자유주의의 권토중래라는 각도에서 충칭사건을 재평가하는 글을 다시 한국에서 먼저 발표함으로써 충칭사건을 국제적 이슈로 만들었다.

국내에서도 왕후이는 주목의 대상으로 그와 관련된 글이 꾸준히 발표되고 있다. 이 가운데 왕후이에 대해 호의를 가지고 바라보던 백승욱은 「중국굴기의 경험과 도전」[44]에 대한 토론문[45]에서 "너무 빨리 반환점을 돌았다", '중국 경험의 이례성'을 주장했다고 비판한 바 있다. 그러나 왕후이의 제자들과 옹호자들은 그가 변한 것이 없다고 말한다. 다시 말해 그는 좌우의 잣대로 나눌 수 없는 사상가라는 것이다. 왕후이는 문제적이다. 그러므로 왕후이를 제대로 문제화하는 것이 필요하다. 왕후이를 제대로 문제화하기 위해서는 그의 주저인 『현대 중국 사상의 흥기』(現代中國思想的興起)[46](총 4권, 1,683쪽)를 어떻게 볼 것인가가 중요하다. 마침 국내에서

폐허 위에서 새로운 현실과 기층 인민들을 카메라에 담고자 한다." 임춘성, 「포스트사회주의 중국의 도시화와 도시영화의 정체성」, 『중국현대문학』 제64호, 한국 중국현대문학학회, 2013, 78-79쪽.

44) 왕후이, 「중국굴기의 경험과 도전」, 최정섭 옮김, 『황해문화』 71호, 2011년 여름.

45) 백승욱, 「중국 지식인은 ·중국굴기'를 어떻게 말하는가—왕후이의 「중국굴기의 경험과 도전」에 부쳐」, 『황해문화』 72호, 2011년 가을.

46) "汪暉的四卷本著作≪現代中國思想的興起≫卷帙浩繁, 內容十分夏雜. 首卷圍繞"理"與"物"的關系這一中心命題, 探討了宋明儒學的"天理"主題; 次卷轉向"帝國/國家"問題, 先証明它們是西方(包括日本)在分析中國時使用的主導性的現代二元對立槪念, 再論証它們對理解淸朝和民國的國家特性來說, 具有基本的缺陷; 第三卷對晩淸和民初的重要思想家進行分析, 幷揭示出, 在將舊的"天理"世界觀重塑爲"公理"世界觀的時候, 他們旣納入了西方式的科學公理觀念, 又保持了傳統的對"天理"中的"理"的倫理—政治的關注; 第四卷在上述背景下, 討論了現代"科學話語共同体"如何興起爲二十世紀中國思想的核心主題. 四卷洋洋洒西至一六〇八頁, 僅"導言"一章, 卽長至百餘頁." 黃宗智: 探尋中國的現代性.

번역중이라 하니 기대해봄 직하다. 아울러 왕후이가 기대고 있는 폴라니의 세계체계론 등에 대한 논의도 필요하다. 물론 그의 이론적 입론이 폴라니의 케인스주의적 관점과 아리기의 스미스주의적 관점에 근거하고 있다는 점은 그를 '신좌파'로 분류했던 것 자체가 '신화적'이었음을 말해주고 있다. 여기에서는 최근 한국에 소개된 충칭사건 관련 글을 통해 그의 사유의 일단을 살펴보도록 하자.

충칭모델에 이론적 근거를 제시했던 추이즈위안은 한 회의의 발언에서 '충칭모델'의 의의를 "국유자본 증식과 민간 재부 축적의 동반 전진"(國資增値與藏富於民攜手竝進)[47]으로 요약한 바 있다. 그는 동반 전진의 메커니즘을 "사회 자본에 대한 국유자본의 영향력과 추동력을 통해 국유자산의 증식을 실현하고 나아가 경영 수익을 상납해 정부가 감세를 통해 민영경제 발전을 촉진하는 것이 관건"[48]이라고 개괄했다. 그러나 충칭모델은 조타수 보시라이(薄熙來)의 실각으로 더 이상 실험을 지속할 수 없게 되었다. 최근 국내외 미디어의 초점이 되었던 '충칭사건'에 대해 왕후이는 밀실 정치와 신자유주의의 권토중래라는 각도에서 충칭사건을 재평가한 바 있다. 한국에서 먼저 발표된 이 글[49]에서 그는 충칭사건의 배경으로 덩샤오핑의 남방순시 이후 중국 상황을 분석한다. 그에 따르면, 덩샤오핑의 남방순시를 경계로 '정치적 통제 아래 추진되는 시장화 개혁의 모델을 창조'했

http://baike.baidu.com/view/983394.htm#sub10961620 (2013. 7. 8.)

47) 추이즈위안(崔之元), 「충칭모델의 의의」(重慶模式的意義), 『열풍학술』(熱風學術) 제4집, 上海人民出版社, 2010년 8월, 244쪽. 이 글은 2009년 9월 27-29일 상하이에서 열린 '재난, 금융 및 현대화 학술토론회에서 발표된 글의 요약이다.

48) 같은 책, 같은 곳.

49) 왕후이, 「충칭 사건―밀실정치와 신자유주의의 권토중래」, 성근제 옮김, 『역사비평』 99호, 2012년 여름.

는데, 역설적이게도 이 모델은 서양에서 정치적 통제를 최대한 완화시키는 신자유주의와 맞물린 결과를 자아냈다. 이로 인해 국유기업 사유화, 노동자들의 대규모 실직, 삼농 위기, 보장체계의 전면적 위기, 그리고 빈부 도농 격차와 생태 위기 등이 초래되었다는 것이다. 이런 와중에 이른바 '신좌파'들이 의미를 부여하면서 논의를 불러일으켰던 충칭 실험은 중앙 정부의 신자유주의 개혁에 배치되는 것이었다. 왕후이는 충칭모델에 대해 다음과 같이 평한다. "충칭은 상대적으로 도농 통합이라는 과제에 치중하고 있고 재분배나 공평, 정의를 더 강조하는 경향을 보여주고 있다. 충칭은 원래 상당한 수준의 공업화 조건을 갖추고 있었기 때문에 국유기업의 선도적 기능에 상대적으로 더 많이 의지하여 발전을 추진하고 있었다. 충칭의 염가 임대주택(公租房) 실험, 국가와 인민의 동반 성장이라는 구호, 지표(地票)교역 실험, 적극적인 해외 진출 전략 등과 같은 일련의 조치는 2000년 이후 중국 사회의 개혁에 관한 토론 과정에서 제출된 '더욱 공평한 개혁에 대한 강렬한 요구'에다 실질적이고 생생한 사례들을 덧붙여 제시하고 있다. 이런 까닭에 충칭의 실험에 대해서는 좌파와 우파 사이의 논쟁만 존재하는 것이 아니라 좌파와 좌파, 우파와 우파 사이에서도 서로 다른 관점의 대립과 날선 논쟁이 전개되고 있다. 비록 충칭에 주도면밀하게 계획된 개혁모델이 완전한 형태로 수립되어 있지는 않지만, 그럼에도 불구하고 충칭은 공개적이고 정정당당하게 자기의 가치 지향과 입장을 밝히고 있을 뿐만 아니라, 스스로의 실험이 이러한 가치 지향이나 입장과 일치하는 것임을 주장함으로써 지속적인 반향과 격렬한 논쟁을 불러일으키고 있다."[50] 그러나 왕리쥔(王立軍)사건과 구카이라이(谷開來)사건에 연루된 보시라이의

---

50) 같은 글, 170-71쪽.

실각으로 인해, "충칭 사변 전후의 사회적 반응 정치적 충격 국내외 서로 다른 세력들 사이의 상호작용 그리고 이로 인해 유발된 여러 가지 복잡한 문제를 도대체 어떻게 해석해야 할 것인가"51) 등을 충분히 해명하지 못한 채 충칭 실험은 막을 내리고 말았다. 왕후이의 진단대로라면, 당분간 중국에서 반(反)자본주의 또는 반(反)신자유주의 방식의 도시화의 가능성은 희박해 보인다. 바꿔 말하면 지구적 자본주의 또는 신자유주의 방식의 도시화가 대세가 될 것이다.

충칭모델 또는 충칭 실험의 의미는 도시화의 사회주의적 방식이 가능한가라는 것이었고, 현재로서 그 대답은 부정적이다. 그러나 대규모 공공임대주택 단지의 조성, 도시 관리 파견 및 대졸 관리의 농촌 파견 등 도시와 농촌의 교류, 농로 포장 그리고 구호에 그치지 않은 다섯 가지 충칭건설52) 등은 교훈으로 삼기에 충분하다.

5_ 중국의 문화연구

중국에서 문화연구는 1990년대 중엽 다이진화(戴錦華)53)와 리퉈(李陀)54) 등에 의해 산발적으로 수용·소개되었고 1990년대 말에 본격적으로

---

51) 같은 글, 159쪽.
52) 2008년 7월 충칭은 정책의 중점을 '다섯 가지 충창—宜居重慶(주거), 暢通重慶(교통), 森林重慶(환경), 平安重慶(치안), 健康重慶(의료)—으로 개괄한 바 있다. 왕사오광(王紹光), 「중국식 사회주의 3.0 탐색: 충칭 경험」(探索中國式社會主義3.0: 重慶經驗), 『맑스주의연구』(馬克思主義研究), 2011년 제2기, 7-11쪽 참조.
53) 1995년 베이징대학 비교문학과 비교문화연구소에 '문화연구워크샵'을 조직.
54) '대중문화연구번역총서' 및 '당대대중문화비평총서'를 편집.

진행되기 시작했다. 중국에 수용된 문화연구는 미국식 문화연구와 비판적 문화연구 두 가지 흐름이 있는데, 전자는 중국의 미래를 미국적 모델로 설정하고 미국식 문화연구를 중국 사회 분석의 잣대로 삼은 반면, 후자는 중국 현실을 비관적으로 바라보면서 버밍햄학파의 '비판적 사회연구'를 계승해 중국 현실을 비판적으로 분석하고자 했다. 후자의 흐름은 앞에서 고찰한 리쩌허우, 첸리췬, 왕후이 등의 사상 흐름과 맥락을 같이 하면서 21세기 들어 비판적이고 개입적인 상하이 문화연구 그룹을 형성하게 된다.

중국의 문화연구는 홍콩과 타이완에 비해 10년 이상 늦었지만, 2004년부터 베이징과 상하이 지역의 대학을 중심으로 관련 강좌가 개설되고 관련 서적이 번역되면서 '문화연구 붐'이 형성되었다.55) 박자영은 "중국 문학연구계에서 문화연구적 전환이 이루어진 배경과 맥락을 재구성하고 이 속에서 90년대 이후 중국에서 지적 계보와 이념적 지형도를 새롭게 고쳐 쓰고 있는 상황을 적출하여 의미를 따져보는 것"56)을 목적으로 삼아, 문화연구의 전사로서 1980년대의 계몽주의 시대의 '문화열' 토론을 통해 문화의 함의를 개괄하고 1992년 이후 대중문화의 습격과 그 반응, 1990년대 중후반 이후 문화연구의 발흥으로 나누어 고찰한 바 있다. '문학연구계'의 '문화연구적 전환'의 계보와 지형도를 그리겠다는 박자영의 의도는 글에 잘 구현되어 있다. 초기 이 지형도에 기여한 이는 리퉈다. '문화연구의 판도'를 짜는 그의 작업과 관련해 중국 문화연구에서 대중문화는 "일상성의

---

55) 王曉明, 「문화연구의 세 가지 난제―상하이대학 문화연구학과의 사례」(文化硏究的三道難題: 以上海大學文化硏究系爲例), 『상해대학학보(사회과학판)』(上海大學學報(社會科學版)), 2010년 제1기; 王曉明, 『가까이 살피고 멀리 바라보기』(近視興遠望), 復旦大學出版社, 2012, 264쪽에서 재인용. 이 글은 2009년 9월에 개정해 2010년 발표했는데, 왕샤오밍이 상하이대학으로 옮기면서 실천한 문화연구 관련 사항을 잘 개괄해놓았다. 한국에도 김명희의 번역으로 『중국현대문학』에 소개되었다.

56) 박자영, 「1990년대 이후 중국에서의 문화연구」, 『중국현대문학』 제29호, 2004, 27쪽.

문제와 일상생활의 구성과 관련한 제도와 기제에 대한 분석에 좀 더 기울어져" 있고, 이는 "90년대 중반의 포스트주의자들에 의해 주장된 '대중문화' 옹호론에 대한 체계적인 반박"인 동시에 "90년대 포스트모더니스트들의 당대중국문화 분석이 '서구'를 '현대문명'의 원류로 판단하여 당대중국문화를 이러한 서구 중심적인 틀 속에 종속시켜 옹호한 것에 대한 비판적 응답"이라는 것이 박자영의 판단이다. 그녀는 또한 '센터'를 중심으로 한 왕샤오밍 그룹의 작업에 주목하고 있고 "전지구화가 급속도로 진전중인 지역—상해의 문화적인 환경에 대한 분석이라는 지역연구적인 관점에서 출발한 왕샤오밍 등의 문화연구 작업은, 그리하여 경제적이고 사회적인 기제 전반의 문제로 문화연구의 영역을 확장하며 새로운 문화연구의 지형도를 그려내고 있다"57)고 평가했다.

한편 이동연은 '아시아 문화연구의 비판적 재구성'이라는 큰 틀을 짜면서 '국지적 실천과 연대'라는 키워드로 왕샤오밍의 작업을 평가한 바 있다. 그는 왕샤오밍의 글58)에 대한 답변 형식의 글을 통해, 한국의 문화연구와 대조하면서 중국 문화연구자들의 이중적 입장을 읽어냈다. "중국의 신좌파 문화연구자들은 관료화된 사회주의 이데올로기를 고수하려는 관방 이데올로그를 비판하면서도 자본주의적 국가체제로의 이행을 주장하는 자유주의자들에게도 비판을 가하는 이중적인 전략을 사용한다."59) 이런 이중성은 "국가주도형의 관변문화와 문화 계몽운동에 대해 비판하면서

---

57) 같은 글, 42, 43쪽.
58) 왕샤오밍, 「최근 중국의 문화연구」, 박자영 옮김, 『문화/과학』 42호, 2005년 여름. 이 글은 「文化硏究的三道難題: 以上海大學文化硏究系爲例」의 전편 또는 앞 버전이랄 수 있는 「오늘 중국의 문화연구」(今日中國的文化硏究, 2005)를 번역한 것으로, 1단계 작업을 진행하면서 느꼈던 문제점과 과제를 제시하며 동업자들의 의견을 구한 글이다.
59) 이동연, 「아시아 문화연구는 있는가?: 비판적 재구성을 위한 질문들」, 『문화/과학』 43호, 2005년 가을, 290쪽.

도 탈국가화하는 시장자본주의의 문화경제로부터 국가의 역할을 요구하는 이중적 입장"으로 이어진다. 그러므로 "중국 문화의 현대화는 문화연구자들에게 있어서는 절실한 과제이지만, 시장자본의 확대에 기반한 현대화로부터 중국의 문화적 정체성을 지켜야 하는"60) 이중적 과제가 설정된다는 것이다. 이런 전제 아래 이동연은 왕샤오밍 그룹의 작업을 "국지적인 뿌리를 두고 있는 현장에 대한 실천적인 연구"61)라고 평했다. "문화연구가 재현된 것의 정치학만이 아니라 재현되지 않은 것들에 대한 정치학으로 구성되길 희망한다"는 스튜어트 홀의 언급을 인용하며 글을 시작한 이동연이 "담론을 조직하고 발언하는 방식"을 문제 삼으며 아시아의 현실과 미래에 대한 대안적인 지식생산을 위해 아시아 문화연구자들의 새로운 네트워크를 제안하는 것은 당연하다. 그것은 글로벌 문화자본에 대한 저항과 새로운 문화적 국제주의를 기획하는 '급진적 실천'이다.62)

박자영은 왕샤오밍의 제자인 만큼, 상하이 문화연구 그룹의 상황을 소상하게 파악하고 있고 중국의 문화연구가 도입된 지 얼마 되지 않은 시점에 그 상황을 역사적으로 고찰한 장점을 가지고 있다. 중요한 점은 박자영의 관찰이 마무리되고 있는 시점에 상하이 문화연구 그룹의 '촉진적 개입'의 단계가 시작되고 있다는 것이다. 담론 차원의 비판적 분석에 그치지 않고 실천적 담론과 개입을 지향하고 있는 것이다. 1990년대 중국의 문화연구는 초창기 실천이 대부분 그런 것처럼 일회적이고 개인적 차원에서 진행된 경우가 많은데, 그 가운데 왕샤오밍의 '센터'는 촉진적 개입의 단계로 접어들었고 2008년부터 2단계로 진입하면서 그룹을 형성하고 진

---

60) 같은 글, 292쪽.
61) 같은 글, 293쪽.
62) 같은 글, 295-96쪽.

지를 확장하며 본격적으로 문화연구를 진행하고 있다 할 수 있다. 또한 이동연의 분석과 평가는 왕샤오밍의 글에 대한 답변이기에 '현장에 대한 실천적인 연구'의 구체적 성과를 점검하지 않았고, 중국의 문화연구자들이 통상 신좌파로 분류된다는 그의 지적은 재고할 필요가 있다. 1990년대 후반 '신좌파와 자유주의 논쟁' 이후 중국의 지식 지형도를 이 양자와 주류 이데올로기의 삼각형으로 보아온 관행은, 그로부터 10년이 넘은 지금 새롭게 매핑(mapping)할 필요가 있는 것이다. 이 글의 맥락에서는 '신좌파'가 신화적 요소가 있는 만큼 왕샤오밍 그룹을 '신좌파'에 귀속시키는 것은 별 의미가 없다고 지적하는 것으로 대신하자. 앞으로 이 글의 전개는 박자영과 이동연의 성과를 선행연구로 삼되 그로부터 7-8년이 넘는 시점에 그간 새롭게 진전된 성과를 고찰하는 데 두고자 한다.

6_ 상하이대학 중국당대문화연구센터와 문화연구학과

2001년 11월 창설된 '중국당대문화연구센터'(이하 '센터')는 1년여의 준비기간을 거쳐 2003년부터 1단계 연구 활동을 시작했고, 2008년부터 2단계 프로젝트를 시작해 현재 진행 중이다. 1단계 연구주제는 '1990년대 상하이지역 문화 분석'이었다. 이는 여덟 개의 세부주제로 구성되어 있는데, '미디어(TV)', '부동산시장과 광고', '거리의 시각 이미지', '사회주의 노동자 신촌', '공장과 노동자의 문화사', '문학 사이트', '도시 속의 새로운 공간', '유행하는 옷 스타일' 등이었다. 2008년에 시작한 10년 예정의 연구 프로젝트의 주제는 '당대 문화의 생산 메커니즘 분석'이고, 이는 '새로운 지배 문화의 생산 메커니즘 분석'과 '중국 사회주의 문화의 문제점 분석'

이라는 세부주제로 구성되어 있다.[63] 1단계를 '비판적 분석'의 단계라 한다면, 2단계는 '촉진적 개입'의 단계라 할 수 있는데, 이는 새로운 이론 건설에서 흔히 거론되는 '파괴'와 '구성'에 해당[64]하는 것으로 볼 수 있다. 그러나 왕샤오밍은 이를 단계론적으로 보지 않고 변증법적 방법론으로 이해하고 있다. 나아가 그는 "이런 방법론의 내포를 빌어 우리가 '실천'의 각도에서 문화연구의 지속적인 경계 넘기를 추동함으로써, 이 학과와 저 학과의 경계를 뛰어넘는 데 그치지 않고 강단 학술과 사회 문화 내지 사회 운동의 경계를 뛰어넘기를 희망"[65]하고 있다. 센터의 연구는 중국사회의 문화 상황에 일어난 중대한 변화에 대한 비판적 분석을 일차적 목표로 삼고, '문화'에 대한 정의를 상대적으로 넓게 잡아 주택, 인터넷, 대중매체, 거리, 공장문화 등으로 확대했다는 특색을 가지고 있다. 아울러 이 과제들을 수행하기 위해 개혁개방 상하이에 초점을 맞추었기 때문에 도시연구적인 성향이 뚜렷이 드러나면서도 농촌과 농민공 그리고 사회주의에 대한 고민을 아우르고 있는 것도 특징적이다.

'센터'는 중국 문화연구의 최초의 진지[66]라 할 수 있고 그 활동은 교학과 연구 그리고 교류의 세 방면으로 요약할 수 있다. 2002-2003년 상하이

---

63) 王曉明, 『近視與遠望』, 266쪽.

64) 마이클 하트는 질 들뢰즈의 비판적 절차를 "pars destruens, pars construens"(일면에서는 파괴, 일면에서는 구성)으로 요약한 바 있다. 마이클 하트, 『들뢰즈 사상의 진화』, 김상운·양창렬 옮김, 갈무리, 2006(2쇄. 1쇄: 2004), 180쪽 참조. 하트는, "들뢰즈의 『에티카』 독해에서 우리는 첫 번째 계기로부터 두 번째로, 사변에서 실천으로, 긍정에서 기쁨으로 나아가려는 경향을 계속 느낄 수 있다"(같은 책, 181쪽)고 평하고 있다. '사변의 긍정'과 '실천의 기쁨'은 스피노자 『에티카』의 "일반적 구도(design)를 형성하고 있는 것을 하나로 엮어내는 두 가닥의 실타래이다"(같은 책, 181쪽).

65) 王曉明, 『近視與遠望』, 269쪽.

66) 그 외에 화둥사범대학의 '중국현당대사상문화연구소'(中國現當代思想文化研究所), 상하이사범대학의 '도시문화연구센터'(城市文化研究中心) 등과 『시계』(視界) 등의 간행물을 들 수 있다.

대학 사회학부와 중문학부에서 문화연구를 '연구방향'으로 설정해 박사과정 학생을 뽑기 시작한 센터는 2004년 대학원 협동과정으로 중국 대륙 최초의 문화연구 교학기구인 '문화연구 과정'(Program in Cultural Studies)을 개설했고, 2012년에는 독립적인 단위로 석박사 대학원생을 모집할 수 있게 되었다. '문화연구학과'는 학부과정 없이 대학원 석·박사과정으로만 운영되고 있는 독립적인 체제다. 원래 학제간 교학을 지향해 협동과정으로 운영하던 대학원 과정을 독립단위로 전환한 것은 시행착오 과정인 동시에 전술적 선택으로 보인다. 다시 말해, 기존 분과학문 체제를 비판하며 그것을 뛰어넘고자 하다가 기존 분과학문 체제에 안착하는 것이 논리적인 모순이라는 비판을 감수하면서 학과 인가의 길을 선택한 것은 원활한 연구와 교학을 위해 체제 내로 진입한 것이다. 그 결과 전임 교원 증원과 입학생 증가라는 가시적 성과를 얻었다. 물론 체제를 활용하려다 도리어 체제에 먹혀버린 사례를 우리는 수도 없이 보아왔다. 다행히 왕샤오밍은 이 점을 잘 이해하고 있기에 최소한 그가 주도하는 시기에 그런 불상사는 일어나지 않을 것으로 기대할 수 있을 것이다.

왕샤오밍은 센터와 문화연구학과의 제도화로 인해 연구자와 학생들이 결국 기존의 사회 재생산에 필요한 인간이 되어버리는 것을 특히 경계한다. 이를 위해 학생들의 다섯 가지 능력을 공들여 배양하려 한다. 첫째, 역사적 깊이가 있는 글로벌한 안목. 세계의 현 상태를 알아야 할 뿐 아니라 그것의 역사적 원인도 알아야 하고 서양을 알고 있어야 할 뿐 아니라 비서양권의 상황도 알고 있어야 한다. 둘째, 이론적 사유 능력. 이는 그저 사변적이라거나 외국어, 학술적 표현 등만을 가리키는 것이 아니라 남과 소통하는 능력도 가리킨다. 예를 들어, 공장에 갔을 때 노동자들과 어떻게 대화할 것인가, 왕샤오밍이 보기에 이는 국제학술회의에서 유창한 영어로 발표를 하는 것과 똑같이 중요한 능력이다. 셋째, 당대 중국 문화와 사회 현실을 이해하고 분석하는 능력. 넷째, 현실적 조건에서 실제로 문화변혁을 촉진시키는 능력. 이와 관련해 세 군데 훈련 '장소'가 있다. 하나는 '시민강좌'로, 이곳에서는 사무직 노동자가 중심이 되는 시민들이 관심을 갖고 있는 문제를 가지고 정기적으로 시내에서 도시화 문제에 관한 '시민토론회'를 연다. 다른 하나는 육체노동자들이 모여 사는 교외지역에서 여는 정기 토론회로, '노동자 야학과 비슷한 것이다. 마지막은 거의 10년의 역사를 갖고 있는 센터 홈페이지[67])에 사회현상과 사건에 대한 '단평'을 발표한다. 이는 센터 홈페이지에서 가장 눈에 띄는 부분이다. 시민강좌와 노동자 야학 그리고 센터 홈페이지에서의 학생들의 실천은 모두 문화연구학과 박사 커리큘럼에 포함되어 교학의 일부를 이루고 있다. 다섯째, 사회변혁에 대한 믿음. 즉 이 사회가 좋아질 수 있다고 믿는 것이다. 오늘날 사회 재생산의 핵심 중 하나는 바로 현실은 너무 강력하고 개인은 보잘 것 없기에 우리는 현실을 변화시킬 수가 없고 단지 현실에 적응할 수 있을 뿐이라는 인식을 끊임없이 만들어내는 데 있다. 사회 현실에 대한 이런 비관적인 이해는 사회 재생산이 특히 퍼뜨리고자 하는 것이다. 그것은 당신이 무슨 일을 하는 사람이건 상관없이 모두 마음 깊은 곳에서 그렇게 세계를 대하고 그렇게 인생을 대하게 만들려 한다. 이 다섯 가지 능력은 물론 아주 갖추기 어려운 능력들이라 여러 해에 걸쳐 지속적인 노력이 필요할 것이지만, 왕샤오밍은 문화연구 교학을 통해 이런 노력을 위한 안정적인 기초를 닦는 일, 다시 말해 정신적인 출발점을 만드는 일을 할 수 있을 것으로 기대하고 있다.[68])

---

67) <當代文化硏究>. http://www.cul-studies.com/
68) 왕샤오밍 · 임춘성, 「왕샤오밍-임춘성 인터뷰」, 주제(朱傑) · 김소영 녹취 번역, 『오늘의 문

교학 외에 센터의 주요 활동은 연구와 교류에 집중되어 있다. 내가 처음 센터를 방문했을 때 연구원은 주임을 포함해 3인이었고, 이 구성은 일정 기간 지속되다가 최근에야 센터/문화연구학과의 전임 교직원이 7인으로 증원되었다. 센터 운영의 기본 메커니즘은, 연구 주제를 개별적/집단적으로 진행하면서 일정 기간 경과 후 국내외 학자들과 만나는 장, 즉 학술토론회를 마련하고 그 결과를 간행물이나 단행본으로 출간하는 것이다. '연구-학술토론회-출간'이 삼위일체를 이루고 있다. 그간 무크지 형식의 간행물 『열풍학술』[69]과 20여 권의 시리즈가 출간되었다. '열풍도서 시리즈'는 간행물 외에 다섯 부분으로 이루어져 있다. 첫째 '워크숍'[70]으로, 주로 개인의 연구서를 출판하고 있고, 둘째 '사상논단'[71]으로, 주로 강연집이나 논문집이며, 셋째 '강의록과 교과서'[72]로, 주로 수업에 필요한 것

예비평』 87호, 2012, 106-7쪽 요약 발췌.

69) 왕샤오밍・차이샹(王曉明・蔡翔) 主編 제1집 2008. 3; 제2집 2009. 3; 제3집 2009. 10; 제4집 2010. 8; 제5집 2011. 8; 제6집 2012. 6.

70) 레이치리(雷啓立), 『매체의 환상―당대 생활과 매체문화 분석』(傳媒的幻像―當代生活與媒體文化分析), 上海書店出版社, 2008; 위안진・딩윈량・왕유푸(袁進, 丁雲亮, 王有富), 『정체성 건설과 물질생활』(身份構建與物質生活), 上海書店出版社, 2008; 치거・런샤오원(七格, 任曉雯), 『신성한 글쓰기 제국』(神聖書寫帝國), 上海書店出版社, 2010; 뤼신위(呂新雨) 等, 『대중매체와 상하이 정체성』(大衆傳媒與上海認同), 上海書店出版社, 2012; 뤄샤오밍(羅小茗), 『형식의 독주―상하이 '제2차 교과과정 개혁'을 사례로 삼은 교과과정 개혁 연구』(形式的獨奏―以上海"二期課改"爲個案的課程改革研究), 上海書店出版社, 2012.

71) 왕샤오밍, 천칭차오(王曉明, 陳淸僑) 編 『당대 동아시아 도시: 새로운 문화와 이데올로기』(當代東亞城市: 新的文化和意識形態), 上海書店出版社, 2008; 쉐이(薛毅) 編 『향토 중국과 문화연구』(鄕土中國與文化研究), 上海書店出版社, 2008; 쑨샤오중(孫曉忠) 編 『루쉰과 다케우치 요시미』(魯迅與竹內好), 上海書店出版社, 2009; 쑨샤오중(孫曉忠) 編 『방법과 사례: 문화연구 강연집』(方法與個案: 文化研究演講集), 上海書店出版社, 2009; 쑨샤오중(孫曉忠) 編 『거대한 변화 시대의 사상과 문화―문화연구 대화록』(巨變時代的思想與文化―文化研究對話錄), 上海書店出版社, 2011; 쑨샤오중(孫曉忠) 編 『포스트미국 시대의 생활―사회 사상 포럼』(生活在後美國時代―社會思想論壇), 上海書店出版社, 2012; 뤄샤오밍(羅小茗) 編 『'국민 만들기: 1950-1970년대의 일상 생활과 문예 실천』(制造"國民": 1950-1970年代的日常生活與文藝實踐), 上海書店出版社, 2011; 왕샤오밍, 주산제(王曉明, 朱善傑) 『서울부터 멜버른까지』(從首爾到墨爾本: 太平洋西岸文化研究的歷史與未來), 上海書店出版社, 2012.

들이고, 넷째는 '번역총서',73) 다섯째는 '당대 관찰74)에 해당하는 비(非)
학술적인 소책자인데, 이 부분은 일반 독자들과 활발한 교류를 기대하는
부분이다.

마지막으로 센터는 국내외 교류를 활발하게 전개하고 있다. 특히 국제
교류는 개방적이면서도 명성에 좌우되지 않고 실사구시적으로 동지적 연
대를 추구하고 있다. 그 가운데 한국과의 교류는 성공회대 동아시아연구소
를 파트너로 삼아 진행해 왔는데, 2012년 『문화/과학』과 『열풍학술』의
교류를 주목할 필요가 있다. 상호 상대방의 문화연구 성과를 소개하는 것
을 시작으로 초청과 답방이 이어졌고, 2012년 7월에는 『문화/과학』 편집
위원 초청 학술토론회가 개최되었다. 그동안 중화권에서 한국에 관심을
가져온 학자로는 타이완 교통대학의 천광싱(陳光興)과 중국사회과학원의
쑨거(孫歌)가 있는데, 이들은 주로 '아시아사상 논단' 및 '아시아 진보 간행
물 회의' 등을 통해 '창비' 그룹과 교류해왔다. 천광싱(『제국의 눈』, 2003)
과 쑨거(『아시아라는 사유공간』, 2003)의 저서가 창비에서 출간되었고, 백
영서75)와 백낙청76)의 저서가 타이완에서 출간된 것은 그 가시적 성과라
할 수 있다. 천광싱과 쑨거를 통해 대부분의 중국 지식인들은 '창비' 그룹
을 한국의 진보적 지식인으로 인식해왔다. 이런 상황에서 2012년 5월 강내

---

72) 王曉明 編, 『중문세계의 문화연구』(中文世界的文化硏究), 上海書店出版社, 2012; 왕샤오밍, 저우
   잔안(王曉明, 周展安 編, 『중국현대사상문선 I · II』(中國現代思想文選 I · II), 上海書店出版社, 2013;
   『거대한 영혼의 전율』(巨大靈魂的戰慄), 근간.
73) 『느린 생활』(慢速生活), 근간, 『지구적 좌파의 흥기』(全球左派的興起), 근간.
74) 당대문화연구망(當代文化硏究網) 編, 『'성'장의 번뇌』("城"長的煩惱), 上海書店出版社, 2010.
75) 백영서(白永瑞, 『사상으로 본 동아시아: 한반도시각의 역사와 실천』(思想東亞: 韓半島視覺的歷
   史與實踐), 臺灣社會硏究雜誌社, 2009.
76) 백영서 · 천광싱(白永瑞 · 陳光興) 編, 『백낙청—분단체제 · 민족문학』(白樂晴—分斷體制 · 民族
   文學), 聯經出版事業股份有限公司, 2010.

희의 특강77)은, '창비' 그룹이 신자유주의 좌파에 속해 있다고 평가한 점에서, 최소한 왕샤오밍 그룹에게 충격을 준 셈이었다. 금년에는 한국문화연구학회와 『문화/과학』의 초청으로 한국에서 학술대회78)가 개최되었다.

7_ 비판적 분석과 촉진적 개입의 절합

상하이대학에 재직하는 교원 가운데 센터의 연구원을 겸직하는 자로, 중국 근현대문학 전공의 차이샹(蔡翔)과 쩡쥔(曾軍), 중국영화 전공의 천시허(陳犀和)와 취춘징(曲春景), 인류학 전공의 장장화(張江華) 등이 있지만, 왕샤오밍과 이들의 관계는 예상만큼 긴밀하지는 않다. 그보다는 화둥사범대학 중문학부 출신이 중심을 이루는 2세대 그룹—뤄강(羅崗), 니원젠(倪文尖), 마오젠(毛尖), 레이치리(雷啓立. 이상 화둥사대), 쉐이(薛毅. 상하이사대), 니웨이(倪偉), 뤼신위(呂新雨. 이상 푸단대), 장롄훙(張煉紅. 상하이 사회과학원), 둥리민(董麗敏), 궈춘린(郭春林), 쑨샤오중(孫曉忠. 이상 상하이대) 등—과 이들의 제자 그룹이랄 수 있는 3세대 그룹—뤄샤오밍(羅小茗), 주산제(朱善傑), 가오밍(高明), 저우잔안(周展安), 주위(朱雨. 이상 상하이대), 주캉(朱康. 화둥사대), 차오환장(喬煥江. 하얼빈사대), 장숴궈(張碩國), 주제(朱傑. 이상 하이난대), 장융펑(張永鋒. 취저우대) 등—에 주목할 필요가 있

---

77) 강내희, 「1987년 체제 이후 한국에서의 신자유주의 지배와 문화지형 변동」, 상하이대학교 문화연구학과 특강 발표문, 2012. 5. 9.
78) 『정보자본주의와 정보문화의 현재와 미래』(자료집), 『문화/과학』 편집위원회, 2013. 6. 28; 『제1회 동아시아 혁명사상 포럼』(자료집), 한국문화연구학회, 2013. 6. 29. '정보자본주의' 관련 글 6편은 『문화/과학』 75호에 특집으로 게재되었고, '동아시아 혁명사상' 관련 글 4편은 『문화연구』 제2권 2호에 게재되었다.

다. 물론 3세대 그룹 가운데에도 왕샤오밍의 제자가 있다. 그리고 현재 상하이대와 화둥사대 등에서 석박사 과정에 재학하고 있는 학생들은 4세대라 할 수 있다.

여기에서는 왕샤오밍이라는 중심인물에 초점을 맞춰 '상하이 문화연구 그룹'의 지향과 방법론 등을 살펴보자. 그는 중국근현대문학으로 학자 생활을 시작해 근현대 사상으로 영역을 넓혀왔고 최근에는 문화연구를 축으로 삼아 문학과 사상을 아우르며 현실에 개입하는 지식인의 모습을 보이고 있다. 문학연구에서 사상연구로, 다시 문화연구로의 과정 속에서 그가 중시하는 것은 '학술과 현실의 관계'라 할 수 있다. 문화연구를 자신의 연구와 교학의 중심에 놓고 있는 왕샤오밍은 중국 대륙의 문화연구의 임무 또는 목적을 중국혁명의 정신적 전통에 입각해, 광의의 문화 측면에서 중국의 현실에 개입하여 중국 사회가 좋은 방향으로 변화하게끔 노력하는 것으로 설정하고 있다. 이를 위해 그는 인간, 즉 지금의 중국인, 특히 지금의 중국 젊은이들을 주목해야 한다고 본다. 루쉰의 '아이들을 구하라!'라는 외침과 포개지는 부분이다. 급변하고 있는 중국에서 생활하고 있는 젊은이들은 각양각색이지만, 서로 다른 지역과 다른 상황 아래 있는 젊은이들에게 공통적인 것을 찾을 필요가 있는데, 이것이 바로 중국대륙의 문화연구가 중점적으로 그 해법을 찾아야 하는 문제 중 하나라고 본다. 이를 위해 왕샤오밍은 몇 가지 과제를 제시한다.

첫째, 오늘날 중국 사회의 이해. 이는 문화연구의 시각에서 오늘날 중국의 지배적 문화가 어떤 것인가를 이해해야 함을 의미한다. 왜냐하면 오늘날 중국 젊은이들의 생각과 상황을 결정하는 일에 이 지배적 문화가 아주 결정적인 역할을 하고 있기 때문이다. 둘째, 현실분석을 통해 현실을 바꾸는 데 개입하려면 자원이나 도구가 있어야 하는데, 지금의 중국에서 주요한 자원이나 도구는 서양 이론이 아니다. 더 중요한 것은 '중국 혁명'의 역사적 전통이다. '중국 혁명'의 전통이 무엇인지에 대해 여러 가지 주장이 있는데, 왕샤오밍이 보기에 그것은 중국공산당보다는 훨씬 큰 역사적 운동이며, 중국공산당은 그것의 산물 중 하나였고 또한, 적어도 지금은, 1940년대의 국민당과 마찬가지로 그 전통의 배반자로 보고 있다. 그는 기본적으로 근현대 '중국 혁명'의 전통이 해결하려고 했던 기본 문제가 오늘날 중국 대륙의 문화연구가 다루고자 하는 문제라고 보는 것이다. 이 혁명전통의 인도가 있으므로 중국의 문화연구 학자들은 자신도 역사의 일부분으로 여기고 역사에 대해 책임이 있다고 생각하며 마땅히 역사에 개입해야 한다고 생각하고 있다. 그러기에 그는 역사의 외부에 서있는 미국의 문화연구를 거절하고, 윌리엄스 등이 참여한 영국 문화연구의 장점을 지향한다. 그것은 바로 현실 '개입'이며, 그들의 근본적인 의도는 사회 현실에 개입하려는 것이다. 이를 통해 그가 추구하는 근본적인 목적은 새로운 문화실천을 전개하려는 것이다.79)

중국의 혁명전통을 문화연구와 결합시키는 시도는 무척 독특하다. 신민주주의혁명의 결실로 세워진 중화인민공화국의 전기 30년은 폐쇄적인 시공간이었다. 이에 대한 반작용으로 1980년대는 서양 이론을 끌어와 중국의 험난한 사회 변천을 해석하려 했지만, 1980년대 말 1990년대 초 그에 대한 새로운 성찰이 이뤄진다. 왕샤오밍은 바로 '외래의 비판적 수용'이라는 차원에서 문화연구를 방법론으로 삼아 중국의 새로운 사회 현실을 해석하고 중국적 특색을 가진 문화연구를 수립하고자 한다. 혁명 전통을 창조적으로 계승하려는 것이다. 이 작업은 우선 1949년 이전의 좌익 사상 자료

---

79) 이상 왕샤오밍·임춘성, 앞의 글, 104-5쪽 요약 발췌.

의 발굴로부터 시작하고 있다. 대학원 강의를 통해 교육과 자료 검토를 한 후 그 결과물을 『중국현대사상문선』으로 출간했다.

8_ '상하이학파'의 가능성

왕샤오밍을 중심으로 한 상하이 문화연구 그룹은 미국식 문화연구를 거부하면서 영국의 버밍햄학파의 비판적/실천적 문화연구를 지향하고 있다. 이들의 표현에 따르면 비판적 분석과 촉진적 개입의 절합이다. '학파'의 가능성을 염두에 두면서 상하이 문화연구 그룹의 특징을 정리해보면 아래와 같다.

첫째, 진지를 구축한 집단연구. 왕샤오밍을 중심으로 상하이대 '센터' 내외에 포진한 연구자들과 화둥사대 출신들이 주축을 이루고 있는데, 이들은 화둥사대, 상하이사대, 상하이사회과학원, 푸단대 등에 분포되어 있고 최근에는 이들의 제자들이 전국 각지로 확산되고 있다. 이들은 상하이대와 화둥사대를 주요 근거지로 삼아 국가 및 시정부의 프로젝트를 수주해 연구를 수행하고 있다. 그리고 이들 프로젝트는 '센터'의 프로젝트와 개인 프로젝트로 나뉘어 있는데, 양자는 유기적으로 결합하기도 한다. 그리고 이들 프로젝트는 '연구-학술토론회-출간'의 삼위일체로 구성되어 진행되고 있다.

둘째, 중국 혁명전통과 문화연구의 접합. 대부분의 이론들은 그 이론이 나온 시대와 지역의 경험에 근거하고 있다. 이른바 '여기 지금'(here and now)에 기초한 것이다. 왕샤오밍도 이런 맥락에서 중토성(中土性)을 강조하고 있다. 그러나 그의 중토성은 중국만 보고 다른 지역은 보지 않는 중국의 다른 학자들과는 다르다. 그는 '중국 특색'을 강조하려 할수록 '중국에만 관심을 가져'서는 안 된다고 못 박는다. "세계에 대한 전체적인 이해가 있어야만 중국 특색이 무엇인지를 분명하게 알 수 있다. 오늘날 세계의 중심이 점점 더 비(非)서양 세계로 이전하고 있다'고 강조하고 있다. 아울러 중국의 지식인들이 줄곧 숭상해온 '천하를 가슴에 품는다'는 말과 '노동자는 조국이 없다'는 맑스의 말을 인용하면서 좌익 지식인의 기본 태도를 강조하고 있다.[80] 이들의 중토성은 중국의 혁명전통을 창조적으로 계승해, 비판적으로 수용한 문화연구와 접합시키려는 기획으로 표현된다. 현재를 밝히고 미래를 전망하기 위해 '중국 혁명전통과 문화연구를 결합하려는 것이다. 이른바 '사회주의 30년'의 경험을 '찰칵 잘라내는 것도 문제지만 '사회주의 노스탤지어'는 더욱 문제다. 사회주의 혁명 및 그 이전의 혁명에서 합리적 핵심—왕샤오밍은 그것을 '좌익사상'이라 일컫는다—을 추출해 새롭게 해석하려 하고 있다. 최근 출간된 『중국현대사상문선』은 바로 그 기초 작업인 셈이다.

셋째, 다양한 연구대상. 이들이 대상으로 설정한 문화는 전통적인 고급문화와 다르고 지구적 소비시대의 상품문화에 국한되지 않는다. 상하이지역 문화부터 당대의 새로운 지배 문화와 사회주의 문화를 아우르고 있고 나아가 목하 사회를 지배하고 있는 주류 이데올로기의 생산기제 및 작동방식 그리고 당대 '감정구조'를 밝혀내고자 한다. 이를 위해 TV와 인터넷을 포함한 미디어, 부동산시장과 광고, 사회주의 노동자 신촌, 공장 문화, 청년의 주거문화, 인터넷 문학, 도시 속의 새로운 공간 등에 대한 연구를 진행하고 있다. 이들의 연구 대상은 주로 상하이와 관련되어 있지만 도시

---

80) 같은 글, 113쪽.

와 농촌의 관계에 주목하고 있을 뿐 아니라, 그들의 안목과 사고는 가히 지구적이다. 그들은 당연하게도 '중국이 어느 방향으로 나아갈지'에 대해 지극한 관심을 가지고 있다. 쉐이는 자신들이 문화연구로 나아간 원인을 "1990년대 이래의 현상에 대해 느끼는 곤혹감"에서 비롯된 "태도의 동일성"[81]으로 요약한 바 있다. 그러므로 중국계 외국 학자들의 생각[82]도 들어보고, '충칭 모델'을 고찰하기 위해 공공임대주택, 농촌 마을, 공장 등도 현지에서 조사[83]하는 등 다각적인 활동을 시도하고 있다.

넷째, 비판적 현지조사. 실천과 개입을 중시하는 이들의 연구에서 빠트릴 수 없는 방법론이 현지조사다. 인문학 연구자들에게 익숙지 않은 현지조사를 이들은 일찌감치 시작했고 지금은 직접 또는 간접적으로 거의 모든 연구에서 빠트리지 않고 있다. 왕샤오밍은 자신들의 방법론을 '비판적 현지조사'[84]라고 개괄한 바 있다. 이는 기존의 사회과학에서 실시하는 정량적 현지조사에서 한 걸음 나아가 질적 연구를 지향하는 것이다. 그런 맥락에서 이들의 현지조사는 '민족지'(ethnography) 연구방법과 중첩된 측면이 있다. 이를테면 왕샤오밍의 「'화이하이루'에서 '메이자차오'까지」(從淮海路到梅家橋)와 「L현 견문」(L縣見聞)은 의식적이진 않지만 '민족지'적인

---

81) 「문화연구의 가능성—『열풍학술』에 대한 토론(좌담, 2008. 7. 25.)」(文化研究的可能性—『熱風學術』研討[座談, 2008. 7. 25.]), 孫曉忠 編, 『巨變時代的思想與文化—文化研究對話錄』, 86쪽.
82) 『최근 30년 중국 사회와 문화의 변화: 여러 사조의 상호작용과 대화, 학술토론회 논문집』(近三十年來中國社會與文化典型: 多種思潮的互動與對話, 學術研討會論文集), 화둥사범대학비평이론센터 외(華東師範大學批評理論中心外), 2012. 7. 9-10. 이에 대해서는 김소영, 「최근 30년 중국 사회와 문화의 변화: 여러 사조의 상호작용과 대화」 학회 참관기」, 『중국현대문학』 제62호, 2012 참조
83) 「'문화적 시야로 바라본 도시화—충칭 사례' 워크숍: 회의 핸드북」("文化視野中的都市化—以重慶爲例"工作坊: 會議手冊), 충칭대학인문사회과학고등연구원(重慶大學人文社會科學高等研究院), 2012. 4. 19-24.
84) 「文化研究的可能性—『熱風學術』研討[座談, 2008. 7. 25.)」, 『巨變時代的思想與文化—文化研究對話錄』, 82쪽.

방법과 무관하지 않다. 앞의 글에서 왕샤오밍은 『푸핑』을 당대 사회를 이해하는 자료로 삼고 있으며, 뒤의 글에서는 L현에 머문 일주일동안 그 지역을 관찰한 것을 기록했는데, 전자는 『푸핑』을 민족지 기록으로 본 것이고 후자는 스스로 민족지 글쓰기를 실천한 것이라 볼 수 있다. 필자의 이러한 관찰에 대해 왕샤오밍은 '민족지에 대한 자각은 없었지만 그런 판단이 가능하다[85])는 답변을 한 바 있다.

다섯째, 제도화와 제도 활용의 사이. 이들은 제도화를 꾀하면서 제도를 활용하겠다는 의도를 가지고 연구와 교학을 결합시키고 있는 점에서 미래지향적이다. 상하이대의 '문화연구학과'는 제도화의 길을 걷고 있지만, 이는 체제에 안주하려는 것이 아니라 고민 끝에 내린 전술적 선택이라 할 수 있다. 문화연구의 발원지인 버밍햄대학의 현대문화연구소도 현판을 내렸다는 지금, 상하이대의 문화연구학과는 협동과정의 단계를 거쳐 2012년 석박사 과정을 운영하는 독립 단위로 인가를 받았다. 제도화의 길을 가면서 그것을 지속적으로 경계하는 것, 이는 이후 센터 및 문화연구학과 존립의 관건이 될 것이다.

마지막으로 덧붙일 것은 중심-소중심-주변-아(亞)주변[86])의 문제의식이다. 상하이는 중국의 중심의 하나이고, 상하이 출신 왕샤오밍은 상하이 중심 대학의 하나인 화둥사대에서 상하이대라는 소중심으로 이동하는 전략적 선택을 결단했다. 모두 알다시피 중심에서 새로운 시도를 하기는 어렵다. 그는 이 이동을 통해 '센터'를 가시화할 수 있었고 지금은 '문화연구

---

85) 왕샤오밍·임춘성, 앞의 글, 100쪽.
86) 이는 비트포겔의 '아주변' 개념과 백영서의 '소중심' 개념을 수용해 새롭게 구성한 것이다. 임춘성, 「동아시아인의 정체성 형성, 장애와 출구—비판적 동아시아담론을 중심으로」, 『문화/과학』 61호, 2010년 봄, 292-94쪽 참조.

학과를 일궈냈다. 아울러 그에 그치지 않고 범주를 확장하면서 끊임없이 주변 및 아주변과 소통하고 있다. '시민토론회' 및 '노동자 야학' 등을 계획하고 실천하는 것이 그것이다.

이들은 당연하게도 자신들의 '논의 테이블'을 가지고 있다. '연구-학술토론회-출간'이라는 기본 메커니즘 외에 이 그룹은 '상하이 모델'이라 명명할 수 있는 학술대회 조직 메커니즘을 운용하고 있다. 방문학자로 1년 상하이에 머물며 참석했던 학술대회 가운데 이 그룹이 조직한 경우 한 세션(90분, 발표 및 토론 각 15분, 청중토론 30분)에 발표자(報告) 3인, 사회자(主持) 1인, 토론자(評論) 1인을 배치하는데, 다른 학술대회와 차별화되는 지점이 바로 토론자의 역할이었다. 물론 이런 배치가 이들에게만 고유한 형식이라고는 할 수 없지만, 토론자는 발표자 3인의 발표를 아우르면서 한 걸음 더 나아가는 또 하나의 발표를 준비함으로써 그 여하에 따라 학술토론의 백미가 되곤 했다.

그룹 성원들이 항상 같은 생각을 하는 것은 아니다. 문화연구를 본격적으로 시작할 무렵에는 주로 왕샤오밍과 2세대 사이에 여러 가지 쟁점[87]이 있었고, 최근에는 2세대 성원 사이에서도 견해 차이가 드러나고 있다고 한다. 왕샤오밍은 '상하이학파' 형성의 가능성을 타진하는 질문에, 아직

---

87) 예를 들어, 중국 드라마에 관한 좌담회에서 "우리는 왜 <사병돌격>(士兵突擊)을 좋아하고 현재의 중국 연속극을 좋아하는가?"라는 질문에, 왕샤오밍은 '중화남자의 '양성(陽性)'적 인물 군상 및 그 이야기'라고 분석하면서 그들을 폐쇄적인 방식으로 훈련시키거나 형상화시켰다고 분석한 바 있다. 그는 "시청자들도 폐쇄적 훈련 속에서 살고 있다. 오늘날 사회 구조와 주류문화는 모두 한편으로는 인생의 많은 내용을 격절시키고 말살시키며 억압하고 은폐하고 다른 한편으로는 다른 내용에 초점을 맞추고 그것을 과장하고 강화한다'고 비판했다. 이에 대해 마오젠(毛尖)은 "오늘날 혁명역사드라마의 현 단계에서는 반드시 폐쇄성을 가져야 한다'고 반박한 바 있다. 「중국 TV드라마의 '시대의 아픔—우리 시대의 중국의 TV드라마(하)」("中國電視劇'的'時代之痛—我們這個時代的中國的電視劇[下])(座談, 2010. 3. 16), 『巨變時代的思想與文化—文化研究對話錄』, 104, 105쪽 참조.

그런 생각을 해보지 않았다고 하면서, 자신과 2세대 사이의 쟁점, 그리고 2세대 내부의 견해차 등이 학파 형성의 장애가 될 것[88]이라고 했다. 그러나 이들이 공적으로 사적으로 만나면서 끊임없이 대화를 지속하는 것으로 미뤄볼 때, 내부의 견해차 또는 쟁점은 이 그룹의 발전 동력으로 작동했고 이후에도 그렇게 작용할 것으로 평가할 수 있다.

'비판적 분석과 촉진적 개입의 절합', '중국 혁명전통과 문화연구의 접합'을 특징으로 삼고 있는 상하이 문화연구 그룹이 '학파'로 나아가기 위해서는 좀 더 시간과 연구의 축적이 필요할 것이지만, 지금까지의 과정과 성과로 미루어보건대 그 가능성은 조만간 현실성으로 전환될 것으로 기대할 수 있다.

[요약]

임춘성은 「포스트사회주의 중국의 사상 상황과 비판적/개입적 문화연구」에서, 포스트사회주의라는 시야를 통해 최근 중국의 사상 상황을 고찰한 후 상하이 그룹의 문화연구를 '비판과 개입'이라는 초점을 가지고 고찰한다. 중국 사회주의는 자본주의를 수용해서 어떻게 변화했는가? 현실 사회주의 몰락 이후 자본주의에는 변화가 없었는가? 그리고 사회주의와 자본주의를 뛰어넘는 제3의 가능성은 무엇인가? 이 글에서는 리쩌허우부터 시작해 신계몽주의, 신좌파와 자유주의 논쟁, 첸리췬, 왕후이 등의 논의를 통해 최근 중국의 사상 상황을 검토한다. 아울러 2001년 11월 창설된 상하이대학 '중국당대문화연구센터'와 '문화연구학과' 그리고 '상하이 문화연구 그룹'에 초점을 맞춰 중국의 문화연구 상황을 고찰한다. 우선 중국의 문화연구 상황을 개괄한 후 제도와 교육에 초점을 맞춰 '센터'와 '문화연구

---

88) 왕샤오밍·임춘성, 앞의 글, 114쪽.

학과'의 변천과정을 고찰하고 '센터'의 연구 작업을 '비판적 분석'과 '촉진적 개입'의 절합, 중국 혁명 전통과 문화연구 방법론의 변증법적 결합으로 총괄해 단계별로 살펴보며, 이들의 연구 및 교학 활동을 '학파(school)'로서의 가능성에 초점을 맞춰 전망한다. (임춘성)

문화연구 관점에서 바라본 중국 현대** 초기 사상과 혁명*

왕샤오밍(王曉明)
강내희 · 김소영 옮김

1_

지구에서 각각의 인류사회는 원래 제각기 서로 다른 역사의 길을 걸어 왔지만, 최근 삼사백년에 그 사회들은 주로 자본주의에 의해 추동되는 '지구화'―이런 용어를 써보자면―흐름에 앞서거니 뒤서거니 휩쓸려 들어갔고, 이리하여 '현대', '현대성' 같은 애초에 서유럽 경험에서 온 개념이

---

* 출처: 이 글은 2013년 6월 29일 개최된 한국 문화연구학회 국제학술대회에서 발표한 같은 제목의 글을 번역한 것이다. 왕샤오밍 · 저우잔안(王曉明 · 周展安) 編, 『중국현대사상문선』[I](中國現代思想文選, 上海書店出版社, 2013)에 실린 왕샤오밍(王曉明)의 「서문」(序文: 現代早期思想與中國革命)을 토대로 일부 수정했다.
** 이 글에서 '현대'는 필자가 독특하게 사용하고 있는 용어로, 이전 단계의 삼분법(近代-現代-當代) 시기를 모두 포괄하면서도 그것과 꼭 일치하지는 않는다. 그 기점을 1980년대로 잡은 것은 캉유웨이 등이 주도한 변법자강운동을 중시하는 것이다.-옮긴이

비서유럽 지역의 역사와 현실을 기술하는 데 광범위하게 사용되었다.

하지만 이런 용어를 사용할 때 사실 사람들은 '현대'나 '현대성'이 상이한 사회 및 지역에서 대개는 의미가 서로 매우 다르다는 것을 잘 알고 있다. 이 글도 '현대'라는 용어로 최근 이백년의 중국역사와 중국사상을 서술하고자 하지만, 비교적 좁은 정의를 취하고자 한다.

서양의 외압이 중국사회로 하여금 원래 궤도에서 확연히 벗어나게 해 중국 주류계급—신사(紳士)계급—을 일으켜 세워 '중국은 어디로 가는가'라는 큰 문제에 답변토록 만들었다. 중국의 현대역사는 바로 이때 시작된 것이다.

중국은 더 이상 옛 길을 계속 갈 수 없고 근본적으로 개혁해 전인미답의 새 길을 가야 한다. 그리하여 전력을 다해 새로운 중국 모습을 상상하며, 또 이를 위해 각종 실천 방안을 설계해야 한다. 이런 사실을 확인하면서 중국의 현대사상은 시작되었다.

중국인에게 '현대'란 따라서 1) 무엇이 중국인가를 전면적으로 다시 상상하고, 2) 온 힘으로 이런 상상을 실현함을 의미한다.

사회의 어떤 상황이 비교적 장시간 안정되고, 민관과 상하가 모두 "됐다, '중국 어디로 향해 가는가'는 더 이상 큰 문제가 아니다" 하고 명확하게 인정하게 되면, 중국의 현대역사는 종결되었다고 말할 수 있다.

그러나 이런 날은 분명 도래하지 않았다. 중국은 여전히 방향을 찾고 있고 중국인은 여전히 어디로 향해 가야 할지 제대로 알고 있지 못하다. 갈수록 많은 사람들이 이 문제를, '중국은 지금 어떻게 하나?'라는 문제로 축소하고 더 이상 '중국은 어떠해야 하는가?'를 생각하지 않는 데 익숙해지기 시작하고 있다.

중국만이 여전히 이런 현대에 처해있는 것은 아니고, 일본, 베트남, 인도 같은 아시아 국가들, 거의 모든 아프리카 국가들이 대체로 이러하지 않은가

싶다. 지구적인 역사시기로서 '현대'는 우리가 생각하는 것보다 훨씬 더 장구하다. 지구적 범위에서 '포스트현대'는 일종의 국부적 느낌일 뿐이다.

상술한 이런 거친 인식에 근거해 본문은 중국현대사상의 기점을 대략 1880-90년대로 설정한다.

2_

중국은 '현대'라는 길에서 이미 백삼십년을 보냈다. 이를 세 단계로 나눌 수 있다.

제1단계는 1880-90년대에서 1940-50년대로 대략 60년이며, 본문에서는 '현대 초기'라 일컫는다. 이 시기 국내외 각종 역사 및 현실 상황이 중국인으로 하여금 구습을 뚫고 나와 분기해 활력을 찾도록 만들었고, 넓은 의미의 '좌익' 혹은 '사회주의' 사상들이 도처에서 생겨나서 세차게 발전했다. 그들 사상은 서로 논전을 벌이고 서로 호응하면서 빠르게 중국 사상의 주류를 형성해[1] 도도하게 앞으로 나아갔다. 그들 사상은 중국사회의 분기하고 몸부림치는 거대한 에너지를 각양각색의 사회 개혁 및 창조로

---

[1] 현대 초기 전반에 걸쳐, 예더후이(葉德輝) 식의 보수주의 사상은 줄곧 차례차례 패퇴하며 반탄지세(反彈之勢)를 형성하지 못했고, 쑨중산(孫中山) 식의 '고유도덕'론에서부터 1930년대의 '중국 본위의 문화건설' 선언까지의 본토 전통의 가치를 강조하는 여러 가지 주장들은 모두 명백히 자신을 '현대의 새로운 문명을 창조한다는 기치 아래 두었으며 이 큰 기치를 배반할 의도를 거의 드러내지 않았다. 구미식의 자유주의 사상은 비교적 상층의 소수 엘리트들과 그들의 직접적인 영향 범위(대학 캠퍼스 같은) 내에서만 전해졌으며, 그 가운데 사회주의와 유사한 부분(1920년대의 후스(胡適))이 없지 않았다. 따라서 전체적으로 보아 현대 초기의 중국 사상에는 상술한 광의의 좌익 혹은 사회주의 사상과 정면 승부를 할 수 있는 다른 역량이 없었으며, 광의의 좌익 혹은 사회주의 사상은 이 시기 손색없는 사상의 주류였다.

인도함으로써 거대한 사회운동이 되게 했다. 이 운동의 좌익 혹은 사회주의 색채가 선명해 '중국혁명'은 곧 그것의 가장 적절한 이름이 되었다.

그것이 이 60년 동안 중국에서 가장 중요한 사회운동이었던 것은 말할 필요가 없다.

그 다음은 1940-50년대에서 1980년대까지로서 대략 40년간이다. 이 시기 초기에 중국혁명의 수석대표임을 자임하고 또한 일반적인 여론도 그렇게 인정했던 중국공산당이 제대로 중국을 통일한 후, 강력한 국가권력을 이용해 명확하게 '공산주의'를 지향하는 사회를 창건하기 시작했다.

그러나 이 창건이 전면 전개됨에 따라 각종 비/반사회주의적 요인들이 날이 갈수록 늘어났다. 국가자본주의 방식의 대공업, 현대관료제도, 집권체제의 정치적 부패, 혁명이데올로기의 경직화와 변질—이런 거대한 사회개조 및 수립 공정이 점차 '형식은 좌파, 실질은 우파가 되고 초심을 등지게 된다. 사회 안팎의 새로운 모순이 나날이 누적되고 사회가 이왕에 지니고 있던 혁명 에너지는 점점 소모되니, 1970년대 초 '문화대혁명'의 실제 종식과 1989년 봄의 비통한 '톈안먼(天安門) 사건'이 바로 이런 소모의 눈길을 끈 표현이었다.

잠깐 설명을 덧붙이자면, 여기서 말하는 '형식은 좌, 실질은 우'는 전반적 상황을 가리키는 것으로 구체적으로 상이한 영역과 시간에 이르면, 때로는 중단되고 또 비선형적으로 증가하다가 저지되기도 하는 등 결코 계속 확산된 것은 아니다. 당연히 이런 중단과 저지의 효과도 쌍방향적이었다. 비/반사회주의 요인이 실제 제도와 정치경제 영역에서 계속 팽창하면 급진적인 문화정치가 일어나서 대항했고, 급진이 과도해 극좌가 돼버리면, 반대 방향의 사회충동을 불러일으키게 되고, '좌', '우' 양진영이 더욱 뒤섞이게 만들기도 했다.

그 다음은 1990년대에서 오늘까지로 20여 년이다. 이전 단계와 비교하면 이 20년은 단일 성조라 칭할 만하며, 사회가 더 이상 우왕좌왕하지 않고 줄곧 지속적이고 전면적으로 우경화했다. 자본의 논리가 전체 사회—경제만이 아니라—생활의 기본 논리가 된 것이다. 정치사상에서 '미국모델'론과 중국 특색의 국가사회주의론이 잇달아 나와서 이것들이 첨예하게 대립한 것 같으나, 이 대립은 기타 사상의 공간을 크게 빼앗아 실제상 상호부조를 이루고 연합해 중국인이 미래를 상상할 공간을 축소시켰다.

사회가 이처럼 심각하게 우경화된 것은 중국의 현대역사 상 처음이다. 이렇기 때문에, 잔존하는 중국혁명의 사회적 에너지가 격발되어 나오기 시작하기도 한다. 2000년대 중반 이래 이런 정황이 갈수록 분명한 것은 누구나 다 볼 수 있으니 군말이 필요하지 않다.

3_

이것은 격렬한 변동의 역사로서 그 사상적 기점이 자연히 제법 견고하다. '꼭 새로운 길을 찾아야만 한다!'며 내딛는 모호한 충동일 뿐만 아니라 사상의 지면을 착실하게 밟고 나온 일련의 흔적인 것이다.

19세기 말 20세기 초 이런 흔적은 이미 뚜렷이 구분되었던바, 그 중 가장 주목할 만한 것은 다음과 같다.

1) 새로운 사상주제에 대한 확인: 중국처럼 각 방면에 걸쳐 오랜 기간 강인(彌勒)한 총체성을 유지하고 거의 한 번도 붕괴된 적이 없는 사회는 자신의 정신영역에서 통상 하나의—혹은 서로 밀접한 관련이 있는 일련의—사상주제를 형성하고, 또 비교적 장시간 그 흡인력을 유지하기 마련이다. 그런

사회의 가장 역동적인 정신 에너지는 종종 아주 예민하게 이런 주제를 감지하고 솔선 반복해 그 속에 빠져든다.2) 이런 관점에서 보면 전체 국면에 영향을 미치는 새로운 사상주제를 형성할 수 있느냐가 시대를 달리하는 사상 기점을 만들어내는지를 판단하는 첫 번째 지표다.

1890년대 중반부터 시작해 위로는 조정 중신, 아래로는 시골 평민에 이르기까지 더욱 더 많은 사람들이 '삼천년 겪지 못한 비상시국'이라는 식의 단언으로 자신의 문장과 담화를 시작하니, 궁쯔전(龔自珍) 시대3)에는 대체로 베이징 일부 엘리트 문인들만 느끼던 위기감을 이때에 이르러서는 조금이라도 생각이 있는 지식인은 모두 느끼게 되었다. 이것이 분명한 흔적을 남기게 되었다. 하나의 새로운 사상주제가 이미 형성된 데에다 보편적인 인식까지 얻게 되어, '중국 어디로 향해 가는가'가 수많은 사상가4) 심중에서 최고 관심사가 된 것이다.

2) 이로 말미암아 형성된 사상과 실천의 곤경에 대한 확인: 무슨 문제를 생각해야 하는지 아는 것은 첫걸음일 뿐이고, 이렇게 생각하는 것—그리고 따르기 마련인 이렇게 하는 것—의 어려움을 알아야만 그 문제를 정말로 이해했다 할 수 있다. 인상적인 점은 새로운 사상주제를 개괄해낸 중국사상가들은 빠르게 새로운 주제가 가져오는 거대한 곤경을 의식했다

---

2) '공자'와 '유학(儒學)'은 거의 이천년 동안 줄곧 중국 사상의 주류 위치를 차지해 왔으며, 이는 '항상 주제가 있다'는 중국 사상 특징의 뚜렷한 예증이다.

3) 궁쯔전(龔自珍, 1792~1841)은 중국 청나라 때의 사상가이자 문학가였으며, 개량주의의 선구자였다(百度百科 참고).-옮긴이

4) 이 글에서 말하는 '사상가'는 차분히 서재에 앉아 있는 선비들만을 가리키는 것이 아니라 세상을 구할 뜻을 품었거나 세상에 분노하는 마음을 가진 자들을 가리킨다. 그들은 학문 저술을 포함한 여러 가지 방식으로 현실에 개입하는 사람들을 포함한다. 따라서 이 글에서 다루는 사상가들은 대개는 동시에 정치인(혁명가 포함), 문학가, 교육가, 과학자 그리고 기타 유형의 사회활동가이다.

는 것이다. 이 점은 자세히 토론할 가치가 있지만 지면의 한계로 인해 그 중 가장 중요한 세 항목만 간단하게 언급한다.

수천 년 문명역사의 연속은 중국사상가들로 하여금 '과거'의 물감으로 '미래'를 그려내는 데 익숙하게 만들었고, 춘추시대 이래 그들의 거의 모든 새로운 구상, 최소한 많은 부분은 옛 기초에 입각한 것이었다. 그러나 1880-90년대부터 전해 내려오는 과거의 사회구조, 제도, 가치관, 생활방식 등은 모두 갈수록 사람들로 하여금 안심하고 계속 의지하기 어렵게 만들었고,5) 새로운 사상주제의 압박에 직면하게 되자, 배후의 공허함과 의지할 데 없음으로 인해 당대 사상가들의 고통은 나날이 심해질 수밖에 없었다.

그러나 당연히 의지할 데가 전혀 없던 것은 아니다. 사람들이 뭐라고 지난날을 비방한다 해도 잠재의식에서는 습관의 견인에 순종하지 않을 수 없으니, 하물며 균형 있게 '중국'과 '서양'의 우열을 가늠할 줄 알아서6) 전통을 새로 해석하고 자원을 발굴하고자 하는 고명한 선비가 당시 사람들 가운데 없지 않음에랴. 그러나 전적에서 가려 뽑아낸 '국수'(國粹), 소수 영걸이 몸 바쳐 빛낸 '고풍'은 모두 낡은 사회가 날로 붕괴하는 흐름을 막아낼 수 없었다. 서풍이 지붕 전체를 들어서 날려버리려는 것과도 같은 시점에 어떻게 평온하게 문틀에 기대어 멀리 눈길을 보내는 유유자적함을 유지할 수 있겠는가? 다급하고 긴장된 현실경험은 부지불식간에 사상의

---

5) 왕타오(王韜)는 이러한 느낌을 가장 일찍 분명하게 말하고 있는 인물의 하나로, 1870년대에 쓴 일련의 짧은 논설에서 그는 중국의 갖가지 오랜 폐단들을 일일이 열거하고, 중국 고유의 제도와 문화에 의지해 대청황조를 진흥할 수 있다고 하는 말들은 "족히 호걸지사들의 비웃음을 사고 스스로를 욕되게 할 뿐이다'라고 단언했다(왕타오, 「변법자강하」[變法自强下], 『도원문록외편』[弢園文錄外編]).

6) 옌푸(嚴復)는 1895년에 쓴 「세상 변화의 급박함을 논함」(論世變之亟)에서 '중서의 사리'(中西事理)에 대해 장편의 분석을 행하는데, 이는 이 방면의 비교적 초기 예이다.

첫 번째 근거가 될 것이다.

그러나 역사기억과 윤리습관을 정리해 현실에 직면하는 전통 준거를 재건하지 못했고,7) 기타 방면에서 획득한 믿기에 충분한 참조좌표를 생각할 겨를도 없었던8) 이 시기 중국사상가의 현실경험은 혼란과 취약함을 면하기 어려웠다. 주로 이런 경험에 의거해 현실을 이해하고 미래를 구상하려 했다면 곤란이 쉽게 드러나게 되니, 이것이 그 하나다.

1880-90년대부터 다수 중국사상가의 현실경험에서는 '서양―그 아시아 판본 일본을 포함해―은 나날이 충격력을 가장 많이 갖춘 요인이었다. 이것은 일종의 이중적 충격이었다. 한편으로 과거로부터 내려오는 사회제도, 가치관, 생활방식 등이 엄혹한 현실세계에 중국이 발붙이는 것을 더 이상 도와주지 못함을 명확하게 보면 볼수록, 그들은 더욱 더 쉽사리 '서양'을 현실을 인식하고 미래를 구상하는 첫 번째 모범으로 세우게 된다. 다른 한편 '서양' 세력의 전면 압박과 침략을 직접 겪으면 겪을수록 그들은

---

7) 비록 줄곧 중국의 주류 사회와 문화유산을 긍정적으로 이해하고자 하는 논자(예를 들어 1905년 성립한 국학보존회)들이 있었으며, 량치차오(梁啓超)와 옌푸와 같이 명석한 사람들은 '서양을 배우자'와 '우수한 전통을 보전한다'는 것을 모두 백성을 새롭게 만들자는 '신민'(新民) 방책에 병렬시키기도 했다. 그렇지만 전체적으로 말해서 현대 초기 전반에 걸쳐 부정적인 시각에서 상술한 유산을 이해하려는 경향이 훨씬 강했음은 의심할 여지가 없다. 이러한 상황에서, '전통'은 종종 암리에 중국 사상가의 현실 경험에 영향을 미칠 수 있었을 뿐, 자각된 긍정적인 참조가 되어 그 강렬하고 풍부한 감성 경험에 대해 더 큰 조직 및 정리 효과가 있는 작용을 발휘하기 어려웠다.

8) 왕타오를 비롯해 중국사상가들이 점차 '서양을 배우자'는―웨이위안(魏源) 식의 '오랑캐의 장기를 배워 오랑캐를 제압한다'는 식이 아닌―명확한 생각을 형성하긴 했지만, 적어도 1916년 '신문화운동'이 일어나기 이전에는 총체적으로 나날이 '전통'을 등지며 형성된 중국사상계의 정신과 감각의 공백을 '서양'이 메워줄 수 없었다. 격렬해 보이는 '서유럽화'(西化)의 수많은 주장은 사실 대부분 주장하는 사람이 일부러 말을 심하게 해 듣고 보는 사람들을 놀라게 하려는 실리적인 고려에서 나온 것이다(본문의 제8절 참고). 따라서 이 시기 중국사상가가 사상적으로 현실의 자극에 답하려고 할 때, 중국과 외국 모두 의지할 곳이 없다는 곤경을 피하기 어려웠다. 장타이옌(章太炎) 식의 "스스로 자기 마음을 중시하자"(自貴己心)는 구호는 어느 정도 이러한 곤경에 대한 민감함을 표현한 것이다.

더욱 자연스럽게 '서양'을 혐오하게 되고, 중국이 이후에 황색 얼굴의 '서양'으로 바뀌는 것을 원하지 않게 된다.9)

이런 점은 허다한 중국사상가의 현실경험 내부에 강렬한 충돌을 만들어내고, 서로 다르지만 이런 충돌을 해소하려는 다양한 경로의 사상 노력을 강제해냈다.10) '서양'을 어떻게 다룰 것인가가 새 중국—과 새 세상—을 상상하는 일대 난제가 되었으니,11) 이것이 그 둘이다.

이 시기 중국 사상가들은 보편적으로 '인심'이 나빠졌다고 여겼다.12) 이 '나빠짐'은 대략 세 층위의 의미를 포함했다. 먼저, 중국의 지식, 도덕감과 체력이 보편적으로 엉망이라는 것이다. 둘째, 이런 사람들의 각종 활동—정치, 경제, 문화, 군사—도 엉망일 수밖에 없었다. 셋째, 과거로부터 전해 내려오는 각종 현존 정치, 경제, 군사 및 문화제도는 이미 그렇게 엉망이 되지 않은 사람들을 많이 만들어낼 수가 없었다.13)

---

9) 서양을 스승으로 삼아야 한다고 확신했던 1세대 사상가 가운데, 왕타오는 아마도 최초로 이러한 '혐오'와 '원치 않음'을 명확히 표출한 사람이었다. 1873년에 발표한 「"보불전쟁 기록" 후기」(<普法戰紀>後序)를 참고하라. 이러한 '혐오'와 '원치 않음'이 바로 이 시기 중국 사상가들에게 중국과 외국 두 방면 모두 기댈 곳이 없는 사상적 곤경을 가중시킨 중요한 원인이었다.

10) 옌푸 식의 '가치'의 높고 낮음에 대한 판단을 놓아두고 '공리'(功利)의 측면에서만 중국이 서양을 배워야 한다는 것을 논증한 논술—1895년의 「세상 변화의 급박함을 논함」이 이런 논술을 최초로 분명히 표출한 것으로 볼 수 있다. 한편으로는 서양강국을 '문명국가'로 인정하면서 한편으로는 또 이 국가들이 주도하는 세계질서를 '야만'으로 판정하고 있는 양두(楊度) 식의 논술—1907년 발표한 장문의 글 「금철주의설」(金鐵主義說)은 이런 논조를 연 글이다. 옌푸 식과 양두 식의 두 논술은 이러한 노력들 중에서 가장 깊이 있는 두 가지 예이다.

11) 어느 정도, 이 난제는 지금까지 줄곧 계속되고 있으며, 1950-70년대와 1980-90년대에 두 차례 해결된 것처럼 보이긴 했지만—비록 '해결' 방향은 완전히 달랐거나 정반대였지만, 1990년대 중반부터 그것은 다시 출현해 나날이 팽창하고 있다.

12) '인심'을 세상 형편을 판단하는 척도로 삼고 나아가 '인심'의 타락을 격렬하게 규탄하는 것은 중국 사대부의 심원한 연원을 지닌 사유특정으로, 1830-40년대 궁쯔전의 '인재론'이 그 분명한 예이다. 그러나 현대 초기의 중국 사상가들의 '인심'에 대한 규탄은 많은 부분 중국과 서양 사회/문화의 수평적 비교에 기초한 것으로, 주로 현재와 과거의 대조에 의거해 전개한 궁쯔전 식의 '인심' 논술과는 분명히 다르다.

그러나 이렇게 철저하게 현실 속의 인심, 제도 및 그에 따르는 역사근 거를 부정해 버리게 되면, '더 이상 이대로는 안 돼!'라는 위기감을 제외하면 새로운 중국을 창조하는 데에 사용할 수 있는 기존의 다른 조건이 없게 된다. 만약 정황이 정말 이러해 모두 다시 시작하고 처음부터 써내려가야 한다면, 어디서부터 첫걸음을 떼야 할 것인가? 이것이 그 셋이다.

사상적으로 이미 중국과 외국은 사이가 멀어져 의지하기가 어렵고 현실적으로 중국은 또한 이렇게 사방을 돌아봐도 황무하고 손쓸 길이 없으니 '중국 어디로 향해 갈 것인가?'의 사상 곤란은 이에 이르러 전면적으로 드러나게 된다.

이것이 중국 현대사상의 기점으로, 그것은 한 가닥 새로운 사상 노선을 가리킬 뿐만 아니라 이 방향에서의 중첩된 장애와 함정도 동시에 보여준다. 이런 다면적 기점을 내딛고 나온 사상 보폭이 어떻게 용감하고 완강할 것인지는 상상이 가능할 것이다.

4_

아주 짧은 시간에 중국현대사상은 일련의 매우 중요한 특질을 뚜렷이 드러냈다.[14] 그 중 첫 번째로 소개할 것이 **늘 피억압자 쪽에 서고 약자의**

---

13) 이렇게 '인심'이 나빠진 것을 규탄할 때, 대대수 사상가들은 비록 하층사람들까지 포괄하는 시야를 가지긴 했을지라도, 사회의 중상계층에 초점을 두고 있었다. 1890년대 유신변법운동이 시작된 이후 층층이 깊어지는 이러한 '인심' 비판은 대대수 개혁과 혁명 선전의 중요한 의거가 되었다.

14) 여기에서 말하는 '중요한'은 주로 '오늘날의 각도에서 가장 중시할 만한 것'을 가리키지, '당시의 숫자나 규모 상에서 가장 많은 비중을 차지한 것'은 아니다. 만약 후자의 방면으로 보면, 현대 사상이 일어나기 시작한 최초의 일이십년 동안 과거에서 물려내려 온 사유관성─예를 들어 마음을 쓰는 것(勞心)/힘을 쓰는 것(勞力)을 양분하는 습관, 강(剛)/유(柔), 강(强)/약(弱)에 대한

각도에서 생각하려 한다는 것이다.[15]

어떤 각도에서 보면, 중국의 현대사상은 세계의 허다한 비서양 지역의 그것과 마찬가지로 모두 제국주의 침략에 대한 반응이고, 국가가 '얻어맞은' 결과로서[16] 선천적으로 억압당하고 업신여김 당한 자의 입장에 서야만 했다. 그러나 현대자본주의와 제국주의의 확장은 특히 지독한 측면이 있으니 바로 서양식 '문명' 관념의 전파다. 이 전파의 효응(效應)은 상당히 다양해 일률적으로 논할 수는 없으나, 아주 고약한 것이 하나 있으니 바로 얻어맞은 수많은 사람들의 머리를 혼란스럽게 만들었다는 것이다. 분명히 힘이 약해서 업신여김을 당했는데 이런 측면을 점점 잊어버리는 것이다. 자기가 우매낙후하고 문명이 모자라서 '선진'의 제국주의를 초래한 것처럼! 19세기 중엽부터 자본주의와 제국주의적 야만의 확산을, 점점 더 많이 선진문명의 지구적 전파로 이해하는 이런 생각이 세계 각지에서 날로 범람하고 허다한 피식민 지역과 피압박 인민이 약육강식적인 이런 현대 세계질서를 차츰 수용하거나 심지어 인정해왔고 인신은 계속 억압받는데도 사상

변증법적 이해, 세상사는 무상하다는 역사 감각 등—이 더 보편적으로 표현되었던 것이 분명하다. 그 밖에 설명해야 할 점은 여기서 말하는 '중요한'은 '오늘날에 있어서 긍정적인 가치를 지닌 것'이란 의미를 반드시 포함하는 것은 아니라는 점이다.

15) 홍슈취안(洪秀全)이 1845년에 쓴 『원도성세훈』(原道醒世訓)에서 이미 이러한 사상특질의 초보적 표현을 볼 수 있다. 그는 미래의 이상사회를 "강한 자가 약한 자를 범하지 않고 다수가 소수에게 폭력을 가하지 않고 똑똑한 자가 우둔한 자를 속이지 않고 용감한 자가 겁 많은 자를 괴롭히지 않는 세상"이라고 묘사하고 있다. 총체적으로 보아, 홍슈취안의 사상 언행과 그의 '태평천국'운동—특히 그 지도 집단의 행동은 모두 역대 농민봉기의 관성적인 궤도에서 벗어나지 않았다. 그러나 바로 중국과 외국의 교통이 점차 확장되는 시기였기 때문에 각종 외래사상—기독교를 포함한—의 영향을 받아 태평천국이 반포한 몇몇 문헌(예를 들어 홍런젠(洪仁玕)의 『자정신편』(資政新篇) 에는 명백히 이전의 농민봉기운동에는 없었던 새로운 내용이 들어있으며, 『원도성세훈』의 일부 내용 역시 그러하다.

16) 이 부분의 논술이 다음과 같은 오해를 불러일으키지 않았으면 한다. 내가 중국 현대사상의 기원을 완전히 '서양'의 영향에 기인한 것으로 보고 '외부 충격-반응' 모델로 해석하고 있다는 오해 말이다.

은 오히려 억압자 쪽으로 넘어가기까지 해온 것이다.17)

　그러나 현대 초기의 중국사상은 이렇지 않았다. 그것은 서양으로부터 배워야 한다는 생각을 갖기는 했지만, '힘이 약해 얻어맞는다'는 사실판단으로부터 '힘이 약한 것은 낙후했기 때문이다', '낙후하면 당연히 얻어맞는다'는 어리석은 사고방식으로 빠져들지는 않았다. 반대로 현대 초기 중국사상은 업신여김을 당하는 자신의 처지를 집요하게 기억했다. 힘 약함의 굴욕을 통감하고, 원근 기타 약소국의 멸망을 잘 이해하면 할수록, 중국사상은 열강 주도의 세계질서를 더욱 불신하고, 전반적으로 그 질서를 더욱 거부하고자 한 것이다.

　현대의 밀림질서 수용을 거부하는 바로 이런 심리상태는 중국 현대사상—적어도 그 주류—의 광대한 포부를 배태해냈다. 서양을 학습해 강대한 새 중국을 창조하려 했을 뿐 아니라, 새 중국의 이 역량으로 서양식 약육강식의 세계질서를 타파하고자 한 것이다. 1900년대에 이런 포부는 전 세계 '전쟁중단(弭兵)과 '공산(公産) 이상을 강조한 대량의 통속소설을 낳았고 「오무론」(五無論)과 「인류균력설」(人類均力說)과 같은 '대동'의 뼈대와 살결을 그려내는 정치평론을 등장시켰다. 1920-30년대에 국내의 전화가 그치지 않아 자신을 돌볼 겨를조차 없었지만, 허다한 삼민주의자의 '세계혁명' 논술18)과 각파 공산주의자의 '국제주의' 기치는 의연히 서로

---

17) 여기에 특별히 한 마디 설명을 덧붙일 필요가 있는 것 같다. 어떻게 '서양'식 자본주의/제국주의가 비서양지구로 확장되면서 만들어낸 심각한 사회 변화를 평가할 것인가는 장기적이면서도 폭넓은 역사적 안목이 필요한 작업이다. 어떠한 일면적인 이해도 필연적으로 맹점을 가질 것이다. 예를 들어, '전 세계 사회와 문명의 단일화를 가져왔다'는 의미에서 서양식 제국주의/자본주의의 확장을 이해할 때, 이 확장이 동시에 비서양지역에게—대개 강제적으로—이 지역에 원래 없던 사회와 문화 요소를 대량 주입했음을 잊어서는 안 된다.

18) 예를 들어 랴오중카이(廖仲愷)의 「중국과 세계」(中國和世界, 1920), 후한민(胡漢民)의 「삼민주의의 인식」(三民主義之認識, 1927)과 스춘퉁(施存統)의 「중국혁명의 이론문제」(中國革命底理論問題,

어우러져 빛을 발휘했고 중국혁명의 심원한 내용이 지닌 저 해방세계의 정서를 드러냈다.

눈길은 이렇게 세계를 바라보고 미래 중국의 강성한 청사진을 기획할 때 현대 초기의 중국사상은 특히 패권적인 '강국' 욕망과 침략성 '민족주의'를 경계했다. 장타이옌(章太炎)은 누가 기타 식민지 인민을 돕는 기회를 이용해 중국의 이익을 확장하려고 하면 "법률에 따라 처벌해야지 사면하면 안 된다"고 준엄하게 공언했다.19) 쑨중산(孫中山)은 장래 중국이 강대해지면 절대로 약소국가를 얕보면 안 된다고 반복해 훈계했다. 그는 또 그에 따라 중국의 민족주의는 기타 아시아의 피압박 민족이 모두 해방되는 그런 날이 와야만 비로소 완성된다고 단언했다.20) 장타이옌은 장래에 '회부'21)가 중국에서 이탈해 스스로 독립을 도모할지라도, 중앙정부는 '무력 겁탈'을 해서는 안 된다고까지 말했다!22)

1928). 실제 정치운동 속에서 쑨중산과 그의 추종자들이 자주 제국주의 국가에게 힘을 빌리곤 했지만 삼민주의 사상체계 속에서 '반제'는 줄곧 주요한 정치 요구 중 하나였다. 따라서 적어도 1930년대 중반 이전에 삼민주의 사상을 신봉하던 논자들—특히 그 중 비(非)우익 부분—의 글 속에서 '세계혁명'은 언제나 출현빈도가 아주 높은 어휘였다.

19) 타이옌(太炎), 「오무론」(五無論) (『민보』[民報] 제16호, 1907).

20) '삼민주의'의 첫 번째 주의인 '민족주의'를 설명하고 그 '반제'의 뜻을 강조할 때, 쑨중산은 대부분 다음과 같은 두 측면을 모두 고려했다. 즉, 중국 이외의 제국주의에도 반항해야 하고, 중국 자신이 제국주의로 변할 가능성도 경계해야 한다는 것이다. 1924년 그는 광저우(廣州)에서 한 일련의 강연들, 특히 그 중에 '민족주의'와 관련된 여섯 번째 강연에서 후자의 측면을 명확히 지적하고 있다. "만약 중국이 강성해져서, 남의 나라를 멸망시키고 열강의 제국주의를 배워 똑같은 길을 간다면, 그들의 전철을 밟게 될 뿐이다"(『삼민주의』[三民主義], 新時代教育社, 1927).

21) 회부(回部)는 청대 중국 신장(新疆)의 톈산(天山) 이남 지역을 가리키는 말로 쓰였다. 청나라 때 이 지역 주민을 회인(回人, 주로 위구르족을 가리켰다)이라고 불렀기에, 이곳을 회부라고 했다(위키피디아 참고: http://zh.wikipedia.org/wiki/%E5%9B%9E%E9%83%A8#cite_note-1, 검색일: 2013. 6. 17).–옮긴이

22) 타이옌, 「중화민국해」(中華民國解) (『민보』 제15호, 1907).

주목할 점은 이런 논술을 전개할 때면 이들 사상가가 거의 매번 '피압 박자'의 처지와 기억을 언급하고자 하고, 모두 몸을 굽혀 과거와 현재 우리 중국/한족인이 어떻게 압박을 당했는가! 하고 자문한다는 것이다. '내가 원하지 않는 것은 다른 사람에게 시키지 않는다'는 바로 이런 보통사람 심리가 그들이 내건 최대 이유였다. 확실히, 자신이 어떻게 힘이 약해서 괴롭힘을 당했는지 시종 기억하는 사람은 장차 굵은 팔을 휘둘러 다른 사람을 괴롭힐 것을 버젓이 생각할 가능성이 크지 않다.

또 특별히 언급할 점 하나가 있다. 이들 사상가가 미래세계의 해방을 동경할 때 그들 심중의 이 세계가 꼭 인류를 중심으로 삼은 것은 아니라는 것이다. '대동'이라는 이상의 경계는 거의 모두 많든 적든 인류의 활동 범위를 넘어선 것이었다.23) 미래를 자유롭게 상상할 때는 언제나 계속 하늘 바깥을 바라보니 시야의 광활함이 거의 끝이 없었을 뿐만 아니라, 현실의 행동방안을 제시할 때에도 그들은 늘 인류에 한정해 생각하진 않았기 때문에, 그들은 모종의 특별한 투철함과 청명함을 획득했다. 캉유웨이(康有爲)가 그렇게 '대동지인'(大同之仁)의 한계 있음을 진술하게 밝히는 것을 보고,24) 또 왕궈웨이(王國維)가 그렇게 '무생주의'(無生主義)의 자초지종을 캐묻는 것을 보라.25) 현실의 고난 인생을 열정적으로 살펴봄과 동시에 그

---

23) 캉유웨이(康有爲)의 『대동서』(大同書)와 장타이옌의 '오무론'이 이 방면에서 두드러진 두 가지 예이다. 이것이 이상할 것도 없는 것이, 현대 초기의 처음 두 세대 사상가들은 대다수 불경을 읽고 연구했으며, 그 중 많은 사람들이 청말 불학 부흥운동에 직접 참여했다. '중생평등'과 같은 불가의 관념, 특히 불학의 지극히 넓은 정신적 시야는 그들에게 깊은 영향을 주었다. 따라서 자유롭게 미래를 상상할 때, 그들은 자연스럽게 중국과 인류의 해방에서부터 나아가 모든 생물, 전체 자연, 내지는 더 큰 범위의 세계의 해방까지 생각을 밀고나갈 수 있었다.

24) 『대동서』의 마지막 장에서 캉유웨이는 시선을 인류가 거주하는 지구로부터 '모든 하늘(諸天)의 경계로까지 확장하면서, "대동의 인(仁), 살생을 경계하는 사랑(愛)은 모든 하늘 가운데에 놓이면 그것의 인자함은 넓은 바다 속의 물방울에 지나지 않는다."라고 했다.

25) 『홍루몽평론』(紅樓夢評論)의 '홍루몽의 윤리학적 가치'(紅樓夢之倫理學上之價値)라는 절에서,

들은 모두 실존 세계가 이 인생보다 훨씬 더 크다는 점을 분명히 알고 있었다. 서양식 현대생활의 커다란 후과를 말하자면, 그것은 사람들을 더욱 더 자아 중심으로 만들고 어리석게도 주변 일체를 멸시하게 만들었다. 그러나 중국의 현대사상, 적어도 그 초기 주류의 대부분은 분명 이런 편협함이 없고, 언제나 드넓은 시야에서 사람과 세계의 해방을 상상했던 것이다.

이와 같은 시야에서는 '해방'이 어느 한 측면에서 굳어지는 것이 아니라 더욱 거시적이고 미시적인 방향으로 확장될 것이고, 압박과 피압박의 역할이 그로 인해 서로 바뀌는 것이 가능하거나—심지어 필연적이거나—한 몸이 두 일을 맡아 일면 강자의 압박을 받다가도 일면 더 약한 자를 압박하기도 하니, 장타이옌의 말을 빌어서 말한다면 이는 일면 진짜고 일면 환상이다.26) 말할 것도 없이 변동과 변증의 관점에서 혁명목표를 이해하려는 이런 사고는 피압박자를 일방적으로 떠받드는 나중에 나온 이론과 비교하면,27) 이 시기 중국사상이 지닌 피압박자적 입장의 강고함을 더 잘 나타내고 있다. 그것은 예컨대 불교식의 세계무변, 중생평등의 너른 정회를 갖추고 있을 뿐만 아니라 절실한 깨달음에서 자라난 반성의 마음을 갖고 있기도 하다. 이전에는 오만하게 천하 중심으로 자처했으나 지금은 총체적으로 열세에 처해 양이(洋夷)와 왜구에 의해 압박당해 얼굴을 들 수 없으니, 이런 경험 기점에서 나온 사상이 어떻게 '남의 것을 빼앗아 자기 것으로 삼는' 식의 건망증과 망상에서 걸음을 멈출 수 있겠는가?

왕궈웨이(王國維)는 욕망을 꿰뚫어보고 해탈한 '무생주의'(無生主義)를 묘사한 후에 다음과 같이 쓰고 있다. "석가와 기독 자신의 해탈 여부 역시 아직 불가지수이다." 그것은 "소우주의 해탈은 대우주의 해탈에 의거하기 때문이다."

26) 장타이옌의 "개체는 진짜(眞)이고 단체는 환상이다"는 인식모델은 이런 시야의 극히 정확하고 적절한 서술로 볼 수 있다. 타이옌, 「국가론」(國家論) (『민보』 제17호, 1907) 참고

27) 예를 들어 현대 초기의 '평민주의', '노동자신성'론과 맑스주의 유행 이후 발전해 나온 '인민', '노동자계급' 신성화—동시에 공동화(空洞化)—하는 주장.

5_

계속해서 현대 초기 중국사상의 또 다른 중요 특징을 말하면, **늘 정신과 문화의 관점에서 변혁을 구상하는 경향이 있다**는 것이다.

중국처럼 역사가 장구하고 나날이 풍부해지는 사회 환경에서 발전해 온 문화는 통상 비교적 많은 방면에서 무형지물을 유형지물에 비해 중요하게 여기게 된다. 다만 서로 비교해보면, 현대 초기 중국혁명의 현실적 처지가 상술한 특징을 형성한 더욱 중요한 원인이다.

앞 절에서 말한 것처럼, 부득불 자신의 습관궤도를 퇴출시키고 지금까지 걸어본 적이 없는 길로 접어들어야 할 때, 부지불식간에 강자의 기준에 따라 자신은 좋은 게 하나도 없다고 여기게 될 때, 약자는 사회제도든 경제조건이든 거의 모든 유형적 측면에서 스스로 모두 빈주먹일 뿐이라고 생각할 수밖에 없다. 이런 정황에서 분발하고자 현대 초기 중국사상은 자연히 무형의 방면을 특히 중시했다. 더군다나 강렬한 변혁의 마음, 사람의 정신 능동력은 적어도 기능상으로는 '현대제도'나 '현대공업'과 마찬가지로 강자의 그런 기준에 부합되기도 했다.

그래서 궁쯔전 식의 '재론'(才論)을 선도로 해 주로 사람의 정신과 심리상황으로부터 정세를 판단하는 사고방향도 있었고,[28] 왕타오 식의 '도'(道)를 선구로 삼아 광의의 '문화' 각도에서 사회와 세계의 추세를 개괄하려는 시야도 있었다.[29] 1900년대 이후 '주의'(主義)를 혁명 관건, 신앙 사상 및

---

28) 사회 각 계층에 편재해 있는 어떤 정신 소질(그는 '재[才]'라는 말로 이 소질을 명명했고 '인재'라는 말로 이러한 소질을 구비하고 있는 사람을 지칭했다)의 강약을 사회상황의 우열을 판단하는 주요 근거로 보는 공자진의 그러한 사유는 옌푸 세대 사람들에게도 널리 사용되었으며, 1910년대 이후의 각종 '국민성'과 '계급의식' 논술 속에서 더욱 지속적으로 발전했다.
29) 왕타오는 전 세계 인류가 다른 데서 나와 같아지고 "도는 하나로 통한다"는 대국(大局)관념에

이론의 거대 역량으로 삼는 일이 더욱 각종 정치적 입장의 혁명가—내지 급진 혁명을 반대하고 온화를 주장하는 허다한 개량주의자—의 공동 심리상태가 되었다.

이렇게 현실을 이해하면 자연히 이렇게 미래를 상상하게 된다. 사회변혁의 목표를 그려낼 때 이들 사상가가 통상 먼저 취하는 것은 그래서 광의의 정신적 측면이다. 그들도 제도를 말하고 영토를 말하지만, 가장 많이 말한 것은 그래도 사람이요, 사람의 정신 개변이었다. 새로운 중국인을 만들어내는 것이야말로 중국혁명의 제일 목표였던 것이다.[30] 그들도 재부의 분배를 논하고 경제발전을 논하지만 그들이 설정하는 새 정치의 급선무는 새로운 중국인을 만들어내는 것이고, 미래 국가의 정치구조는 광의의 '교육'을 중추로 하는 것이었다. 정치는 이익을 분배하는 것만이 아니라 그 근본작용이 사람을 진보케 하는 데 있었던 것이다.[31] 말할 것도 없이, 미래 중국과 세계 이상을 자유롭게 상상할 때, 그들이 가장 먼저 생각한

___

근거해 1870년대 보불전쟁에서 충분히 폭로되어 나온 유럽 현대문화의 과도하게 실리에 편중되고 과도하게 확장 경쟁을 추구하는 심각한 병적 상황을 격렬히 비판하고 이 문화의 전 세계 확산은 인류에 크나큰 재앙을 가져올 것이라고 단언했다(「"보불전쟁 기록" 후기」 참고). 그의 다음에도, 특히 1918년 제1차 세계대전이 끝난 후에, 이렇게 어떤 광의의 '문화' 측면에서 세계와 인류의 정세를 판단하는 사유방식은 현대 서양문화를 모방해선 안 된다는 각종 주장 속에서 폭넓은 계승과 발전을 이루었다. 그러나 이들과 완전히 대립해, 서양 현대문화는 중국 개혁의 첫 번째 학습 모범임을 강조하는 주장도 똑같이 이 사유방식을 함께 하고 있었다.

30) '신민'이 사회변혁의 핵심이라는 확신에서부터 새로운 국가와 사회 주체를 우선 '신인(新人)'으로 확정하기까지의 이러한 신속히 발전한 사유방식은 분명히 전체 현대초기에서 중국 사상가들이 미래를 상상하는 주류적 사유방식을 이루었다. '국민', '평민', '인민', '노동자계급' 등 날로 신성한 의미를 갖게 되는 새로운 중국인과 관련된 집합적 개념도 이로 인해 꼬리를 물고 나타났으며 거대한 정치 기호로 확장되었다.

31) 삼민주의와 쑨중산의 '훈정이론'이든, 아니면 1920-1930년대의 남북 각지에서 폭넓게 전개된 각종 향촌건설운동의 구상이든, 맑스주의와 무정부주의 입장에서 출발한 각종 혁명방안은 더 말할 필요도 없이, 이 모두는 이러한 광의의 '교육'을 미래사회와 국가 정치구조의 중추로 보는 상상을 명백히 드러냈다.

것은 물질 재부가 어떻게 풍부해지느냐가 아니라 추상적인 가치 이념이 어떻게 실현되느냐는 것이었다. 사람이 사람을 억압하는 일과 사람이 사람을 착취하는 일이 있어서는 안 되었고, 비인간세계에 대한 인류의 착취와 파괴가 있어서도 안 되었다.

이런 사상시야에서 개척되어 나온 혁명 경로는 거의 필연적으로 정신을 앞세우고 물질은 뒤로 하며, 혁명의 정신역량을 먼저 육성하고 그것으로 현실을 들어올리고 낡아빠진 물질상황을 고치려고 한다.[32] 머릿속에서만 이렇게 생각하는 것이 아니라 몸으로도 이렇게 하고,[33] 비록 어둠이 짙고, 사방이 모두 황량하더라도 몇몇 확고한 동지만 있다면, 설령 단 일인일지언정 분발해 일어나서 천하에다 대고 크게 소리 지른! 홀몸으로 앞으로 나아가는 이런 용기로부터 "정신이 물질을 능히 바꾼다, 앞쪽에 작은 무리만 있으면 그 뒤에 큰 대오가 반드시 따라오게 되어 있다"는 서슴없는 믿음이 나오는 것이다. 각성한 소수가 앞선다는 것, 이것이 현대 초기 허다한 중국사상가의 커다란 공통된 인식이었다.[34] 중국혁명의 역사가 이런 노선이 정말 통한다는 것을 증명해준다.

현대 초기의 중국사상가 중에는 계단을 하나씩 올라야 하는 것이지 '건너 뛰어오르는 것'(躐等)[35]은 불가능하다고 주장하는 사람도 없지 않았다.

---

32) 장타이옌은 이 점을 최초로 공개적으로 선포한 인물 중 하나이다. 그는 '혁명도덕'을 확립할 수 있는가는 혁명이 성공할 수 있을지를 결정하는 관건이라고 직언했다(그의 1900년대의 「혁명의 도덕」[革命之道德] 등의 글을 참고하라).

33) 어떤 의미에서는 청말 불학 부흥운동 전체와 대략 이와 동시에 나온 일부 사상가들의 묵학(墨學)에 대한 새로운 제창이 모두 상술한 장타이옌 식의 사유방식을 실천하고 있었다. 1910년대의 신문화운동은 더 더욱 이 사유방식의 영향이 매우 컸던 한 차례의 실천이었다.

34) 이처럼 우선 소수의 각성자를 창조한 다음 이 사람들이 사상과 문화로부터 착수해 한발 한발 전체 사회를 변화시켜 가는 행동양식은 전체 현대초기의 각종 혁명역량의 공통 방식이었다. 량치차오 식의 '신민', 량수밍(梁漱溟) 식의 '도시지식인'과 '청년농민'이 결합한 향촌건설운동에 서부터, 국민당/공산당의 각종 사회동원까지, 그렇지 않은 경우가 없었다.

이들이라고 모두 융통성이 없고 경직되거나 변통을 모르는 것은 아니어서 청명하고 투철한 생각이 그 가운데에도 있었다. 일백여 년 이래 맹목적 약진이란 것 때문에 큰 화를 입힌 중국과 외국의 각종 사례도 사실 적지 않았다. 그러나 나는 그래도 현대 초기의 중국사상이 그 때문에 '객관 조건의 구비를 앉아서 기다리기만 하지 않고, 약소한 힘으로 강대한 현실과 맞닥뜨리려고 한 용기를 가진 것을 다행으로 여긴다. 이 용기의 중대 내원은 바로 무형지물을 중시하고, 정신 및 문화의 힘을 굳게 믿는 그런 사상 특징이었다.

6_

이렇게 하면, **언제나 새로운 중국과 세계 창조를 제일 동력으로 삼는다**는 현대 초기 중국사상의 세 번째 선명한 특징을 말한 셈이다.

최근 2, 30년 중국인이 가장 자주 말하는 것이 일종의 이상/현실 이분법이다. '이상은 이상, 현실은 현실', '유토피아가 현실이 된다? 그럼 반드시 재난이지!' 등등. 현대 초기의 중국사상가들은 달랐다. 그들은 대부분 다른 방향에서 이상과 현실의 관계를 인식했던 것이다. 『대동서』에서 캉유웨이는 단호하게 말한다. "공자의 태평세…다윈의 유토피아는 실제 상황인 것이지 공상이 아니다."[36] 이상은 아득히 하늘 바깥에 걸려 있는 것이 아니라 현실 중에 산포되어 있고 현실의 일부분이다. 차이위안페이(蔡

---

35) 이것은 캉유웨이의 「『예기 · 예운편 주석』 서문」(禮運注敍, 1897) 중에 나오는 말이며, 그가 바로 이러한 주장을 한 사람이다. 1910년대 이후에 맑스주의를 신봉한 논자들 중에서 적지 않은 사람들이 이러했다.

36) 캉유웨이, 『대동서』, 캉보린(鄺栢林) 선주(選注), 遼寧人民出版社, 1994, 87쪽.

元培)처럼 '유심'(唯心)의 각도에서 현실을 보면 볼수록37) '현실'에서 '이상'의 위치는 더욱 중요해지고, 심지어 진정 실재하는 현실로 이해될 수도 있으며, 오히려 보기에 방대하고 거칠어 사람 낙담시키는 암흑이 허상의 것이 되어 깨끗이 씻겨야만 했다. 말할 것도 없이, 1900년대 이후 발전되어온 역사 필연성을 강조하는 각종 혁명이론38)은 또 다른 상반된 듯한 각도에서 캉유웨이 식의 '이상은 공상이 아니다'라는 논리를 크게 다져냈다. 현대 초기의 중국사상은 바로 이런 '현실/이상' 관념의 지속적 자양분을 받아 그 이상주의적 특징을 계속 유지한다. 그것은 현실에 대응해 대충 하려는 계산법이라기보다는 새 것을 창조하기 위해 전개된 사상이었던 것이다.

이것이 바로 현대 초기의 중국사상이 현실을 격렬하게 비판했지만 현실을 비판하기만 한 경우가 아주 적었던 이유다. 비판과 부정은 통상 그 독립적 사상내용을 구성할 수 없고 대체로 긍정적인 것과 이상적인 것에 대한 확신 및 선양(宣揚)과 관계가 있고 거기에 종속되며 심지어 거기서 파생된다고까지 말할 수 있다. 일이삼사, 갑을병정 방안 식의 글쓰기, 그리고 이런 순서 표지는 없다고 해도 동일한 방안 식 글쓰기는 그래서 이 사상의 중요한 표현 형식이 된다.39)

---

37) 「교육 방침에 대한 의견」(對於敎育方針之意見, 1912)에서 보면, 차이위안페이(蔡元培)는 광활한 세계(大千世界)를 '현상세계'와 '실체세계'의 두 부분(대략 불가에서 말하는 '법유'[法有]와 '진여'[眞如]에 해당)으로 구분하고, 물질적인 세계는 결코 실제로 존재하지 않고 단지 일종의 '현상'이라고 확신했다. 맑스주의가 1930년대 광범위하게 전파되기 이전에는, 이러한 불학적 색채를 띠는 세계관이 문화인들 사이에서 상당히 보편적이었다.

38) 예를 들어 각종 경향의 삼민주의와 맑스주의 그리고 량수밍의 세 가지 문명론과 유사한 세계대세론이 있다.

39) 물론 이것이 유일한 원인은 아니다. 정책논의(策論)식 글쓰기(캉유웨이식의 상소문[奏章]에서부터 차이위안페이 식의 기획까지)도 한 원인이다. 중화민국 건립 이후 사상가들의 관직 신분이 대폭 약화되었지만 이러한 글쓰기 방식은 여전히 계속되었으며, 전체적으로 봐서 1940년대까지도, 후에 '약 처방을 좋아한다'며 비웃음을 산 이러한 표현형식에 대한 반성은 비교적 약했다. 1910년대 이후의 루쉰(魯迅)은 이 방면에서의 소수의 특이한 예 중 하나라고 할 수 있다.

이것도 허다한 중국사상가들이 큰 규모의 거시 방안을 써내는 것을 선호하는 것처럼 보이는 이유다.[40] 왕타오의 『원도』(原道)에서 캉유웨이의 『대동서』와 『제천강』(諸天講)에 이르기까지,[41] 장타이옌의 『오무론』에서 류스페이(劉師培)의 『인류균력설』에 이르기까지, 그리고 쑨중산의 『건국방략』과 그 후 멀리 '공산주의'를 가리키는 각종 정치론은 더 말할 필요도 없다. 단계로 나누는 역사 개관, 거의 끝없는 공간 시야, 거리낌 없이 마음대로 생각하는 기개—깊이 있게 융합하는 이런 사상 품성이 현대 초기 중국사상의 활달한 기백과 도량을 공통으로 조성했다. 강렬한 이상주의일 뿐만 아니라 통 큰 이상주의였던 것이다.

또 특별히 지적해야 할 점이 있다. 거의 처음부터 현대 초기 중국사상은 다른 이들의 방안을 답습할 수 없고 자기 길을 걸어야 함을 명확하게 알고 있었다. 1905년 쑨중산은 구미와 중국은 국정이 같지 않아서 중국은 '구미 진화'의 뒤에서 남이 걸으면 걷고 뛰면 뛰는 식으로 따를 수는 없으며 오히려 스스로 노선을 정하고 서양을 뛰어넘어야 한다고 말했다.[42] '구미/우리나라'를 구분하는 이런 인식 기점으로부터 량치차오(梁啓超) 식의 '꼬리뼈'(尾閭)론,[43] 장스자오(章士釗) 식의 '농국'(農國)론,[44] 마오쩌둥 식

---

40) 1925년 후스의 '주의는 조금만 논하자(少談主義)론은 거시적 논술을 편애하는 이러한 분위기에 대한 대표적인 반발 중 하나로 볼 수 있다.

41) 『대동서』의 결말 부분에서 캉유웨이는 다음과 같이 말하고 있다. 세계 진화의 가능성은 무궁하기 때문에, "대동 이후에, 처음에는 선(仙)을 배우고 다음에는 불(佛)을 배우고…선과 불의 다음은 하늘을 노니는 학문(天游之學)으로, 이것에 대해서는 따로 쓰겠다." 이것은 그가 광저우의 만목초당(萬木草堂)에서 강의할 때 언급한 『제천강』(諸天講)의 저술 계획을 명확하게 밝힌 것이다.

42) 쑨원, 「민보발간사」(民報發刊詞) (『민보』제1호, 1905). 글의 첫머리에서 '이 무라'와 '저 무라'의 역사적 차이와 마땅히 "다른 것을 선별해 가장 적합한 것을 취사선택"해야 함을 설명한 다음, 저자는 다음과 같이 쓰고 있다. "구미사회의 화는 수십 년간 잠복되어 있으며, 지금 이후에 그것을 발견해도 바로 제거하지 못할 것이다. 우리나라의 민생주의를 시행하는 자는 발달을 최우선으로 삼고 그 재앙을 그것이 싹트기 전에 본다면 진실로 정치혁명과 사회혁명을 한 번에 이룰 수 있을 것이다. (그때) 구미를 돌아보면, 저들은 뒤쳐져 (우리를) 바라보고만 있을 것이다."

의 '농민혁명'론,45) 다이지타오(戴季陶) 식의 '각성자' 대 '비각성자'의 '양대 계급론'46) 등 여러 방향의 사고방식이 뻗어나온 것이다. 현대 초기의 많은 중국사상가는 시야가 넓고 서양에 대해 이해가 많았기 때문에 특히 중국─그리고 그와 유사한 비서양지역─사회와 서양식 사회의 차이에 주목했고, 1940년대 이후 점점 더 심해진, '보편 법칙' 맹신과 기존 처방 답습의 타성적 사유가 당시에 없지는 않았으나, 아직 풍조를 형성하지는 못했다. 그러나 현대 초기 중국사상이 스스로 길을 여는 이렇게 강하고 용맹스런 성격을 형성하며 이렇게 다면적인 새로운 사고의 길로 나설 수 있었던 것은 그것이 처음부터 새로움의 창조자로 자임하며 지향과 회포가 모두 제법 컸기 때문이었다.

이와 관련된 또 한 가지가 있다. 현대 초기 사상가의 글을 읽으면 방증을 넓게 인용한다는 점에 인상이 깊어지기 마련이다. 본토 선현의 전적은

---

43) 1921년에 쓴 「장둥쑨의 편지에 답해 사회주의운동을 논함」(復張東蓀書論社會主義運動)이라는 글에서 량치차오는 중국이 이미 전 세계 자본주의 체계 속에 심각하게 말려들어 갔지만, 또한 구미 국가들과는 아주 큰 역사적, 사회적 차이가 있기 때문에, "세계 산업혁명의 재앙은 나를 최후의 꼬리뼈로 삼게 될 것이다"라고 단정했다.

44) 1920년대 중반, 장스자오(章士釗)는 여러 편의 글(그 중 1926년의 「농국변」[農國辨]이 가장 중요하다)을 발표해, 구미의 산업 자본주의 발전의 교훈을 받아들이고, '농업(農)의 정산으로 현대 중국을 건설해 서양의 '산업국'과는 다른 '농업국(農國) 현대화의 길을 가야 한다고 주장했다.

45) 류스페이(劉師培)는 아주 일찍─예를 들어 1908년의 「무정부혁명과 농민혁명」(無政府革命與農民革命─중국 농민의 혁명 에너지에 대해 명확히 논술한 적이 있지만, 중국공산당원 중에서 마오쩌둥이 아마도 명확하고 체계적으로 농민을 중국혁명의 주체로 서술하고 있는 최초의 사상가일 것이다.

46) 1925년에 쓴 「쑨원주의 철학의 기초」(孫文主義之哲學的基礎)라는 장문의 글에서, 다이지타오(戴季陶)는 중국 사회와 서양 자본주의 사회의 차이를 강조하고 나아가 다음과 같이 생각했다. "중국의 혁명과 반혁명 세력의 대립은 각성자와 비각성자의 대립이지, 계급 대립이 아니다. … 우리 중국의 수 십 년 동안의 혁명가들은 피지배계급에서 나온 것이 아니라 대다수가 지배계급에서 나왔다. 중국과 같은 나라에서는 생활에 여유가 있는 사람들이 아니고서는 혁명 지식을 얻기가 실로 어렵기 때문이다. 따라서 그 결과 그저 지식적으로 혁명적 각성을 얻은 자들만이 대다수 각성할 수 없는 사람들을 위해 혁명을 하게 된다."

말할 것도 없고, 고대 인도의 불경과 현대 서양의 철학, 목하 중국과 외국 정치인의 명언이 자주 큼직큼직하게 인용되지만, 늘 인용부호는 쓰지 않고 그저 바로 자기의 논술에 엮어넣는 식이다. 새로운 사유를 개척하고자 진력하던 시절, 중국사상가는 '가져오기 주의'(拿來主義)[47]의 충동을 조금도 감추지 않았다. 다만 이렇기 때문에 기존 이론을 처리하는 그들의 상당히 보편적인 공통점이 오히려 이상하리만큼 선명하게 부각된다. 이런—정치 행동을 지향하는—사상은 이론을 활용하는 것이지 사상이 이론을 출발점으로 삼아 이론에 의해서 발목 잡히는 것은 아니다. 격식에 구애되지 않는 이런 활력은 신세계 창조에 자발적으로 진력하는 사상이라야만 비로소 끊임없이 분출되어 나올 수 있을 것이다.

7_

이어서 **성패로써 결정하지 않고 부단하게 실패를 기점으로 삼는** 이 시기 중국사상의 특별한 끈기에 대해 말해야겠다.

중국혁명은 끝없이 이어지는 군사·정치·경제 및 사회의 실패에 의해 격발되어 나왔고, 그 실제 행로는 좌절로 점철되어 '연전연패, 연패연전'이라 할 만하다. 이 때문에 부정적 현실경험을 어떻게 바꿀 것인가가 현대 초기 중국사상의 큰 임무가 되었다.

---

47) 이것은 루쉰이 1934년의 「나래주의」(拿來主義)라는 글에서 한 명론(名論)이다. 그는 중국인이 "뇌수를 운용하고 눈빛을 방출해" 조금의 머뭇거림 없이 외국의—서양만이 아니라—모든 좋은 것을 유입하고 배워야 한다고 생각했다. 그는 이러한 적극적이고 주동적인 태도를 "가져오기 주의"라고 불렀다.

이 방면에서도 왕타오가 여전히 선행자였다. 그는 맑스의 역사법칙론과 꽤 유사하게 보이는 '도'의 진화론을 갖고 중국에 대한 서양 열강의 전면 침입을 미래세계의 '합일지기'(合一之機)의 매개라고 해석한다.[48] 이렇게 산 정상에서 내려다보며 천하대세를 논하는 것 같은 철인의 자태는 뒤에 와서는 지속하는 사람이 적었지만, 그가 좌절-패배감을 해소하는 기본 방법—미시 측면의 '후퇴'를 거시 측면의 '전진'의 표현으로 이해하는 것—은 1900년대 이후 각종 혁명당 정세론에 의해 계속 사용되었다.

1907년 장타이옌의 '염세'론은 먼저 거시 차원의 진보론을 혁파하며 그것은 모두 일방적인 환상이라고 말하고, 다시 이 조각을 효모로 삼아서 긍정적인 분투의식을 길러내라는 정반대의 방법을 말하고 있다.[49] 이것은 왕타오 식의 방법에 비해 훨씬 더 용맹스런 노력으로 '낙관주의'라는 기둥에 의존하기만 하지 않고 반대로 아예 '비관주의'로 바닥을 치고 비관을 동력으로 하는 적극적 정신을 창조하는 것이었다. 이런 정신이 일단 자라나게 되면 남달리 강인해져서 실패와 좌절의 반복 타격을 견딜 수 있으니 루쉰 식의 '절망적 항전'[50]이 바로 두드러진 예다.

부정적 경험을 전환시키려는 바로 이런 사상 노력이 현대 초기 중국사상의 특별한 품성을 촉진했다. 예컨대 그것은 늘 '좌절 후의 반성'을 자아

---

48) 왕타오, 「원도」(原道), 『도원문록외편』(弢園文錄外編), 上海書店出版社, 2002, 2쪽.
49) 그의 많은 문장들이 모두 이러한 노력을 하고 있는데, 그 중 「구분진화론」(俱分進化論)은 가장 완전하게 표현하고 있다고 할 만하다. 이 글은 '구분 진화'의 사유방식을 써서 역사 진보의 신념의 일면성을 설명한 후, 필체를 바꿔 "역사가 결코 진보하지 않는다고 해도 우리는 여전히 세계를 혐오해 포기하지 말고 계속 분투해야 한다"는 논술을 전개하고 있다.
50) 1925년 전후에, 부인 쉬광핑(許廣平)에게 보낸 서신에서(루쉰/쉬광핑, 『두 곳의 편지』[兩地書]를 참고하라), 또 공개적으로 발표한 글에서도 루쉰은 끊임없이 강조하기를, 자신의 분투는 미래의 아름다움을 믿기 때문이 결코 아니며 "절망적 항전"이고, "빠른 승리를 기대하지 않으며" 심지어는 "반드시 승리하리라는 것을 기대하지 않는다"고 했다.

추진의 주요 방안으로 삼아서, 일반적으로 말하듯이 한 번 손해 보면 꾀가 생겨 늘 원래 목표를 취소시키는 것이 아니라 실패 가운데서 성공의 가능성을 찾고 현실 정치의 한 번 후퇴를 목표에 한 번 더 접근하는 사상의 진전으로 바꿔내는 방식이다. 현대 초기의 많은 중요한 사상적 성과는 모두 이런 방식으로 얻은 것이다. 무술변법 실패 이후의 '혁명'론, 민국 초기 정치패배 후의 '신문화운동', 1910년 이후 농민의 혁명역량 발견 등 당시 중국사상이 부정적 경험을 전화시켜낸 능력은 정말 보통이 아니었다.

이와 상응하는 것이 현대 초기 중국사상은 늘 실패를 요점으로 삼아서 혁명계획을 구상했다는 점이다. 이런 현상은 청 말기에 이미 상당히 뚜렷해져서 대략 10년 기간에 많은 사상가들이 한편으로는 나라를 구할 수 있는 개혁을 열렬히 고취하면서 또 한편으로는 '망국 이후 무엇을 할 것인가?'를 정치계획 구상의 주요 근거로 삼았다.[51] 민국시대가 되면, 사려가 비교적 깊지만 정치선동의 가면 뒤로 완전히 숨기를 원하지 않는 사람일수록, 설령 근본적으로 자기 논술의 기초를 동요시킬지라도, 그 논술 중에 있는 각종 부정적 평가가 중요한 위치를 차지함을 더욱 자주 솔직하게 털어놓았다.[52] 총체적으로 보면 현대 초기 중국사상은 당연히 강렬한 긴박감을 품고서 혁명이 성공하기를 간절히 희망했으며, 그 기본틀은 '반드시 성공해야 한다'를 강령으로 삼고 있었다. 다만 그것은 가장 깊은 층위에서 '성공하지 않을 수 있다'—심지어 '완전 성공은 필연적으로 불가능하다'—는 상상에다 꽤 큰 여지를 남겨놓았다. 사상 내부의 이런 장력과 탄

---

51) 량치차오 등이 한때 후난(湖南)에 운집했던 중요한 원인은 중국의 내지에 위치해 있으면서 민기(民氣)가 완강한 후난을 국가 회복의 기지로 삼으려는 고려 때문이었다. 심지어 어떤 사람은 미국을 모범으로 삼아 멕시코에 땅을 사서 중화를 부흥하자는 계획을 진지하게 논의하기도 했다.
52) 루쉰이 이 방면의 분명한 예이다.

성은 어떻게 이해해야 할까?

물론 역사 축적의 관점에서 볼 수도 있다. 유구하고 풍부한 문명이 길러낸 드넓은 시야와 안정적인 자신감, 지역적이고 사회적인 각 공간관계에서 오랜 기간 우세한 지위를 차지해 획득한 정신적 우월감, 이런 것은 모두 확실히 사람들로 하여금 충분한 심리 능력을 갖고 '실패할 수 있다는' 긴장감을 받아들이는 것을 두렵지 않게 해준다. 그러나 19세기 말 각 방면에서 더욱더 명확해지는 사회적 쇠퇴, 엄혹한 현실에서 너무나 분명하게 느끼게 되는 퇴로가 없다는 느낌이 더욱 근접한 원인일 것이다. 이 시대에 광활한 비서양 지역에는 서양을 스승으로 삼기만 하면 반드시 '현대화'의 길을 통해 갈 수 있으리라고 믿는 사람이 분명 허다했지만, 현대 초기 중국사상가 다수는 분명 이렇게 낙관적이지는 않았다. 그들은 청춘의 뜻, 심지어 꽤 많은 낭만적인 모습을 품고 있었으나 동시에 천진한 젊은이였던 것만은 결코 아니었다. 비록 가장 열렬하게 승리를 약속하더라도, 그들의 마음속에는 자신의 힘이 미치지 못하는 범위가 있다는 것에 대한 한 가닥 의식, 심지어는 어딘지 상서롭지 못한 것이 있다는 느낌마저 시종 존재했던 것이다. 다른 한편으로 말하면, 이처럼 이런 '부정적' 의식을 받아들이고 또 이렇게 무거운 짐을 진 채 분연히 일어설 수 있었던 것이 바로 현대 초기 중국사상의 대단한 점이었다.

8_

마지막으로 현대 초기 중국사상의 **고도로 자각적인 실천 및 전략 의식**에 대해 간략하게 말해보자.

신세계를 만들어내려는—몽상하는 것만이 아니라—정신활동으로서 현대 초기 중국사상은 아주 실무적이고 특색이 선명한 일련의 전략 의식을 갖고 있었다. 그 중 하나가 추상적이고 본질적인 '당연히 어떠해야 하나'는 내버려두고 먼저 현실 공리의 각도에서 '무엇을 해야 하나'를 확정하는 습성이었다. 일찍이 1890년대에 옌푸 세대의 많은 문장, 예컨대 옌푸가 직접 톈진(天津)의 『국문보』(國聞報)에 발표한 일련의 명문이 분명히 이런 점을 표현했고, 이후 여러 혁명사상가들이 그것을 더욱 발전시켜서 강력한 사유전통을 이루었다.

이와 밀접하게 관련되어 있는 것이 새로운 중국/세계 창조의 혁명노정을 여러 단계로 나누고 이를 위해 상이한—내지 거의 상반된—전략방안을 구상하려는 의식이다. 이상이 원대하니 걸어야 할 길이 아주 멀고, 가는 길이 험하고 노정이 멀면 매 단계 가능한 한 상이한 주법을 사용하는 것이다. 분명 이러한 장거리 행동의식은 사상의 실무경향을 유지하는 내재 장력에 아주 중요한 작용을 할 것이다. 노정이 멀다는 것을 분명히 알면 알수록, 가다가다 목표를 잊는 일이 더욱 없을 것이다. 먼 길을 여러 단계로 쪼갤수록, 더욱 자유롭게 눈앞에 무엇이든 사용하기에 적합하면 그것을 쓰게 된다. 허다한 중국사상가들에게 있어서 실용의 마음이 늘 드높은 뜻과 병존하면서 한편으로는 어떤 정치목표를 열렬하게 고취하면서도 또 한편으로는 이 목표의 한계와 일시성을 조금도 숨기지 않는 까닭은 단계를 나누는 이런 장정(長程) 의식이 바로 관건적 원인일 것이다.

현대 초기 전체에 걸쳐 캉유웨이처럼 자기의 사상이 30세 전에 이미 모두 완성되었노라고 으스댈 수 있는 사람은 아주 적었고, 절대 다수는 량치차오처럼 정도가 다르게 사상이 자주 바뀌었으며, 오늘 옳다고 하는 것이 어제와 같지 않거나 상반되곤 했고 생각이 이렇게 자주 바뀜을 금기

시하지 않았다. 그때는 사회현실과 지식체계가 함께 극변하던 시대로서 장스자오가 말하는 것처럼 "높이 올라 조감해"53) 만세불변의 진리를 깨달을 수 있는 경우를 제외하고, 일반인은 현실경험이 부단히 격변하는 정세에서 사상의 전후연관을 유지하는 것이 확실히 어려웠다. 그러나 이 시기 많은 중국사상가의 사상이 쉽게 변한 것은 그들의 강렬한 현실 염원에서 나왔을 것이다. 앞 절에서 언급한 것처럼, 자유로워서 각종 이론을 손 가는 대로 가져옴으로써 새로운 생각을 개척하고 새로운 행동을 계발하는 그런 정신 분위기에서 개인 사상의 연관과 연속은 사실 그렇게 중요한 것이 아니었다.

이로 인해 량치차오 세대부터 실제 사상의 복잡하면서도 온화함과 공개적으로 표현되는 그 일면적 격렬함이 늘 상당히 보편적인 대비를 이루게 된다. 재미있는 것은 허다한 사상가들이 곧잘 이런 점을 인정—심지어 선양—했다는 것으로,54) 이런 인정과 선양의 언사 중에 '행동의 효과'가 '언사의 적절함'에 비해 분명 더 높은 위치에 있었다는 점이다. 실천을 앞세우는 현대 초기 중국사상의 습성이 더 이상 명료할 수 없을 정도로 표현된 셈이다.

당연히 이렇게 고도로 자각적인 실천 및 전략 의식은 양날의 칼이기도 해, 현대 초기 중국사상의 실천 에너지를 효과적으로 강화하면서도 각종 '수단'을 쉽사리 '목표/초심'의 단속에서 벗어나게 하고 심지어 오히려 후

---

53) 이 말은 장스자오의 명문 「신문화운동을 평함」(評新文化運動, 1923)에 나오는 말이다. "만약 높이 올라가 조감한다면 새로운 것과 낡은 것이 진실로 얼마나 반복하고 있는지 모른다…."
54) 량치차오는 일찍이 민중을 동원해 개량에 찬동하게 하기 위해서는 반드시 "그들을 혁명으로 겁주어야 한다"는 명론을 제기한 바 있다(「나의 동업자 제군들에게 정중히 고함」[敬告我同業諸君, 1902]). 루쉰 역시 유사한 비유를 들고 있는데, 민중이 창문을 여는 데 찬동하게 하려면 반드시 먼저 지붕을 들어내자고 해야 한다고 했다.

자를 소멸시켜 사상시야를 크게 축소시키는 위기를 조성하기도 했다. 일단 사상의 시야가 협소해지고 이상이 위축되면 실천은 변질되기 마련이다. 백삼십여 년 동안 이런 변질이 여러 차례 발생했으니 그 교훈의 막중함은 잠시도 잊을 수 없다.[55]

현대 초기 중국사상의 특징은 상술한 다섯 가지 방면에 그치지 않지만, 이렇게 거친 소개라 할지라도 이 사상—적어도 그 주류—의 대략적인 윤곽만큼은 보여주지 않았을까 한다. 이는 특히 사람들에게 역량을 부여하는 윤곽인바, 거기에는 실패에 맞서고 해방을 추구한 수대 사상가의 심혈이 응집되어 있어서, 이후의 사회 분위기가 아무리 암담해도 그 광휘를 오래 가려버리지 못할 것이다!

9_

앞서 언급한 현대 초기 중국사상가 중에 칸트 식의 사색가는 적었으며, 대개 구세를 위해 세상에 뛰어든 정치인이었고,[56] 당시 중국의 사회구조

---

55) 여기에서 반드시 설명을 덧붙여야 할 점이 있다. 상술한 제4절부터 제8절까지에서 서술한 현대 초기 중국사상(혹은 그 주류)의 다섯 가지 방면은 각기 내부에 서로 다른 요소를 포함하고 있을 뿐 아니라 서로 다른 내부 장력을 형성하고 있으며, 그들 사이에는 더욱이 서로 다른 측면의 다방향적—일대일만이 아닌—모순 혹은 상보적 관계를 구성하고 있다는 점이다. 예를 들어 제4절에서 서술한 피억압, 약세를 점하고 있는 입장과 제5절에서 서술한 고도로 엘리트화된 경향, 제5, 6절에서 서술한 무형의 것을 중시하고 높은 이상을 품고 있는 일면과 제8절에서 서술한 실리, 실용적인 일면, 이들은 모두 상당히 복잡한 관계를 형성하고 있다. 본문의 성격과 편폭의 제약 때문에 상세한 소개를 풀어놓을 수 없으므로, 여기에서는 한 마디만 덧붙이겠다. 이들 서로 다른 층위의 내부 차이와 그 상호관계가 바로 현대 초기 중국사상의 풍부함을 가장 분명하게 명시하고 있다는 점이다.
56) 여기서의 '정치'안은 넓은 의미의 호칭으로, 공공정치의 권력투쟁에 직접적으로 말려든 인사들만이 아니라, 각종 사회진보에 힘쓰면서 언행에서는 스스로 '정치'를 한다고 하지 않더라도—심지

및 정치/문화전통은 그들을 위해 넓디넓은 행동공간을 준비해놓아 그들로 하여금 강대한 공적 영향력을 직접 발휘하도록 했다.

이로 인해 이 시기 사상의 추세는 사회의 추세에 크게 영향을 미쳤고, 바로 이런 사상의 조명 아래 '중국혁명'이 신속하게 형성되었다. 다시 한 번 말하자면, 이 혁명은 현대 초기 중국 대지에서 가장 중요한 사회운동이 었던 것이다. 이에 따라 전개된 현대역사는 그 발단시점의 강개 격앙에서 오늘로 이어지는 간난 곡절에 이르기까지 이 사상의 다면적 흔적을 함께 깊이 새겨 놓았다. 이들 흔적은 이처럼 눈에 잘 띄어서 어떤 진지한 후행자 라도 정면에서 바라보지 않을 수가 없다.

중국혁명의 정신유산은 바로 이렇게 형성되었다. 그것은 문자작품으로 표현되었을 뿐 아니라 지리 측면, 사회제도, 인간관계, 생활방식, 정감 구조 등 중국혁명의 기타 사회 및 인신 유습에도 침투되었다. 중국의 현대 역사는 오늘에 이르도록 우리에게, '자주 변해 추측하기 어려운 당대 세계 에 직면하더라도 우리는 결코 빈손이 아니다'라는 자신감을 이미 줄 수 있었던 것이다.

이것은 오늘날 거침없이 수호/재건할 수 있고 긍정적인 일련의 정신원 칙을 의미하는 것만은 결코 아니다. 중국혁명의 정신유산은 틀림없이 난제 와 교훈으로 간주되지만 오늘날 반드시 다시 정면으로 처리해야 하는 허다 한 내용도 포함하고 있었다. 처음부터 중국혁명은 난제를 정면에서 맞이하 는 운동이었던바, 오늘날 우리도 어느 정도는 여전히 이와 같고, 이와 같지 않을 수도 없다.

어 스스로는 '정치와 무관하다'고 할지라도, 명백히 광의의 정치성을 지니고 있는 인사들, 예를 들어 교육, 향촌건설, 실업(實業), 종교 등으로 나라와 세상을 구하려 한 많은 인사들도 모두 가리킨다.

이에 따라 본문에서 거칠게나마 다음 6항목을 열거하는 것을 허용하기 바란다.

1. 피압박/소수자의 관점에서 문제를 보는 태도를 어떻게 견지할 것인가? 혁명의 20세기가 펼친 격정과 분투의 한 페이지는 이미 지나가버린 것 같아서, 오늘날 세계는 중국이든 기타든, 인류사회 내부든 전체 생명체계의 내부든 여전히 강자가 약자를 괴롭히는 압박관계가 짙게 드리워져 있다. 가정·회사·지역·국가·지구 등 거의 모든 층위가 압박관계의 큰 그물에 의해 빈틈이 없을 정도다. 이런 정황에서 알게 모르게 이상을 내버리고 압박논리를 전면 수용하기까지 하는[57] 정신궤멸을 어떻게 극복할 것인가? 어떻게 피압박자의 불굴정신, 공정함과 해방을 다시 추구하려는 강렬한 염원을 견지해 '압박은 존재해서는 안 돼', '이상은 실현될 수 있어'와 같은 신념이 다시 널리 사람들 마음속 깊이 들어서게 할 것인가? 무엇이 '보편가치'인가? 이런 신념이 바로 그것이! 이런 신념을 격려하고 발전시키는 것, 그것이 오늘날 중국의 사상·문화·정치 영역의 최우선 과제다.

2. 역사적 공간적 종심(縱深)을 갖춘 미래의식을 어떻게 발전시킬 것인가? 이는 원래 피동적인 현대화 지역 혁명사상의 중요한 특징이다. 장정을 가는 시야를 세워야만, '서유럽 현대화'를 초래하지만 머잖아 난관에 부딪치고 마는 단기적 사유로부터 비로소 자신을 끄집어낼 수 있다. 오늘날의 중국, 사실 전체 세계에서는 '경제성장', '도시화', '국제경쟁' 등 뼛속까지

---

57) 최근 몇 년 동안 중국에서 '대국굴기'에 취해있거나 심지어 주변 약소국들에게 '교훈'을 주어야 한다고 공개적으로 주장하는 주장들이 바로 이 방면의 두드러진 예이다. 물론 "사회에는 항상 기층이 있게 마련이다", "인생의 분투는 자신을 높은 곳으로 올려서 기층과 멀어지는 것이다"는 믿음들은 억압 논리를 더욱 전면적으로 수용한 전형적이고 보편적인 태도이다.

사람들을 현실공리에만 관심이 있는 '경제동물'로 여기게 만드는 일련의 이데올로기적 논술이 천지를 뒤덮고 요란을 떠는 중이다. 이런 논술의 포로로 전락하는 것을 피하려면 시공의 깊이를 지닌 드넓은 미래 상상을 발전시켜야 한다. 미래에 대한 상상과 희망이 드넓을수록 더욱 대국적인 견지에서 사태를 파악할 수 있게 되고 눈앞의 작은 공리와 작은 저울에 발목 잡히지 않는 법이다.

3. '사람─현대 초기의 개념을 차용하자면 바로 '인심'과 '인력'─을 어떻게 중시하고 신임할 것인가? 이 방면에서는 '중시'와 '신임' 간의 긍정적 상호작용을 유지하는 것이 특히 중요해 보인다. '사람'을 신임하기 때문에 현실 속에 있는 사람에 대한 비판이 철저할 수 있다. '사람'을 신임하기 때문에 경제, 제도, '총대', '빵' 등 부드럽고 딱딱한 각종 물질 요소들을 맹신하지 않게 되는 것이고, 세상일을 이(신임─옮긴이) 방면에서 이해할 수밖에 없다고 여기게 된다. 오늘날 중국에서는 갈수록 많은 사람들이 '문화'가 이미 사회 진보의 관건적 문제가 되었음을 깨닫기 시작했지만, '문화'란 결국 무엇을 의미하는가? 유행하는 이해는 여전히 공리에 치우치고, 소인을 자처함으로써 다른 사람들을 바라보는 자본주의적 문화정의58)가 점차 멋대로 구는 형세를 이루고 있다. 이런 추세를 타파하려면, '사람'을 중시/신임하는 현대 초기 중국사상의 정신습관을 다시 되살리는 것이 일대 관건일 것이다. '선/미'는 사람의 사람됨의 핵심 문제고, 사람의 생활 진보는 당연히 이상적 '가치관'의 실현과 발전─GDP와 개인 재부의 증가와 같은 다른 방면이 아니라─을 가장 중요한 척도로 삼는다.

4. 어떻게 이상과 현실을 한 몸으로 간주하게 하는 강인한 심력을 다시

---

58) 그 중 가장 전형적인 것은 문화를 '자산'과 '자본'으로 보고 따라서 '재산관'의 측면에서 문화 활동의 개념을 이해하고 다루는 데 역점을 두는 것이다.

진작시킬 것인가? 이상을 멀어서 닿을 수 없는 먼 곳에다 걸어두는 것이 아니라 반대로 이상과 현실의 기계적 이분법을 제거하고 현실을 열어젖혀 그 안에서 이상으로 통하는 현실적 길을 찾는 것이다. 이런 관점에서 보면, 현실은 이상에 비해 작은 것이며, 현실 내부에서 생장한 장대한 이상의 맹아가 영원히 부단하게 현실을 대체하고 또 대체하는 것이다. 사회주의와 자본주의의 가장 중요한 구분도 바로 여기에 있다. 사회주의는 현실을 비교적 작은 것으로 간주하고 현실이 부단하게 갱신되고 소멸되어야 한다고 여긴다. 사회주의의 기본자세는 앞서 나가고 위로 펼쳐지는 것으로 결국 점차 확장하면서 더 높고 더 먼 곳을 바라보고 되도록 빨리 그곳에 도달하기를 동경하는 것이다. 자본주의는 곧 반대이니, 그것은 현실을 무한대로 간주하고, 현실이 기능상 이상을 대체할 수 있다고 여긴다.59) 무엇이 '유토피아'인가? 바로 사람들이 모두 앞에 있는 고급차 안의 저 작자처럼 돈을 가지는 것이다! 오늘날 우리는 소비 '유토피아'를 제외하면 따로 꿈꿀 것이 없는 이런 상황에 깊이 빠져있다. 캉유웨이 식의 '현실이지 공상이 아니다'라는 이상론을 되새겨야만 할 시점이다!

5. '자신의 길을 갈 뿐'이라는 역사이성을 어떻게 발전시킬 것인가? 도움 되는 기존의 방안이 있다고 생각하지 않고 또 따를 만한 무슨 역사법칙이 있다고 믿지도 않고, 대략적인 방향을 꿋꿋이 지켜본다는 전제 하에 여러 방향으로 앞을 향해 생각하고 앞을 향해 걸어간다. 이런 사상과 실천이 바로 중국혁명—특히 그 초기 단계—이 우리에게 준 보배로운 유산이

---

59) 대체하는 전형적인 방식은 상품소비를 통해 인간의 생명의의에 대한 추구를 만족시키는 것이다. 무엇이 자유이고 낭만인가? 바로 신형 자가용으로 해변 고속도로를 질주하는 것이다! 오늘날 세계의 거의 모든 상품 광고는 모두 이러한 '소비=인생 의의/이상의 실현'의 현실감을 그림으로 풀어 명료하게 설명하고 있다.

다. 오늘로 말할 것 같으면, '서양식 현대화가 우리에게 준 한정된 시야와 문제에서 되도록 빨리 벗어나서60) 진정 중국—또한 인류—의 생사운명과 관계되는 그런 큰 문제를 찾아내어,61) 그로부터 자본주의 논리를 진정 타파할 수 있는—조금씩 고치고 보완해 위기를 늦추기만 하는 것이 아니라—새로운 사회경로를 탐색하는 것, 이것이 중국사상이 절박하게 취해야만 하는 행동이다.

6. 하나의 행동으로 동시에 여러 행동을 품고/준비하는 능력을 어떻게 배양할 것인가? 이것이 사회실천에서 실현되려면 상술한 각 방면은 반드시 가져야만 하는 사상능력이고, 중국혁명이 처음부터 발전시켜야 했던 행동방식이기도 하다. 단기적으로는 극도로 효력이 있지만 후환이 그만큼 큰 개혁방법을 서양에서 부득불 빌려와야 할 때에는 어떻게 해야 하는가? 현실적 공리를 고려해서 부득불 혁명이상과 위배되는 그런 행동을 해야 할 때에는 또 어떻게 해야 하는가? 혁명의 장도에서 당장은 가치가 있으나 이 단계만 지나면 무익한—심지어 해로운 점이 많은—투쟁목표는 어떻게 다뤄야 하는가? 이런 방면에서 중국혁명은 정반의 양면이 풍부한 경험을 축적했으니,62) 그 중 정면에 해당하는 관건적인 한 면이 어떤 현실적

---

60) 최근 반세기 동안, 이러한 시야와 제목들이 집중된 부분은 "어떻게 더 빨리 발전할까"이며, 이 '발전'의 기준은 기본적으로 구미 자본주의를 근거로 하고 있다. 적어도 대다수의 비(非)구미지역에 대해 말하자면, 이러한 시야와 제목은 너무 협애하고 또 너무 일면적이며 근시안적임이 분명하다. 오늘날의 인류(구미지역을 포함함)는 반드시 조금이라도 빨리 다른 방식의 생존과 진보의 길을 개척해야 한다.

61) 덩잉타오(鄧英陶) 선생이 1991년에 출간한 『새로운 발전방식과 중국의 미래』(新發展方式與中國的未來)라는 책은 이러한 발견의 아주 좋은 예이다.

62) 옌푸가 『진화론』(天演論)을 번역할 때의 독특한 방식(예를 들어 대량의 부연설명의 삽입), 장타이옌-루쉰 식의 충만한 장력을 지닌 정론문 글쓰기(예를 들어, 장타이옌의 「국가론」과 루쉰의 「파악성론」[破惡聲論], 더 말할 필요도 없는 쑨중산의 많은 '삼민주의' 논술들(예를 들어, 자본주의 세계의 사회모순과 중국혁명의 기본목표에 대한 대비적 분석), 그리고 마오쩌둥의 「신민주주의론」(新民主主義論)은 모두 이 방면의 긍정적인 예이다.

목표를 추구할 때 그 한계와 가능성의 장기적 부작용에 대한 통찰을 유지하는 것이다. 이런 통찰은 어디서 오는가? 각자의 시야에서 이 한 걸음을 걸을 때, 뒤따르는 몇 걸음 내지 십여 걸음을 동시에 생각할 수 있다면, 이 한 걸음을 걸어야겠다고 확정함과 동시에 그것이 지닌 가능적/필연적인 각종 부작용을 통찰할 것이고, 이리하여 비 오기 전에 창문을 수리하며, 이 한 걸음으로 이후 여러 걸음을 준비하고 포함하는 것이다. 똑같이 한 걸음을 걷는다지만 이후의 각 걸음을 동시에 생각할 수 있느냐로 이 한 걸음의 걷는 법이 크게 달라진다. 만약 안목이 너무 협소해 안전에 있는 이 한 걸음의 공리 의의를 제외하고는 다른 모든 것이 보이지 않는다면, 대다수 걸음걸이까지도 모두 잘못 걷게 될 것이다. 오늘날처럼 근시안적 번다함, 그리고 총총한 행보가 지배하는 시대에는 몇 걸음을 더 보고 심사숙려할 수 있느냐가 중국인에게는 가장 중요할 수밖에 없다!

10_

2000년대 중엽 이후 중국은 사상이 활발해진 시기로 다시 접어든 것 같다. 온라인과 오프라인에서, 조야(朝野) 내외에서 각종 의견이 격렬하게 교환되었고 '중국 어디로 가는가'가 초점 소재가 되었다.

그와 함께 난제 또한 두드러졌다. 1950-70년대를 어떻게 평가할 것이냐가 그것이다. 이것이 난제라고 하는 것은 주로 1980년대 중후반에 수립되어 1990년대 전반에 걸쳐 과거 시대를 평가하는 기본좌표로 널리 받아들여진 '미국 모델'이 오늘날 더 이상 그리 유효하지 않게 되었기 때문이다. 전체 세계의 현대역사를 자세히 알고 자본주의가 세계 각지—구미를 포함해—에서 조성한 전면적인 사회 곤경을 자세히 알면 알수록, 20년 전처럼 일방적으로 '자유민주주의' '미국'을 기준으로 삼아서 1950-70년 대를 평가하기가 더욱 어려워진다.

곤란한 점은 또한 '미국 모델'의 권위가 크게 실추된 시점에, 1950-70 년대의 일부 긍정적인 상황을 바로 추상해내려는—그러나 이 시대의 또 다른 허다한 암흑 상황은 무시하고 나아가 기껏해야 반면만 추상했을 뿐인 1950-70년대를 새로운 표준으로 빚어 만들어 '미국 모델'을 대신하는— 또 다른 노력이 신속하게 확산되어 수많은 열혈 청년들을 끌어당기고 있다 는 데에도 있다. 그러나 이것도 마찬가지로 아주 일방적인 평가로서 젊은 이들이 그 시대를 이해하는 데 별로 도움을 주지 못하고 오히려 그 시대에 대해 확고한 기억을 지닌 수많은 사람들의 우려를 자아낸다. 이는 이상하 지 않다. 하나의 사물 자체는 자신을 평가하는 주된 바른 기준이 되지 못하 는 법이어서,[63] 1950-70년대를 이해하려면 이 시대 바깥으로 가서 알맞은 참조물을 찾아야 할 필요가 있다.

세계는 매우 커서 '미국'이든, '서양'이든 모두 그 일부분에 지나지 않 는다. 그들이라 하더라도 더 이상 그리 유효한 기준이 될 수가 없으니, 우리도 시야를 개방해 현대 초기의 허다한 중국사상가들이 했던 것처럼 비서양의 기타 지역에서 계시를 찾아야만 한다. 나는 이러한 노력이 반드 시 후한 보답을 가져다줄 것으로 믿는다. 다만 나는 우리 자신의 역사, 특히 우리와 그리 멀지 않은 현대 초기의 역사에 인식을 새롭게 해줄 더욱

---

63) 이는 주요하게 자본주의와 '미국모델—그리고 그것의 현재 중국의 각종 변종적인 표현—에 대한 불만에서 나왔기 때문에, 저들과 분명히 대립적으로 보이는 1950-70년대의 상황을 추상화 해서 기준으로 세웠다. 이러한 반대 방향적 참조는 진정으로 오늘날 중국의 보편적인 사상곤경을 해결하는 데 도움이 되지 않는다.

풍성한 것들이 우리를 기다리고 있다고도 확신한다. 이역에서 찾아 얻은 계시와 비교할 때 우리 자신의 과거에서 오고 정신적 전통에서 우리와 직접 연관된 이런 것들은 진정 유효한 참조점, 사람들로 하여금 신복케 하는 기준을 제공할 수 있는 가능성이 더 많을 수밖에 없다.

어떤 관점에서 보면 이것이야말로 '중국혁명'의 기준으로 일컬어질 만하고, '혁명'을 자칭하는 이후의 각종 주장과 노선은 기실 모두 그것의 산물로서 그것의 새 군대가 될 수도 있고, 그것의 반도(叛徒)가 될 수도 있다. 이런 까닭에 그것은 다른 참조물보다 훨씬 더 적절한 각도에서 1950-70년대의 극도로 복잡한 역사맥락에서 혁명이 어떻게 팽창하고 포위망에 빠지고 변이를 새겨넣고 돌출을 강행하며 몇 번이고 되풀이해 발버둥치고 실패하게 되는지 분명하게 비춰준다.[64]

다시 말해서, 현대 초기 중국사상을 다시 읽는 것은 오늘날 중국의 사상적 난제를 해결하는 한 가닥 가능한 경로다. 이 난제가 1950-70년대에만 관련된 것이 아니라 중국의 오늘과 미래에 더욱 심각하게 관련되어 있다는 것을 의식하면 할수록, 우리는 천박함과 비루함을 피하지 않고 사상문헌을 뽑아 엮는 방식으로[65] 이를 위해 미력을 다할 필요가 있었다.

2012년 12월 신주(新竹)

---

64) 물론 1950-70년대의 역사 또한 반대로 현대 초기에 형성된 '중국혁명'을 이해하는 중요한 참조가 된다고 할 수 있다.

65) 『중국현대사상문선』으로 1830-1940년대의 123편의 문헌을 수록했으며 상, 하 두 권으로 이루어져 있다. 현대 초기 중국 사상 문헌을 읽는다는 것은 이 사상을 이해하는 첫 걸음일 뿐이며, 진정으로 그것(혹은 그것의 주류)의 특질을 파악하려면 그 시대의 구체적인 사회과정 속으로 들어가 주로 이 사상들에 의해 촉진된 각종 사회실천의 상황을 이해하고 분석해야 한다는 것은 더 말할 필요도 없다. 더 극단적으로 말하자면, 한 가지 사상의 사회적 반응과 역사적 결과를 대체적으로 이해한 다음에야 우리는 이 사상을 진정 이해할 수가 있다. 이런 점에서 보면 아직도 너무나 많은 작업들이 학술계가 완성해주기를 기다리고 있다.

[요약]

　　왕샤오밍은 「문화연구 관점에서 바라본 중국 현대 초기 사상과 혁명」에서, 기존의 '삼분법(近代-現代-當代)'을 타파하고 '현대'라는 용어로 1880년대부터 최근까지를 아우르고 있다. '20세기 중국문학' 등에 의해 이미 균열이 생긴 '삼분법'을 뛰어넘어 '현대'라는 개념을 제시한 것은 아마도 국제교류의 영향일 것이다. 아직 명확하게 제시되지 않은 기준과 근거를 밝히는 것은 차후 과제다. 왕샤오밍은 '현대'를 1880-1890년대에서 1940-50년대에 이르는 약 60년간의 시기, 1940-50년대에서 1980년대까지 약 40년간, 그리고 1990년대에서 오늘까지 약 20여년의 세 단계로 나누고 있다. 바꿔 말하면 사회주의 30년에 1980년대의 과도기 10년을 더한 40년을 2단계로 삼고 그 이전 60년을 1단계로, 그 이후 20년을 3단계로 설정한 것이다. 그리고 1단계를 특별히 '현대 초기'라고 지칭하면서 초기 사상에 대한 세밀한 검토를 통해 '중국이 어디로 갈 것인가'에 대한 계시를 찾고자 한다. 그는 '현대 초기' 혁명사상의 특징으로, 늘 피억압자와 약자 편에 서고, 정신과 문화의 관점에서 변혁을 구상하며, 새로운 중국과 세계의 창조를 제일 동력으로 삼고, 부단하게 실패를 기점으로 삼으며, 고도로 자각적인 실천 및 전략 의식을 가지고 있음을 들었다. 수많은 중국 학자들이 빠지곤 하는 중국중심주의의 함정을 경계한다면, 중국의 비판적 혁명의 사상자원을 가져와 우리의 사상자원으로 삼을 수 있고, 나아가 동아시아의 공유 자원으로 삼을 수 있을 것이다. (김소영)

제 2 부

농민공 조류와 농민의 도시 진입

'농민공 조류'(民工潮)라는 문제의식*

뤼신위(呂新雨)

김혜주 옮김

　　개혁개방이 한창 진행 중이던 1980년대 중후기 중국 사회에 '농민공 조류'(民工潮)[1]가 출현했는데 당시 매체들은 이를 '눈먼 이동'(盲流)이라 했다. 매년 춘절(春節) 전후 농민공의 귀향행렬이 절정을 이루며 매체 보도 또한 절정을 이룬다. 1990년대에 들어 중국의 도농 간 소득 격차가 확대되는 추세가 또 한 차례 나타남에 따라 농민의 도시유입 인구도 빠르게 증가했다. '농민공 조류'는 이미 사회의 거대한 상처가 되어 가릴 수 없을 정도로 사회 표면에 드러났다.

　　'농민공 조류' 및 '삼농'(三農)[2] 문제에 대한 토론은 중국 사회가 다시금

---

* 출처: 呂新雨, 「"民工潮"的問題意識」, 『讀書』, 2003년 10기.
여기에서는 각주와 당시 편폭의 제한으로 생략한 인용문을 보충했다.
1) 농민공 조류(民工潮)는 중국에서 농민들의 도시 유입 현상을 이르는 말로, 원어의 어감을 살려 '농민공 조류'로 번역했다.-옮긴이

중대한 위기에 직면하게 되었다는 경보에 대한 지식계의 반응이라 볼 수 있다. 그 위기가 1980년대 후반에 도시를 중심으로 전개되었다면 오늘날에는 농촌을 중심으로 전개되고 있다. 그러나 왕후이(汪暉)가 지적한 바와 같이 전자는 바로 후자의 선결 조건이다. "도시 개혁은 1984년 시작되었고 도농 격차는 1985년부터 확대되기 시작했다." 이어서 그가 문제시한 것은 다음과 같다. "중국에서 인구와 토지의 심각한 모순은 장기적인 사회모순이었는데 농민의 대규모 이주가 왜 하필 1990년대에 발생했는가?"[3] 왕후이의 문제제기에 나는 다음과 같은 문제의식을 보완하고자 한다. 1990년대 점차 심각해진 '농민공 조류'는 1920-30년대의 '농민공 조류'와 관계가 있는가? 청말(淸末) 이래 중국의 근현대화(modernization) 과정과 '농민공 조류'는 어떤 관계가 있는가? '농민공 조류'는 중국의 사회구조 변혁에 어떤 의미를 가지고 있는가?

많은 학자들은 별다른 생각 없이 '농민공 조류'가 1980년대 후반에 출현한 것으로 생각하지만 사실 그것은 오늘날 중국에 되풀이되고 있는 이야기일 뿐이며 '혁명'과 '사회주의'가 지연시켜온 역사적 문제이다. 어느 학자가 청말(淸末)부터 1930년대까지 정리한 자료에 따르면 '농민공 조류'는 '양무운동'(洋務運動)을 대표로 하는 청말 산업화 시기에서부터 시작되었다. 무술(戊戌)시기 량치차오(梁啓超)가 주편한 『시무보』(時務報)에는 다음과 같은 기록이 있다.

중국에 노동자가 늘어나 수요량보다도 많다. 소득이 보잘 것 없어 미국 노동자가

---

2) 삼농(三農)은 농촌, 농업, 농민을 이르는 말이다.─옮긴이

3) 왕후이(汪暉), 「"신자유주의"의 역사근원 및 비판」("新自由主義"的歷史根源及批判), 『대만사회연구』(台灣社會研究), 계간 제42기, 2001년 6월, 23쪽.

자급자족할 수 있는 것과는 다르다. 상하이가 이러하니 다른 곳의 임금은 더욱 저렴하다. 상하이 임금이 내지보다 높아 먼 지방에서 돈 벌러 오는 남녀들이 원근을 불문하고 몰려와 무리를 이루었다.

중화민국 초기와 중기에는 더욱 심각해져

1920년대 말에서 1930년대 초의 '농민공 조류'는 대략 1,500만 정도로 추정할 수 있다. 항전시기 같은 비상시기 및 1920년대 말 이전의 상황에 대해서는 그 전모를 살펴볼 방법이 없다. 과거 몇 년간의 상황도 동일하지 않지만 가장 절제된 통계로도 예상 평균이 100만 이상이므로 근현대 '농민공 조류'의 규모가 컸음을 상상하기 어렵지 않다.4)

그러나 이런 자료들은 기본적으로 현재의 '농민공 조류'와 '삼농' 문제에 대한 이론적인 논술에 포함되지 못 했다. 내가 보기에 이런 소홀함은 의미심장하다. 이런 소홀함으로 인해 아래와 같은 서술이 나오게 되었기 때문이다.

1949년 이후 중국 사회주의 실천 과정에서 국가의 '도농 이원대립' 정책은 중국 '삼농' 문제를 재난에 이르게 한 원인이라 할 수 있다. 그 때문에 '농민공 조류'의 출현은 중국 농민의 해방이자 독재로부터 노동력의 해방으로 해석된다. 그리고 이 해방은 중국의 시장화 개혁, 즉 농촌의 '연산승포책임제'(聯産承包責任制)5)와 도시의 사유화 및 시장화 개혁에 힘

---

4) 츠쯔화(池子華), 「중국 '농민공 조류'의 역사 고찰」(中國民工潮 的歷史考察), 『사회학연구』(社會學研究), 1998년 제4기.
5) 연산승포책임제(聯産承包責任制)는 일종의 가족단위 농업생산 책임제도로 개혁개방 이후 경제

입었다. 농민은 경직된 호적제도에서 해방되어 이주의 자유를 얻었고, 중국의 근현대화 발전의 길을 닦았다. 근현대화는 산업화이자 도시화이며 농촌 인구가 도시 인구로 전환되는 것이기 때문이다. 남은 것은 바로 근현대화를 추진하는 과정이다. 여기에는 현행 호적제도를 완전히 해소하고 도시에서 설정된 농민의 도시 입성을 막는 각종 장애물을 해소하는 것이 포함된다. 동시에 시장화를 이용해 농업의 산업화를 추진하며 토지, 노동력, 자본의 삼 요소를 자유롭게 유통시켜 자원의 최적화된 배치를 실현해야 한다. 그러므로 현재 가장 중요한 것은 토지의 사유화 추진이다. 토지 집중을 실현할 수 있게 함으로써 농업의 대규모 생산이 가능해지고 농업의 시장화와 근현대화가 실현된다.

우선 이런 서술과 치열한 논전을 벌이고 있는 논자들은 장기간 중국 기층에서 연구를 해온 농촌문제 전문가들이다. 원톄쥔(溫鐵軍)은 중국 농촌에서 토지는 이미 농민의 사회보장제도가 되었으므로 토지는 생산수단으로서 시장에 넘겨 처리될 수 없으며, 농업인구가 심각하게 과잉화되고 농업생산 이익이 마이너스가 되어 시장화는 '삼농'문제를 해결할 수 없다고 보았다. 그러나 '신자유주의'자인 추펑(秋風)은 다음과 같이 반박했다.

내가 시장화 방안으로 중국 농민문제를 해결하는 것에 찬성하는 이유는, 내가 보기에 농민의 빈곤은 바로 폭력적 수단에 의해 토지에 속박되어 그들에게 선택할 권리가 없기 때문이며, 그들 자신이 원하는 대로 자신의 행복을 추구할 수 없기 때문이다. 그들은 어떠한 사회보장도 욕심 부린 적이 없고 또한 도시 사람들과 동등한 기회와 자원을 갖겠다고 욕심 부린 적도 없다.

체제 개혁의 일환으로 실시된 중국의 농업 경영 방식이다. 토지공유제의 기본원칙을 전제로 농가에 생산량을 할당하고, 그 성과에 따라 포상하거나 책임을 묻는다.-옮긴이

그들은 단지 자신의 보잘 것 없는 노동을 통해서 자신과 그리고 자신의 아이들의 운명을 변화시키고 싶을 뿐이다.[6](강조- 원문)

매우 감동적이다. 그러나 도덕을 우선하는 방법으로 진정한 역사적 · 현실적 분석을 대체하고 은폐하고 있으며, 바로 '중국의 9억 농민들을 모두 도시로 가게 할 수 있는가?'라는 논리적 · 현실적 전제는 묵살되고 있다. 도농 이원 대립의 구조적 국면은 근본적으로 농민 개인의 선택에 의해 변할 수 있는 것이 아니며, 또한 단순히 호적제도를 해소한다고 해결할 수 있는 것도 아니다. 물론 '도농분치, 일국양책'(城鄕分治, 一國兩策)의 정책을 해소하는 것이 중요치 않다는 말이 아니다. 오히려 그 반대로, 이런 중요성은 국가의 테두리 안에서 어떻게 구조적인 불평등을 해소할 것인가로 구현되어야지, 도농 간의 거대한 구조적 차이로 드러난 '농민공 조류'에 의존해 해결해서는 안 된다. '농민공 조류'는 결코 이 같은 불평등을 메울 수 없으며, 반대로 그 자체가 바로 불평등의 결과라 할 수 있다. 이는 호적제도 자체가 불평등 관계의 결과인 것과 같다. 불평등의 구조적 전제를 해결하지 않으면 호적제도의 개혁은 결코 농촌인구의 도시화 문제를 해결할 수 없다. 호적제도 자체는 결코 취업 기회를 만들어내지 못하기 때문이다. 농민 개인의 자유 선택권을 통해 '삼농' 문제를 해석하는 것은 효과가 없으며 중국의 구조적인 사회 위기도 설명할 수 없다. 물론 이는 그것을 위기로 보지 않는 사람들이 있기 때문이기도 하다. "수천 수백만의 농민들이 고난을 마다하지 않고 도시로 밀려들어 각지를 뒤흔든 농민공 조류는 농민을 토지에 속박한 것이 얼마나 불합리하며 부득이한 것이었는지를

---

6) 추평(秋風), 『동방』(東方) 잡지, 2001년 제10기.

충분히 설명하고 있다."[7] 그러므로 '농민공 조류'는 바로 농민 자유 의지의 구현이라는 것이다. 그러나 그들이 보지 못 하거나 보고 싶지 않은 것은 농민이 고향을 등지고 떠나게 된 것이 농업의 심각한 쇠퇴 후 생존에 떠밀린 어쩔 수 없는 선택이었으며 외지에 나가 일하는 것이 유일한 출구였다는 사실이다. 쉬유위(徐友漁)는 '농민공 조류'를 도시의 당기는 힘과 농촌의 미는 힘의 이중 결과로 본다. 도시의 당기는 힘은 전례 없는 도농의 거대한 분화에서 생겨났고 농민 수입이 도시의 불안정한 직업인보다도 훨씬 낮다는 기초에서 생겨났다. 이런 의미에서 밀고 당기는 것은 사실 일종의 힘이다. 그렇지 않다면 그들이 무시 받고 다치고 죽음까지 감내하면서 더럽고 위험한 공장이나 탄광으로 가는 것을 왜 '선택'하는지 설명할 방법이 없다. 사실 도시로 진출하든 안 하든 상관없이 그들이 사회 최하층 지위에 있다는 사실은 변하지 않는다. 만약 노동력이 유통되어 사회 발전이 자연스럽게 빈곤문제를 해결한다면, 노동자도 부유해질 수 있으며 매체에서 성공한 노동자들의 모습을 사회적 호소와 치부(致富)의 증거로 삼을 것이다. 그렇다면 반대로, 유동인구의 범죄는 그들이 노력하지 않고 스스로 타락했기 때문이며 도시 안전을 보장하기 위해 그들을 엄단하는 것은 필요하며 합법적이게 된다. 수용제도[8] 또한 마찬가지이다. 시장 만능을

---

7) 쉬유위(徐友漁), 「중국 90년대의 신좌파 중 하나를 평하다—제도의 창신과 국정」(評中國九十年代的新左派之一一制度創新與國情). http://www.china-review.com/sao.asp?id=6157

8) 수용제도(收容制度): 정식명은 수용견송(收容遣送)제도로, 중화인민공화국 건국 초기부터 시작되었으며 초창기엔 외부 유민(游民)을 수용하기 위해 만들어졌다. 1982년 국무원(國務院)에서는 ≪도시유랑걸인수용견송방법≫(城市流浪乞討人員收容遣送辦法)을 발표하는데, 이는 도시 내 유입하는 무직자와 이재민 수용과 구제를 위한 사회복지적 조치로 사회 유지와 도시를 보호하기 위한 행위였다. 1990년 초 국무원은 ≪수용견송공장개혁문제에 대한 의견≫(關於收容遣送工作改革問題的意見)을 제시하며, 수용 대상을 "三無", 즉 합법적 증명서(신분증이나 임시거류증, 직원증 등)가 없는 사람, 고정 주소가 없는 사람, 고정 수입이 없는 사람으로 확대했다. 본래 호적 지역이 아닌 곳에서 3일 이상 머무를 사람은 임시 거류증을 발급 받아야 하고, 그렇지 않을 경우 불법

제창하는 '신자유주의' 이론은 1990년대의 도시 시장화 발전이 국제사회와 연계된 이후 농민 파산 및 도농 격차가 오히려 전례 없이 심화되었다는 것에 답하지 못 한다. 1990년대 마지막 몇 년 사이 식량 가격은 30% 넘게 하락했고, 1999년 말 전국 인구의 약 65%를 점하는 농가의 저축 잔고는 도시 거주민 저축 잔고의 1/5에도 미치지 못했다. 이 거대한 격차가 바로 '농민공 조류'를 발생시킨 원인이며, 왕후이가 지적한 것과 같이 "제도적 불평등은 도시를 중심으로 한 시장 확장과 경제 발전의 전제가 되었다."

1970년대 말 제창된 중국 사상 해방의 이데올로기는 그 허울을 벗겨보면 인류 문명에서 보편적 의미를 갖게 된, 실제로는 악취가 진동하는 '자본주의'에 대한 새로운 인식과 승인이라 할 수 있다.9) 바로 이 '보편적 의미'란 입장에서 그들은 '농민공 조류'의 출현을 환호하며 자본주의의 지구화를 환호한다. 만약 1980년대 이래 도시의 시장화 개혁이 사회 위기가 폭발된 후 최종적으로 국가기구의 보호와 추진 아래 실시되었다면, 오늘날 도시에서 농촌까지 추진되고 있는 시장화는 농촌에서 새로운 사회 위기를 폭발시킬 임계점에 도달했다. 이는 한 향정부위원회 서기가 국가 최고 권력을 향해 눈물을 머금고 한 호소에서 잘 나타난다. "농민은 실로 고달프며, 농촌은 실로 빈곤하고, 농업은 실로 위험합니다!" 고매한 도덕주의적 이데올로기 담론은 견고한 농촌현실이라는 완강한 저항에 부딪쳤다. 이러한 목적론에 대한 반성은 일찍이 학술계의 이론적 논쟁거리였을 뿐만 아니라 피할 수 없는 현실적 위기로부터 나온 것이었다.

거류로 간주하고 즉시 수용 송환됐다. 2003년 3월 쑨즈강(孫志剛) 사건이 발생한 후 수용견송제도에 대한 논의가 활발히 전개되어, 결국 6월 20일 이와 관련된 모든 조례와 제도가 폐지되었다.-옮긴이

9) 徐友漁, 앞의 글.

첫째, 농민공 조류는 농업 위기의 결과이다. 농업의 마이너스 성장으로 인해 그나마 부족하던 토지는 대량 방치되었다. 어떤 논자는 국가의 (토지) 편입을 농업이 쇠퇴한 유일한 원인으로 본다. 그러나 이런 해석은 다음의 문제에 답할 수 없다. 국가가 토지를 편입하게 된 역사적 동기가 어디에 있는가? 왜 하필 인민공사가 이미 해체되고 국가권력이 농촌에서 손을 떼기 시작한 1990년대에 부족하던 토지 자원이 대량 방치되는 현상이 나타났는가? 근현대 민족국가가 만들어지는 과정에서 농촌의 과도한 편입이 수반되었다. 이는 청말부터 시작되어 인민공사 기간에 절정에 달했는데, 대규모의 농민공 조류는 오히려 1930년대와 1990년대 형성되었다. 이것은 무엇 때문인가? 1930년대 국민당정부가 '농촌부흥위원회'(農村復興委員會) 를 설립한 것도 전력을 다해 농업을 구제하기 위해서였다. 만약 토지의 사유화와 대규모 겸병이라는 시장화 노선이 중국농업을 근현대화시킬 수 있다면, 왜 토지 방치가 전혀 없었는데도 토지의 대규모 경영이 출현하게 되는가? (토지 방치는) 1930년대에도 없었고 지금도 없다. 그 이유는 어렵지 않다. 농업은 수익이 없고 돈을 벌 수 없기 때문에 자본은 이에 관심이 없다. 자본이 투입되지 않을 뿐만 아니라 오히려 자본의 대량 외부유출 현상이 나타난다. 시장을 이용해 중국농업 문제를 해결하는 것에 대해 페이샤오퉁(費孝通)은 1930년대에 이미 그 불가능을 지적했다. "지대를 보증할 수 없기 때문에 한 가지 경향이 출현한다. 즉 도시 자본은 대외무역항으로 흘러 들어가지 농촌으로는 흘러 들어가지 않는다." "농촌지역의 자금부족은 중소도시에 고리대를 발전시킨다. 농촌 경제가 불황일수록 자금은 결핍되고 고리대는 오히려 활성화된다. 이 악순환이 농민의 피와 땀을 다 소진시켰다."[10] 오늘날의 문제도 이와 유사하다. "한편 농업 가정 경영이라는 조건의 농업 생산은 마이너스 이익을 산출하며 이미 매년 최소한 몇 천억 위안의 농업자금의 경쟁적 유출을 야기했다. 다른 한편 시장경제 조건의 상업은행 또한 고위험 생산에 종사하는 소농들에게 자금을 분산해, 심사·감독하기 어렵고 이익을 도모하기 어려운 소액신용서비스를 제공할 수는 없다. 공공 금융이 농업과 농업 생산 영역에서 퇴장한 것도 농업에 큰 규모의 고리대를 야기했다."[11] 이와 동일한 토지 방치 상황은 사람과 토지의 관계가 고도로 긴장된 일본에서도 발생했다. 1980년대 이래 일본에서 경작 포기는 점차 토지 감소의 주요 원인이 되었다. 국가가 강력한 보조 정책을 취했음에도 불구하고, 일본의 식량 및 농산품 자급률은 여전히 하락세를 유지했는데 그 하락 과정에는 GATT(관세 및 무역에 관한 일반협정)체제의 무역자유화 추진이 수반되었다. 이 모두 간단하게 국가 편입이란 단일 모델로는 설명할 수 없다.

여기에서의 차이점은 1930년대의 중국 지식인은 중국 농업의 파산 및 위기와 세계시장과의 관계, 즉 1차 세계대전과 2차 세계대전 사이 세계자본주의의 경제위기 결과라는 것을 분명히 알았다는 점이다. 제국주의의 억압과 착취는 1930년대 학술계가 '이공입국'(以工立國)이나 '이농입국'(以農立國)에 관한 대토론을 벌이게 된 전제가 되었다. 그러나 오늘날의 중국 학술계는 지구화된 시장과 중국농업의 쇠락을 연관 지어 검토하길 원치 않는다. 이러한 대조적인 태도는 꼼꼼히 음미할 가치가 있다.

둘째, 농민공 조류는 토지와 인구의 관계가 심각하게 격화된 결과이다. 농업의 마이너스 성장으로 인해 농민의 빈곤화가 심화되었다. 중국 농민의

---

10) 페이샤오퉁(費孝通), 『강촌경제―중국농민의 생활』(江村經濟―中國農民的生活), 商務印書館, 2001, 237쪽.

11) 원톄쥔(溫鐵軍), 「"시장실패＋정부실패": 이중 곤경 하의 '삼농'문제」("市場失靈＋政府失靈": 雙重困境下的'三農'問題), 『두수』(讀書), 2001년 제10기, 24쪽.

다산(多産)은 사실상 빈곤의 결과이다. 베버는 일찌감치 다음과 같이 지적했다. "일반적으로 생활수준이 낮을수록 아동이 인구에서 차지하는 비율이 높다. 생활수준이 낮을 때 사람들은 아이를 낳아 기르는 것 외에 다른 미래를 생각할 수 없기 때문이다."[12] 그러므로 농민이 우매하기 때문에 다산한다고 질책하는 것은 단순하고 거칠다. 토지가 더 이상 재생 불가능하고 국가가 제공하던 사회공공보장이 전면 철회되고 전통 사회에서 종족을 보장하던 것도 문화대혁명 중에 완전히 사라졌을 때(현재의 귀농 흐름 역시 이런 각도에서 해석해야 한다), 사회보장의 유일한 출처는 바로 자신의 후대일 수밖에 없다. 현재의 가족계획 정책은 주로 벌금에 의존해 실행되고 있다. 벌금은 빈곤을 이용해 빈곤을 징벌하는 것인데, 그 결과는 이중의 빈곤이다. 그래서 빈곤할수록 더욱 낳고자 하는 악순환이 심화되는 것이지 많이 낳기 때문에 빈곤해지는 것이 아니다. 중국 목전의 인구 증가는 주로 빈곤한 농업인구의 증가이다. 농민공 조류는 토지가 수용할 수 없는 점점 커져가는 농업인구이며, 노동력 잉여문제가 한 단계 격화된 결과이다. 향진기업(鄉鎮企業)은 중국이 날로 세계시장에 진입하기 때문에 몰락하며(이는 청말 이래 중국 전통 수공업 쇠락의 재연이 아닌가?) 운 좋게 살아남은 향진기업도 노동집약형에서 자본집약형 및 지식집약형으로 업그레이드되어 더 이상 나머지 노동력을 효과적으로 흡수하는 경로가 되지 못한다. 원톄쥔은 오늘날 최소한 3, 4억 정도의 노동력이 전환되어야 하는데, 1억이 넘는 농민공이 이미 중국의 도시와 농촌 사이에서 유동하고 있다고 본다. '삼농' 문제를 다시 논하고자 하는 사람이라면 우선적으로 농촌의 대량 잉여 노동력 문제에 직면하게 되는데, 바로 이들이 꼬리에 꼬리를

---

12) 막스 베버(馬克斯·韋伯), 간양(甘陽) 選編, 『민족국가와 경제정책』(民族國家與經濟政策), 三聯書店·옥스퍼드대학출판사(牛津大學出版社), 1997, 79쪽.

물며 점점 심각해지는 '농민공 조류'의 방대한 근원을 형성한다. 환기해야 할 것은 이상의 숫자를 통한 판단이 부족한 토지자원이 방치되고 있는 상황을 고려하지 않은 전제 하의 결론이란 점이다. 이런 요소를 감안하면 문제는 더욱 심각하고 잔혹하게 변할 것이다.

셋째, 농민공 조류는 '도농 종합증'이란 악순환의 결과이다. 도시의 경우를 보면, 1990년대 이래 도시개혁 과정 속에 도시의 실업 인구는 급증했다. 도시는 근본적으로 농촌에서 온 수억의 유동인구를 흡수할 힘이 없었다. 중국이 WTO에 가입한 후, 농업의 쇠락이 계속 가중될 것이란 점은 누구도 부정할 수 없다. 농민을 토지에서 '밀어'내는 힘은 더욱 강해졌지만 도시의 자본 집약 및 기술 집약적 발전은 오히려 고용에서 노동자를 배제시켰다. 동시에 농업의 파산으로 인해 농민은 소비에 무력해졌고 기울어져 가는 시장을 진작시킬 수 없었다. 도시의 실직 노동자는 이로 인해 증가했고 도시 주민의 구매력은 이에 따라 하강했다. 도시와 농촌의 관계가 악순환되면서 침체된 내수는 중국 경제발전을 제약하는 '병목' 현상을 야기했다. '농민공 조류'는 농업의 위기일 뿐만 아니라 전체 중국 경제의 위기이기도 하다.

경제위기는 전체 '사회'에 대한 파괴로 구체화됐다. 도시에는 끊임없이 범죄가 출현하고 불안감이 널리 퍼졌다. '고상'한 단지는 경비가 삼엄해졌고, 방범문, 울타리 및 각종 경보 시스템이 쫙 깔렸다. 쑨즈강(孫志剛)[13]의

---

13) 2003년 3월 17일 저녁, 광저우의 한 의류회사에서 근무하던 후베이(北靑) 출신 청년 쑨즈강은 PC방으로 향하던 길에, 임시거류증이 없다는 이유로 경찰에게 붙잡혀 광저우황촌파출소(廣州黃村街派出所)로 끌려갔다 다시 광저우시수용견송중전소(廣州市收容遣送中轉站)에 수용된다. 다음날 광저우수용구치소(廣州收容人員救治站)로 보내지는데, 여기에서 직원 및 다른 수용원들에게 심한 구타를 당해 3월 20일 수용원구치소에서 목숨을 잃는다. 언론에서는 이를 '쑨즈강 사건'이라 불렀으며, 사망할 당시 쑨즈강은 우한과학학원(武漢科技學院)을 졸업한 지 2년이 된 27살 청년이었다.-옮긴이

죽음은 사실상 사회위기가 구체적으로 드러난 것이다. (이를 통해 촉발된) 헌정(憲政)면에서의 호소와 요구는 국가의 국민에 대한 보호와 책임을 촉구하며 그 필요성 및 중요성을 만들어냈다. 그러나 헌법 그 자체는 사회문제를 결코 해결할 수 없다. 만약 그밖의 권리 보장 및 협력이 없다면, 역사상 수없이 본 상황과 같이 헌법도 빈종이 쪼가리밖에 되지 않으리라 장담할 수 없다. 청말 이래 우리에게 부족한 것은 헌법이 아니다. 헌법이라는 제도를 보장하고 추동할 동기이다. 헌정 제도의 확립은 반드시 사회 구조와 서로 합치되어야 비로소 헌법의 존엄성이 있게 된다. 국가에 대한 제약으로서 오늘날의 헌법은 농업 위기와 도시 범죄를 결코 해결할 수 없다. 오늘날 중국 대도시의 범죄 기록에서 50% 이상은 유동인구이며 광저우에서의 비율은 80%까지 치솟았는데,[14] 이는 왜 쑨즈강 사건이 광저우에서 일어났는지 알 수 있는 배경 자료를 제공한다. 범죄율의 상승은 도덕문제가 아닌 사회문제이다. 그러므로 더욱 중요한 것은 차별, 빈곤과 기아가 어떻게 생산되는지 사회 범죄의 온상을 살펴보는 것이다. 사실 쑨즈강은 농민공이 아니었지만 대학생이라는 그의 신분은 사회가 이 사건을 중시할 수 있게 된 전제가 되었다. 1980년대부터 개혁개방이 진행된 이래 줄곧 심각하게 존재했던 농민공의 인권 유린 문제가 왜 하필 쑨즈강 사건으로 헌정이라는 층위로 올라갈 수 있었는가? 위헌 사건이 발생하게 된 원인은 도대체 어디에 있는가? 수용제도 도입을 지지한 사회적 동기는 또한 무엇인가? 쑨즈강은 농민공의 속죄양인 동시에 사회 위기의 희생물이다. 사회의 구조적 위기를 해결하지 않으면 누구도 이런 사건이 다시 재연되지

---

14) 리룽스(李榮時), 「중국유동인구에 대한 인식과 사고」(對中國流動人口的認識與思考), 웨이진성(魏津生), 성랑(盛朗), 타오잉(陶鷹) 註編, 『중국유동인구연구』(中國流動人口硏究), 人民出版社, 2002, 27쪽에서 재인용.

않는다고 보장할 수 없다. 쑨즈강 사건은 헌정개혁을 추동할 수 있는가? 헌정개혁은 또한 농민의 정치권력을 어떻게 확실히 보장할 수 있는가? 현재 도시 관리의 중요한 기능을 맡고 있는 도시 수용제도는 어느 정도까지 해소될 수 있는가? 이는 사실상 우리 사회에서 어느 정도까지 빈곤과 불공정을 해소할 수 있는가를 결정한다. 미국의 흑인 인권 운동이 왜 오늘까지도 여전히 갈 길이 먼가? '그들'의 피가 자신의 피로 전환되고 '그들'의 문제가 우리 문제로 전환되어야, 위헌 심사도 시작될 것이다. 이 자체가 아마도 문제점의 소재일 것이다. 누구를 위해 좋은 울리나? 쑨즈강의 죽음과 '사스'(SARS) 사건으로 드러난 사실은, 농촌과 도시가 사실상 공통의 위기에 놓여있다는 것이다.

『중국청년보』(中國靑年報) 기자 루웨강(盧躍剛)은 농촌으로 내려가 포양호(鄱陽湖)에서 한 마을을 조사했다. 이 마을에서 1980년부터 1993년까지 비정상적 사망자 수는 18명으로, 주로 목을 매거나 농약을 마셨는데, 그 가운데 50%가 빈곤 때문에 자살했다. 그는 이러한 상황이 농촌에서 점점 심각해지고 있다고 보았다.[15] 1990년부터 1994년까지 중국 연평균 자살자 수는 32만 4천6백만 명인데, 농민이 30만 3천만 명이며 농촌여성의 자살자 수는 17만 3천2백만여 명에 달했다.[16] 농민자살, 특히 농촌여성의 자살은 심각한 사회문제이다. 산둥성(山東省) 여성연맹(婦聯) 등 단위조직의 5년에 걸친 조사 결과, 농촌 아동의 심리장애와 행동이상은 도시 아동보다 훨씬 심각하여 검출률이 19.8%에 달했으며 거의 다섯 명 중 한

---

15) 루웨강(盧躍剛), 「향촌팔기」(鄕村八記), 『저층에서—루웨캉자선집 중국관찰(상권)』(在底層 盧躍剛自選集·觀察中國 [上卷]), 南方日報出版社, 2000, 420쪽에서 재인용.

16) 장칭궈(張慶國), 「중국농촌부녀자의 높은 자살률의 원인 및 대책분석—실증사회학의 시각에서」(中國農村婦女高自殺率的原因對策分析——個實證社會學的視角), <세기중국>(世紀中國) 웹사이트

명 꼴로 심리문제나 행동이상을 갖고 있는 것으로 드러났다. 그러나 도시의 검출률은 8.1%로, 농촌 아동의 심리와 행동이상의 비율이 대도시, 중소도시보다 두 배 이상 많음을 알 수 있다.17) 그러나 이 연구는 농촌 아동의 심리문제의 원인을 모친의 자질로 돌림으로써 사람들을 의아하게 만들었다. 농민공 조류는 농촌 아이들의 부친 혹은 양친의 부재를 야기하며, 이것이 아이들의 성장에 어떤 영향을 끼칠지는 굳이 언급할 필요가 없다. 더군다나 빈곤의 폐해로 인해 여러 차례 금지에도 불구하고 아동노동이 계속되고 있다. 차오진칭(曹錦淸)은 허난(河南) 농촌 조사에서 현실에 대한 강한 불만과 마오쩌둥에 대한 그리움이 하나로 결합되어 있음을 발견했다. 농민의 가장 큰 불만 가운데 하나는 현재 "사회 풍조가 너무 나빠졌으며!" "그때 사회 풍조는 좋았다"는 것이다. 개혁개방 이래 농민이 이전보다 자유로워지고 부유해지지 않았다는 것인가? 조사에서는 부유함이 단지 흰 밀가루로 된 만두를 먹을 수 있는 것에 불과했었는데, 그들은 무엇을 더 원하는가? 사회 기층의 마오쩌둥 숭배를 어떻게 이해해야 하나? 전제에 대한 미련인가?—그러므로 농민의 우매한 봉건의식을 반드시 개조해야 한단 말인가? 그렇지 않다. 그것은 '좋은 사회'에 대한 요구로 이해되어야 한다. 안전과 화목이 없는 사회는 좋은 사회라 할 수 없다. WTO는 각종 '도농 종합증'을 심도있게 분석해, 그것이 중국 사회에 더욱 심각한 파괴적 영향을 일으키며 국가 정권에도 심각한 합법성의 위기를 가져올 것으로 경고했다.

노동력과 토지의 이중 상품화는 자본주의의 산물이지만, 그것은 결코 시장이라는 방식을 통해 자연 발생적으로 형성된 것이 아니다. 영국의 인

---

17) 장샤오징(張曉晶), 류신(劉鑫) 기자, 「농촌 아이들의 "마음의 병"이 도시 아이들보다 두 배나 많다」(農村孩子"心病"比城裏孩子高一倍多), 신화사지난(新華社濟南), 3월 9일 기사; 『신화매일통신』(新華每日電訊), 2003. 3. 10. 참고

클로저(enclosure) 운동은 정부 입법에 의해 진행되었고, 봉건지주가 '자유 사유권'을 획득한 것은 동시에 대량의 농민들이 강압적으로 토지에서 쫓겨난 것을 대가로 삼았다. 그들은 당시 영국에서 중요한 사회문제와 정치문제가 되었다. 그러나 토지에서 떠난 농민들이 결코 자동적으로 자본주의의 노동력이 된 것은 아니었는데, 이 문제는 칼 폴라니(Karl Polanyi)가 그의 대표 저서 『거대한 전환』(The Great Transformation)에서 다루었다. 일반적으로 인클로저 운동이 산업화 발전을 위한 자유로운 노동력 시장을 제공했다고 본다. 그러나 그의 연구에서 18, 19세기 이래 형성된 영국의 노동력 시장은 정부가 인클로저 운동, '스핀엄랜드 법'(Speenhamland Law, 1795)과 '신 구빈법'(The New Poor Law, 1834)을 바탕으로 함께 완성시켰다고 밝혔다. 1834년 영국의회에서 통과된 신 구빈법은 노동 능력이 있는 사람들에 대한 구제를 정지시키고 일 하기를 원치 않는 사람을 '구제원'에 수용시켰다. 부부를 따로 떨어뜨리고 외출과 방문객도 금지한 채 중노동을 강요했으며 먹고 사는 조건은 죄수보다도 못 했다. 빈곤을 가난한 자의 병으로 보았기에 그들의 저열한 근성을 치료하기 위함이 목적이었으며, 억지로 그들이 고용을 받아들 수밖에 없도록 만들어 저렴한 가격의 노동력을 만들어냈다.[18] 1875년 「고용주 및 근로자 조례」(Employers and Workmans Act)가 통과되고 나서야 영국 노동자는 '자유' 노동의 권리를 갖기 시작했다. 그 이전에 노동자에겐 이직의 자유가 없었고, 중도에 계약을 중지한 노동자는 수감되었지만 반면 고용주는 그에 상응하는 제약을 받지 않았다.[19] 1835년부터 구빈법 집행을 책임졌던 황실위원회의 건의에 따라 가난한

---

18) 쉬바오창(許寶强), 「반시장적 자본주의—서론」(反市場的資本主義·導言), 쉬바오창(許寶强), 쥐 칭둥(渠敬東) 編, 『반시장적 자본주의』(反市場的資本主義), 中央編譯出版社, 2001, 63-64쪽.
19) 같은 글, 64쪽.

자들을 (노동)인구가 급히 필요했던 산업지역과 해외식민지로 이주시키기 시작했다. 이같은 이주는 결코 농민 스스로 원한 것이 아닌 '충군'(充軍: 형벌로 죄인을 군인으로 충당한 것)과 유사한 정부의 행위였다.

영국에서 산업혁명과 인클로저 운동으로 '깨끗이 청소'된 대량의 농촌 잉여 인구는 처음에는 정부의 강제적 '구빈법'을 통한 이민과 해외 이민으로 전환되었다. 영국의 해외 이민은 유럽에서 첫 손가락에 꼽힌다. 1850년대부터 1860년대까지 해외 이주는 절정에 달해 그 중 잉글랜드인이 120만 명, 스코틀랜드인이 30만에 이르렀다. 이는 17, 18세기 잉글랜드와 스코틀랜드의 대외 이민자 수의 총합에 상당하며, 1차 세계대전 이전까지 이민의 총합은 계속 증가했다.[20] 해외 이민은 감압밸브(reducing valve)와 같은 역할을 했는데, 국내 경기가 호황일 때 해외 이민자 수는 하강하며 반대가 될 때 해외이민은 증가했다. 1841년부터 1911년까지 70년 간 영국 농촌지역의 국내 및 해외 이민은 거의 이 시기 농촌 인구의 자연 증가와 맞먹었다. 이와 동시에 도시 인구가 신속하게 증가하여, 이런 도시들은 주로 신흥 상공업 도시가 되었지만 역사가 유구한 현(縣)단위 도시와 지방 집거지의 발전은 오히려 느려졌다.[21] 국내외 신흥 시장이 없었고 첫 번째 산업혁명 국가라는 선결조건이 없었다면, 농촌의 잉여 노동력을 강력하게 흡수할 도시도 없었을 것이다. 이는 사실 중국 도시화 발전의 문제이기도 하다. 도시화는 농민을 도시 안으로 옮겨와 살게 한다고 끝날 일이 결코 아니며, 그들에게 일할 기회를 제공할 필요가 있다. 그렇지 않으면 도시에서 살아갈 방법이 없다. 도덕원칙은 반드시 근로 권리 위에서 실현되어야 하는

---

20) 왕장후이(王章輝), 황허커(黃柯可), 『구미농촌노동력의 이동과 도시화』(歐美農村勞動力的轉移與城市化), 社會科學文獻出版社, 1999, 29쪽.
21) 같은 책, 20-22쪽.

것이다. 그러나 '신자유주의' 이론은 중국 도시화 발전 문제와 지구적 시장과의 연계를 인정하려 하지 않으며, '농민공 조류'와 지구화의 관계를 인정하려 하지 않는다. 도시화를 위한 도시화는 근본적으로 농민의 전환 문제를 해결할 수 없을 뿐만 아니라 농업용지를 부동산으로 구획 정리하는 새로운 서막을 열었다. 지방정부는 토지 임대 허가권을 이용해 부동산업자와 결탁해 지대를 추구했고 이로 인해 농민의 권익은 한층 더 손해를 보게 되었다. 점점 심각해지는 이 같은 '인클로저 운동'은 오히려 농업의 자본주의 노선과 아무런 관계가 없다.

『시민사회의 제국』 저자 저스틴 로젠버그(Justin Rosenberg)는 유럽에서 19세기부터 20세기 초까지의 이민자를 유럽의 토지혁명으로 인해 고향을 등지고 떠난 농민으로 보았다. "이 사람들이 유럽에서 떠나게 된 주요한 원인은 산업자본주의의 확산과 농업의 상업화였다." 이탈리아 남부 농민의 경우를 보면, 그들을 의지할 곳 없이 떠돌게 만든 것은 19세기에 진행된 '사유화'가 아니다. "1860년대 이후 농업의 쇠퇴가 미국에서 들어온 저가의 수입 곡물과 결합하여 수백만에 달하는 사람들을 고향에서 쫓아내기 시작했고", "미국 곡물을 유럽으로 실어 나르던 배들이 돌아가는 편에는 바로 이 무역으로 인해 고향을 등지고 떠나게 된 이탈리아 농민들이 실려 있었다." 그러므로 "이 같은 도시 이주는 단순하고 자연스러운 인구의 새로운 배치가 아니었다."[22] 1820년대에는 겨우 14만 5천 명만이 유럽을 떠났지만, 1850년대는 대략 260만 명이 유럽을 떠났고, 1900년대부터 1910년 사이는 이민자 수가 900만 명에 달해 매년 100만 명에 가까운

---

22) 저스틴 로젠버그(賈斯廷·羅森伯格, Justin Rosenberg), 『시민사회의 제국—현실주의 국제관계이론 비판』(市民社會的帝國—現實主義國際關系理論批判), 홍유성(洪郵生) 譯, 江蘇人民出版社, 2002, 238쪽.

이민이 있었다.[23] 그렇다면 이와 같은 '국제관계'적인 유럽의 '농민공 조류' 현상은 궁극적으로 무엇을 설명하고 있는가? 유럽이 농업 잉여 인구를 해소했던 역사적 상황은 오늘날 중국에서 반복될 수 있는가?

이민 연구는 사회구조의 변화 과정을 연구하는 것이다. 유럽 사회 구조는 19세기 후반에 '더욱 광범위하게 세계적으로 연계'되었는데, 그 특징은 바로 지방적, 지역적 그리고 대륙 간 이주를 포괄하는 방대한 인구 이주이다. '역사상 가장 방대한 민족의 이주'에는 다르면서도 또한 상호 연계된 세 가지 인구 이동이 있었다.

유럽 농촌에서 유럽 도시로의 이동, 유럽에서 미국과 기타 백인 개척지로의 이동, 그리고 유럽의 정치적 통제 아래 아시아와 아프리카의 지역 간(비유럽인) 이동. **이 세 가지 인구 이동은 각각 재산을 잃은 직접 생산자(농민)로 주로 구성되었으며, 그들은 동력과 구조면에서 상호 연계되어 있다.** 이 같은 이주가 어떻게 형성되었는지 이해하려면, 사회변혁 가운데 방대한 노동력이 어떤 상황에 있었는지 평가하는 것에서부터 시작해야 한다. **이런 변혁은 자본주의 세계시장이 흥기하는 그 발단에서부터 필요로 한 것이었다.**[24](강조 필자)

위 단락의 서술에서 성립된 인구 유동의 '국제관계'는 우리가 중국의 '농민공 조류' 현상을 해석하는 데 중요한 의미가 있다.

중국의 '신자유주의' 이론은 선진 자본주의국가의 농업 상황을 '농민공 조류' 역사의 진보에 대한 증명으로 삼는다. 예를 들어 미국에서 농민은

---

23) 스타브리아노스(斯塔夫里阿諾斯, L. S. Stavrianos), 『전지구통사—1500년 이후의 세계』(全球通史—1500年以後的世界), 우상잉(吳象嬰), 량츠민(梁赤民) 譯, 上海社會科學院出版社, 1992, 308쪽.
24) 저스틴 로젠버그(賈斯廷·羅森伯格), 앞의 책, 236쪽.

사라졌고 농장주만 있다는 것이다. 이런 논조는 서부 지역의 방대한 유동형 농업노동자와 도시 슬럼의 희망 없는 실업자들을 부정해버리는데, 그들은 모두 보금자리를 잃은 농민이거나 그 후손들이다. 대부분 미국 흑인의 조상은 17세기에서 19세기까지 남부 플랜테이션 농장의 수요로 인해 미국으로 팔려온 아프리카인이다. 남부의 플랜테이션 농업은 유럽의 산업혁명으로 인해 형성되었고 유럽 시장을 위한 공업원료와 기타 경제 작물을 생산하여 거대한 이윤을 남겼다. 20세기 말 미국 흑인은 국내로 2차 이주를 시작하여 그들 가운데 약 400만이 남부를 떠나 도시로 진입했다. 1960년 미국에는 인구의 40%가 흑인인 도시가 네 곳이었는데, 1970년 이전까지 이런 도시는 열네 곳으로 증가했다. 이제 농업의 기계화 발전으로 인해 더 이상 그들이 필요치 않게 되었던 것이다. 농업은 줄곧 이윤을 창출하는 분야로 여겨졌지만 기계화가 노동력보다는 더욱 효율적이었다. 농민이 보금자리에서 쫓겨나면서 자본만 이익을 챙기게 되었다. 미국의 거의 모든 도시에는 흑인 거주지역이 있다. 이는 적의로 외부를 둘러싼 나라 속 나라(國中之國)로, 도시의 흑인구역의 경계는 국경선 마냥 단단히 봉쇄되어 있다. 농촌에서 도시로 진입한다고 해서 흑인의 지위가 근본적으로 변화되진 않았던 것이다. 미국의 농촌 빈곤 자문위원회의 한 보고서에서는 다음과 같이 언급했다.

그들이 이주한 것은 적합한 일자리를 얻어 떳떳하게 생활할 수 있는 공간을 갖고자 했기 때문이었다. 어떤 사람들은 찾았지만 적지 않은 사람들은 찾지 못했다. 적지 않은 사람들이 단지 농촌의 슬럼에서 도시의 슬럼으로 이주한 것일 뿐이었다. 그리고 그 비용은 그들 자신과 도시 그리고 미국의 농촌에 대한 거대한 대가였다. 그럼에도 불구하고 소수 이주자는 그들이 떠난 농촌으로 다시 돌아갔다. 그들은 정확하게 인식하고 있었던 것이다. 도시의 슬럼 같은 생활이라면 떠나온 농촌의 슬럼이 그래도 낫다는 것을….25)

미국 농업의 근현대화 과정 가운데 농촌의 위기가 없는 것이 아니라 단지 도시로 전가된 것일 뿐이다. 오늘날 미국 도시의 심각한 인종, 실업 및 범죄 등 사회적 병폐를 보면 미국이 결코 '휴머니즘'의 기적을 만들지 못했다는 것이 자명하다. 농업 인구를 도시로 이전시키는 것이 만사형통을 뜻하진 않는다. 단지 옛날의 위기가 새로운 형식으로 출현한 것일 뿐이며, 이 위기는 사실 근현대성 가운데 내재되어 있다. 이제 우리는 분명히 깨달아야 한다. 세계 시장과 농업의 기계화가 노동력을 필요로 하거나 배제함으로써 야기한 인구 유동은 결코 근현대화의 복음이라 볼 수 없다. 인류가 근현대화 과정에서 지불한 사회적 대가는 심각하다. 미국과 유럽연합이 정부의 강력한 가격 지지 아래 세계 농산품을 덤핑할 때, 이로 인해 미국 남부의 흑인 농민과 서부의 파산한 소작 농장주가 배척될 뿐만 아니라 중국과 기타 제3세계의 농업이 위기를 맞고 농민들은 고향을 떠나게 되었다.

2003년 6월, 상하이

[요약]

뤼신위의 「농민공 조류란 문제의식」은 쑨즈강(孫志剛) 사건으로 인해 '농민공 조류' 및 '삼농'(三農)문제가 논쟁의 수면 위로 떠오른 중국의 2003년을 배경으로 쓴 글로, 중국에서 '농민공 조류'가 출현하게 된 사회구조에 주목하였다. 뤼신위는

---

25) V. 퓨러(V・富勒), 「동화에서의 작용과 영향」(在同化上的作用與影響), R. D. 로드퍼드(R・D・羅得菲爾德) 外 編, 『미국의 농업과 농촌』(美國的農業與農村), 안쯔핑(安子平), 천수화(陳淑華) 外 共譯, 農業出版社, 1983, 87쪽에서 재인용.

단순히 '신자유주의' 이론만으로 농민공 문제를 해석하는 것을 경계하며 '농민공 조류'를 도농 간의 불평등한 사회구조적 차이가 드러난 문제로 파악한다. 일반적으로 1980년대 후반에 출현한 것으로 인식되고 있는 '농민공 조류'를 청말 산업화 시기까지로 끌어올리고, 그와 더불어 중국의 1920-30년대에 발생한 '농민공 조류'도 함께 고찰하고 있는 것은 이 글의 큰 장점이다. 1980-90년대 '농민공 조류'의 발생 원인을 농업과 시장, 토지와 인구, 도시와 농촌의 세 가지 측면에서 분석하며, 농업의 위기, 토지 수용이 불가능한 잉여 노동력 문제 및 도시와 농촌 관계의 악순환의 결과로 개괄한다. 또한 18, 19세기 영국 노동력 시장의 형성 과정 및 유럽에서의 인구 이동과정을 살펴보면서 국제 관계의 관점에서 중국의 '농민공 조류'를 사고하길 요구한다. 이를 통해 중국의 '농민공 조류'가 자본주의의 지구적 시장화와 이로 인한 중국의 도시화 발전 문제 속에서 생겨난 것임을 밝히고 있다. 무엇보다 1980-90년대란 시간과 중국이란 공간을 넘어 사고할 수 있는 시각을 제시했다는 점에서 충분히 주목할 만하다. (김혜주)

문화정치적 관점에서 본 중국의 도시와 농촌[*]

쉐이(薛毅)

손주연 옮김

1_ 타자로서의 농민

1980년대의 중국의 대표 작가 가오샤오성(高曉聲)의 「천환성의 도시 진입」(陳奐生上城)[1]은 문단의 커다란 주목을 받았다. 이 소설은 '신시기' 문학의 경전(經典)으로 널리 읽히고 해석되었으며 중학교 교과서에도 실렸다. 수많은 평론 가운데 작가 자신이 「천환성에 대하여」라는 글에서 중국 농민을 해석한 것은 이 단편소설의 가장 권위 있는 해석이 되었다.

---

* 출처: 薛毅, 「城市與鄕村: 從文化政治的角度看」, 薛毅主編, 『鄕土中國與文化硏究』, 上海書店出版社, 2008.
1) 『인민문학』(人民文學), 1980년 제2기.

그들은 선량하며 정직하고 까칠하지 않으며 특기도 없고 수수하며 이름이 세상에 알려지지도 않고 마치 칭찬할 만한 것도 없는 듯하다. 그들은 몸은 쉽게 움직이지만 입은 쉽게 놀리지 못하는 사람들이고 노동은 잘 하지만 사색은 잘 못하는 사람들이다. 그들은 순진해서 손해를 보고도 추궁을 할 줄 모르고, 단순해서 속임을 당하더라도 아무것도 깨닫지 못할 것이다. 그들은 기꺼이 고액의 대가를 지불하고 지극히 낮은 수준의 생활 조건을 받아들이며, 초인적인 고난을 견디면서 즐거움은 거의 얻지 못한다. 그들은 환상이 거의 없고 실제 생활에 힘쓸 뿐이다. 그들은 살아가면서 줄곧 두 가지 신념을 가지고 있다. 첫째, 그 어떤 어려운 조건에서도 자신의 노동으로 살아갈 수 있음을 믿는다. 둘째, 중국 공산당이 그들의 생활을 점차 향상시켜줄 것을 믿는 것이다. …그러나 그들의 단점은 확실히 끔찍하다. 그들의 단점이 변하지 않는다면 중국은 또 다시 황제를 배출하게 될 것이다.

작가는 6개의 '없음'(無)과 3개의 '않음'(不)을 연이어 사용하여 농민의 양면성을 종합했다. 이른바 선량하고, 정직하고, 실천하는 등등의 품격은 한때 전통 사회주의가 농민형상을 창조할 때 강조하던 것들이다. 예를 들면 같은 도시 진입 이야기인 류칭(柳青)의 『창업사』(創業史)에서 량성바오(梁生寶)가 볍씨를 사는 것이나 선시멍(沈西蒙)의 「네온사인 아래의 보초병」(霓虹燈下的哨兵)에서 멜대를 매고 진입하는 춘니(春妮)가 그러하다. 그러나 1980년대의 눈으로 보면 이 두 가지 형상은 진실하지도 않고 깊이도 없다. 천환성의 형상은 '없음'과 '않음' 뒤의 성격이 더해짐으로써 중국 농민의 본질을 진실하게 드러냈다 할 수 있다. 가오샤오성의 가장 깊이 있는 사상은 농민들의 약점과 중국 당다이(當代)[2] 정치와의 관계를 파악한 것이라 해야 할 것이다. 이와 관련 있는 것으로 가오샤오성의 또 다른 작품 「리순다의 집짓기」(李順大造屋)와 그에 대한 해석이 있다. 그들은 확실히 좋은 사람들이다. 그러나 그들은 확실히 '나쁜 사람의 양성소'다. 왜냐하면 리순다들은 자신의 의견이 없는, 독립적으로 사고할 수 없는, 개성 의식이 없는 '추종파'이기 때문이다. 1980년대는 시급하게 천환성과 같은 형상을 필요로 하는 듯했다. 사람들은 순식간에 가오샤오성의 작품에서 루쉰(魯迅)의 영향을 발견했고, '국민성'의 주제를 발견했으며 신문화 계몽이 지속적인 노력이 필요한 미완의 위대한 사업임을 발견했다. 이런 과정을 거쳐 지식인들은 마침내 '빈농과 하층, 중농의 재교육을 받아들여야 한다'는 하방(下放)담론에서 해방되었으며 지식인들은 농민형상의 약점을 통해 새로이 자신을 긍정하게 되었다. 주라오중(朱老忠), 량성바오 등의 형상은 이제 당다이문화에서 완전히 사라졌다. 이를 대신한 것은 왕추서(王秋赦)와 같은 일군의 권력을 장악한 극악무도한 불량배 형상과 후위인(胡玉音)과 같이 선량하며 성실하게 일하지만 전제정치의 탄압을 받는 여성과 노인 형상이었다. 물론 지식인들 역시 순수하며 아름다운 전원목가적인 농촌과 농민형상을 상상하며 "아, 나의 백(白)노인, 나의 소들, 나의 아득한 청평만(清平灣)이여"라며 감탄하기도 했다. 그러나 그것은 그저 전원목가적일 뿐 역사 속의 농민형상처럼 진실하지도 깊이 있지도 않았다.

그 어떤 농민형상도 천환성의 형상을 대신하지 못하는 듯하다. 리양(李楊)은 자신의 저서에서 다음과 같은 자료를 인용했다.

---

2) 이는 1949년 중화인민공화국 건립 이후의 시기를 가리킨다. 마오쩌둥은 자신의 혁명론을 '신민주주의혁명'이라 일컬었고, 이와 변별하기 위해 이전의 혁명을 '구민주주의혁명'이라 일컬었다. 아울러 1949년 신중국 건립 후의 시기를 '사회주의 개조 및 건설 시기'라 하여 이른바 진다이(近代-셴다이)(現代-당다이)(當代의 삼분법을 창안했다. 이들은 우리 사회의 근대, 현대, 당대와 기의가 달라 중국어 발음대로 표기했다.-옮긴이

천환성이라는 형상은 일찍이 「극빈농가」(漏斗尸主)에서 모습을 드러냈고 '도시 진입' 이후에 또 다시 가오샤오성의 일련의 작품에서 누차 주인공으로 나타난 바 있다. 이 형상은 어떠한 환경과 장소에 출현하든지 간에 언제나 사람들로 하여금 "진정한 농민이구나!"라고 감탄하게끔 한다. 누구든지 여기에서의 '농민'이 단순히 농업 노동에 종사하는 한 계층을 가리키는 것이 아님을 알 수 있다. 오히려 '보수(保守)', '너그러움', '근면성실', '고생하며 참고 인내함', '인색', '쉽게 만족함' 등의 품성이 한데 합쳐진 모종의 형상을 주로 가리킨다.

리양의 흥미를 불러일으킨 "진정한 농민이구나!"라는 감탄. 이에 대해 리양은 더욱 깊이 파고든다.

어째서 '보수', '너그러움', '근면성실', '고생하며 참고 인내함', '인색', '쉽게 만족함'을 보기만 하면 우리는 "진정한 농민이구나!"라는 감탄을 내뱉게 되는가? 달리 말하면, 농민의 '보수', '너그러움', '근면성실', '고생하며 참고 인내함', '인색', '쉽게 만족함'이라는 품성은 농민 자신의 특징인가 아니면 현대 지식인으로서의 현대 작가가 창조해낸 것인가?[3]

어쩌면 1980년대 이래 당다이문화의 맥락에서 보면 이에 대한 답은 간단하다. 이는 당연히 지식인이 창조한 것이며 당연히 농민의 가장 진실한 특징이다. 당연하게도 이런 진실한 농민형상은 농민이 이전에 부여받았던 혁명을 상실한 반면, 봉건, 낙후, 우매 그리고 전제정치와 긴밀하게 연계되어 있음을 보여준다.

---

3) 리양(李楊), 『1950-1970년대 문학 경전 재해독』(50-70年代文學經典再解讀), 廣東教育出版社, 2002.

1990년 1월 1일, CCTV(중국중앙방송국) 신정 저녁 프로그램에는 또 농민 두 명의 도시 진입 이야기가 있었다. 낡고 해진 셔츠를 입은 두 사람은 솜을 타는 도구로 암호를 보내 두리번거리며 무대에 올랐다. 그들의 첫 대사는 "정찰 결과, 적들이 보이지 않는다"였다. <초과 출산 유격대>(超生遊擊隊)라는 제목의 이 코미디 프로는 대단한 호평을 받았다. 1990년대의 CCTV에 코미디 프로가 없는 것은 상상하기 어렵다. 특히 설날 저녁 프로그램에 코미디 프로가 없다면 어떤 상황이 벌어질까? 코미디 프로 중에 만약 농민형상이 없다면 그 코미디 프로의 볼거리는 크게 반감된다. 방언을 쓰고, 적합하지 못한 행동을 하고, 지식이 빈약하며, 도시에서 온갖 웃음을 자아내는 농민은 중국 당다이 대중문화의 타자가 되어 지속적으로 소비되고 있다.

비록 지식인도 설날 저녁 프로그램의 '진수성찬'을 소비하고 농민형상을 소비하고 있지만, 코미디 프로에서의 농민형상은 분명 지식인의 사유를 불러일으키기엔 부족하다. 가장 깊이 있고 가장 가치가 있는 것은 여전히 천환성 형상이다. 그러나 양자 사이에 아무 관련이 없는 것은 아니다. 사실 소설 「천환성의 도시 진입」은 본디 코미디의 경향을 지니고 있었다. 천환성이 폴짝 뛰어서 용수철 의자에 앉고, 베개수건으로 노즐을 닦는 것은 줄곧 학자들과 교사들이 흥미진진하게 이야기하곤 하는 생동적인 세부묘사다.

2_ 두 가지 현대성(現代性)[4]

우리는 아Q부터 천환성에 이르는 '계보'를 발견할 수 있는데, 이를 5.4

---

[4] 우리가 'modernity'를 근대성이라 하는 반면 중국에서는 현대성이라 번역해 사용한다.—옮긴이

계몽문화가 창조한 농민의 본질적 형상으로 귀납시킬 수 있다. 그러나 리양은 이것이 현대성 구조 중 하나이긴 하지만 그만큼 중요한 또 다른 '계보'가 있다고 인식한다. 그 이유는 아래와 같다.

5.4 신문학에서 나타난 중국 농촌의 본질에 관한 서술이 20세기 중국문학에 미친 중요성을 어느 누구도 부인할 수는 없다. 그러나 이는 유일하게 중요한 지식은 아니다. 1930-40년대부터 진차지(晉察冀) 해방구와 옌안(延安) 등 공산당 통치구에서 정부의 행정 동원 능력에 힘입어, 활발하고 솔직한 향토정서와 함께 산베이(陝北)와 허베이(河北) 지역의 문예 형식이 현대화 사업에 애쓰는 문인들의 시야에 들어왔다. 리지(李季), 저우리보(周立波), 딩링(丁玲) 및 루쉰예술학원 예술가들에 의해 루쉰 식의 원시적이고 우매하며 마비되고 무관심한 농민형상이 즐겁고 개방적이며 진취적인 농민형상으로 대체되었다. "5.4이래로 문단을 주도하던 암담하며 처참했던 향토 표상은 이때에 이르러 변하게 되었다."

원시적이고 우매하며 마비되고 무관심한 농민형상과 즐겁고 개방적이며 진취적인 농민형상은 명백한 대조를 이룬다. 이 두 가지 형상의 창조에서 우리는 계몽주의 문화와 혁명문화 사이의 거대한 차이를 발견할 수 있다. 우리는 다음과 같이 추론할 수 있다. 혁명문화 시대에는 계몽주의적 현대성 서술이 억압되었지만 신시기에는 혁명문화의 현대성 서술이 억압되었다.

그러나 당다이문화에서 '억압된 현대성'은 5.4 이래로 억압된 현대성, 즉 청(淸) 말기부터 장아이링(張愛玲)까지의 창작 활동만을 가리키는 것이었다. 왕더웨이(王德威)는 청 말기부터 장아이링까지 "각종 창작은 시국을 한탄하고 나라를 걱정하거나 큰소리로 외치면서 방황하지 않으면 볼만하지 않은 것으로 간주되었다"5)고 했다. 이를테면 재자가인(才子佳人), 연애, 퇴폐, 음란함, 익살 등이 있는데, 물론 가장 중요한 것은 개인의 애욕일 것이다. 이런 서술은 "시국을 한탄하고 나라를 걱정하지 않았기" 때문에 5.4 계몽문화와 혁명문화 모두에 의해 탄압 당했다. 이런 이원대립 앞에서 5.4 계몽문화와 혁명문화의 구별은 도리어 중요하지 않다. 많은 사람들은 양자를 문화 논리 전개의 필연적 과정으로 간주하기를 좋아한다. 5.4부터 문혁까지라는 틀거리 내에서는 모든 것이 일체(一體)로 이야기되기 쉽다. 이런 설명에 깊은 통찰이 없는 것은 아니다.

그러나 이런 현대성은 대개 그저 5.4 계몽문화와 혁명문화에 대해서만 상대적으로 억압되었다 할 수 있다. 그것은 억압되지 않고 자신을 마음껏 드러낸 토양을 가지고 있었다. 청 말기부터 1940년대까지의 상하이(上海)에서 이 현대성은 줄곧 억압당한 적이 없는 듯하다. 리어우판(李歐梵)의 저서『상하이 모던』전체에서 서술하고 있는 것이 바로 이런 억압되지 않은 현대성이다. 상하이라는 통상항구, 이 거대한 소비형 도시는 강력하게 이런 현대성을 지지하고 있다. 루쉰마저도 이런 현대성에 포위되어 고민해마지 않았으며 상하이의 혁명투쟁에 종사하던 사람들도 이런 현대성의 지배를 받아 카페에서 혁명을 이야기하곤 해서, 사람들로 하여금 혁명을 위해 커피를 마시는 것인지 커피 때문에 혁명을 이야기하는 것인지 알 수 없게 만들었다. 이런 현대성은 사람의 진정한 본성을 규정지었다. 그것은 바로 '욕망'이었다. 성욕, 소비욕, 소유욕, 끝이 없는 욕망, 이로 인해 즐거워하고, 퇴폐에 빠지고, 죄를 저지르고, 반항하고, 혁명하고, 유랑했다. 이 모든 것은 또 '현대'라는 단어로 인해 합법화되었고, 전승되고

---

5) 왕더웨이(王德威),『중국 상상하는 방법』(想像中國的方法), 三聯書店, 1998.

실천될 수 있었다. 이를 모든 이야기의 동력으로 삼은 스저춘(施蟄存)이 인력거꾼과 인력거를 타는 서양 여인의 충돌을 묘사한 것은 이런 하층민이 서양 여인의 신체를 욕망하기 때문이었다(「쓰시쯔의 생업」[四喜子的生意]). 스저춘이 수호(水滸)의 영웅들을 다시 쓴 것도 표면적으로는 여색을 혐오했지만 사실은 욕망 때문에 고통스러워하는 색정적 변태광임을 드러내기 위함이었다(「석수」[石秀]). 역사상의 종교 지도자, 용감하게 싸운 무사 모두 다 성욕의 주체이다. 스저춘 작품의 중요성은 분명하다. 그의 매 편의 이야기는 번번이 인간의 진정한 본성을 되풀이했다. 이런 현대성의 시선 아래 시골사람은 당연하게도 타자이다. 그 차별성은 도시인은 욕망이 있으나 시골사람은 없는 게 아니라, 시골사람은 '현대'적인 방식으로 자신의 욕망을 마주할 방법이 없다는 데에 있다. 그는 「봄 햇살」(春陽)이라는 소설에서도 시골사람이 도시에 진입하는 이야기를 서술했다. 쿤산(昆山)에서 온 부유한 숙모는 남편이 없지만 거액의 재산을 물려받은 여자다. 상하이에 와서 봄날의 햇볕을 쬐자마자 신체에 변화가 일어나 욕망이 한껏 부채질되었다. 이에 그녀는 상하이라는 이 공간이 멋진 남자와의 만남을 온전히 허락할 것이라 기대하고 환상했으나 결과는 난감하게 돌아갔다.

흥미로운 것은 이 이야기를 5.4 계몽문화로 귀납시켜, 봉건예교가 인성을 해치는 이야기로 해석할 수 있다는 점이다. 하지만 인성의 본질을 욕망으로 규정하는 것은 계몽문화가 아니다. 더 중요한 것은 계몽문화가 구축한 현대/전통의 이원대립은 도시/농촌의 이원대립으로 구현되지 않는다. 그러나 모던 상하이 문화에서 도시는 한편으로는 흡혈귀처럼 농촌을 착취하며 다른 한편으로는 양자를 현대와 전통의 관계로 해석하여 이런 착취를 온전히 합법화시킨다.

당다이 지식인이 오래토록 논의해온 마오둔(茅盾)의 『한밤중』(子夜)도 시작부터 시골사람이 도시에 진입하는 이야기를 서술한다. 우(吳)씨 어르신은 농촌에 도적들이 창궐하여 어쩔 수 없이 상하이의 자본가인 아들 우쑨푸(吳蓀甫)에게 몸을 의탁한다. 그런데 예상치 못하게 상하이에 오자마자 기이하고 다채로운 불빛과 공자가 언급하지 않았던 괴력난신(怪力亂神)과 같은 자동차 및 향수냄새가 코를 찌르는 여인들로 인해 놀라 죽었다. 비록 지식인들은 마오둔에 대해 서로 다른 의견을 가지고 있지만 이 시골사람의 '경악스러운' 경험에 대한 대목은 자주 언급되었다. 그것은 현대적 도시와 노쇠한 농촌의 충돌로 해석되며 생명력을 잃은 농촌이 필연적으로 멸망할 것임을 드러내고 있다.

> 농촌에서 어르신은 이미 '늙어빠진 시체'지만 사실 농촌은 곧 어두컴컴한 '묘자' 이고 무덤 안의 시체는 '풍화'되지 않는다. 이제 현대 대도시 상하이로 온 이상 자연스럽게 그 즉시 '풍화'될 것이다. 가거라! 이 늙어빠진 사회의 시체여! 가거라! 나는 5천 년이나 묵은 시체인 구중국도 신시대의 폭풍우 속에서 신속하게 풍화되는 것을 보았노라!

이것은 『한밤중』에서 지식인 판보원(范博文)의 관점인데 『상하이 모던』 에서 리어우판의 우씨 어르신의 죽음에 대한 언급은 판보원의 관점과 유사하다. 그러나 이는 마오둔의 관점은 아니다. 마오둔은 이런 현대성을 인정하지 않았다. 반대로 그의 『한밤중』, 『린씨네 가게』(林家鋪子) 및 <농촌 삼부곡>이 제시하는 것은 자본주의 현대성의 위기였다. 이른바 중국 자본주의의 황금시대에 농촌이 어떻게 도시 체계 속으로 편입되어 파산하고 혁명이 일어나게 되었는지를 보여주고 있다.

오늘날 모던 상하이 현대성을 긍정하는 사람을 위로하는 것은 억압된 현대성이 진작부터 더 이상 억압되지 않고 5.4 계몽문화와 혁명문화는 자취를 감추게 되었다는 것이다. 왕더웨이는 「땅에 떨어진 밀은 죽지 않는다」(落地的麥子不死)라는 제목으로 억압된 현대성이 어떻게 돌아오는지, 1980년대 중국대륙에서 어떻게 새로운 후계자, 아청(阿城)부터 쑤퉁(蘇童), 예자오옌(葉兆言), 더 나아가 왕안이(王安憶)까지(그러나 왕안이는 이를 달가워하지 않는 듯하다) 도처에 꽃을 피울 수 있었는지에 대해 서술하고 있다. 그러나 모던 상하이는 다시 한 번 전성기를 누리고 농촌의 위기가 또 다시 부각되는 오늘날 사람들은 누가 누구를 억압하는지 다시 한 번 물어보지 않을 수 없다.

3_ 농촌이 도시를 포위하다

농민을 주체로 한 무장 세력이 도시에 진입하여 정권을 탈취하고 혁명가 형상으로 '반동'의 도시를 개조하는 것은 상하이 모던 현대성을 긍정하는 사람에게는 암흑의 시작이었다. 우리는 5.4 계몽문화에서 이런 행동을 찬성할 만한 어떤 근거도 찾을 수 없는 듯하다. 설령 서양에서 전래된 혁명문화에서라 할지라도 이런 행위는 생각조차 못할 일이다. 정통 맑스주의의 관점에서 보면 혁명 역량은 도시의 프롤레타리아계급에서부터 비롯되어야 하고, 농민은 본능적으로 반동적이다. 전력을 다해 중국 사회 자신의 기준으로 중국 역사를 서술한 서양의 학자 마이스너(Meissner)도 이런 사상을 인민주의—서양 관념에서 이해될 수 있는 개념인—로 분류할 수밖에 없었다.[6] 이 개념은 사회 발전법칙을 인식하지 못했다는 것을 의미하고 맑스주의가 강조하는 사회주의 혁명의 경제 조건을 무시하는 것을 의미하며 주의주의와 낭만주의를 의미한다. 당연하게도 이것이 진정한 진보 학설이 아니라는 것을 의미한다.

일본 사상가 다케우치 요시미(竹内好)는 1957년에 쓴 「아시아의 진보와 반동」이라는 글에서, 진보사관은 유럽에서 발생했기에 이런 진보사관을 들여오기 전에 아시아는 진보에 대한 사고방식이 존재한 적이 없었으며 진보사관의 기반을 형성시키는 역사적 사실―급격한 변화를 가져오는 제도로서의 자본주의―이 존재한 적도 없었다고 지적했다. 따라서 여기서 언급하는 의미에서의 반동이라는 이 사고 방식도 존재한 적이 없었다. 다케우치 요시미가 보기에 아시아가 모던 유럽과 관계를 갖기 시작한 후에야 진보와 반동이 아시아에서 전개되었다. 그러나 유럽에서 명확했던 개념이 아시아에서는 모호해졌다. 유럽은 여전히 그 진보사관을 견지할 수 있었지만 말이다. 「공산당 선언」에서 이르길, "부르주아계급은 농촌을 도시의 통치에 굴복하게 만들었다. 그들은 거대한 도시를 만들었으며 도시의 인구를 농촌 인구보다 대폭 증가하게 만들었다. 이에 다수의 주민이 농촌 생활의 우매한 상태를 벗어나게 되었다. 그들이 농촌을 도시에 종속시킨 것 같이 그들은 미개화(未開化) 또는 반개화(半開化) 국가를 문명국가에 종속시켰으며 농민 국족[7]을 부르주아 국족에 종속시켰고 동양을 서양에 종속시켰다." 맑스(Marx)가 보기에 이것은 부르주아계급의 '매우 혁명적인 역할'이었다. 그리하여 맑스는 「아편 무역사」라는 글에서 이런 판단을 내리게 된 것이다.

---

6) 마이스너(梅斯納), 『마오쩌둥의 중국 및 그 발전』(毛澤東的中國及其發展), 社會科學文獻出版社, 1992 참고

7) 원어는 民族. 이 글에서는 이를 nation의 역어로 이해하고, 국족(國族)으로 번역했다.―옮긴이

반(半)야만인은 도덕 원칙을 고수하지만 문명인은 이기적인 원칙으로 이에 대항한다. 인류의 3분의 1에 달하는 인구를 지닌 대제국이 시대의 형국을 고려하지 않고 현 상태에 안주하며 인위적으로 세계와 거리를 유지하면서 그에 따른 힘껏 천조(天朝)라는 완전무결한 환상으로 자신을 속이고 있다. 이 제국은 최종적으로는 사투 끝에 와해될 운명인 것이다. 이 결투에서 부패한 세계의 대표는 도의에 격분하지만 가장 현대적인 사회의 대표는 싸게 사서 비싸게 파는 특권을 얻기만을 원한다—이것은 진실로 그 어떤 시인도 감히 상상하지도 못한 일종의 기이한 대조적인 비가(悲歌)이다.

'역사 진보'와 도의가 충돌할 때 맑스는 이른바 반야만인과 부패한 세계로부터 비롯된 도의를 강조하지 않을 수 없었을 것이다. 비록 맑스는 여기서 부르주아계급을 칭송하지는 않았지만 부르주아계급의 현대성이라는 정체성을 지닌 중국학자들은 이 단락을 자주 인용하곤 한다.

맑스는 큰 이야기를 서술하고 있다. 우선 부르주아계급은 하나의 세계를 창조해낸다. 부르주아계급이 이런 창조를 완성하고 나면 프롤레타리아계급은 부르주아계급의 무덤을 파는 사람이 될 것이다. 그러나 부르주아계급의 지구적 확장을 방해하는 세력은 반동이다. 이는 부르주아계급에게 있어서만 반동인 것이 아니라 프롤레타리아 혁명에 있어서도 반동이다. 왜냐하면 이런 방해 세력은 이런 큰 이야기를 완성시키는 데 도움이 되지 않기 때문이다.

명확하게도 중국 혁명은 이런 이야기를 따르지 않았으며 중국 혁명을 사유의 대상으로 삼은 다케우치 요시미도 이 이야기를 따르지 않았다. 다케우치 요시미는 이와 팽팽하게 맞서듯이 지적했다.

근대 유럽이 아시아에 침입하여 노쇠한 아시아를 해체시켰으며 이로써 아시아에서 내부적으로 발생한 변혁이 일어났다는 역사적 사실은 부정하기 어렵다. 이런 상황에서 만약 침략자가 진보를 대표하는 특권을 독점하게 되면 그에 대한 저항은 당연하게도 진보를 부정하는 형태로 나타날 수밖에 없다. 그러면 이런 저항을 '반동'으로 칭할 수 있는가? 아시아에 국족주의(nationalism)가 존재한다는 증거로 간주되는 수많은 역사적 사건은 이런 의문에서 출발하여 재평가할 필요성이 없단 말인가? 예를 들어, 태평천국은 청나라 타도를 목표로 한 혁명운동이지만 반대로 이는 또한 청을 대신해 새로운 왕조를 세우려는 복고운동이기도 하다. 마찬가지로 1857년의 인도대반란은 무굴 왕조를 부흥시키고자 했던 것이다. 의화단의 반동적 성격도 널리 알려져 있다.8)

'진보'는 침략의 형태로 아시아에 들어왔고 중국에 들어왔으므로 '진보' 관념에 흔들림이 없을 수는 없었다. 이런 '진보'가 저항을 당하지 않는 것은 상상할 수 없다. '진보'에 대한 부정과 함께 수반되는 것은 필연적으로 진보에 대해 새로운 정의를 내리는 것이다. 중국의 '진보'는 서양의 '진보' 역량이 침입하여 식민지가 되는 것을 기다리는 것이 아니며 더 나아가 서양의 더욱 진보한 프롤레타리아계급이 자신들을 해방해 주기를 기다리는 것도 아니다. 오히려 이른바 '진보' 세력이라는 서양의 침략을 반동적인 제국주의로 정의내리고 침략에 저항한 의화단 등을 진보로 정의내리는 것이며 맑스가 부패한 것으로 본 청 정권의 반제국주의 세력을 진보로 정의내리는 것이다. 중국 독립의 쟁취를 위한 국족주의 투쟁을 진보로 정의내리는 것이며 제국주의 세력과 결탁한 내부 세력을 반동으로 정의내리

---

8) 다케우치 요시미(竹內好), 『근대의 초극』(近代的超克), 三聯書店, 2005.

는 것이다. 더 나아가 중국의 대다수 민중이 일어나 국내외의 억압에 반항한 투쟁을 가장 혁명적이며 가장 진보한 투쟁으로 정의내리는 것이다. 이런 진보관은 유럽에서는 상상할 수 없는 것이지만 중국의 혁명문화 과정에서 창조된 것이다. 이런 관점의 지배 아래 상하이 모던 식의 욕망과 소비는 낙후하고 부패한 생활방식과 가치 관념으로, 반드시 심층적으로 개조되어야 하는 것이 되었다.

현대 세계사의 전개과정에서 민중 대연합의 미래, 노동자가 주인이 된 세상을 가정해보자. 이는 맑스가 가정한 물질조건이 충분히 보장된 공산주의와는 다르다. 맑스의 눈에 제3계급의 부상은 인류에게 많은 자산을 만들어 주었다. 이는 제3계급이 세계 역사에 남긴 공헌이다. 그러나 제3계급의 위기는 "부르주아계급의 관계가 너무 협소해져 더 이상 자신이 만들어낸 재부를 수용할 수 없는" 데서 왔다. 이에 제4계급이 부상한 뒤에는 응당 사유제를 없애게 된다. 그러나 중국 혁명문화에 있어서 사유제 문제의 핵심은 사회가 많은 재부를 가지고 있는 것이 아니라 유한한 사회의 재부가 소수에 의해 독점되어서는 안 된다는 점에 있다. 중국 혁명문화가 생각한 미래는 장난처럼 "오전에는 사냥을, 오후에는 낚시를, 저녁에는 비평에 종사"하는 것이 아니라, 노동자의 생활이고 선량하고 근면하게 노동하는 자들이 모인 세계이다. 이런 세계에서는 욕망을 방종하는 것이 아니라 오히려 서로 돕고 보살피며, 끝도 없이 소비하는 것이 아니라 절제하며 삶을 누리는 것이다. 가치 면에서 혁명문화는 중국이 수천 수백 년 간 쌓아온 노동자의 미덕으로 도시와 지식인을 포함한 전 세계를 개조해야 한다.

이런 중국 혁명문화의 이상은 5.4 계몽주의 문화의 대척점에 놓여있지 않다. 반대로 중국 혁명문화는 줄곧 자신을 5.4 계몽문화의 합법적 계승자로 여긴다. 이와 상응하는 것은 「아Q정전」을 쓴 루쉰이 자신을 비난한 글 「죽어버린 아Q시대」를 쓴 자와 마침내 손을 잡고 협동하여 투쟁하고 함께 또 다른 현대성의 힘에 대응한 것이다. 비록 루쉰과 그의 전우 사이에도 모순과 투쟁이 가득했지만 우리는 루쉰이 십리양장(十里洋場)의 퇴폐자, 소비자, 판보원 등의 부류와 같은 입장에 서있는 것을 상상조차 할 수 없다. 농민의 우매함, 마비, 무관심을 쓴 루쉰이 마음속에 담아둔 것은 "아직 천성을 잃어버리지 않은 농민" 형상이었다. 그들은 적백지심(赤白之心)을 가지고 있고 정신을 지니고 있으며 "만물을 문화의 연원으로 널리 섬기며 하늘을 공경하고 땅에 예를 다한다"(「파악성론」,[破惡聲論]). 이는 자영농의 인성의 이상으로부터 발원하며 혁명문화가 구상한 인성과 비슷한 구석이 없지 않다.

혁명문화에는 도시와 지식인을 타자로 삼아 구축한 주체 형상 및 가치관이 존재한다. 여기에서 노동자 특히 농민의 생활방식과 가치관은 새로운 평가를 받았다.

나는 학생 출신으로 학교에서 일종의 학생으로서의 습관을 길렀습니다. 육체노동을 할 줄 모르는 일단의 학생 앞에서는 약간의 노동을 하는 것도, 예를 들면 자신의 짐을 드는 것과 같은 것도 꼴사납게 느껴졌습니다. 그때 나는 세상에서 깔끔한 사람은 오직 지식인들뿐이며 노동자와 농민은 늘 좀 더럽다고 생각했습니다. 지식인의 옷은 남의 것이라도 입을 수 있고 깔끔하다고 여겼습니다. 노동자와 농민의 옷은 입고 싶지 않았고 더럽다고 여겼습니다. 혁명이 일어나고 노동자 농민과 혁명군 군사들과 함께 지내면서 나는 점차 그들에게 익숙해졌고 그들도 점차 나와 익숙해졌습니다. 그때, 오직 그때가 돼서야 나는 근본적으로 부르주아계급의 학교가 나에게 가르쳐 주었던 부르주아계급과 쁘띠부르주아지의 감정을 근본적으로 바꿀 수 있었습니다. 그때, 아직 개조되지 않은 지식인과 노동자 농민을 비교하면 지식인은 더러운 것으로, 가장 깔끔한 것은 역시 노동자 농민으로 여겨졌습니다. 비록 그들의 손은 검고 발에는 소똥이 묻어 있지만 부르주아계급과 쁘띠부르주아계급 지식인보다 깔끔한 것입니다. 이것이 바로 감정에 변화가 일어나 한 계급으로부터 다른 계급으로 전변한 것이라 합니다.9)

　오늘날 도시인과 지식인들은 아마도 이 말을 비웃을 것이다. 사람들은 이런 의견을 사상 통제의 방식으로 볼 것이다. 육체노동자의 가치 관념으로 독립적으로 사고할 능력을 지닌 정신노동자들을 억압하는 것이다. 확실히 중국혁명의 전개 과정 중에 권력자들이 술수를 써서 지식인들을 억압한 현상은 흔한 일이다. 그러나 만약 오직 물질적 수단으로만 탄압한다면 혁명문화가 지휘권을 잡을 가능성은 절대로 있을 수 없다. 만약 마음과 호흡을 가다듬고 이 말을 볼 수 있다면 우리는 그 안에서 더 많은 설득력 있는 부분을 느낄 수 있을 것이다. 혁명문화는 여기서 일종의 가치관과 인생관을 바꾸도록 요구한다. 그것은 제4계급—노동자계급의 부상을 기초로 한다. 노동자의 세계와 어울리도록, 반드시 노동자의 가치, 생활방식을 포용할 수 있는 문화를 창조해내야 한다. 여기에서 노동자는 타자가 아니라 주체다. 타자는 노동자를 헐뜯고 멸시하는 '착취계급'의 인성관, 심미관이다.

　어쩌면 원이둬(聞一多)가 말년에 느낀 것은 지식인들이 중시할 만할지도 모르겠다. 그는 마치 마오쩌둥(毛澤東)의 관점을 되풀이하고 있는 듯하다.

---

9) 마오쩌둥(毛澤東), 「옌안 문예좌담회에서의 연설」(在延安文藝座談會上的講話).

마음속에서부터 사랑하고 고통 받는 사람들과 함께 지내며 그의 몸에 붙어있는 이가 당신의 몸으로 기어올라도 그가 더럽다고 느끼지 않는다. 이것은 매우 고통스러운 일이다. 왜냐하면 우리는 대부분 다른 사람들을 착취하는 신분이기 때문이다. 하지만 반드시 자신의 사상을 개조해야 한다.10)

시인으로서, 학자로서 원이둬는 옌안에 있었던 것도 아닌데 어떻게 이런 이치를 깨닫게 되었을까? 이런 문화 논리는 현대 중국에서 하나의 '법칙'으로, 적지 않은 사람들이 감응하고 깨닫고 발견한 듯하다. 두 팔 벌려 환영하든 모순으로 방황하든 중국의 미래는 노동자 천하가 될 것이라는 점은 줄곧 서로 다른 배경과 관념을 가진 사람들에 의해 예견되었다. 주쯔칭(朱自淸)에서부터 원이둬까지 차오위(曹禺)에서부터 사오첸(蕭乾)까지 말이다. 차오위가 체득한 것은 특히 이 문제를 잘 해명해준다. 그의 희곡 『일출』(日出)은 5.4청년과 유사한 팡다성(方達生)이 모던 도시에 가서 자신의 애인 주쥔(竹筠)을 찾는 내용을 쓴 것이다. 그러나 주쥔은 이미 천바이루(陳白露)로 바뀌어 있었다. 부자들의 사교계의 꽃이 된 것이다. 팡다성은 지난날의 애인과 러브 스토리를 지속시킬 수 없었다. 왜냐하면 천바이루에게 있어서 5.4 식의 허황된 사랑은 이미 경험할 만큼 했기 때문이다. 팡다성은 그녀가 어떻게 이런 제멋대로인 여자, 수치심이 없는 여자가 되었는지 이해할 길이 없었다. 그러나 천바이루는 오히려 그녀의 욕망을 솔직하게 말한다. "우리가 집밖에 나서면 차를 타야 하고 파티에 갈 땐 좋은 옷을 입어야 해. 나는 놀고 싶어. 나는 춤추고 싶어." 이런 욕망은 어쩔 수 없이 그녀로 하여금 모던 도시에서, 부자들 중에서 가능성을 찾게끔

---

10) 원리밍(聞黎明), 『원이둬전』(聞一多傳), 人民出版社, 1992, 382쪽.

만든다. 차오위든 극중의 펑다성과 천바이루든 모두 다시는 이런 모던한 생활 방식을 진보로 여길 수는 없을 것이다. 반대로 차오위는 천바이루의 입을 빌려 "태양이 뜨면 암흑은 그 뒤에 남겨지지. 하지만 태양은 우리 것이 아니야, 우리는 자야 해"라고 말한다. 천바이루가 자살함과 동시에 집 밖에서 노동자들이 달구질하는 노랫소리가 들려온다.

동쪽에서 동이 터온다. 온 하늘이 붉구나! 밥을 먹고 싶거든 일을 해야 하네.

노랫소리는 확고부동하고 힘 있게 우주를 가득 채운다. 집안은 점차 어두워지고 창밖은 밝아진다. 천바이루는 자살했지만 이를 대신하는 것은 노동자의 세계다. 그것은 욕망 만족을 중심으로 한 가치관을 도태시키고 이를 노동의 가치관으로 대체한 것이다. 차오위는 태양이 천바이루의 것이 아님을, 펑다성의 것도 아님을, 물론 자신의 것도 아님을 강조했다. 1940년 대 후반의 장아이링(張愛玲)도 미래에 노동자 세계가 도래할 것과 당연하 게도 그 세계가 그녀의 것이 아님을 인지했다. 한 걸음 더 나아가 지적해야 할 것은, 태양은 고민과 방황 그리고 성찰을 통해 태양을 긍정한 마오둔, 딩링, 허치팡(何其芳), 라오서(老舍) 등에게도 소유되지 못했다는 사실이다. 60년 전 원이둬는 「인민의 세기」라는 글을 써 단호하게 선포했다.

만약 국가가 인민을 위해 조금의 이익도 도모할 수 없다면 자신의 의의를 잃어버리 게 될 것이다. 솔직히 말해서 국가는 때때로 특권 계층이 자신의 특권을 공고히 하고 확대시키는 데 사용하는 기구이다. 만약 인민이 아예 없다면 땅도 필요 없고 주권도 필요 없다. 땅과 주권이 인민의 소유가 될 때에만 국가를 논할 수 있다. 오늘날에는 오직 '인민지상(人民至上)'만이 올바른 구호라 할 수 있다.[11]

사상의 타성은 유럽 사상의 맥락에서 이런 관념을 자리매김하기 위해 여기에 곧바로 인민주의라는 꼬리표를 붙이게 할 것이다. 그러나 서양과 다른 점은 '인민'이 강조하는 공동체가 더 이상 러시아 코뮌의 의미에서의 소공동체나 촌락 사회주의가 아니라는 것이다. 국가, 국족, 지식인, 현대화 등등은 모두 인민이 무너뜨려야 하는 인민의 대척점에 서있지 않다. 오히려 전자의 성격과 발전은 인민의 검증이 필요하다고 해야 할 것이다. '인민 지상'의 출현은 천도(天道)가 무너진 이후의 중국에 다시금 새로운 의미 세계를 찾아주었다.

4_ 몇 가지 문제에 답함

류쉬(劉旭) 선생과의 대담 중에 나는 이렇게 말했다.

천잉전(陳映眞)과 대화를 나누던 중에 나를 가장 감동시킨 말은 다음과 같습니다. 사회주의시기에 이전에는 사람으로 취급받지 못하던 농민들이 진정으로 사람이 되었습니다. 그들은 정말로 일어났습니다. 그들을 사람으로 보지 않으면 안 되게 되었고, 감히 그들을 요괴로 만들 수 없게 된 겁니다. 자신의 존엄을 가진, 부자를 자신의 귀착점으로 삼지 않는 한 보통 사람으로, 가난한 집의 딸은 부자에게 시집가기를 바라지 않을 수 있게 되었습니다. 그녀는 자신의 존엄을 가지게 되었습니다. 그녀는 그 존엄을 다른 것과 교환할 수 없습니다. 나의 생명, 나의 신체, 나의 영혼은 모두 팔 수 없는 것입니다.

---

11) 「인민의 세기」(人民的世紀), 『대로주간』(大路週刊) 창간호, 1945년 5월; 『원이둬전집』(聞一多全集) 제2권, 湖北人民出版社, 1993에 수록.

보충해서 설명하자면 천잉전은 한 마디만 했고 뒤에는 내가 덧붙인 것이다. 이 말은 량웨이싱(梁衛星) 선생의 아래 질문을 유발시켰다.

사회주의시기에 농민은 정말로 사람이 되었습니까? 그들은 정말로 일어났습니까? 그들은 정말로 자신의 존엄을 가지게 되었습니까? 그러면 농공 협상 가격차는 어떻게 된 일입니까? 인민공사는 어떻게 된 일입니까? 호적제도는 또 어떻게 된 일입니까? 만약에 이런 사실들을 모르는 것이 아니라면 귀하의 말은 완전히 저의를 헤아릴 수 없는 말입니다![12]

아마 이해하기 어려운 부분은 농공 협상 가격차가 있었고 인민공사가 있었으며 호적제도가 있었지만, 인간의 존엄도 있었다는 점에 있을 것이다. 후자는 특정 당파가 은혜를 베푼 결과가 아니다. 오히려 중국 현대 문화정치의 실천으로부터 비롯된 결과 중 하나이다. 량웨이싱은 다시 보충해서 "만약 그 때에 농민이 정말 존엄을 가지고 있었다면 그것은 분명 이데올로기로 세뇌된 결과일 것입니다"라고 말했다. 어쩌면 내가 생각하는 문화정치의 실천은 량웨이싱이 보기에는 이데올로기의 세뇌에 지나지 않는 것일 수도 있다. 나는 사회주의시기 중국의 모든 현상을 긍정할 생각은 없다. 물론 나는 무슨 현상이든지 모두 새로이 이해하고 해석할 필요가 있다고 본다. 하지만 나는 사회주의시기에 강조한 노동자의 존엄이 문화적으로 존재한다고 믿는다. 사회주의시기에도 도시와 농촌 사이에, 농촌 내부의 보통 노동자들과 '이자'를 먹고 사는 사람들 사이에, 관리와 백성들 사이에, 지식인과 민중 사이에 여전히 빈부격차가 존재했다. 그러나 사회

---

12) 「문화식민, 혹은 이데올로기 노예?」(文化植民, 抑或是意識形態奴隷?), 톈야(天涯) 사이트의 관톈차서(關天茶舍)에 실림.

주의 문화는 더 이상 부자들이 문화에 영향을 미칠 수 있도록 두지 않았으며 더 이상 가난한 자를 부자보다 지위가 낮은 자로 두지 않았다. 다시 말하면 부자는 조금 더 잘 먹고 조금 더 많은 재산을 가지고 있는 것뿐이지 그 부유함으로 인해 거들먹거리거나 안하무인일 가능성은 거의 없었다. 달리 말하면 만약 어떤 사람이 감히 그런 행동을 한다면 그는 문화적으로 강한 반격을 받게 될 것이다. 더 가난할수록 더 영예롭다는 것으로 그 시대를 개괄하는 것은 참으로 무의미하다. 하지만 빈곤이 치욕스러운 일이 아니라는 것은 당시의 보편적인 관념이었다. 사회주의 역사에 대한 보편적 무지는 일부 사람들이 당파의 독재로 모든 것을 개괄하는 점에 있다.

사회주의 문화정치의 큰 쾌거는 몇 십년 간 도시에 도사리고 있던 모던 문화를 철저하게 축출한 것이다. 소비형 도시는 생산형 도시로 개조되었다. 사모님과 도련님들이 어쩌면 어느 귀퉁이에서 마작을 하고 고급 호텔에 가서 서양 요리를 먹을지도 모르며 어쩌면 어떤 곳에서 춤을 출 수도 있을 것이다. 그러나 더 이상 댄서는 존재하지 않으며 기녀도 모두 자신의 힘으로 벌어먹는 노동자가 되었다. 향락 장소의 부재는 분명 부자들을 마음속으로 분노하게 할 것이다. 그러나 만약 너무 무지하기를 원하지 않는다면 당시 도시의 노동자계급의 문화를 잘 이해해 두어야 할 것이다. 안타깝게도 노동자계급의 문화는 문자 형식으로 보존해 내려가는 것이 아니어서 지식인들이 중시하지 않으나 다행히도 그 시대의 노동자들이 아직 살아 있기 때문에 그들은 당신에게 그들이 당시에 느꼈던 희로애락을 말해줄 것이며 그들이 어떻게 삶을 꾸리고 어떻게 공부하고 일을 했으며 그들이 어떤 고민을 가지고 있었고 그들이 마주한 도시에는 이질감이 있지는 않았는지 그들이 자신들의 오락거리가 있지는 않았는지 말해줄 것이다.

량웨이싱은 또 이렇게 말했다.

가능한 상황은 당시에 노동자들이 농민과 마찬가지로 이데올로기로 세뇌되었던 것이다. 머리끝부터 발끝까지 육체부터 정신까지 모두 투명하게 세뇌되어 어떤 개인적인 추구도 없고, 모든 것을 이데올로기의 웅장함과 함께 옳은 것으로 칭송했다. 있는 거라곤 아마도 오로지 허황된 존엄뿐이었을 것이다.

대단히 황당하다. 나는 이른바 이데올로기가 노동자와 농민을 모두 바보로, 어떤 개인적인 추구도 없는 사람으로 만드는 것을 상상조차 할 수 없다. 역사적으로 봤을 때, 늙은 노동자는 신구 사회의 변화로 인해 비교적 강한 '해방감'을 느껴 국가와 정권에 제법 큰 충심을 가지게 된다. 다음 세대의 청년 노동자는 개인 생활에 대한 갈망이 강해지기 시작한다. 당시 공장의 규율은 지금과 비교해 보면 몇 배나 더 관대했는지 모른다. 꾀병을 앓거나 지각하고 조퇴하는 것은 청년 세대에서 흔해빠진 일이었다. 어떻게 개인적인 추구가 없을 수 있는가? 오히려 문제는 관대한 규율 아래 노동자계급의 집단주의 문화가 무너지지 않았다는 것이다. 이런 문화의 지휘권은 완전히 당파 지도자의 손에 장악되었단 말인가? 반드시 그렇지만은 않다! 지도자는 강단 위에서, 신문에서, 방송에서 당파 사상을 선전할 수는 있지만 노동자계급의 각도에서 볼 때 이 사상들이 수용되었는지 여부는 검증이 필요하다. 노동자계급 문화에서 개인적 추구의 팽창은 부정당했지만, 공정함을 위해 개인을 극복하는 것은 당파에 충성하는 것과는 다른 차원이다. 공공사업에 대한 열정, 다른 사람에 대한 관심의 정도는 노동자계급 문화가 인간의 '각성' 수준을 평가하는 기준이다. 이것은 노동자를 주체로 한 세계에서 널리 실천되는 문화정치이다! 이런 세계에서 사람과 사람 사이의 관계는 너 죽고 나 살자 식의 경쟁이 아니라 오히려 서로 이해하고 도와주는 것이다. 삶의 의의는 다른 사람들을 착취하는 데 있는 것이 아니라 자신을 완성시키는 데 있으며 자신을 희생하고 다른 이들을 돕는 데 있다. 이것이 바로 예전에 존재했던 세계이다!

「왜냐하면 우리는 다른 세상을 필요로 하기 때문」이라는 부제가 붙은 글이 인터넷에서 널리 퍼지고 있다. 물론 비난도 많이 받고 있지만 이 글은 지극히 서정적으로 다음과 같은 다른 세계를 개괄하고 있다.

이윤을 목표로 하지 않는 문화, 일반 노동자가 주인공이 되는 문화는 가능하다. 시험을 목표로 하지 않는 교육, 학비가 저렴한 교육은 가능하다. 이익을 얻는 것이 목표가 아닌, 가장 고생이 심한 대중을 위해 서비스하는, 저렴한 의료보장제도는 가능하다. 실업과 경쟁을 걱정할 필요가 없는 사회, 보통 사람이 안전함을 느낄 수 있는 사회는 가능하다. 사람이 더 이상 상품이 아닌 사회, 한 사람 한 사람의 삶이 모두 역사적 의의를 가지는 사회는 가능하다. 모든 사람이 철학자인 사회, 모든 사람이 거시적으로 세계를 파악할 수 있는 사회는 가능하다. 자민족 노동자의 창조력에 의지한 경제, 자력갱생하는 경제, 국제 자본에 의존하지 않는 경제는 가능하다.

위의 인용문은 내가 매 구절의 첫 부분을 삭제한 후 새로이 조합한 것이다. 이는 무엇인가를 회피하기 위함이 아니다. 내가 생각하기에 이 가능한 세계는 어떤 개인이 대표하거나 창조할 수 있는 것이 아니다. 나는 중국 지식인의 성찰 및 노동자와의 교류로부터, 그리고 노동자의 생활 실천으로부터 더욱 참되게 이 가능한 세계를 체득할 수 있다고 믿는다. 이 가능한 세계는 결코 전통적인 사회주의 역사와 같은 것이 아니다. 이는 역사라기보다는 이상이라고 해야 할 것이다. 그러나 역사상 이 가능한 세계의 실천은 존재해 왔었다. 각종 세력과의 박투(搏鬪) 가운데 힘겹게 실천되고 있는 것이다.

이 가능한 세계를 이론적으로 명백히 하는 것, 특히 역사적 연구 가운데 진정으로 이런 가능성을 찾아내는 것은 모두 어렵다. 이 글에서는 이런 이론과 역사의 문제를 효과적으로 정리할 수 없다. 그러나 강력한 동인이 우리에게 아래의 문제제기를 지속적으로 고민하도록 소환하고 있다.

우리는 도대체 소수의 권력자와 부자가 사회 대부분의 재화를 독식하는 세계를 수용하는가? 하지 않는가? 그리고 이런 세계의 출현을 필연적 법칙으로 인정하는가? 하지 않는가?

우리는 도대체 생활방식과 상상력, 심미관과 가치관 등 문화의 각 방면에서 소수의 사람들이 전면 통제하는 세계를 수용하기를 희망하는가? 하지 않는가? 그리고 이 모든 것에 부합하지 않는 어떤 문화 상상도 추방하기를 소망하는가? 하지 않는가?

[요약]

「문화정치적 관점에서 본 중국의 도시와 농촌」에서 쉐이는 1980년대 이후 도시에 진입하는 농민을 재현한 문학작품을 실마리로 삼아 지식인이 농민을 타자화시킴으로써 마오쩌둥의 하방 모델에서 벗어나는 과정에 주목한다. 그는 농민 형상의 '계보'를 거슬러 올라가 5.4 시기에서 비롯된 두 가지 현대성을 파악해내기에 이른다. 현대성이라는 똑같은 목표를 설정했음에도 불구하고, 계몽주의 담론에서 농민은 우매하고 마비된 모습으로 그려져 사회적으로 극복해야 할 대상이라면, 혁명문화 내에서의 농민은 즐겁고 개방적이며 진취적인 긍정적 형상으로 바뀌게 된다. 그러나 왕더웨이의 논의에 따르면 이 두 문화는 개인의 욕망을 억압했다는 면에서 모두 현대성을 '억압'한 문화라 할 수 있다. 이 지점에서 쉐이는 상하이에 주목한다. 청 말기부터 발전하기 시작한 이 소비형 도시를 살펴보면 이런 현대성이 억압된 적이 있는지 의심이 갈 정도이다. 오히려 쉐이는 현대/전통의 이원대립구도 내에서 도시의 농촌 착취가 합법화된다는 데에 문제가 있음을 지적한다. 쉐이는 사회주의시기에 보편적으로 제창되었던 '인민지상'의 관념으로 말미암아 기존에는 인간으로 대접받지 못했던 농민들도 그 존엄을 인정받게 되었다고 밝힌다. 쉐이는 량웨이싱의 질문에 답하는 과정에서 비록 사회주의시기에 경제적·정치적 난점들이 존재했으나 우리가 주목해야 하는 것은 "노동자를 주체로 한 세계에서 실천되는 문화정치"에 있다고 말한다. 즉 중국 지식인들은 노동자와 농민과의 교류를 통해서 보다 많은 사람들의 존엄이 인정되는 사회, 개인보다 공공의 이익이 더 존중되는 사회를 가능하게 할 수 있다는 것이다. 다소 이상주의적인 결말로 글을 마무리 지었으나 도시와 농촌의 문제가 갈수록 첨예한 양상을 드러내고 있는 현재 중국의 상황에서 도시와 농촌 그리고 지식인과 노동자 그리고 농민이 서로 융합할 수 있는 사회를 실현할 수 있는 길을 모색했다는 점에서, 또 그 역사적·정치적·문화적 근거를 설득력 있게 전개시켜 나갔다는 점에서 의미가 있다. (손주연)

성별 관점에서 바라본 도시 신빈곤 연구[*]

진이훙(金一虹)

박혜정 옮김

1990년대 이래 중국의 농촌 빈곤 인구는 점차 줄어드는 반면 도시 빈곤 인구의 총규모와 빈곤 발생률은 뚜렷하고 지속적으로 상승하는 추세를 보임에 따라 도시 빈곤이 학계와 사회의 관심을 끌게 되었다.

전환기 중국의 도시 빈곤은 예전과 달리 새로운 특징들을 지니고 있는데, 인즈강(尹志剛)은 도시의 빈곤층 인구 구성 변화에 초점을 맞추어 2002년 처음으로 '도시 신빈곤'이라는 개념을 제기했다.[1] 이 개념은 신빈곤과 전통빈곤의 구별을 강조해 신빈곤의 발생을 중국사회의 전환이라는 중요한 배경 아래에 놓고 전환기 사회의 빈곤 생성의 구조적 요소를 밝힘으로

* 출처: 金一虹, 「性別視角下的城市新貧困研究」, 『熱風學術』 제6집, 2012.
1) 인즈강(尹志剛) 「베이징시 도시거주민 빈곤문제 조사보고」(北京市城市居民貧困問題調查報告), 『신시야』(新視野), 2002년 제1기.

써 도시 빈곤 연구를 심화시켰다. 이 글은 성별 시각으로 도시 신빈곤 문제를 연구함으로써 신빈곤이 지니고 있는 성별적 면모를 밝히는 것을 목적으로 한다.

1_ 신빈곤: 구조화된 연구 시각

1) 서양 이론 시야의 '신빈곤'

해외의 신빈곤 문제 연구는 20세기 중후반에 나타났다. 지그문트 바우만(Zygmunt Bauman)은 1990년대에 '신빈곤층'(New Poor)이라는 개념을 제기한 바 있다. 그는 생산형에서 소비주도형 사회로 나아가는 거대한 전환기 속에서 서양사회의 신빈곤을 관찰하고는 다음과 같이 지적했다. 소비주도형 사회에서 가난한 사람은 물질적 결핍을 의미하는 것에 그치지 않는다. 빈곤은 기성 사회의 행복한 생활을 추구할 능력이 없음을 의미하고, 이는 또한 정상적인 생활에서 배제되어 존엄이 손상당하는 것을 의미한다. 바꿔 말하면, 신빈곤층은 물질적·정신적 평등을 모두 박탈당했다는 것이다. 신빈곤자는 '일할 능력은 있으나 일자리가 없음' 또는 '일자리가 있음에도 빈곤함'이라는 점에서 전통빈곤과 구별될 수 있겠다.[2]

신빈곤이란 무엇인가? 신(新)이라는 글자가 빈곤의 생성에 있어 전통빈곤과 구별된다. 신빈곤의 발생 배경은 경제의 지구적 일체화, 국제시장의 세분화, 경제구조의 변화 그리고 사회복지 정책의 변화와 밀접한 관련

---

2) Zygmunt Bauman(齊格蒙特·鮑曼), *Work, Consumerism, And The New Poor*(工作, 消費, 新窮人), 처우쯔밍, 리란 역(仇子明, 李蘭) 譯, 吉林出版集團有限集團公司, 2010; 한국어판: 지그문트 바우만, 『새로운 빈곤』, 이수영 옮김, 천지인, 2010.

이 있다. 서양 선진국에서는 포스트포드주의 생산의 유연성 및 지구화의 영향으로 인해, 구 산업지구에서는 '탈산업화'(deindustrialization)가 출현하면서 노동자의 일자리가 소실되었다. 이어서 케인즈주의형 복지국가의 종결로 인해 복지가 감소되었다.3)

요컨대, 신빈곤은 구조화된 빈곤이지 개체적인 빈곤이 아니다.

2) 중국 도시의 신빈곤

오늘날 중국의 '도시 신빈곤'은 농촌의 빈곤과도 구별되고, 전통적 도시 빈곤과도 구별된다.

'도시 신빈곤'은 우선 빈곤 인구의 구조 변화로 나타난다. 도시 빈곤 인구 주체가 기존의 '삼무자'(三無者: 직업 무능력자, 생활 무능력자, 양육 및 부양 무능력자)로부터 사회경제 체제개혁으로 인해 빈곤해진 실업자들로 형성된 '신빈곤 집단'으로 변화되었다.4) 해외에도 중국 도시 빈곤의 원인을 프롤레타리아의 빈곤화로 보는 학자들이 있다.5)

우푸룽(吳縛龍)은 신구 빈곤층을 분석할 때 시간에 따른 변화를 지적한 바 있다. 이른바 '삼무자'는 전통사회의 구제 대상으로 자신의 한계로 인해 국가 일자리 체제에 진입할 수 없었다. 전통빈곤은 국가조직의 산업화 과정 외의 '나머지' 부분에서 나타났던 것이다. 반면 신빈곤은 경제구조의 전환으로 인한 권익 상실에서 비롯되었다. 그들은 신흥시장 기제와 기존

---

3) 우푸룽(吳縛龍), 「중국 도시의 신빈곤」(中國城市的新貧困), 『21세기』(二十一世紀), 2009년 6월호
4) 2002년 민정부(民政部)의 통계에 따르면, 도시의 최저생계비 보장을 받는 빈곤 인구 중 '삼무자'는 4.3%뿐이었지만, 퇴직자, 이직자 및 실업자의 비율은 빠르게 성장해 59.2%가 되었다. 이 외에 31.9%는 '기타 구성원'에 속했는데, 빈곤 노동자와 이직자, 실업자의 가족들이 이에 속한다.
5) Dorothy J. Solinger, "Labour Market Reform and the Plight of the Laid-off Proletariat," *The China Quarterly*, No. 170 (2002).

복지체제가 함께 작용해 일부 사람들을 사회적으로 배척함으로써 생겨난 산물이다.[6]

중국의 도시 신빈곤은 전환기적 특징을 지니고 있다는 점에 학계는 공감대를 가지고 있다. 전환형 빈곤이 비록 과도기적 특징을 지니고는 있지만 이는 빈곤이 반드시 과도기적이라고 말하는 것과 같지는 않다. 신빈곤층은 중국 사회계층의 분열에 따라 생성되므로 일종의 계층적 빈곤이기도 하다.[7] 이는 오늘날 도시 신빈곤의 또 다른 중요한 특징을 나타내는데, 곧 빈부격차의 지속적인 확대로 인해 탕쥔(唐鈞)이 개괄한 것처럼 "가난한 사람은 더욱 가난해지고 부자는 더욱 부자가 되며", "빈부의 격차가 더 심해지는 추세"이다.[8] '베이징사범대학 수입 분배 및 빈곤 연구센터'(北京師範大學收入分配與貧困研究中心) 주임 리스(李實)가 제공한 통계가 이 추세를 증명해 준다. 도시의 최상위 수입 10% 집단과 최하위 수입 10% 집단 사이의 수입 차이는 이미 1988년의 7.3배에서 2007년의 23배로까지 상승해,[9] 중국 도시 신빈곤층이 사회계층 간의 극심한 분열에 따라 생성되고 있고, 계층 분열의 산물이며 구조적 빈곤임을 나타내고 있다.

비록 똑같이 구조적 빈곤이라 하더라도, 우푸룽이 분석한 바와 같이, 중국에서의 도시 신빈곤의 생성은 서양에서 '탈산업화'가 노동자 일자리의 소실을 초래했던 경우로 해석할 수 없으며, 서양의 '복지감소'로도 해석할

---

6) 吳縛龍, 앞의 글.

7) 계층형 빈곤에 관한 개념은 왕차오밍(王朝明)의 문장을 참고할 것. 王朝明, 「중국신빈곤문제: 도시빈곤의 새로운 특징과 사회영향」(中國新貧困問題: 城市貧困的新特征及社會影響), 『신화다이제스트』(新華文摘), 2005년 제24기.

8) 탕쥔(唐鈞)이 다음 자료를 인용한 것이다. 신화사조사연구팀(新華社調查研究組), 「빈부차가 사회용인 레드라인에 근접함」(貧富差距逼近社會容忍紅線), 『경제참고보고서』(經濟參考報), 2010. 5. 11.

9) 같은 글.

수 없다. 중국의 신빈곤은 중국의 경제가 빠르게 성장하는 시기에 생성되었고 사회보장체제가 빠르게 확산되는 단계에 생성되었다. 그러므로 중국의 도시 신빈곤의 형성 요소는 더욱 복잡하기 때문에 시장화-전환 경제로 간단하게 해석할 수 없다. 그것은 경제체제의 전환과 복지제도의 전환, 구조조정과 도시화를 포함한 일련의 사회 구조 전환에 의해 초래된 것으로 해석해야 한다.10)

2_ 성별 관점에서 바라본 도시 신빈곤 연구

1) 신빈곤 연구에 있어 성별 관점의 부재와 도입

신빈곤 이론은 도시 빈곤 연구에 구조화라는 중요한 시각을 제공했다. 앞서 말한 바와 같이 도로시 솔링거는 프롤레타리아의 빈곤화를 강조했고, 왕차오밍은 빈곤의 '계층화'를 제기했다. 그러나 중국의 신빈곤 연구에는 여전히 성별 관점이 결여되어 있었다.

리스는 일찍이 '어떠한 사람이 가난해지기 쉬운가'에 관해 논한 적이 있다. 그는 실업, 신체적 장애, 교육, 기술, 신분 등의 모든 각도에서 빈곤의 사회구조를 분석해 다음과 같은 결론을 이끌어냈다. 퇴직자 및 실업자 가정의 빈곤 발생률은 재직자 가정보다 6배가 높았고, 병약자나 장애자가 있는 가정이 가난해질 가능성은 일반 가정보다 2배 이상 높았다. 만일 한 가정에 실업자 혹은 퇴직자와 함께 병약자나 장애자도 존재할 경우 빈곤해질 가능성은 일반 가정보다 10배 이상 높았다. 세대주가 중등교육 혹은

---

10) 吳縛龍, 앞의 글.

초등교육 수준인 가정은 세대주가 대졸자인 가정보다 가난해질 가능성이 각각 9배와 12배 이상씩 높았다. 농촌 유동 인구의 빈곤 발생률은 도시 거주민보다 두 배 이상 높았다.11)

리스의 분석은 도시 빈곤 연구에 큰 가치가 있었지만 그 분석 구조에서 성별 관점은 여전히 무시되거나 은폐되었다. 리스의 빈곤 분석 구조는 기본적으로 경제학 구조이다. 그런데 페미니즘은 사회성별의 각도로 단순한 경제적 빈곤 개념에 도전해 더욱 광범위한 빈곤 개념을 갖출 필요가 있음을 강조했다. 즉 경제적 요소(예를 들어, 수입과 소비)뿐 아니라 빈곤화에 영향을 주는 사회구조 과정에도 더욱 주목해야 한다. 그리고 가정을 분석의 단위로 삼을 뿐 아니라 개인의 복지에도 더욱 관심을 가져야 한다는 것이다.12) 그리고 빈곤 개념에 결정권 결여 및 정보루트 획득에 대한 결여도 포함시켜야 한다고 말한다.13)

성별은 계급, 인종과 마찬가지로 사회 계층의 중요한 구성 요소이다. 만일 성별이 간과되면 신빈곤 연구에 있어 중요한 인식 차원이 결핍될 뿐만 아니라 관계 분석을 할 수 있는 중요한 공간이 줄어들게 된다.

빈곤의 성별화 연구에는 두 가지 분석 개념이 자주 사용된다. '빈곤의 여성화'와 '빈곤의 성별 차이'라는 두 개념은 모두 상대적 개념이다. '빈곤의 여성화'(feminization of poverty)는 퍼스(D. Pearce)가 처음으로 제기한 개념으로, 경제가 고도로 발전하는 서양에서 성별로 인해 사회제도의 차별

---

11) 리스(李實), 「중국의 도시빈곤현상 및 그 원인」(中國的城市貧困現狀及其原因), 『경제관리문집』(經濟管理文籍), 2003년 제4기.

12) N. Kabeer, "Agency, Well-being and Inequality: Reflections on Gender Dimensions of Poverty," *IDS Bulletin*, vol. 1, no. 27 (1996).

13) S. Baden, K. Milward, Z. Oxaal, etc., "Gender Inequality and Poverty: Trends, Linkage, Analysis and Policy Implications," *Sida* (1998).

대우를 받아 날로 뚜렷해지는 여성 빈곤의 악순환 현상을 분석하는 데 사용되었다.14) 통상적으로 빈곤의 여성화는 빈곤 집단 중 여성 세대주가 차지하는 비율의 상승, 빈곤 인구 중 여성 비율의 지속적인 상승, 여성으로만 이루어진 가정 혹은 그 가정의 개인 빈곤 정도 그리고 평균 박탈과 상대적 박탈 정도가 사회 총 빈곤 정도에 대한 기여율이 상승하는 추세로 나타난다.

또 하나 관련된 개념은 빈곤 정도의 성별 차이이다. 상대적 지위의 변화를 가리키는 개념이지만, 여기에서는 남녀 간 빈곤률(빈곤 리스크), 남녀 간 '평균적 착취' 및 '상대적 착취' 방면에서의 양성 차이를 주로 가리킨다. 이 개념은 남성과 여성이 사회활동을 하는 과정 중 각각 다르게 겪는 가난의 경험을 강조한다. 그 경험의 차이는 다음과 같이 나타난다.

1. 여성은 일반적으로 남성보다 더 큰 가난의 리스크를 안고 있다. 왜냐하면 여성은 노동력 시장에서 더 높은 실업의 리스크를 지니고 있기 때문이다. 그리고 여성이 세대주인 가정이나 남성 노동력이 결여된 가정은 가난해질 가능성이 더 높고, 여성은 일단 가난해지면 빈곤에서 벗어나는 데 필요한 사회적 자원을 얻기가 더욱 어려워지기 때문이다.

2. 똑같이 빈곤한 상황 속에서 가난에 대한 남녀 간의 부담과 경험은 각기 다르다.15)

'빈곤의 여성화'와 '빈곤의 성별 차이'는 결코 이론적인 것만이 아니라

---

14) '빈곤의 여성화' 개념은 퍼스가 1978년에 처음으로 제기했다. Diana Pearce, "The Feminization of Poverty: Women, Work and Welfare," *Urban and Social Charge Review* (1978).

15) N. Kabeer, op. cit; S. Baden, K. Milward, Z. Oxaal, etc., op. cit; A. Whitehead, "Falling Women, sustaining poverty: Gender in Poverty Reduction Strategy Papers," *Report for the UK Gender Development Network* (2003).

보편적으로 존재하는 현실 문제이다. 유엔인구국(UNPD)의 『인류발전보고 1995』에 따르면, 전 세계 13억 빈곤 인구 중 여성이 70%를 차지한다고 밝혔다. 남성에 비해 여성이 가난해지기 쉬웠고 여성의 빈곤률이 더욱 높았으며 여성의 빈곤 정도는 남성보다 심각하고 가난에서 벗어나기 힘들었다. 그리고 여성의 빈곤 발생률이 남성보다 빠르게 증가했다. 이렇듯 빈곤은 여성이라는 얼굴을 가지고 있다.16)

중국의 도시 빈곤에는 성별 차이의 문제가 존재하고 있을까? 또한 도시 신빈곤에는 여성화 현상이 존재하고 있을까? 중국 도시 신빈곤 연구 중 성별에 대한 영역이 모호해 성별에 따른 통계 수치는 매우 드물었고, 관련 연구 보고는 대부분 성별 분석을 하지 않았다. 성별을 언급한 일부 보고에서도 그 결론은 상호 모순적이었다. 예를 들어, 왕차오밍이 조사한 보고에 따르면 도시 여성 빈곤률은 12.05%, 남성 빈곤률은 11.69%로 그 차이가 거의 없었다.17) 그러나 왕유쥐안(王有捐)의 전국 규모의 연구 자료에서는 빈곤 가정 여성의 비율이 비(非)빈곤 가정의 비율보다 높다는 결론을 얻었고,18) 인하이제(尹海洁)의 보고에서도 중국의 도시 빈곤 인구는 이미 여성화 및 청소년화의 경향을 띠고 있으며 특히 60세 이상의 노년 여성이 빈곤해질 가능성이 높다고 밝혔다.19)

정부는 2006년 이후에야 비로소 성별에 따른 최저생활보장 인구의 통

---

16) 유엔인구국(UNPD), 『인류발전보고 1995』, 1995.

17) 왕차오밍(王朝明), 『중국21세기도시반빈곤전략연구』(中國二十一世紀城市反貧困戰略研究), 中國經濟出版社, 2005.

18) 왕유쥐안(王有捐), 「중국 도시빈곤의 최근 상황 판단분석」(對目前我國城市貧困狀況的判斷分析), 『시장과 인구 분석』(市場與人口分析), 2002년 제6기.

19) 인하이제(尹海洁), 『도시 빈곤인구의 경제지지망 연구』(城市貧困人口的經濟支持網研究), 哈爾濱工業大學出版社, 2008.

계 수치를 제공하기 시작했다.[20] 2008년 전국 도시 거주민 중 최저생활보장을 받은 사람은 2,334만 8천 명에 이르렀고, 그 중 여성이 40.59%를 차지했다. 각 지역의 성별구조는 비교적 큰 차이를 보였는데, 여성 비율이 높은 지역(톈진[天津], 하이난[海南], 시짱[西藏], 신장[新疆])에서는 48% 이상이 여성이었던 반면, 여성 비율이 낮은 푸젠(福建)에서는 31.12%가 여성이었다. 그러나 중국 도시 빈곤의 '성별에 따른 면모'는 여전히 모호했다.

페미니즘은 빈곤의 성별 특징을 밝힐 때 다음과 같이 지적했다. 여성이 쉽게 빈곤해지는 사실은 줄곧 정부의 통계수치, 논란이 되는 정의 그리고 학술적 논쟁에 의해 은폐되어 왔다. 이는 정부가 '최저 생계비'를 수립하는 시도에서 특히 그러했다. 우선 절대빈곤선에 사용된 생물학적 기준을 '평범한 남성 한 명이 필요로 하는 칼로리로 정해 남녀 간의 차이를 무시했다. 그리고 상대적 빈곤의 측정 기준은 우리가 빈곤에 대해 더욱 많이 이해할 수 있도록 하기는 했지만 절대적 빈곤처럼 여전히 개인이 아닌 세대주를 기준으로 최저 생계비를 계산했다. 즉 이 수치는 한 세대를 하나의 독립된 단위로 보아 세대 내 모든 구성원이 이 단위로 동등하게 수익을 올리는 것으로 가정했던 것이다. 이는 비(非)빈곤 가정의 여성이 당하는 빈곤 경험을 은폐했고 또 빈곤 가정 안의 수많은 여성들이 남성들보다 더 가난하다는 사실을 덮고 있다.[21] 두 번째로 페미니즘은 절대적 빈곤과 상대적 빈곤의 정의가 모두 빈곤 리스크와 관련된 중요한 문제를 소홀히 하고 있다고 생각했다. 여성이 평생 그리고 경제활동에서 물러났을 때 더욱 크게 당면

---

20) 국가통계청 사회기술 통계사(國家統計局社會和科技統計司), 『중국사회의 여성과 남성—사실과 통계(2007)표 10–10지역 주민의 최저생활 보장 상황』(中國社會中的女人和男人—事實和數据 [2007] 表10–10分地區居民最低生活保障情況), 143-44쪽.

21) Meredith Edwards, "Women, Children, and Family Poverty: Causes and Cures," *Australian Quarterly*, 54 (1982).

하게 되는 빈곤 리스크는 중요하게 여겨지지 않았다. 세 번째로 빈곤 연구는 주로 빈부가정의 직업과 수입의 분배 양식에는 관심을 가지면서도, 같은 요소가 남녀 간의 차이를 어떻게 만들어내는지에 대해서는 소홀히 하고 있었다.[22]

그러므로 우리는 빈곤 집단의 성별 구성과 성별에 따른 사회계층에 입각해 신빈곤 연구에 성별 분석을 하도록 할 것이다.

2) 빈곤 집단의 성별 구성 분석

도시 신빈곤 집단을 면직 및 실업 집단, '근로 빈곤층', 유동인구, 실지(失地) 농민 그리고 한부모가정 세대주라는 다섯 가지의 유형으로 분석할 것이다.

(1) 안정적 생계와 복지혜택을 잃은 면직 및 실업 집단

앞서 분석한 바와 같이, 사회가 전환되는 과정 중 국유 기업을 구조조정한 후 그 직원이었던 사람들은 면직되었는데, 이것이 도시 신빈곤 증가의 주요 원인이 되었다.

명확한 사실은 여성들이 일자리를 쉽게 잃었고 또한 새로운 일자리 얻기가 더 어려워졌다는 것이었다. '중국인력자원 사회보장부'(中國人力資源和社會保障部)의 통계 자료에 의하면, 2000년 등록된 실업자 중 여성이 51.6%를 차지했고, 이후 그 비율이 점차 낮아지면서 2008년 등록된 여성 실업자는 42.1%까지 떨어졌다. 하지만 같은 해 도시 노동자 중 여성의 비율이 37.6%에 그쳐,[23] 여전히 여성의 실업 리스크가 남성보다 크다는

---

22) Cheris Kramarae(謝麗斯 · 克拉馬雷), Dale Spender(戴爾 · 斯彭德), 『국제여성백과전서』(國際女性百科全書), 國際女性百科全書課題組 譯, 高等教育出版社, 2007.

점을 설명해 주었다.

위에서 언급한 비율은 등록된 실업률일 뿐 여성의 실제 실업률은 이보다 더 높았다. 2003년 국가 통계국이 17개의 주요 직할시 및 성 직할의 45개 도시에서 11,422 세대를 무작위로 뽑아 설문조사를 했더니 여성이 전체 실업자 중 59%를 차지해 남성보다 18% 높은 결과를 보였다. 이는 1993년 전국노동조합연맹(全國總工會)이 1,230개 국유기업의 직원 92만 명에 대해 조사한 통계에서 전체 직원의 37%를 차지하는 여성 직원이 전체 실업 및 퇴직자의 60%를 차지하는 결과와 일치한다.[24] 하지만 여성의 재취업률은 매우 낮아서 그들이 재취업할 확률은 남성의 62.2%밖에 되지 못했다. 게다가 여성의 평균 실업 지속 시간이 남성의 두 달을 초과해 노동력 시장에서 더 큰 리스크를 안고 있었다. 그러므로 여성의 면직 및 실업은 안정적 생계의 상실뿐 아니라 본래의 일자리 복리 보장 및 조직에 의한 보호의 상실을 의미하며 나아가 빈곤화를 뜻한다. 이 보고서는 시장체제로의 전환 과정 중 여성 취업 상황의 악화가 빈곤 여성화의 추세를 예측하고 있음을 지적하고 있다.[25]

(2) '근로 빈곤층'

'근로 빈곤층'(The working poor)은 국제노동기구(International Labour Organization, 이하 ILO)가 제기한 개념이다. ILO는 <2005년 노동력 시장

---

23) 국가통계청 사회기술 통계사(國家統計局社會和科技統計司), 『중국 여성아동 통계상황자료』(中國婦女兒童狀況統計資料), 2009, 32-33쪽.

24) 창카이(常凱), 「국유노동자의 실업 및 재취업 문제 조사연구」(公有職工的失業及再就業問題的調查與研究), 『사회학연구』(社會學研究), 1995년 제3기.

25) 두펑롄, 둥샤오위안(杜鳳蓮, 董曉媛), 「중국도시 실업인구의 성에 따른 지속시간 차이」(中國城鎭的失業人口持續時間性別差異), 『세계경제문휘』(世界經濟文彙), 2006년 제2기.

의 주요 지표 체계>에서 많은 개발도상국이 안고 있는 일자리의 문제는 주로 떳떳하고 생산적인 노동기회가 결여된 것이지 완전한 일자리의 결여를 말하는 것이 아니라고 지적했다. 이 일자리의 하루 생활비는 2달러 미만이며, "최저 생계비에서 벗어날 정도의 수입만 있을 뿐이었고, 심지어는 만족스러운 생산 노동 작업의 그 어떤 적당한 기준보다 훨씬 낮았다." 그들은 이렇게 해서 '근로 빈곤층'이 되었다.26)

그렇다면 어떤 노동자가 '근로 빈곤층'이 되는 것일까? 중국 민정부의 2009년 통계에 따르면 전국 도시의 최하위 생활보장 대상자 중 비중이 가장 높았던 것은 실업자로 전체에서 등록된 실업자는 21.8%, 미등록된 실업자는 17.5%를 차지했다. 다음으로 유연노동자가 전체의 18.4%를 차지했다.27) 이로써 유연노동자도 신빈곤 집단의 중요한 일부분임을 알 수 있었고, 또 다른 연구에서는 개인회사 노동자, 개인 피고용자, 그리고 기타 임시직 노동자의 빈곤율 또한 모두 평균 수준보다 높게 나타나 각각 15.91%, 21.58%, 16.94%, 26.53%임을 증명했다(이 단계의 도시 빈곤 발생률은 4~8% 사이).28) 통계수치와 연구보고에서는 각기 다른 취업 형태 중 비정규직(유연노동자 포함)이 정규직보다 빈곤 발생률이 더 높다고 밝혔다.

중요한 사실은 경제구조조정 과정 중 여성노동에 비정규화 추세가 존재한다는 것이었다. 여성 취업이 비정규직으로 밀집되는 추세는 일찍이 1990년대 말에 처음으로 조짐을 보였다. 장용핑(蔣永萍)은 <2003년 중국

---

26) 「노동력 시장 주요 지표 체계」(勞動力市場主要指標[KILM]體系), 『노동세계』(勞動世界), 2006년 9월, 13쪽.

27) 민정부(民政部), 『2009년도 전국 민정부 발전 통계표』(2009年度全國民政事業發展統計報告). http://www.chinanews.com.cn/gn/news/2010/06-10/2335629.shtml (2010. 6. 10.)

28) 우용젠(吳永建), 『도시 신빈곤, 한 처마 밑에서의 빈곤』(城市新貧困,同一屋簷下的窘迫). http://www.chinaelections.org/newsinfo.asp?newsid=94240 (2006. 8. 16.)

노동통계연감>(2003年中國勞動統計年鑑, 中國統計出版社)의 수치를 들어 도시의 여성노동자 비정규직 비율이 63.7%로서 남성보다 14.2% 높았다고 밝혔다. 반면 남성이 정규직 근로자가 될 수 있는 가능성은 여성보다 14.6%나 높았다.[29] 2006년에 조사한 수치에서도 도시에 거주하는 62.9%의 여성 근로자가 비정규직에 종사하고 있고 그 수치는 남성보다 8.4% 높았음을 증명했다.[30] 성별에 관계 없이 모두 비정규직의 수입은 정규직보다 낮았지만 여성 비정규직 수입의 하락 폭이 남성보다 훨씬 컸고, 노동의 비정규화 중 남녀 간 수입의 차는 점점 더 커졌다. 정규직 여성 수입의 중앙치는 남성 수입 중앙치의 85%인 반면 비정규직 여성의 수입은 남성수입의 69.4%로 비정규직 남녀 간 수입의 차이가 정규직의 차이보다 15.6% 벌어져 있었다. 비정규직 여성의 월 평균 수입은 416위안으로 현지 최저임금 기준보다 훨씬 낮았다. 성별에 관계없이 비정규직자의 사회보장 수준은 정규직보다 매우 낮았다. 게다가 일반적으로 비정규직 여성의 보장 수준은 비정규직 남성의 수준보다 더욱 낮았다. 가입율이 가장 큰 양로보험을 예로 들면, 남성 비정규직자의 가입율도 고작 20%였는데, 여성 비정규직자는 이보다 더 적어 16.1%에 그쳤다. 이 외에 비정규직자 중 80%에 가까운 여성은 출산 전후 휴가 급여를 누릴 수 없었다. 심지어 임신을 하면 해고되거나 강제 퇴사를 당하는 경우가 많았다. 이 모든 것들이 여성 비정규직자들이 안고 있는 경제 취약성을 의미하고 있었다. 그들은 질병, 산업재해, 실업, 임신, 출산 혹은 노년기 퇴직이라는 상황에 처하게 되면 곧 기본생활

---

29) 장융핑(蔣永萍), 『비정규직과 노동력시장의 성별분화』(非正規就業與勞動力市場性別分化). www.nongjianv.org/old/club/.../12.htm (2005. 9. 11.)
30) 국가 여성아동 권익보장 프로젝트팀(國家婦女兒童權益保障協調組), 『2006년 전국 농촌의 여성 권익 상황과 권익옹호 수요에 대한 조사보고』(2006年全國農村婦女權益狀況和維權需求調査報告).

에 위협을 받게 되어 극심하게 빈곤해졌다.[31]

(3) 유동 여성: '이중으로 주변화된 빈곤자'

중국 유동 여성 규모의 방대함은 전 세계 어디에도 없다. 2009년의 중국 유동 인구는 이미 2억 1천 1백 만 명에 이르렀고, 국가산아제한 주요 지역 유동인구 감시시행조사(國家計生重點地區流動人口監測試點調査)에 따르면 유동인구 중 여성이 49.6%에 달한다고 밝혔다.[32]

농민공의 도시취업은 보편적으로 도시 노동력 시장의 구조적 부족을 메우는 것이었기 때문에 업무는 고되고 임금은 낮았으며 일자리 또한 불안정했다. 농민공의 월 실제 노동시간은 도시 노동자의 50%를 초과했지만 월 평균수입은 그들의 60%에 못 미쳐 실제 노동시급이 도시 노동자의 1/4 밖에 되지 못했다.[33] 전국 농촌 고정 관찰 시스템(全國農村固定觀察點系統)이 조사한 수치를 참고해 하루 생활비를 1달러 미만, 즉 한 해 수입을 365달러(약 2,200~2,400위안) 미만으로 계산하면, 2006년의 연 수입이 2,400위안 이하의 농민공은 2.7%를 차지했고,[34] 농촌 유동 인구는 도시 거주민보다 더 높은 빈곤율을 보였다. 리스의 연구가 보여주듯이 농촌 유동 인구의 빈곤 발생률은 도시 거주민보다 두 배 이상 높았다.[35] 이에 농촌에서 도시로 나간 사람들이 처한 악조건은 중국의 전국적인 빈곤 발생

---

31) 蔣永萍, 앞의 글.

32) 국가인구 산아제한계획 위원회 유동인구 서비스 관리사(國家人口計劃生育委員會流動人口服務管理司), 『중국의 유동인구 발전상황 보고』(中國流動人口發展狀況報告), 中新社北京, 2010. 6. 26.

33) 총보고 초안팀(總報告起草組), 『중국 농민공 문제 연구 총 보고』(中國農民工問題研究總報告), 中國言實出版社, 2006, 12쪽.

34) 차이팡(蔡昉) 註編, 「중국인구와 노동문제 보고 8호: 루이스 전환점(Lewisian Turning Point)과 정책도전」(中國人口與勞動問題報告No.8: 劉易斯轉折點及其政策挑戰), 社會科學文獻出版社, 2007, 23-27쪽.

35) 李實, 앞의 글.

에 영향을 미치는 중요한 요소가 되었다. 요컨대 도시에 진입한 유동 농민 공은 통계에 포함되지 않았음에도 도시 빈곤 인구의 일부를 형성했다.[36]

도농(都農) 신분과 성별이라는 이중적 불평등으로 인해 유동 여성은 노동 시장에서 더 불리한 상황에 처했고 더 높은 빈곤 리스크를 안고 있게 되었다. <중국 농촌 파견노동자 생존 상황 민간보고서>(中國農村外出務工者生存狀況民間報告)가 제공한 수치에 따르면, 남성 농민공의 평균 수입이 1,233위안 정도였던 반면, 여성의 평균 수입은 992위안[37]으로 여성 농민공의 평균 수입이 남성 농민공의 80.45%였다. 전국여성연합회(全國婦聯)가 2006년에 행한 '농촌 여성권익상황 및 권익보호 수요조사'(農村婦女權益狀況和維權需求調査)에 따르면 도시로 파견된 여성노동자의 수입 수준은 도시 거주민보다 한참 낮았고 남성 파견 노동자보다도 낮았다. 남성 파견 노동자의 수입은 여성보다 20.3%나 높았다.[38] 이로써 여성 유동 인구의 빈곤 발생률이 남성 유동 인구보다 높음을 추론해볼 수 있겠다.

여성 파견 노동자의 대다수가 노동계약서를 체결하지 않았고 사회보험에도 가입하지 않아, 그들의 보험 가입률은 남성 파견 노동자보다 낮았다. 대다수의 중소민영기업은 임신하거나 출산 그리고 수유하는 여성노동자에게 아무런 보호 조치나 복지도 제공하지 않고 있었다. 그래서 여성 파견 노동자는 임신을 이유로 해고되거나 강제 사퇴를 당하는 경우가 허다했다. 또한 안전과 건강 방면에서도 여성 파견 노동자의 취약성이 나타났다.

---

36) GCAP-China(국제 빈곤퇴치 자선단체), <중국 농촌 이농노동자 생존 상황 민간보고서>(中國農村外出務工者生存狀況民間報告), 2009. 11. 23.

37) 같은 글.

38) 전국여성아동 권익보호 조화팀(全國維護婦女兒童權益協調組), 「전국 농촌 여성 권익 상황 및 권익옹호 수요에 대한 조사보고」(全國農村婦女權益狀況和維權需求調查報告), 『중국여성운동』(中國婦運), 2007년 제3기.

(4) 여성 실지(失地) 농민: '신(新) 도시민' 중 손해 입기 쉬운 계층

도시화가 빠르게 진행되는 가운데 일부 농민들은 땅을 잃어 가난해졌고, 이는 도시 신빈곤 집단의 한 원인이 되었다.『전국 토지이용 전체계획 개요』(全國土地利用總體規劃提要)에 따르면, 2000년~2030년의 30년 간 땅을 잃을 농민은 7,800만 명을 넘을 것으로 보고 있다. 그리고 한 연구에서는 2030년까지 중국의 실지 농민이 1억1천만 명에 이를 것이고, 그 중 5,000만 명 이상의 농민이 땅과 일자리를 모두 잃을 수 있으며, 이 추세로 보았을 때 어쩌면 이 수치는 8,000만 명에 이를 수도 있다고 보고 있다.[39] 국무원발전연구센터 프로젝트팀(國務院發展硏究中心課題組)이 지적한 바와 같이 "실지 농민은 취업과 수입 등에서의 불안정성 때문에 가정보장제도에 의탁하는 모델은 갈수록 위협을 받게 되었다. 또한 일부 가정은 토지 수용 보상금으로 생계를 유지하게 되면서 '경작할 토지가 없고, 취업할 일자리가 없으며 사회보장제도를 받을 수 없는' 상태에 놓이게 되었고, 도시의 주변부에서 생활하고, 도시 빈민층으로 전락하게 되었다.[40] 실지 농민의 빈곤에 대해 성별을 나누어 진행한 연구는 거의 없었다. 그런데 1999년 웨이진성(魏津生)이 시안(西安)의 세 지역에 거주하는 최저생활보장 대상자의 1/3에 대해 샘플 조사를 실시했었다. 이 조사에서 남성의 최저생활보장 대상자는 37.5%였던 반면, 여성은 62.5%라는 높은 수치를 차지했다. 하지만 그는 여성의 비중이 지나치게 높은 것에 의문을 갖게 되었고, 이는 어쩌면 "세 지역에 실지 퇴직 농민이 많았던 것"에서 기인했을 것이

---

39) 저우린수(周林樹), 「실지 농민 재취업문제 연구총술」(失地農民再就業問題硏究綜述),『경제연구도간』(經濟研究導刊), 2008년 제4기.

40) 국무원 발전연구센터 프로젝트팀(國務院發展硏究中心課題組), 「중국 실지 농민 권익보장 및 몇 가지 정책 제안」(中國失地農民權益保障及若干政策建議),『개혁』(改革), 2009년 제5기.

라고 생각했다.[41] 그리고 난징(南京)의 세 지역 실지 농민 600세대에 대해 실시한 또 다른 조사에서는 62.2%의 실지 여성 농민이 현재 생활에 불만을 가지고 있다고 밝혔다. 불만족도는 남성보다 10% 가량 높았다. 미래에 대한 우려도도 남성보다 높아 79.1%에 달했다.[42] 여성의 실지 과정 중에 생기는 불이익 상황은 지방 정부의 성별화 안착정책과 관련이 있는데, 남녀 노동력이 차별 대우 받았던 것이다. 예를 들어, 난징의 시사(栖霞) 지역의 보고서에 따르면, 남녀를 연령대 별 노동력 안착비 등급에 의거해 나누었기 때문에 남녀 간 이익차이는 더욱 커졌다. "50~60세의 남성은 30,000위안의 투자비를 얻을 수 있던 것에 비해 같은 연령대의 여성은 18,000위안만 얻을 수 있었다." 또 현행되고 있는 사회 양로보험 정책은 보험가입 연한을 꼬박 15년을 채우도록 했으며, 퇴직한 지 15년이 되지 않은 사람은 사회 보장제도의 혜택을 받을 수 없게 되어 있었다. 이는 곧 45세 이상의 남성 실지 농민과 35세 이상의 여성 실지 농민은 전반적인 사회보험제도의 혜택을 받을 수 없다는 것을 의미한다.[43] '토지를 사회보험으로 교환하는' 정책은 남녀에게 각각 다르게 실시되었다. 이렇듯 여성은 성별 문제만으로도 더 많은 손해를 입을 가능성이 많았다.

(5) 여성이 세대주인 한부모 가정

신빈곤 집단이 증가하는 또 다른 원인으로 날마다 증가하는 한부모

---

41) 웨이진성(魏津生), 「중국대도시빈곤문제연구」(中國大城市的貧困問題研究).

42) 류웨이, 리커, 루페이제(劉偉, 李可, 陸飛傑), 「실지농민집단 연구」(對失地農民群體的研究). http://rurc.suda.edu.cn/ar.aspx?AID=516 (2010. 1. 20.)

43) 시사구역 사법국, 자오자바오, 위룽(西霞區司法局, 趙家寶, 餘溶), 「실지농민 사회보장체제 건립에 대한 생각」(關於建立失地農民社會保障機制的思考). www.njsfj.gov.cn/www/njsfj/njsf-mb_a39051 (2011. 1. 26.)

가정을 들 수 있다. 한부모 가정의 증가와 여성 한부모 가정이 더 쉽게 가난해지는 현상은 가정이 현대적으로 변화하는 가운데 비교적 보편적으로 나타나는 현상이다.44)

예를 들어, 2002년 미국에서 여성이 세대주인 한부모 가정은 미국 전체 빈곤 가정의 반을 차지했고, 한부모 가정의 여성과 그 아이들은 미국 최대의 빈곤 집단이 되었다.45) 하지만 오늘날까지도 중국에는 도시 빈곤 세대 중 여성 세대주가 차지하는 비율과 관련된 통계가 여전히 없으며, 빈곤 인구 중 한부모 가정의 여성과 그 부양 미성년자의 통계 또한 없는 실정이다. 필자는 성(省) 정부 소재지의 한 도시에 대한 2004년 최저생활보장 세대의 등록 자료 분석에서 6개 시내의 전체 최저생활보장 세대 중 여성 세대주가 39.7%를 차지했고(한 도시의 교외 현[郊縣]에서 나타나는 비율은 더 높아 51.92%를 차지하며, 최저생활보장 세대의 여성 세대주 비율은 총 45.09%였다), 2002년 전국 가정의 여성 세대주 비율은 15.4%였다는 점을 알아냈다. 이렇듯 빈곤 세대 중 여성 세대주가 차지하는 비율이 높았음을 알 수 있었다. 2007년에 필자는 같은 도시의 시내 세 지역 중 네 개의 동(街道)에서 최저생활보장을 받는 896세대의 가족구조를 분석했다. 최저생활보장 세대 중 한부모 가정은 14.29%였고, 그 중 71.01%가 여성 세대주인 한부모 가정이었다. 비록 분석한 샘플 가정 수가 적기는 했지만 빈곤 인구 중 여성 한부모 가정이 비교적 큰 빈곤 리스크를 지니고

---

44) Valentine M. Moghada는 글로벌 '빈곤여성화' 문제에 관한 토론에서 여성 한부모 가정의 증가를 세 가지 빈곤여성화 원인 중 하나로 정했다. Valentine M. Moghada(瓦倫丁·M·莫格哈登), 『*The Feminization of Poverty*』(빈곤의 여성화), 마위안시(馬元曦) 註編, 『사회성별과 발전역문집』(社會性別與發展譯文集), 三聯書店, 2000년판 참고할 것.
45) 취밍(屈鳴), 「미국 여성세대주 가정의 빈곤과 그 근원 탐구」(美國以女性爲戶主的家庭的貧困及其根源探究), 『太原理工大學學報―社會科學版』, 2004년 제4기.

있다는 점을 간접적으로나마 알 수 있었다.

비록 신빈곤 집단 중 차이는 존재하지만 그들의 공통된 특징은 "이용할 만한 경제자원이 부족할 뿐더러 이러한 상태를 변화시킬 기회와 능력이 모자라며 사회의 경제와 정치자원의 분배 체계 안에서 불리한 위치에 처해 있다는 점"이었다.

위에서 분석한 바와 같이 도시 신빈곤의 모든 집단 중 여성은 남성보다 더 불리했으며, 빈곤 리스크를 더 많이 지니고 있었다.

3) 여성의 계층화 특징 분석

이상 집단으로 나누어 도시 신빈곤 집단의 성별 구조를 분석해 보았다. 물론 빈곤 계층과 마찬가지로 부유한 계층에도 여성 구성원이 존재하는 것처럼 여성은 서로 다른 계층에도 모두 속해 있다. 예를 들어 매체 보도를 통해 자주 볼 수 있는 여성 부호가 있다. 하지만 만일 우리가 사회계층과 성별을 모두 나누어 분석한다면 성별과 계층 분화 사이에 내재하는 관계를 볼 수 있다.

장용핑은 두 번째로 여성 지위를 조사한 수치를 이용해 중국사회과학원(中國社會科學院)의 '중국의 사회계층구조 프로젝트팀'(中國社會階層結構課題組)이 도입한 다섯 등급 10개 계층 구분법을 기초로 계층과 성별을 나누어 분석했다. 결과는 여성이 사회계층 구조의 하층 부분에 비교적 많이 집중되어 있었고, 여성의 69.5%가 최저 등급(도농 합계)에 위치해 그 수치가 남성보다 11.4%나 높았다. 도시에서 40%의 남성이 사회의 중상층에 속했고 여성은 30%뿐이었다. 도시의 여성 중 25.8%는 10개 부분으로 나뉜 사회계층 중 최저 계층인 무직, 실업 및 반(半)실업 계층에 속했고, 이 비율은 남성보다 13.4% 높았다. 그리고 여성 계층의 분포는 수직으로 하강하는 특징을 보였다.46) 앞서 분석한 바와 같이 무직, 실업 및 반실업 계층은 오늘날 도시 신빈곤 집단의 주체를 이룬다.

장용핑은 또한 모든 사회 계층의 성별 구조 분포도를 제작했다.47)

〈사회계층의 성별 구조도〉(1999)

주: 도표 중 1=국가 및 사회 관리자, 2=경영자, 3=사영기업주, 4=전문기술업자, 5=사무직원, 6=산업 노동자, 7=자영업자, 8=서비스업자, 9=농업 노동자, 10=도농의 무직자, 실업자, 반실업자 계층

우리는 이 구조도에서 직업 계층이 높을수록 남성의 비율은 높아진데 반해 여성의 비율은 상반되는 점을 볼 수 있다. 세 가지 사회자본을 거의 갖고 있지 않거나 기본적으로 갖고 있지 않은 중하층 계층에서의 여성 비율은 남성보다 높았다. 등급화된 사회계층의 구조 중 비교적 많은 조직의 권력자본과 경제자본을 지닌 세 상층계급에서는 남성이 절대적인 우세를 차지했다. 반면, 무직, 실업 및 반실업 상황에 놓인 하층계급은 여성의 비율이 70.2%로 높았다. 이 두 항목의 분석은 사회 계층 속 여성의 저층 구조화를 보여주고 있고, 이는 곧 저층 구조의 여성화라 칭할 수 있으

---

46) 장용핑(蔣永萍) 註編, 『중국사회 전환 중의 여성의 사회적 지위』(中國社會轉型中的婦女社會地位), 中國婦女出版社, 2006, 158-59쪽.
47) 같은 책, 157쪽.

며, 빈곤 리스크가 여성화된 구조 원인을 충분히 보여주고 있다.

결론적으로 성별은 도시 신빈곤의 생성과정에서 계급, 호적, 지역, 연령 등과 함께 상호작용함으로써 중국 사회를 구조화하는 중요한 요소가 되었다.

3_ 빈곤여성화의 구조적 원인

타운센드(P. Townsend, 湯森)가 지적한 바와 같이 빈곤은 불평등과 태생적으로 연결되어 있고,[48] 중국의 도시 빈곤에 표현된 성별 차이는 사회적인 불평등과 양성 간 불평등이라는 사회구조가 겹쳐지면서 생겨난 것이었다. 시장과 제도 그리고 가족제도에는 여성을 사회적으로 배척하는 문제가 존재하고 있는데, 이는 곧 여성의 자원과 사회 권리의 빈곤을 초래하는 구조적인 원인이 된다.

전환형 빈곤은 사회의 전환과 경제구조의 조정정책의 영향을 크게 받았다. 다이앤 엘슨(Diane Elson)과 닐뤼페르 차아타이(Nilufer Cagatay)가 지적한 바와 같이, 경제전환과 구조조정 정책은 성별을 무시하거나 남성에게 유리하다. 개혁 자체는 디플레이션의 편견과 상품화 편견이라는 특징을 지니고 있다.

엘슨과 차아타이는 거시경제 정책에 통상적으로 세 가지 차별이 존재한다고 개괄했다. 첫 번째 차별은 인플레이션을 제어할 때 국가가 시행한 재정 긴축 조치에서 비롯되었다. 두 번째 차별은 남자는 바깥일을 하고

---

48) P. Townsend, *Poverty in the United Kingdom: A Survey of Household Resources and Standards of Living* (London: Allen Lane, 1979).

여자는 집안일을 해야 한다는 관점에서 비롯된 것으로서, 이것은 취업이 남성에게 편중되는 현상을 초래했다. 세 번째 차별은 국가가 복지를 제공하는 사회로부터 복지시설을 상품화하는 상품경제 과정 전환에서 비롯되었다. 이 세 가지 차별의 존재 때문에 남성과 비교해 상대적으로 여성은 쉽게 일자리를 잃고, 사회 안전망의 보호를 받기 어렵게 되었다.[49] 개혁이 디플레이션의 편견과 상품화 편견의 특징을 지니고 있는 것은 사회적 성별체제에 깊숙이 각인되어 있다고 보아야 한다. 중국의 경제체제가 전환되면서 정부의 역할은 감소되었고, "남성이 집안의 생계를 책임지고", "여성은 집안일을 맡아야 한다"는 가부장적 이데올로기를 근거로 노동시장은 가정에 책임이 있는 여성노동자들을 배척했다. 이에 여성들은 일자리를 쉽게 잃게 되어 '능력은 있으나 무직'인 사람이 되었고 혹은 낮은 보수의 (임시직이거나 언제든지 교체될 수 있는) 불안정하고 보장이 낮은 비정규직 영역에 집중되면서 '근로 빈곤층'이 되었다. 다른 한편, 직장의 복지 기능은 약화되었고, 계획경제 체제 아래에 있던 '집단 보호 장치'가 점차 소실되면서 정부는 그 동안의 부담을 벗어던지는 복지제도 개혁을 실행했다. 이로써 어느새 상당 부분의 사회보장 기능을 가정으로 넘겼고, 생산, 재생산 및 재분배 시스템의 상호 작용 아래 전통적인 성별분업이 강화되었다. 이는 구조조정 과정에서 여성이 남성보다 더 많은 책임을 졌으며, 새로운 경제 조정을 통합하면서 남성보다 더 쉽게 희생양이 되었고, 이로써 더 많은 빈곤 리스크를 안게 되었다.

중국의 사회구조 발전 추세에 관해 다음과 같은 견해가 있다. 루쉐이 (陸學藝)는 '중산계층이 호전될 것'이라는 낙관적인 평가를 했고, 리창(李

---

49) Diane Elson, and Nilufer Cagatay, "The Social Content of Macroeconomic Policies," *World Development*, vol. 7, no. 28 (2000).

强)은 중국의 사회구조가 피라미드형보다 더 불리한 'T자형'을 드러낼 것이라고 했고, 심지어 쑨리핑(孫立平)은 '단절'이라는 어휘를 사용했고, 리루루(李路路)는 '구조화' 혹은 '상례화'라는 용어로 불평등한 사회계층의 분열 상황이 한창 고정되고 있음을 밝혔다. 사회유동성이 약화되는 구조 악화라는 평가와 계층화 및 계층구조의 열악한 추세 모두 도시 신빈곤 집단의 미래와 연계되어 있음을 설명하고 있다. 사회 구성요소로서의 성별과 빈곤의 여성화 추세는 미래사회 구조가 나아갈 방향에 영향을 준다는 점에서 결코 소홀히 해서는 안된다.

[요약]

중국에서 '도시 신빈곤'이라는 개념은 2002년에 처음으로 제기되었다. 이 개념은 신빈곤과 전통빈곤의 구별을 강조해 신빈곤의 발생을 중국사회의 전환이라는 중요한 배경 아래에 놓고 전환기 사회의 빈곤 생성의 구조적 요소를 밝힘으로써 도시 빈곤 연구를 심화시켰다. 진이홍은 「성별 관점에서 바라본 도시 신빈곤 연구」에서 성별 시각을 더해 도시 신빈곤 문제를 연구함으로써 신빈곤이 지니고 있는 성별적 면모를 밝히는 데 중점을 두었다. 서양에서 신빈곤층은 생산형에서 소비주도형 사회로 나아가는 거대한 전환기 속에서 일할 능력은 있으나 일자리가 없거나 일자리는 있어도 상대적 빈곤함을 느끼는 물질적·정신적 평등을 모두 박탈당한 계층을 일컫는다. 이와 비교해 오늘날 중국의 '도시 신빈곤'은 전통적 도시 빈곤 및 농촌 빈곤과 다른 점을 보인다. 우선 전통빈곤 속에서의 빈곤층은 자신의 한계로 인해 국가 일자리 체제에 진입할 수 없었던 반면, 신빈곤층은 경제구조의 전환으로 인한 권익 상실로 초래되었다. 그리고 1990년대 이래 중국의 농촌 빈곤 인구는 점차 줄어드는 반면 도시 빈곤 인구의 총규모와 빈곤 발생률은 뚜렷하고 지속적으로 상승하는 추세를 보이고 있다. 필자는 통계자료를 통해 중국 도시 신빈곤의 생성이 계층 분열의 산물이자 구조적 빈곤임을 설명한다. 이처럼 구조적 빈곤이라는 점에서 서양과 중국이 동일한 원인으로 신빈곤을 형성한 듯 보이지만, 중국의 경우 훨씬 더 복잡하기 때문에 시장화-전환 경제로 간단하게 해석할 수 없고, 경제체제의 전환, 복지제도의 전환, 구조조정과 도시화를 포함한 일련의 사회 구조 전환에 의해 초래된 것으로 해석해야 한다고 한다. 이 글은 도시 신빈민 연구에 성별 관점을 도입함으로써 중국의 '여성빈곤화' 현상을 문제로 제기하고 그에 대한 연구를 촉발했다는 점에서 의미를 부여할 수 있다. 아울러 관련 통계자료를 제시하고 세밀하게 분석한 점도 주목을 요한다. 계층의 양극화로 치닫고 있는 중국의 사회구조에서 성별 차이도 심화되고 있음을 밝힘으로써 중국 도시 신빈곤 연구를 한 단계 진전시켰다 할 수 있다. (박혜정)

제 3 부

TV 드라마와
당대 지배이데올로기의 작동 방식

21세기 중국의
TV드라마 (좌담)*

제1부 중국 TV드라마의 중국적 숨결

사회자: 니원젠(倪文尖)

참석자: 뤄강(羅崗), 마오젠(毛尖),

장롄훙(張煉紅), 왕샤오밍(王曉明)

일　시: 2010년 3월 9일

김서은 옮김

니원젠: 일이 일단락되어 결과가 나왔다고 해고 좋고 눈앞에 날리는 구름과 연기처럼 일시적인 현상이라 해도 좋습니다. '광고 속에 끼워 방영한 2010년 설 특집방송은 하나의 전환점이었습니다. 이전에는 모두들 설 특집 방송에 힘입어 얼굴을 드러내 큰 이름을 갑자기 얻었고 설 특집방송을 통해 유행을 만들어냈습니다. 그러나 요즘 설 특집방송은 익숙한 얼굴

---

* 출처: 倪文尖·孫曉忠外, 「"中國電視劇"的"中國氣息"」·「"中國電視劇"的"時代之痛"」, 孫曉忠編, 『巨變時代的思想與文化─文化研究對話錄』, 上海書店出版社, 2011.

이 좌담 기록은 원래 『21세기 경제보도』(二十一世紀經濟報道), 2010년 3월 9일, 3월 16일 2회에 걸쳐 게재되었다.

에 기대 체면을 유지하려 하지만, 익숙한 얼굴은 이미 널리 유행한 것에 기대 악착같이 버티려 할 뿐입니다. 대단히 근사한 인터넷 외에 최근에 크게 주목을 끈 것으로 TV드라마(이하 드라마)가 있습니다. 언제나 돈 벌기에 급급한 영화계와 비교해 봐도, 그리고 사분오열되어 각자 놀고 있는 문학계와 견주어 봐도, 요 몇 년 국내 드라마는 '사회적 효과와 경제적 이익'이라는 이중의 수확을 이루어내었습니다. <량검>(亮劍),[1] <암산>(暗算), <사병돌격>(士兵突擊),[2] <우리 부대장, 우리 부대>(我的團長我的團),[3] <잠복>(潛伏), <관동에 뛰어들다>(闖關東),[4] <세상 바른길은 굴곡이 많다>(人間正道是滄桑),[5] <달팽이 집>(蝸居),[6] <생사선>(生死線),[7]

---

1) 드라마 <량검>은 2006년 방영된 총 36부작 드라마로, 팔로군(八路軍) 독립부대 부대장 리윈룽(李雲龍)과 수비부대 358단 단장 추윈페이(楚雲飛) 두 사람의 우정을 그려낸 이야기다. 두 사람은 항일전쟁 시기에 진시베이(晉西北)에서 만나 친구가 되었으며 얼마 후에 다시 화이하이(淮海)전쟁에 참가하게 되었다. 그 전쟁에서 리윈룽은 톈위(田雨)의 수혈을 받아 생명을 구했으며 후에 두 사람은 약혼한다. 한국전쟁이 발발하고 리윈룽은 전쟁에 직접 참여하지 못하고 난징(南京)군사학원에 들어가 공부한다. 그의 실전 경험을 바탕으로 그는 새로운 군사 이론을 수립한다.-옮긴이
2) 2006년 방영된 <사병돌격>은 란샤오룽(蘭曉龍)의 동명소설을 각색한 총 30부작의 드라마다. 군사 활동과 청춘을 격려하는 주제로 농촌 출신의 보통 사병 쉬싼둬(許三多)가 방기하지 않고 포기하지 않는 정신으로 최후에는 뛰어난 정찰병으로 성장하는 과정을 그려냈다.-옮긴이
3) <우리 부대장, 우리 부대>는 란샤오룽의 동명 소설을 각색한 43부작 드라마로 2009년 방영되었으며 중국 원정군을 제재로 하였다. 1942년 말 윈난(雲南)의 한 마을에 오로지 생존을 위해서 시간을 보내고 있던 패잔병과 백성들이 나라의 흥망을 위해 중국인으로서 항전을 떠나면서 벌어지는 내용.-옮긴이
4) "관동에 뛰어들다"(闖關東)는 중국 근대사에서 화베이(華北)지역 농민들이 둥베이(東北)지역으로 이민하는 운동을 일컫는다. 2008년 산둥(山東)영화드라마 제작소와 다롄(大連)방송국이 투자하여 제작 방영한 드라마 <관동에 뛰어들다>는 52부작으로 청말부터 9.18사변(만주사변) 발생 전에 산둥사람들이 생존을 위해 고향을 버리고 둥베이 지역으로 올라가면서 일어나는 사건들을 다뤘다. 주인공 주카이싼(朱開山)의 복잡하고도 순탄치 못한 일생을 배경으로 주카이싼이 둥베이로 올라오는 길에 만나는 각종 고난과 역경을 그려냈다.-옮긴이
5) <세상 바른길은 굴곡이 많다>는 50부작의 드라마로 감독 장리(張黎)와 <량검>의 작가 장치타오(江奇濤)의 작품이다. 1925년부터 1949년 사이에 양(楊)씨 형제자매들의 서로 다른 인생역정을 다루었다. 작품은 특히 황푸(黃埔)시기 국공합작에서 공산당이 국민당에 승리하여 국민당이 타이완으로 갈 때까지의 혼란한 시기를 생동감 있게 그려냈다는 평가를 받는다.-옮긴이

<이멍>(沂蒙)[8] 등, 견해가 있고 이야깃거리가 있는 프로그램이 한두 개가 아닙니다. 그것들은 현재 중국의 기본 문제를 다루고 있거나 시청자들의 민감한 신경을 아프도록 찔렀고 보편적인 역사 기억을 일깨웠습니다. 그것들은 또한 적지 않은 집단무의식을 모아 모습을 드러냈고, 그것들이 제작하고 생산한 것들은 이미 유행어가 되었을 뿐만 아니라 우리 현시대의 심미심리와 문화적 공감각, 사회적 콘센서스와 이데올로기가 되었습니다. 우리는 1980년대라는 그 문학의 황금시대를 무척이나 그리워합니다. 시 한 수, 소설 한 편이 날개 돋친 듯이 팔렸고, 신속하게 전파되었으며, 지속적인 사회적인 관심거리가 되었고 심지어 이로 인해 어떤 난제들이 순조롭게 해결되거나 새로운 사상문화의 풍조가 일어나기도 했습니다. 지금 우리는 다음과 같이 말할 수 있을 것입니다. "좋은 날들은 이미 드라마로 넘어갔다. 문학에서 잃어버린 것들이 드라마로 건너가 버렸다."

뤄강: 문학과 드라마의 관계는 사실 매우 복잡합니다. 『소시대』(小時代)[9]와 같은 '과시' 소설과 <유성우>(流星雨)와 같은 '트렌디'(時尙) 드라

---

6) '달팽이 집'은 매우 협소한 주거 공간을 지칭하는 말이다. 2007년 출판된 류류(六六)의 동명 장편소설을 각색하여 2009년 드라마로 방영했다. 현대인들의 가장 큰 고민거리이자 가장 보편적인 사회문제인 주택문제를 배경으로 보통사람들이 도시생활에서 겪는 갖가지 풍파를 그려냈다고 하여 많은 시청자들의 지지를 얻었다.–옮긴이

7) 2009년 방영된 드라마 <생사선>은 48부작으로, 란샤오룽의 동명소설을 각색한 작품이다. 직업, 신분, 성격이 모두 다른 네 남자의 우정을 중심으로 평민들의 항일전쟁 이야기를 그려냈다.–옮긴이

8) 드라마 <이멍>은 항일전쟁 시기 이멍산(沂蒙山)의 마무츠(馬牧池)라는 작은 산촌에서 살고 있는 가족을 배경으로 역사사건과 개인의 운명이 얼마나 긴밀한 결합을 하고 있는지를 보여준다. 우여곡절이 많은 이야기를 생동감 있게 엮어내어 바오전(寶珍), 리중허우(李忠厚), 리양(李陽) 등 개성 강한 인물들을 만들어냈다.–옮긴이

9) 『소시대』(小時代)는 궈징밍(郭敬明)이 창작한 장편소설이다. 대략적인 줄거리는 경제가 매우 비약적으로 발전하는 상하이를 배경으로 린샤오(林簫), 난샹(南湘), 구리(顧里), 탕완루(唐宛如) 네 명의 주인공 여성들의 우정과 사랑 이야기를 그려냈다. 현대 젊은이들의 생활을 진실하게 반영했다고 평가받는다. 최근 궈징밍이 감독해 영화화되었다.–옮긴이

마는 서로 호응하는 편에 속합니다. 설사 왕안이(王安憶)의 『장한가』(長恨歌)가 지식인들에게 깊이 있게 논의되었다 하더라도 드라마로 각색되는 순간, 바로 또 다른 하나의 '미스 상하이'의 전생과 현세의 통속적인 이야기가 되어버리고 소설에 들어있는 차마 말할 수 없는 욕망만이 직관화되었습니다. 게다가 현재 많은 유명한 드라마 글쟁이(寫手)10)들이 원래는 1980년대의 저명한 작가였습니다. 예를 들어 <세상 바른길은 굴곡이 많다>(이하 <세상>)의 드라마 작가 장치타오(江奇濤)는 그 당시 꽤 영향이 있었던 장정(長征)소설 『말발굽소리 울리며』(馬蹄聲碎)를 썼습니다. 물론 드라마는 오늘날 문학보다 더 큰 가능성을 가지고 있습니다. 예를 들어 당신이 드라마의 영향이 문학보다 크다고 말한다면 내가 보기에 이것은 물질적 기초가 있기 때문입니다. 중국에 얼마나 많은 텔레비전이 있고, 또 얼마나 많은 텔레비전 채널이 있는지 정확한 숫자를 셀 수 없습니다. 그러나 고향으로 돌아갈 때마다 저는 우스갯소리로 장시(江西)가 상하이보다 방송국이 많다고 말합니다. 중앙 방송국 십여 개를 제외하고도, 또 몇 십 개의 각지 위성방송이 있고, 성(省) 방송국 열 몇 개, 지역 방송국 몇 개에서 열 몇 개, 구(區) 방송국 또한 적어도 한두 개, 이것을 모두 합하면 거의 백 개에 가깝습니다. 이렇듯 많은 방송국이 방영하는 채널은 뉴스, 특정 테마프로그램, 종합예술프로그램을 제외하고는 기본적으로 드라마로 유지됩니다. 이것이 드라마 생산에 거대한 동력을 제공했습니다. 채널이 아무리 많아도 관건은 보는 사람들이 있어야 하는 것입니다. 그러므로 '물질적 기초'는 또 다른 층위의 의미가 있습니다. 텔레비전 보급 그리고 공영텔레비전 프로그램의 무료화와 유선텔레비전의 상대적인 저렴한 비용으로 인해, 오늘

---

10) 인터넷 작가들의 자칭.―옮긴이

날 우리 주변 사람들 가운데 얼마나 많은 사람이 문학작품을 보고, 또 얼마나 많은 사람들이 매일 드라마를 보는지 생각해야 합니다. 게다가 대부분 가족 단위로 시청하기 때문에 요 몇 년 이래 인기 드라마들은 노소를 불문하고 중국 백성들이 좋아한다는 공통적인 특징을 가지고 있습니다.

비록 드라마 제작 또한 '맞춤화'(分衆化)의 경향으로 젊은이들을 겨냥한 '트렌디 드라마'와 '청춘드라마'가 상당히 높은 비율을 차지하고 있지만, 이런 드라마들은 몇몇 팬들의 사랑을 받을 뿐 전국적으로 선풍을 일으키지는 못합니다. 어디까지나 겉치레뿐인 겉모습과 아름다운 포장은 중국인의 현실생활과 매우 멀기 때문입니다.

마오젠: 사실 중국드라마는 그래도 중국적인 생활모습을 보여주고 있습니다. 거유(葛優)와 수치(舒淇)가 연애할 때 홋카이도에 가야 하는 것처럼,[11] 중국 영화에는 스테이크와 커피 그리고 촛불 장면이 너무 많습니다. 그래서 <관둥에 뛰어들다>에서 쇠고기장조림(醬牛肉)을 보고, <우리 부대장, 우리 부대>(이하 <부대장>)에서 돼지고기 당면(豬肉粉條)을 미친 듯이 먹고, <달팽이 집>에서 하이핑(海萍)이 요리하는 것을 포함해서, 내가 생각했을 때 이것은 드라마에서 중국식 생활을 전파하려고 하는 것입니다. 이러한 요리들을 무시하지 마십시오. 저우룬파(周潤發)가 많은 사람들을 사로잡았던 그때, 홍콩 몽콕(旺角) 거리의 작은 음식점들이 그 공신이었습니다. 일본과 한국 드라마가 우리 스크린을 장악했던 그 시절을 돌이켜보면 사람들은 스시를 즐겨 먹고 만한전석(滿漢全席)[12]은 쳐다보지도 않았

---

11) 거유(葛優)와 수치(舒淇)는 <진심이 아니면 귀찮게 하지 마>(非誠勿擾)라는 영화에서 남녀주인공을 맡았다. 영화의 대략적인 내용은 40대 노총각인 남자주인공이 발명품으로 꽤 많은 돈을 벌게 되자 인터넷에 공개구혼을 해 다양한 여자를 만나게 된다. 그중 유부남을 좋아하는 여자주인공을 만나게 되면서 사랑에 빠지게 된다는 내용.-옮긴이
12) 청 황실의 최고 요리.-옮긴이

습니다. 물론 중국음식 중시(重視)가 표준은 아니지만 제 생각에 최근 몇 년 드라마에서 다룬 음식에 대한 태도는 하나의 표정일 수 있다고 생각합니다. 드라마 <암산> 제2부 '바람을 보다'에서 매우 힘든 시기를 표현한 장면이 있습니다. 수학연구소는 특별한 관계를 통해 열 근의 고기를 손에 넣었고, 식당에 고기 냄새가 풍기자 연구소의 사람들은 그냥 앉아있을 수가 없었습니다. 평상시 스타일대로라면 우리가 이어서 보게 될 고기는 분명 붉은 빛이 가득했을 것이지만, 화면에 나타난 고기들은 희끄무레한 빛을 띠었고 그 시대에 썼던 양푼에 담겨 정말 볼품없었습니다. 이는 정말로 감독을 칭찬해야 할 부분입니다. 제가 말하고 싶은 것은 <암산>과 같은 드라마에서는 거짓말, 큰소리, 헛소리의 방식으로 역사적 소재를 표현하지 않고 진실한 역사적 장면으로 되돌아갔으며 이를 통해 이러한 연속극이 더 이상 서양 연속극의 욕망 논리로 우리의 역사와 혁명 제재를 구성하지 않아야 한다고 말하고 싶습니다.

지난 몇 년간 중국 영화와 드라마의 황금시대 경험이 축적되어서, 젊은 연기자들이 제일 자신있어 하는 것은 역시 멜로드라마입니다. 이전에 연속극들을 보면 사랑을 속삭이는 단락을 배우들이 연기했지만, <암산>과 <잠복>은 진정으로 저의 느낌을 쇄신했습니다. 사실상 저는 <암산>을 중국 시청자에 대한 드라마의 감정 검열로 간주했고, <잠복>의 드라마 작가는 분명 이 검열에서 혁명이 승리하는 잠재력을 보았습니다. <잠복>에서 감정은 매우 원만하게 처리됩니다. 그러나 이러한 원만함은 멜로신의 생략을 전제로 하고 있습니다. 매번 숙련된 시청자가 예를 들어 '베드신'이 있을 것으로 생각할 때 카메라 렌즈는 감정 배제의 장면으로 바꿉니다. 다시 말하면 <잠복>의 장점은 혁명이 감정을 극복한 것으로 볼 수 있습니다. 이러한 잠재력은 <세상>에서 더 명확히 드러납니다. <세상> 중반에 취샤(瞿霞)가 감옥에 수감되었을 때, 많은 네티즌들은 '냉철'하게 환호하며 그녀가 계속 감옥에 있기를 희망했습니다. 이것은 취샤 역을 맡은 배우의 연기가 나빠서만은 아닙니다. 이 드라마의 전개과정에서 불필요한 감정의 표출이 관중들을 질리게 만들었기 때문입니다.

뤄강: 마오젠 선생은 매우 꼼꼼하게 보셨군요. 드라마가 어떻게 멜로신을 처리하는가 하는가는 본래 장르화의 문제입니다. 그러나 현재 중국 드라마는 '감정 배제'를 다루는 방식으로 '스타일'을 만들고 있습니다. 이것은 제가 말한 드라마가 가지고 있어야 할 더 강력한 '물질적 기초'의 세 번째 측면과 관련되어 있습니다. 드라마 생산은 문학 생산보다 더 강한 '물질성'에서 유래되었습니다. 가장 직관적인 표현은 문학은 기본적으로 작가 한 사람의 창작인 반면에 드라마는 '연기, 감독, 작가, 음악, 춤' 등 다방면의 사람들이 같이 제작한다는 것입니다. 우리는 종종 드라마 대본의 기본 토대가 너무 좋지만 배우 문제로 드라마가 엉망이 돼버리거나 심지어 모든 공이 수포로 돌아가 버리는 경우를 볼 수 있습니다. 제일 두드러지는 예가 바로 <세상>에서 양리화(楊立華)입니다. 극 중에서 이 역할은 본래 현대 중국의 한 역량을 대표하지만 연기자가 이런 깊은 뜻을 조금도 파악하지 못했기 때문에 단지 그저 평생 사랑을 위해 고생하는 평범한 여자로 처리해버렸습니다. 반대의 예로 <량검>이 있습니다. 이 드라마의 제작은 상대적으로 말해 비교적 서툴렀고 원작소설도 훌륭한 드라마가 될 수는 없었습니다. 만약 리유빈(李幼斌)의 발랄하고 뛰어난 연기가 없었고 인격적 매력으로 다른 부분의 부족한 점을 보충하지 않았다면 근본적으로 최근 몇 년 재방송이 제일 많은 드라마가 되지 못했을 것이고 이처럼 관중의 사랑을 받지 못했을 것입니다.

여기서 좀 더 깊이 들어가보면, 드라마의 이런 물질성은 어떤 효과가 있을까요? 문학의 비교적 약한 물질성은 단순히 '대상에 다다르지 않는' 역할을 하게 하는 것—이른바 문학계의 순환에만 머물고 종래 외부의 진실 세계의 변화와 도전에 무관심—만이 아니라, 더욱 심한 것은 실제로는 '언어가 의미에 다다르지도 않으면서' '스스로 대상에 다다르고 있다고 생각했다'는 것입니다. 그 원인은 문학이 자기가 설정한 규범에 국한되어 있었고, 자아생산 과정에서 이런 규범을 합리화할 수 있었기 때문입니다. 예를 들어 '통속문학'과 '순수문학'의 구분은 통속문학으로 하여금 자신이 '다다르는 대상'이 '시장'과 '독자'라고 간주했던 반면, 순수문학은 오만스럽게 자신이 '내면', '재능'과 '심미'를 책임진다고 인정했기 때문입니다. 이로 인해 통속문학은 순수문학의 수법을 빌려 썼지만 '시장'의 뜻을 뛰어넘지 못했고, 순수문학 역시 통속문학의 장르를 빌려 썼지만 '심미' 이외에 또 무엇을 집어넣어야 하는지를 고려하지 못했습니다. 그래서 양자 모두 형식면에서 스스로 한계를 정했고 자원 면에서 자신의 범위를 벗어나지 못했습니다.

소설 『암산』과 드라마 <암산>을 비교해보면 더 분명히 알 수 있습니다. 물론 마이자(麥家) 역시 드라마 작가이긴 하지만 소설이 드라마가 되었을 때 그의 영향은 거의 없었습니다. 왜냐하면 비록 소설이 삼단 이야기 틀을 제공했지만, 1980년대 이래 '선봉소설'(先鋒小說)의 미토스에 국한되어 서술기교만을 과시했고, 이른바 '믿을 수 없는 서술자'와 '중단된 서술' 등으로 순수문학의 경계를 구축했기 때문에 삼단 이야기에 내포된 의미는 점차 희미해져 갔으며 심지어 서술자가 가지고 노는 스타일에서도 독자들은 완벽하다는 느낌을 받지 못했습니다. 그와 비교해서 드라마는 물질성의 강조로 인해 소설보다 더 큰 '개방성'을 가지고 있습니다. 한편으로 삼단 이야기의 완전성을 뚜렷하게 만들면서도 그로 인해 스타일을 추구하는 것을 포기하지 않았습니다. 영상 스타일의 구성(예를 들면 흑백효과와 칼라효과의 대비)으로 인해 각종 경쟁적인 담론이 제기될 가능성을 열었습니다. 다른 한편으로 각종 자원의 징발을 대대적으로 개척했습니다. 예를 들어 소설『암산』의 '홍색 첩보전' 이야기 부분에서 징발한 것은 거페이(格非)의 소설『길 잃은 배』(迷舟)와 같은 1980년대 선봉문학의 자원이었습니다. 그러나 선봉문학의 기법은 거꾸로 '홍색' 주제를 방해했습니다. 이러한 구성과 선명하게 대비되게, 드라마는 스타일과 '선봉성'의 추구를 포기하지 않으면서도 홍색 첩보전을 영화와 드라마의 제재로 다룰 수 있도록 자원의 보고를 열었습니다. 우리는 또한 1950-60년대의 '반간첩영화'(反特片), '정탐영화'(偵察片)로 거슬러 올라가볼 수 있을 뿐만 아니라, <이름 없는 영웅>(無名英雄, 북한), <블랙리스트상의 사람>(黑名單上的人, 유고슬라비아), <봄날의 17개 순간>(春天的17個瞬間, 러시아) 등 현대 중국문화의 '부재하는 존재'를 깊이 느낄 수 있습니다.

장롄훙: 이 드라마들 중 저는 <사병돌격>은 따뜻하고, <부대장>은 심오하며, <이명>은 친근하다고 느낍니다. 아마도 촬영기법이 하나는 정직하게 말하며, 하나는 역설적으로 말하고, 또 다른 하나는 직접적으로 이야기하는 것과 관련 있을지도 모르겠습니다. 세 작품 모두 한 회 한 회이어서 보다보면 군대에 가거나 농사짓는 모습을 볼 수 있고 이러한 평범한 사람들은 있는 둥 없는 둥 하는 중국인을 보여주는 것 같습니다. 천천히 각자의 언어와 표정이 생겨나고 자신과 그들의 생활이 같다는 것을 알게 되면 매우 익숙하고 친근합니다. 그러나 <세상>은 다른 감정을 느끼게 합니다. 저에게 역사란 무엇인지 혁명은 무엇인지 그리고 소위 말하는 '굴곡 많음'이 어찌 '바른 길'인지 다시 생각하게 만듭니다. 전반부의 황푸(黃埔)시기는 매우 좋았습니다. 짜임새가 있었고 기세가 있었으며 감동이 있

었습니다. 그러나 창작자의 능력과 신념의 부족, 게다가 순조롭게 일을 하려는 것 때문에 후반부에는 그 기운이 사라졌습니다. <암산>, <잠복>, <관등에 뛰어들다>, <달팽이 집>, <생사선> 모두 친구가 추천해 줘서 봤습니다. 어떤 것은 좋았고 어떤 것들은 아직 다 보지 못했습니다. 대개는 저의 선입견 때문에 그렇습니다만, 여기에 또 고지식한 면이 더해져 <사병>과 <부대장>을 다른 드라마들을 판단하는 정서와 안목 그리고 정신의 기본 기조로 정해놓았습니다. 그러나 이것은 저에게만 그런 것이 아닙니다. 사실 저는 진정으로 이 모든 것에 속하기를 원합니다. 그렇다면 이 모든 것은 도대체 무엇일까요? 제가 보기에 이것은 중국의 숨결, 중국의 생활, 중국의 감정입니다. 이것은 현실이든 역사든 상관없이 모두 중국인 자신의 이야기를 새롭게 말하고자 하는 시도입니다. 그것을 이야기 하는 것과 비교해서 지금 굴기(崛起)하는 중국에서 사람들의 마음에 더 깊이 느껴지는 '중국'은 무엇이며, 자기를 살게 하는 더 진실하고 더 강인 하며 더 존엄한 '중국인'은 또 어떤 모습인가? 특히 위기와 곤경에서 아무 것도 가진 것이 없어 궁지에 몰린 중국인은 어떻게 해야 하는가? 등을 이야기하고자 합니다.

<사병돌격>에서 나온 "멈추지 않고 포기하지 않는다"라는 말과 <부대장>에서 나왔던 "어찌 옷이 없다 하는가, 나는 그대와 옷을 나눠 입으려네"라는 말을 보면, 넋을 잃고 집에 돌아갈 생각만 했던 병사들이 어떻게 총알받이 부대를 결성했는지, 어떻게 엘리트집단들도 생각만 하고 실천하지 못했던 용기 있는 행동을 했는지 알 수 있습니다. 드라마에서 선량하지만 막상 쓸모가 없었던 하오(郝)수의사는 이제껏 사람의 목숨을 구해본 적이 없습니다. 그러나 멍판랴오(孟煩了)의 말을 빌리면, 당신이 죽기 전 그가 당신의 손을 잡을 때 마음속으로 왜 자신이 죽지 않고 당신이 죽는가

라고 생각할 것입니다. 그는 살아있을 때 무시당하고 비웃음 당하기 일쑤였지만 그가 죽자 모든 총알받이들은 슬픔과 절망에 빠졌고 이런 미친 듯한 힘에 기대 전쟁에 뛰어들었습니다. <이멍>에 마무츠(馬牧池) 촌민들은 분명 아주 빈곤하지만 가지고 있는 전부를 내어놓아 쌀 한줌을 군량미로, 천 한 조각을 군복으로 그리고 마지막으로 하나밖에 없는 아들을 전장으로 보냅니다. 집과 나라를 지키고 다른 나라의 노예가 되지 않는 것이 백성들이 편하게 살 수 있는 것임을 모두가 이해하고 있습니다. 글자를 모르는 아줌마와 아가씨도 평소에는 고분고분하고 두말없는 '안주인'이지만, 그녀들은 모두 일이 생기면 줏대가 있고 밖에 나가 농사짓고 집에 들어와 살림하는 기둥 역할을 하고 있습니다. 남자들이 죽는 사람은 죽고 떠나는 사람은 떠나는 것을 보며 위바오전(于寶珍)은 단지 한마디만 했습니다. "오늘부터 우리 집 여자들은 모두 남자다." 여성들이 강에 뛰어들어 몸으로 다리를 만들어 군대를 건너도록 하고 젊은 아줌마들은 젖을 이용해 부상자들을 치료하고 심지어 자신의 골육으로 팔로군의 아기를 살리는 등의 모습은 그녀들에게 다른 선택의 기회가 없었지만 이것은 그녀들이 하늘에 맹세한 것이었고 최후의 보루였습니다. 중국의 어머니와 여성들은 감정과 신체로 차디찬 전쟁에 따뜻한 체온을 불어넣어 주었습니다.

물론 이런 이야기가 오늘에서야 회자된 것은 아닙니다. 그러나 이 시대에 촌스럽고 평범하지만 끈질긴 방식으로 진심을 다해 과거 일을 회상하고 사소한 것조차도 자세히 이야기하고 보통의 중국인이 역사와 현실에서 겪은 고생과 영광 그리고 부족한 점들을 이야기하는 것은, 사람들에게 이러한 것들이 기운 자리를 다시 기우는 상처 입은 중국인의 신체와 감정에 속해 있다는 것을 서서히 그러나 분명히 알게 합니다. 이 모든 것의 가장 깊은 곳에는 "고요하고 평온한 심장이 뛰고 있는 것 같습니다." 이러한

'중국'과 '중국인'은 이른바 역사와 현실보다 더 깊고 더 견실하다는 느낌을 우리에게 주고 스스로 반성하게 합니다. 동시에 우리는 어디에서 왔고 지금 어디로 가야 하는가 어떻게 해야 결심이 있고 힘 있게 앞으로 나아갈 것인가라는 가장 기본적인 문제를 새롭게 규명하게 됩니다. 만약 이런 것들을 이해하지 못한다면, 네티즌들의 산더미 같은 드라마 감상을 보고 아예 자신을 끝도 없는 사람들의 무리 속에 던져놓은 채, 다시 체험하고 다시 사고하는 것이 좋을 것입니다. 이것이 아마도 우리가 오늘 토론하는 드라마 열풍의 전제일 것입니다.

니원젠: 여기까지 말하고 나니 오히려 제가 본래 가지고 있던 우려가 없어졌습니다. TV와 드라마가 패권적인 매체와 주류적 문화 상품이 된 것이 한두 해의 일이 아닙니다. 왜 우리는 지금에서야 이렇게 흥분해서 토론할까요? 게다가 사실 우리가 특별히 흥미 있게 이야기하는 것은 일부 드라마이고 심지어 인기 있는 드라마의 일부분일 뿐입니다. 그렇다면 우리가 '제재결정론'으로 되돌아가는 것은 아닐까요? 혹은 더 노골적으로 말해 우리가 어느 정도 '통속 사회학'적인 경향을 가지고 있는 것은 아닐까요? 지금 더 대담하게 말할 수는 없습니다. 첫째, 뤄강 선생이 드라마와 문학의 물질적 기초와 물질성을 비교하면서 발견한 것처럼, 우리 눈에 이런 드라마가 승리하고 부각된 까닭은 그들이 무엇을 표현했는가보다는 그것이 구체적으로 표현한 방식에 달려있습니다. 드라마가 줄곧 대중화되고 상품화되는 것은 시청률의 필요에 따라 생존하고 발전하기 때문입니다. 중국 드라마는 '홍콩·타이완 드라마', '일본 드라마', '한국 드라마', '미국 드라마' 등의 계몽과 압력 아래, 겉으로 보기에 '제재'(역대 왕조 이야기부터 현대 중국 사회생활에 이르기까지)를 모색한 것 같지만 사실은 자신에게 가장 중요한 물질적 기초를 천천히 모색한 것입니다. 물론 국산 드라마의

경쟁력은 더 이상 신선한 주제가 아니지만 최근 몇 년간 우리가 주시하는 이런 드라마는 '국산이 점점 독립된 브랜드 이미지를 갖게 되었고, 조금 과장되게 말해서 '중국 드라마'는 오늘에 이르러서야 고유명사가 되었으며 한국 드라마와 미국 드라마처럼 그것이 의미하는 것은 더 이상 생산지에 국한된 것이 아니라 자신만의 품격을 가지게 되었습니다.

둘째, 만약 중국 드라마가 탄생한 시기부터 말한다면 장롄훙 선생이 말한 것처럼 가장 근본적인 '중국성'(chinese-ness)은 중국인과 중국사건을 어떻게 표현하는가가 아니라 우리 이 시대의 중국인의 마음에 기대어 우리가 관심을 가지는 것이 드라마 텍스트 내용 층위의 '사회학'에 그치지 않고 사회의 '심리학'과 '윤리학'에 더 관련되어 있으며 드라마와 그 당시 중국 사회의 진실한 관계에 관련되어 있다는 점에 더 주목해야 합니다. 이 방면의 결과는 어땠으며 마땅히 어떻게 평가해야 할까요? 우리는 아마 계속되는 토론에서 어긋나기도 하고 논쟁이 있기도 하겠지만 관념화와 통속화는 반드시 피해야 합니다.

셋째, 제가 또 말하고 싶은 것은 이들 드라마가 앞다투어 방영되고 저 개인이 기꺼이 감상하는 주된 이유는 마오젠 선생이 이미 자세히 살펴본 것과 마찬가지로 아무리 봐도 싫증나지 않고 꼼꼼하게 보더라도 짜증나지 않으며 그 씹을 맛이 있습니다. '통속 드라마'와 '깊이 있는 드라마' 사이와 '멜로드라마'와 '사상 드라마' 사이에서 자유롭게 이동하며 자연스럽게 연접시키기 때문입니다.

마오젠: '재미있다'에 대해 말해 보지요. 대본의 각도에서 말하면 영화 <바람의 소리>(風聲)[13]가 드라마 <암산, 바람을 잡다>보다 재미있습니

---

13) 영화 <바람의 소리>는 마이자의 동명소설을 각색하여 스크린으로 옮긴 작품으로 가오췬수(高群書)와 천궈푸(陳國富)가 연출했다. 1942년 왕징웨이 정부 시기에 고급 관리가 연달아 살해당

다. 전자의 인물 신분이 서스펜스하기 때문이지요. 그러나 사실상 후자가 전자보다 더 재미있다고 모두가 인정했습니다. 여기에서 예술성이 이미 재미의 문제를 해석하기에는 부족하고 반대로 1950-60년대 혁명영화를 분석했던 그런 단어들이 새로운 효과가 있다고 생각합니다. 마치 '5.12 대지진'때 '해방군'과 '공화국'의 개념이 새롭게 활성화된 것처럼 말입니다. 여기에서 드라마의 신앙 문제 또는 당대문예의 신앙 문제가 새롭게 해방됩니다. 전형적인 장면이 있습니다. <잠복> 11회에서 추이핑(翠平)이 불현듯 위쩌청(余則成)에게 입당 선서의식을 거행합니다. 이런 갑작스러운 결정은 거의 '과장된 혁명'의 혐의가 있습니다. 게다가 쑨훙레이(孫紅雷)와 야오천(姚晨)은 하나는 악역 스타이고 하나는 개그신예라는 '전과'가 더해져서 당시 장면은 정말 진지하지 못했습니다. 쑨훙레이는 외투 단추도 잠그지 않았고 야오천은 막 걸레를 내려놓았습니다. 모든 상황이 이보다 열악하고 간고하지 않았을 것입니다. 감독의 의중은 무엇일까요? 제 생각에 감독은 이 드라마 역시 상업화될 수 있다는 소망으로 처음에 약간의 희극적인 의미를 둔 것 같습니다. 그러나 추이핑이 주먹을 불끈 움켜쥐고 위쩌청 역시 주먹을 움켜쥐며 계속해서 추이핑의 눈에 눈물이 가득 고여 "공산주의 사업을 위해 끝까지 분투한다"라고 말했을 때 시청자는 위쩌청과 함께 완전히 진지하고 심지어 매우 엄숙한 상태에 빠져듭니다. 이러한 일은 신앙과 관련 있습니다. 이것이 신앙의 문제이고 이 드라마의 중심과 중량을 바꿨습니다.

동시에 신앙 문제가 TV 대본과 TV 촬영 기법에 이르면 형식과 내용이

하는 사건이 발생한 후, 일본군이 정보부 내의 항일 첩자를 색출하는 과정을 그린 내용이다. 등장인물의 의리와 배신 그리고 국가와 민족에 대한 사명감 등을 볼 수 있는 작품으로 한국에서도 2009년 개봉했다.-옮긴이

높은 수준에서 통일됩니다. 흔히 드라마가 시작되면 시청자는 확실히 류윈룽(柳雲龍)과 쑨훙레이의 편에 서서 류윈룽이 마지막에 "내게 태어나서 죽는 것은 한 조각 구름과 같다. 차라리 태양을 위해 떠올라 행적 없이 사라지는 게 낫다. 나는 원망도 후회도 없다"라고 말했을 때 그는 우리 신체에서 진동이 아니라 소환의 감정을 야기시켰습니다. 진동은 부르주아문예의 심미와 도덕 취향으로, 순간성을 중히 여깁니다. 그러나 <사병돌격>에서부터 <부대장> 그리고 <이멍>에 이르기까지 우리 드라마는 더 높은 심미적 · 도덕적 이상에서 공화국의 문예이상을 새로이 실천했습니다. 2007년 결혼 적령기의 군인들이 <사병돌격>을 통해 새로운 이미지를 얻고 중국 사나이들에게 이 시리즈의 드라마로 인해 남성명사를 다시 얻도록 했던 일을 잊을 수 없습니다. 애매모호한 시대에 분명한 도덕 판단의 영상 규칙을 가지고 우리 신체 감각과 정치 감각을 다시 형상화시켰을 때 자신도 강하게 변했을 뿐만 아니라 시청자의 감정 또한 강해졌고 그 사이에서 서로 상호작용을 하며 드라마에서 선순환의 가능성이 있다고 느낍니다. 게다가 이런 에너지는 드라마를 거쳐 영화로 전파되었으며 <십월위성>(十月圍城)[14]이 바로 그 예입니다.

왕샤오밍: '시청자의 감정을 강하게 한다'라는 말이 나왔으니 제가 한 가지 실화를 말하겠습니다. 저에게 농촌에서 온 지인의 딸이 있습니다. 그녀는 <사병돌격>에 빠져 특수부대원을 남자친구로 삼고 싶어 했고 사람들의 소개를 통해 생각한대로 제대가 얼마 남지 않은 특수부대원(그들

---

14) <십월위성>은 우리나라에서 <8인: 최후의 결사단>이라는 제목으로 2010년 개봉되었다. 영화는 1906년 쑨원이 중국의 민주화를 위해 홍콩에 머무는 한 시간 동안 벌어지는 이야기이다. 그를 막기 위해 청 왕조는 군대를 보내 암살하려 하지만 민주화를 꿈꾸는 혁명가, 사업가, 학생, 거지 등이 쑨원을 보호하며 자신들의 꿈을 이루는 내용이다.-옮긴이

대다수는 농민 병사입니다)을 찾았습니다. 정말 대단한 능력이죠. 그러나 그 여자아이는 얼마 지나지 않아 또 실망했습니다. "그는 너무 멍청해요! 줄곧 병영에 갇혀 훈련만 받고 TV도 '연합뉴스'만 봐요. 지금 사회에 나와서 아무것도 모르고 아무것도 할 줄 몰라요." 저는 바로 <사병돌격>에서 쉬싼둬(許三多)가 큰길가의 백화점 쇼윈도를 따라서 혼자 걷는 그 장면이 떠올랐습니다. 그와 큰길가의 모든 환경은 전혀 어울리지 않았습니다. 어떤 의미에서 <사병돌격>은 '중국 사나이'의 '남성적인 면'을 과장했고 남성적인 인물의 여러 형상과 그 이야기를 표현했습니다. 제대한 특수부대원들을 폐쇄적인 방식으로 '훈련'시키거나 '형상화'함으로써 사전에 많은 것들을 격리시키고, 특정한 부분에 집중함으로써 효과를 강화했습니다.

이런 강화가 유효한 커다란 원인은 시청자들이 폐쇄적인 '훈련' 상황에서 살고 있기 때문입니다. 오늘날 사회 구조와 주류 문화는 한편으로 인생의 많은 내용을 격리시키고 말살하며 억압하고 덮어두며, 다른 한편으로 다른 내용에 집중하고 과장하고 강화합니다. '남성'에 대해 말하자면, 먼저 양복과 가죽구두를 신는 '성공 인사'를 과장하고, 이어서 폭탄머리에 날씬한 몸매를 가진 '내 스타일은 내가 만든다'는 유형이 다른 남성 스타일(예를 들어 수호전식의 영웅기개와 하이쯔[海子]식의 고독한 반역자)을 주변으로 밀어냈습니다.

이런 폐쇄된 훈련 결과, 첫째 반역 심리를 조성해 '내 스타일은 내가 만든다'를 많이 보게 되면 홀연 큰 사발로 술을 마시고 큰 덩어리의 고기를 먹는 것이 신기해서 사람을 흥분시킵니다. 이러한 반역 심리는 나름 긍정적인 의의가 있습니다. 사람은 어디까지나 그렇게 멍청하지 않기 때문에 사람의 정신 요구 내지 오락 요구는 본능적으로 신기함과 다양함을 지향하기 마련입니다.

둘째 마음에 드는 인물을 좋아하는 미련한 습관을 조성하여 푸바자(蒲巴甲)15)에 빠지든 쉬싼둬의 팬이 되든 대상이 변해도 미혹되는 방식은 여전합니다. 두 시선이 줄곧 한 초점에 집중되어 주변은 보지도 않습니다. <사병돌격>이 수많은 젊은이들을 사로잡은 중요한 원인은 새로운 이미지의 방식, 예를 들어 <사병돌격>의 라오A(老A)라는 지휘관의 미국식 위엄처럼 젊은이들에게 매우 익숙한 이미지를 내보냈다는 것입니다.

마음에 드는 인물을 좋아하는 방식으로 보기 때문에 집중해서 보았다고 하더라도 역시 모호합니다. 그러나 상관없습니다. 본래 진짜로 무엇을 분명히 보거나 무엇을 깊이 연구하려고 한 것이 아니라 원한 것은 흥분이고 자기 정신이 필요로 하는 제한된 경험과 편안함이기 때문입니다. 이것은 또 다른 방면으로 시청자들이 '멍청하지 않음'을 확정합니다. 만약 1980년대 새롭게 배양한 '개인의 정신 깊이'에 대한 열망—지금 중국 대륙에서 이 열망에 '부르주아계급'이라는 모자가 씌워지기 시작했는데, 사이즈가 잘 맞는 것 같다—이 우리를 많이 불편하게 만들었다면, 얼굴을 돌려 잠시 즐겨봅시다. 현실이 이렇게 강대한데 굳이 그 현실에 직면해 고통스러워하고 자신을 힘들게 할 필요가 있을까요?

이런 각도에서 보면 란샤오룽(蘭曉龍)16)이 쉬싼둬에게 선글라스를 끼고 큰 거리를 돌아다니게 한 것이 매우 재미있습니다. 이것은 드라마 전체의 폐쇄적인 모습을 띠는 방식에 어긋나며 큰 벽장에서 튀어나와 한순간에

---

15) 푸바자는 쓰촨 아바(阿壩) 사람으로 자룽(嘉絨) 장족(藏族) 출신 연예인이다. 드라마 <제5공간>(第五空間), <시짱의 비밀>(西藏秘密) 등과 영화 <신기>(新奇), <혈적자>(血滴子) 등에 출연하며 중국에서 남자다움의 대명사가 되었다.-옮긴이

16) 란샤오룽은 후난 사람으로 1997년 중앙희극학원을 졸업하고 베이징 군관구전우화극단원에 들어가 드라마작가가 되었다. 대표작으로 <사병돌격>, <우리 부대장, 우리 부대>, <생사선> 등이 있다.-옮긴이

병영 안팎의 두 세계를 관통한 것과 같습니다. 비록 쉬싼뒈는 바로 병영에 복귀했지만 이전의 서정적인 선율은 이로 인해 강화되었으며 시청자 또한 현실(큰 거리와 백화점이 현실세계의 주된 표징)에 갖가지 불만을 가지게 되었고 계속해서 배치될 수 있습니다. 그러나 시청자의 현실감 또한 동시에 환기되었습니다. 그들은 자신들이 이때 병영에서 생활하는 것이 아니고 쉬싼뒈 역시 제 지인의 딸의 남자친구처럼, 마지막에는 병영에서 나와 큰 거리로 들어가야 함을 반드시 의식했을 것입니다.

이로 인해 오늘날 중국 드라마는 시청자에게 두 가지 유형의 흥분을 제공합니다. 하나는 마음에 드는 인물을 좋아하는 방식(일반적으로 비누/아침 드라마[17]가 이런 것을 만들어 냅니다)입니다. 그러나 주시하는 대상이 그렇게 단일하지는 않습니다. 성공인사와 무기력한 남성이 있으며 거친 남자와 근육남이 있습니다. 그들은 여기저기에 출현해 번갈아가며 인기를 얻습니다. <달팽이 집>은 성공인사가 권토중래한 예입니다. 물론 이후 또 다른 '남자'들이 나타납니다. 이러한 남자들은 서로 조화를 이루며 한편으로 시청자들의 신선함에 대한 갈망을 만족시키고 폐쇄된 생활 훈련이 만들어낸 불만을 완화시키며 다른 한편으로 은밀하게 이 갈망을 제한하여 더 큰 범위의 다른 요구로 확장하지 못하게 합니다.

또 재미있는 것은 역시 일종의 흥분이라고 할 수 있지만, 시청자의 실제 생활 경험과 상호작용하는 것에 기대어 조금씩 발전해 나가는 것입니다. 주로 쉬싼뒈가 큰 거리를 구경하는 것과 같은 유형에 의지해서 벽을 허무는 기능을 하는 줄거리로 잡다한 주관과 객관으로 가로막혀버린 생활 내용과 인물 관계 그리고 이야기 논리를 다시 시청자의 눈앞에 되돌려

---

17) soap drama.

놓는 것입니다. 이런 것이 일단 나타나면 시청자들의 '마음에 드는' 상태가 계속되기 어려우며 드라마에서 본 것과 자신이 직접 경험한 것, 사람을 늘어지게 하는 것과 긴장하게 만드는 것, 헤어나오지 못하는 것과 회피하고 싶은 것 등의 각종 경험들이 모이고 충돌하여 그의 내면에 비교적 복잡한 다른 종류의 흥분을 발전시킬 수 있습니다.

최근 몇 년 사이의 드라마는 제가 본 것이 많지는 않지만 설령 보았다 하더라도 처음부터 끝까지 전부 보지는 않았습니다. 그러나 한 가지 느끼는 것이 있다면 벽을 허무는 역할을 하는 내용이 많아졌다는 것입니다. 예를 들어 <사병돌격>과 비교해볼 때 <우리 부대장, 우리 부대>와 <달팽이 집> 그리고 <잠복>은 폐쇄성이 줄어들었습니다. 바꿔 말하면 점점 비누드라마 같지 않고 생활 또는 역사가 있는 정극(正劇)의 모양을 띠고 있습니다. 사실 몇 년 전 일련의 왕조드라마와 관가드라마는 이미 <편집부 이야기>(編輯部的故事),18) <나는 우리 집을 사랑해>(我愛我家)19)와 달리, 이런 변화를 시작했습니다. 물론 제재 자체의 제약이 다르다는 것은 너무 뚜렷하므로 말하지 않겠습니다. 제 뜻은 만약 이런 추세가 계속된다면 드라마의 '교과서' 작용의 긍정적인 의미가 점점 증가하게 되어, 제 지인의 딸은 더 이상 직접 그 젊은이를 만날 때까지 기다릴 필요 없이 생활이 드라마와 같지 않다는 것을 알게 되고 인생 또한 스타에 미혹되어야만 시간을 보낼 수 있는 것이 아니라는 사실을 알게 될 것입니다.

---

18) 1991년 방영된 25회의 드라마 <편집부 이야기>는 자오바오강(趙寶剛) 감독 작품이다. 한 잡지사의 편집부에서 6명의 각기 다른 성격을 지닌 사람들 사이에 벌어지는 이야기를 그린 것으로 코믹한 요소가 강한 드라마이다.-옮긴이
19) 드라마 <나는 우리 집을 사랑해>는 잉다(英達) 감독 작품으로 가정이야기를 다룬 코믹 드라마이다. 한 가정 안에서도 성격이 다 다른 구성원들을 가지고 생활의 다양한 이야기를 묘사해 냈다는 평가를 받는다.-옮긴이

제2부 중국 TV 드라마의 시대의 아픔

사회자: 마오젠(毛尖)

참석자: 레이치리(雷啓立), 왕샤오밍(王曉明)

장롄홍(張煉紅), 쑨샤오중(孫曉忠), 니웨이(倪偉)

일 시: 2010년 3월 16일

김서은 옮김

왕샤오밍: 어떤 의미에서 <사병돌격>은 '중국 사나이'의 '남성적인 면'을 과장했고 남성적인 인물의 여러 형상과 그 이야기를 표현했습니다. 제대한 특수부대원들은 폐쇄적인 방식으로 '훈련'하거나 '형상화'함으로써 사전에 많은 것들을 격리시키고, 특정한 부분에 집중함으로써 효과를 강화했습니다.

이런 강화가 유효한 커다란 원인은 시청자들이 폐쇄적인 '훈련' 상황에서 살고 있기 때문입니다. 오늘날 사회 구조와 주류 문화는 한편으로 인생의 많은 내용을 격리시키고 말살하며 억압하고 덮어두며, 다른 한편으로 다른 내용에 집중하고 과장하고 강화합니다….(상편 「중국 TV드라마의 중국적 숨결」 참조)

1_ 드라마의 긍정적 에너지의 축적

레이치리: 왕선생님의 견해는 매우 흥미롭군요. 최근 몇 년 드라마들이 앞 다투어 방영되고 드라마 시청자들이 쉬싼둬(許三多) 등 군대의 이미지

를 열렬히 환영하는 현상을 개괄한다면, '반발' 또는 '관심' 두 형태로 나눌 수 있습니다. 그리고 반발과 관심의 원인은 시청자들도 폐쇄된 '훈련' 속에서 생활하고 있기 때문입니다. 주류문화는 어떤 측면들의 과장과 강화를 통해 사회와 인생의 다른 내용들을 은폐하고 억압합니다. 이것이 영상매체의 일관된 수법이며 문화산업 생산 체제에서 발생하는 대중문화의 폐단입니다. 이에 대해서는 더 이상 논의하지 않겠습니다. 제가 관심 두는 부분은 드라마를 현실 생활에서 어느 정도까지의 '상상적' '보상'으로 보아야 하는가의 문제입니다.

마오젠: 잠깐만요, 왕선생님이 이야기하신 것에 대해 저는 좀 더 토론할 필요가 있다고 생각합니다. 적어도 저는 왕선생님의 의견에 동의하지 않습니다. 첫 번째로 젊은이들이 쉬싼둬(반장 스진과 중대장 가오청을 포함해서)에게 빠져드는 이유는 푸바자를 좋아하는 것과는 다릅니다. 설령 어떤 사람이 <사병돌격>을 좋아할 뿐 아니라 <쾌남초녀>(快男超女)[20]를 좋아하더라도 신기하거나 다양화 때문(또는 때문만은)은 아닙니다. 그러나 이 문제는 오늘 우리가 토론하는 드라마와는 직접적인 상관이 없으므로 이후에 다시 이야기하지요. 하지만 설명해야만 하고 또 반드시 해명해야 하는 것은 왜 우리가 <사병돌격>을 좋아하고 현재 중국 드라마를 좋아하는가입니다. 이것은 물론 위안랑(袁朗)[21]의 '미국 스타일' 때문이 아니고 다른 것에는 두 눈을 감아버리는 '관심' 때문도 아니며 '비누 드라마'의 혈통이기 때문도 아닙니다. 그 외에 왕선생님께서 <사병돌격>을 비판하

---

20) 쾌남초녀는 후난(湖南) 위성TV에서 방영하는 서바이벌 형식의 음악 프로그램이다. 남성 경연자중 최고의 가수를 뽑는 '쾌락남성'(快樂男聲)과 여성 경연자 중에 최고의 가수를 뽑는 '초급여성'(超級女聲)이 합해진 프로그램으로 남자팀과 여자팀으로 나눠 노래 대결을 벌인다.-옮긴이
21) 위안랑은 드라마 <사병돌격> A부대 3중대 중대장으로 냉철하고 교활하지만 투철한 사명감과 책임감을 가지고 있는 인물이다.

실 때 말하신 '폐쇄성'에도 저는 동의할 수 없습니다. 저는 혁명 역사 드라마의 현재 단계에는 약간의 폐쇄성이 필요하다고 생각합니다.

왕샤오밍: 제가 말한 폐쇄성은 선택적 강화(예를 들어 라오A 부대의 미국 스타일은 게리슨 유격대[22] 이후 미국 특수부대 영화 드라마 효과를 차용)와 은폐(예를 들어 현실생활에서 나타낼 수 없는 부분)를 말합니다. 쉬싼둬들의 형상과 사람들을 감동시키는 역량은 이러한 강화와 은폐의 기초와 전제 아래 만들어집니다.

만약 우리의 분석이 이런 기초와 전제를 충분히 의식했다면 분석해야 할 문제 중 하나는 다음과 같을 것입니다. 왜 이러한 폐쇄성이 여전히 사람을 감동시키는 내용을 창조하는 것인가? 여기에는 어떤 새로운 구조방식이 형성되는 것은 아닐까? 예를 들어 '포기하지 않는' 주제는 어떻게 마지막에 형성되는가? 시청자와 현실 생활 경험은 그 가운데서 어떻게 참여하는가? 다시 예를 들어 상업광고와 시장 메커니즘이 현실생활에서 끊임없이 다른 폐쇄방식으로 새로운 감동적 내용을 창조해내고, 그로 인해 또 끊임없이 새로운 구조 방식을 형성한다면 드라마의 이러한 새로운 방식과 그것들은 어떤 관계를 구성하는가?

계속해서 묻고 싶은 것은 다음과 같은 가능성이 있지 않을까 하는 것입니다. 비록 사회 현실이 계속해서 자본주의화 되더라도, 여러 가지 원인들로 인해 '중국혁명'의 역량을 예전과 같이 모든 기회를 이용해 분출하게 할 수는 없을까? 만약 가능하다고 하면 제작부터 유통과 소비에 이르는 각각의 부분에서 이러한 분출의 상황은 구체적으로 어떨까? 여기에는 아주 많은 세밀한 판별과 분석이 필요합니다.

---

22) 1967년 미국ABC 방송국에서 방영된 드라마로 연합군이 중범죄자들을 모아 특공대를 조직해 벌어지는 이야기.-옮긴이

마오젠: 왕선생님께서 제기하신 문제에 저도 동의합니다. 그런데 '폐쇄성'에 관해 말하자면, 드라마 <사병돌격>에 폐쇄성이 존재하긴 하지만, 이 폐쇄성은 제가 소설 『사병돌격』을 읽을 때는 비교적 부차적인 것이었고 심지어는 효과가 없었습니다. 왜냐하면 '군대 드라마'가 아니기 때문입니다. 쉬싼둬, 스진, 가오청은 군복을 입었을 뿐입니다. 만약 <잠복>을 <영원히 사라지지 않을 전파>(永不消逝的電波), <영웅호담>(英雄虎膽),23) <비밀국의 총성>(保密局的槍聲)24)의 맥락에 놓고 보면 <잠복>은 그냥 '첩보드라마'(다른 몇 편의 영화를 '지하당 제재'라고 한다면)에 불과합니다. 그러나 <잠복>을 최근 제작한 <바람의 소리>와 같이 본다면 그것은 지하당 제재입니다. 그 안의 논리는 우리가 <홍등기>(紅燈記)25)를 첩보드라마로 보지 않는 것과 같습니다. 역사와 사회 현실의 변천으로 인해 <사병돌격>은 <매가 하늘 높이 날아가다>(鷹擊長空),26) <포병 소령>(砲兵少校),27) <여자특수경찰부대>(女子特警隊),28) <무장특수경찰>(武裝特

---

23) 드라마 <영웅호담>은 동명의 영화를 각색한 것으로 지혜롭고 용기 있는 정찰과장 쩡타이(曾泰)의 영웅형상을 만들어냈다. 동시에 여자 특수경찰 아란(阿蘭)을 생동감 있고 진실한 형상으로 묘사했으며 광시 십만 대산의 악당을 토벌하는 이야기이다.-옮긴이

24) <비밀국의 총성>은 1970년대 동명 반간첩영화를 드라마로 만든 작품이다. 3차 국내혁명전쟁 시기, 국민당 통치 아래 있던 상하이에서 반역자를 몰아내기 위해 비밀국으로 들어간 주인공이 겪는 이야기.-옮긴이

25) <홍등기>는 경극을 1970년 영화로 제작한 것으로 항일전쟁 시기에 공산당 지하단원인 리위(李玉)와 그 일가 삼대가 일본에 굴복하지 않고 전쟁에 참가해 애국정신을 보여주는 영웅 이야기이다.-옮긴이

26) <매가 하늘 높이 날아가다>는 중국 공산당 중앙 군사위원회의 '이긴다. 변질하지 않는다'를 주제로 한 비행단이 산에서부터 특별 행정구를 돌아다니며 겪는 두 가지 시험을 통해 당대 비행사들이 사회혁명 중에 보여준 가치관과 인생관 그리고 독특한 인간적 매력 등을 보여주는 내용이다.-옮긴이

27) <포병소령>은 1993년 출품한 작품으로 1969년 봄 전쟁에 참가했던 한 포병부대원들이 20년 후에 다시 만나면서 발생하는 이야기를 다룬 내용으로 그들의 전우애와 애국심 등을 잘 표현한 작품이다.-옮긴이

警)29)들과 같은 드라마처럼 진정으로 군대를 표현했다고 볼 수 없습니다.

게다가 <사병돌격>도 역시 군대에 별다른 의미를 두지 않았습니다. 란샤오룽과 캉훙레이(康洪雷)30)는 이전 인터뷰에서 <사병돌격>과 쉬싼둬와 같은 사람들을 통해 '가장 중국적인' 것을 표현하고 싶다고 말했습니다. <사병돌격>은 군대 제재를 사용해 '공화국 군인' 몸에 있던 우리의 가장 소중했던 공화국의 기억을 떠올리게 해주었습니다. 반대로 1990년대 우리는 또한 적지 않은 홍색경전(紅色經典)31)들이 새롭게 각색되는 것을 봤습니다. 아칭싸오(阿慶嫂)32)의 정욕을 보았고 댜오더이(刁德一)33)의 일생을 봤으며 혁명 중의 '비인간적'인 모습을 봤습니다. 그러나 이러한 문예들이 이 시대의 '허무감'과 '우리 모두 인간이구나' 등의 생각이 더해지는 것 이외에 어떤 공로가 있습니까? 그렇기 때문에 저는 현 단계에서 지나치게 '폐쇄성을 타파하자'라는 낙관적인 요구를 하지 말았으면 합니다.

게리슨 유격대 모델의 차용에 관한 문제는 미국식 '다리 줄거리'(bridge

---

28) 드라마 <여자특수경찰부대>는 천성리(陳勝利) 감독이 2000년에 선보인 작품으로 무장경찰부대 내의 여성 특수경찰부대 젊은 부대원들의 감동적이고 따뜻한 이야기를 그려냈다.-옮긴이

29) 2004년 출품한 <무장특수경찰>은 20회의 드라마로 테러에 관한 내용을 다루고 있다. 완전히 새로운 시각과 독특한 표현형식으로 무장특수경찰부대가 테러범들과 사투를 벌이는 이야기이다.-옮긴이

30) 캉훙레이는 1979년 내몽고예술학교 화극연출을 전공하고 1982년 내몽고 극단에서 연기를 했다. 그러다 1989년 내몽고 방송극 드라마 제작부에서 감독을 맡아 지금까지 연출을 하고 있다. 대표작품으로는 <사병돌격>, <우리 부대장, 우리 부대>등이 있다.-옮긴이

31) 중국의 사회주의 혁명과 건설시기를 배경으로 한 대표적인 작품들을 의미함.-옮긴이

32) 아칭싸오는 현대희극 <사자방>(沙家浜)에 등장하는 인물로 찻집 주인으로 엄폐해 완고하고 용기 있게 투쟁하며 16명의 부상병을 안전하게 이동시켰다. 극중에 '두뇌전투'(知鬪) 부분은 사람들의 입에 오르내리며 많은 사람들이 좋아하는 부분이 되었고 그로 인해 홍색경극의 경전이 되었다.-옮긴이

33) 댜오더이는 희극 <사자방>에 등장하는 인물로 사자방의 지주 댜오 선생의 아들이다. 일본에 유학 갔다 온 후 충의구국군참모장(忠義救國軍參謀長)으로 일본을 위해 적극적으로 힘쓴다.-옮긴이

plot)의 차용을 포함해 일군의 스타들을 혁명 드라마에 모으는 것이라 하더라도, 현재 드라마 환경에서는 메커니즘 생산과 모델은 시행에 필요한 수단이라고 생각합니다. 좌익이 그 당시[34] 롼링위(阮玲玉)[35]와 진옌(金焰)[36]을 이용해 그들의 얼굴을 가지고 혁명을 널리 알린 것처럼 말입니다. 설사 쑨훙레이가 무력하게 중국 공산당의 정치 이념과 혁명 이상에 빠져 들었다 할지라도, 스타로서 그는 세심한 눈으로 '주의'(主義)를 위해서 많은 시청자들을 쟁취했습니다. 장기적으로 보면 이것은 이데올로기 전투가 막 시작한 것입니다.

또한 우리는 이러한 폐쇄성 자체에 생산성이 있다는 것을 알아야 합니다. 예를 들어 드라마 <세상>에서 캐릭터가 제일 약했던 것은 세 명의 여배우였고, 특히 취샤가 취약했습니다. 취샤가 국민당의 감옥에서 나와 온몸이 상처투성이인 상태에서 차라리 '실종을 유지하고' 쑨훙레이와 관계를 단절하는 장면이 있습니다. 이러한 결단이 다른 곳에서 나온다면 시청자들은 두말없이 받아들일 것입니다. 화이트칼라 드라마도 좋고 트렌디 드라마도 좋습니다. 이들 드라마에서 일반적으로 보수적이고 진부한 여자 주인공이 폭행이나 차 사고를 겪었다면 사랑하는 사람에게 노골적으로 알리기를 원하지 않을 것입니다. 그러나 인터넷에서 취샤의 행동에 대해 토론이 벌어졌을 때, 물론 토론 조건은 추상적이었지만, 보편적으로 이런

---

34) 1930년대를 의미함.-옮긴이

35) 롼링위는 1910년 출생으로 광저우 사람이다. 그녀는 중국 무성영화시기 대표적인 배우로 민국 사대미녀 중 한 명이다. 초기 중국 배우들 중 가장 연기가 뛰어났다고 평해지며 그녀의 대표작으로는 <야초한화>(野草閒花), <신녀>(神女), <신여성>(新女性) 등이 있다.-옮긴이

36) 진옌은 1910년 한국에서 태어나 후에 중국 국적을 취득하며 중국 영화계에서 널리 이름을 알린 배우로 자연스럽고 참신한 연기로 관객들을 사로잡으면서 청년들의 우상이 되었다. 롼링위와 함께 <야초한화>에 주연을 맡았으며 <연애와 의무>(戀愛與義務), <삼인의 모던여성>(三個摩登女性), <대로>(大路) 등이 그의 대표작이다.-옮긴이

일이 공산당 내에서 발생한 것이 너무 유약하다고 여겼습니다. 이로 인해 쑨훙레이와 린어(林娥)의 감정을 이해할 때 시청자의 상상력이 연기자의 문제점을 보완했으며, 쑨훙레이와 린어가 화학적인 반응이 없었음에도 시청자들은 동의했고 그들은 후에 행복하게 살았습니다. 이런 논리는 자신의 생활에서 생겨난 것이 아니고 자신의 경험에서 비롯된 것도 아니며 폐쇄적인 감정 교육에서 온 것입니다. 그래서 저는 가능한 한 긍정적으로 현재 중국 드라마를 봐주길 원합니다. 현재의 드라마는 그 깊이와 폭에서 상당한 수준이 있으며, 더 흥미로운 것은 이러한 드라마들이 과거로부터 에너지를 얻을 뿐만 아니라, 현대에 억압되고 부정되는 에너지들을 전환시킬 수 있다는 것입니다.

2_ 혁명의 영혼은 어디로 돌아가는가?

마오젠: 긍정적인 전환에 대해서 예를 들어보겠습니다. 드라마 <부대장> 중 상하이 사람 아이(阿譯)의 몸에 뒤섞인 수많은 지향점들은 그가 "차라리 죽겠다"라고 말했을 때 모두 새롭게 기호화 되었습니다. 또 다른 예를 들면 위쩌청과 추이핑은 각종 주의(主義) 사이에서 동화의 중간 상태를 선명하게 유지했습니다. 예를 들어 추이핑이 마씨 부인의 말투를 따라 할 수 있고, 혁명 전이나 혁명 후의 만추를 질투할 수 있으며, 참장(站長) 부인과 쉽게 사귈 수 있습니다. 그러나 그와 동시에 가장 높은 신앙에 속하는 것이 오염되지 않은 적이 없었습니다.

장롄훙: 여기서 혁명은 새로운 핵심단어가 되었습니다. 문제는 속도가 너무 빠르거나 과정이 너무 짧아서 어디에선가 멈출 겨를이 없다는 것입니

다. 진정한 충만과 성숙은 더 말할 필요도 없겠지요. 설령 깊이가 있다 하더라도 대부분 사상이 너무 빠르게 결정(結晶)됨으로 인해 사고과정에서 축적된 에너지를 과도하게 소모합니다. 생활과 감정의 폭으로 혁명의 좁은 공간을 가능한 넉넉하고 여유있게 만들고, 신념과 가치의 첨예함을 가볍고 얕게 뒤섞고 연하고 무디게 만들어, 특정한 역사 정치와 사회생활의 진실의 무게를 진공상태로 만들었습니다. 여기에 일종의 추상화, 취미화, 심미 기술화된 콘텐츠 제작 경향이 혁명역사 제재 드라마에서 최고의 경지에 이르렀습니다. <잠복>과 <세상>을 보십시오. 강력한 제재, 지적 요소, 유연한 제조로 혁명은 과연 재미있고 즐거운 것으로 변했으며 혁명가는 점점 더 귀엽고 사랑스러워졌으며 시대의 포용력을 가지고 있습니다. "강철 칼은 강철 칼이고, 친구는 친구다"37)라는 말은 <세상>에서 시청자의 마음을 잘 표현했습니다. 그러나 주의(主義)와 감정은 어떻게 혁명 투쟁에서 조화를 이뤄 자신의 역할을 할까요? 세상 도리가 파괴되었다가 다시 세워지고 중생들이 헤어지고 만나는 가운데, 혁명은 칼집에서 칼을 뺀 것과 같으며 혁명가는 반드시 피와 살로 된 육신으로 힘껏 싸우고 천신만고 끝에 폭력과 재난에서 벗어나는데, 어디에 이처럼 두루 사랑받고 보는 사람마다 좋아하는 혁명관이 있을 수 있겠습니까? 그런 것이 있다면 아마도 희석된 혁명이거나, 혁명이 일찌감치 가장 주목을 끄는 문화브랜드로 변신한 현실을 승인하는 것입니다.

이렇게 탈바꿈해 나타난 혁명 브랜드와 브랜드 혁명은 도대체 시대의 용광로에서 열반하는 불사조일까요, 아니면 매미가 허물을 벗은 후 남겨놓은 정교하고 아름다운 진짜 같은 허물일까요? 이도 저도 아니라면, <잠

---

37) 鋼刀歸鋼刀, 同學歸同學.

복>에서 그렇게 많은 직장의 생존전략과 관료사회의 권모술수 장면을 어떻게 넣었을까요? 도(道)가 한 자(尺) 높아지면 마(魔)는 한 장(丈) 높아집니다. 혁명가/선수가 승진을 추종하는 실천론과 상대론에서, 위기에 처한 심상치 않은 상황은 빈번히 일상생활 세계로 들어와 익명, 은신, 잠복, 이중간첩, 신분 혼란, 경계를 넘는 행동 등이 모두 정상적인 상태가 됩니다. 그리고 오직 '다른 사람을 자신의 탈출 도구로 삼을' 생각만 합니다. 이런 상태에서 신체 감각을 시시각각 자신의 손으로 꽉 움켜쥐고 있으니 정치 감각은 도대체 어디에서 생기겠습니까? 이른바 신앙과 입장은 도대체 어느 곳에 발붙이고 있는 걸까요? 만일 혁명의 영혼이 고통에 처한 대중이 불공정하고 불합리한 모든 현실에 존엄을 가지고 반항하는 정기와 숭고에 여전히 존재하지만, 혁명이 시대 최고 엘리트의 지혜와 기술로 결승 상대방의 당의(糖衣) 폭탄을 밀어냄으로써 존엄과 신념이 공리 및 권모술수와 손잡고 나아간다면, 혁명 역시 자신의 당의 폭탄 함정에 빠지게 될 것입니다. 약효를 알 수 없는 치명적인 약의 효과가 이어질 것이지만 누가 그런 것까지 신경 쓰겠습니까? …다시 돌아와서 만일 시대의 규제 속에서 임기응변해서 신형(身形)을 보존하지 못한다면 혁명의 영혼은 어디로 돌아가겠습니까? 중국 혁명역사의 실천과 연의(演義) 계보의 양적·질적 변화 가운데 어느 곳이 진정 결정적으로 정신이 몰락하고 전환한 지점일까요? 그러므로 시대와 혁명의 동맹 체결로 인한 '홍색경전'의 지속과 변화에 직면해 비통과 즐거움이 뒤섞이고 희비의 쌍곡선이 생겨나, 한편으로는 피가 뜨거워지지만 다른 한편으로는 가슴이 아픕니다.

쑨샤오중: 요 몇 년간 드라마가 이렇게 인기가 있는 원인의 '물질적' 역량은 물론 1990년대 말 문화의 시장화 덕분이고, 제작과 방영의 분리 및 지방 방송국 채널의 다원화 덕분이며, 특히 지방 위성 TV의 위상이

높아진 덕분입니다. 이것은 대량의 드라마를 방영하게 해주었을 뿐만 아니라, 게다가 자본도 자연스럽게 '문학'으로 하여금 이 새로운 매체로 방향을 바꾸게 했습니다. 요즘 똑똑한 작가들은 모두 드라마 대본 쓰기에 바쁩니다. 이는 물론 작가들의 세속화를 비판할 것도 아니며 드라마가 통속 문예로 귀결되었다고 무시할 일도 아닙니다. 반대로 새로운 시대에 새로운 창작 기술을 어떻게 장악할 것인가, 새로운 형식을 어떻게 찾아야 할 것인가, 새로운 예술 장치를 어떻게 쟁탈하고 구원해야 할 것인가의 문제입니다. 이는 작가들이 직면한 도전일 것입니다. 이런 의미에서 최근 드라마들은 추상적인 무협 장르를 돌파했고 왕후장상(帝王將相)을 다룬 중국드라마 그리고 일본 드라마와 한류의 막다른 골목을 뚫고 나와 중국 이야기를 서술하고 있는데, 이는 고무적인 현상입니다.

이것은 물론 주제의 정치적 정확함(politically correct) 때문에 혁명역사 제재 드라마를 칭찬하는 것이 아닙니다. 우리는 드라마 제작 과정의 '생산 요소를 간단하게 무시할 수 없습니다. 예를 들어 그들이 확정한 시청자군은 각 드라마에 시장에서의 일정한 지위를 정해줍니다. 좋은 작품은 당연히 당시 사회의 사람과 사람의 관계를 적절하게 드러냄으로써 감동하게 만듭니다. 그들의 성공은 오늘날 예술과 사상에 대한 청년들의 수용에 이미 새로운 요소가 출현했다는 것을 인식한 점에 있습니다. 그래서 <대화서유>(大話西遊)[38]의 대사를 외우며 성장한 독자들에게는 그들이 좋아하는 방식을 찾아 혁명역사를 이야기해야 합니다. 이것은 매우 중요합니다. 그렇지 않으면 우리는 이해할 수 없으며, 어떤 사람은 <사병돌격>을 문

---

38) <대화서유>는 저우싱츠(周星馳)가 『서유기』를 소재로 만든 코믹 영화로 코믹 영화의 대부로 불린다. 이 영화는 1편 <월광보합>(月光寶盒)과 2부 <선리기연>(仙履奇緣)으로 나눠져 있으며 1995년 홍콩에서 상영된 후 큰 인기를 끌었다.-옮긴이

학 혹은 기업 정신을 격려하는 것으로 간주할 것이며, <잠복>을 사무실 정치로 이해할 것입니다. 이것은 통속화된 해석이 아닙니다.

레이치리: 평범한 시대에 열정도 다시 일어나지 않고 인민의 생활도 건조하고 재미없을 때 생활과 생명의 의의는 이익과 구차함에 매수되고 침식됩니다. 신앙과 진리, 공평과 정의, 불요불굴의 견지, 혁명 및 혁명적 낭만주의는 특히 우리들이 회상하고 그리워하는 것입니다. 여기에는 현실을 바꾸려는 기대와 동력이 있습니다. 가끔씩 저는 심지어 이 기대가 매우 강렬하다고 말하고 싶습니다. 어떤 시기에 어떤 사람들은 행동에 옮기는 것을 피할 수 없습니다. 왕선생님께서 말씀하신 지인의 딸은 매우 용감하게 실천하지 않았습니까? 그러므로 이런 충동과 역량을 너무 '공허'한 이야기라고 얕보아서는 안 되고 상상적 보상으로 마무리할 수는 없습니다.

이런 혁명 노스탤지어와 별종에 대한 갈망이 어떠한 사회 에너지로 전환되고 얼마나 오래 지속될까요? 앞에서 장롄훙 선생과 마오젠 선생이 <세상> 등의 드라마에서 혁명 낭만주의와 이상주의의 숨결, 생활 및 뜨겁고도 진실한 감정을 가지고 있다는 것에 특히 감동했고, 이런 것들이 '중국적'이라 느끼고 이런 '중국적'인 것에 어떤 희망과 미래가 드러나고 있다고 해석했습니다. 이러한 기대는 아마도 루쉰이 말한 "본래 있다고도 할 수 있으며 없다고도 할 수 없다"라는 말과도 같습니다. 우리는 광명이 언제나 있다고 기대하고 믿어야 합니다. 1990년대 초 마오쩌둥 열풍이 일찍이 사람들에게 준 다양한 상상을 일종의 문화적 징후로 간주하고는, 그것을 현실에 대해 불만을 가진 사람들이 있을 수 있다고 해석하기도 했고, 이데올로기적 소비자가 있을 수 있다고 해석하기도 했습니다. 그러나 이후 문화열풍이 마오쩌둥에서 상하이 드림으로 재빨리 넘어간 것을 보았습니다. 우리가 휩쓸려가는 이 가운데에서 소비주의 이데올로기가 어떻게 차분하게 일상생활에서 흥기했는지 증명할 수 있습니다. 깊이와 역사 감각의 상실로 인해 격정은 빨리 도래했다가 더 빠른 속도로 사라졌습니다. <잠복>의 셰뤄린(謝若林)이 말한 "여기에 두 개의 금괴가 있다. 너는 어떤 것이 더 고상한지 구분할 수 있어?"라는 대사는 네티즌들 입을 오르내리며 서로 모방했습니다. 인정과 의리를 지향하는 탐관은 앞에 있고, 청빈한 달팽이집은 뒤에 있다. 사람들은 조금도 망설이지 않으며 부패를 웃으며 받아줄 것입니다. 농담과 재미 그리고 유머 안에 쓴웃음 짓는 인생이 있습니다. 더 안타까운 것은 농담과 자조의 반주(伴奏) 속에서 셰뤄린과 하이자오(海藻)는 뜻밖에 사랑스럽게 변했다는 것입니다.

그래서 저는 드라마들이 앞 다투어 방영된 것은 그것들이 부족함을 보충하고 미래를 지향했기 때문이 아니라, 현실생활을 직접 표현하고 최근 사회생활의 숨결과 역경을 깊이 있게 묘사했기 때문이라고 생각합니다. <잠복>에서 위쩌청의 생존 전략과 개인의 '승진 방법'이 화이트칼라들의 직장 교과서가 되었습니다. <량검>에서 감동적인 것은 리윈룽(李雲龍)이 신중국을 위해 생명의 위험을 무릅쓴 신념이 아니라 그 몸에 자연스럽게 배어있는 비적(匪賊) 기질과 보스 기질이었습니다. <세상>에서 국공합작 시기의 의미심장한 애매모호함을 쓰고 난 후 혁명의 지속이 더 이상 사람들을 감동하게 하는 사업이 아니라 오래되어 다 쓸 수 없는 작업임을 알려 주었습니다.

이는 두 말할 나위 없이 오늘날 중국 사회가 직면한 사상과 사회 문제에 대한 묘사입니다. 현실 생활에서 많은 불만이 있고 좌충우돌하지만 앞 길은 어두침침합니다. 혁명은 좌익의 로고(logo)입니다. 쾌감은 지나가고 옛 꿈은 다시 따뜻해지기 어려우며 역사라는 이 큰 책은 아직 열지도 않았는데 덮여버렸습니다. 드라마가 묘사한 우리 시대가 한 시대를 열었다고 말할 수 없습니다. 물론 바닥까지 내려갔다가 다시 올라간다는 가능성을 배척할 수는 없겠지요.

3_ 이상(理想)에 의해 밝게 비춰지는 인생

니웨이: 요 몇 년 동안 혁명역사 제재와 군대 제재 드라마는 유행했다가 다시 인기가 떨어졌습니다. 폐쇄식의 '훈련'이 만들어낸 반발심리 때문이지요. 이것은 조금 단순화한 것 같습니다. 저는 이것이 새로운 것을 좋아하고 옛것은 싫어하는 단순한 심리작용 때문은 아니라고 생각합니다. 어쨌든 '새로운 것을 좋아하고 옛것을 싫어하는 것' 또한 연구할 만한 가치가 있습니다. 어떠한 '새로운 것'을 좋아하며 어떤 '오래된 것'을 싫어하는지, 왜 이러한 전환이 생기는지 바로 이런 것들을 사고할 필요가 있습니다. 시청자 심리 배후에 존재하는 사회적 원인이 무엇인지 탐구해야 합니다. 이런 점에서 저는 레이치리(雷啓立) 선생의 관점에 동의하지만 드라마가 문화산업 상품이기 때문에 그것을 상상적 보상으로 귀결하는 것으로 결론지을 수는 없습니다.

모두가 언급한 이러한 드라마들은 왜 유행할까요? 저는 관건은 그것들이 최근 사람들의 정신에서 어떤 민감한 점 또는 취약점을 건드린 데 있다고 느낍니다. <사병돌격>의 예를 들면, 그것이 사람들을 끌어당기는 이유는 아마도 중국 사나이의 '남성' 같은 것이 아니라 '방기(give up)하지 않고 포기(abandon)하지 않는' 정신일 것입니다. '방기하지 않는' 것은 이상 목표에 대한 집착이며 영원히 포기를 말하지 않는 정신입니다. 이것은 현재 생존 경쟁이 나날이 격렬해지는 사회에서 성공을 위해 없어서는 안 되는 확실한 전제입니다. '방기하지 않는'과 비교해서 '포기하지 않는' 것은 더 이루기 어렵기 때문에 소중합니다. 그것이 강조하는 것은 단체정신 외에도, 더 중요한 사람과 사람 사이의 상호 신뢰와 사심 없이 도와주는 것입니다. 우리 모두의 성장과정은 다른 사람의 관심과 도움과 떼어놓고 생각할 수 없습니다. 스진의 '포기하지 않는' 정신이 없었으면 쉬싼뒤는 영원히 훌륭한 사병으로 성장하지 못했을 것입니다. 스스로 이를 악물고 견뎌내는 것은 많은 사람들이 대충 할 수 있습니다. 그러나 혼자 억지로 참고 버티는 것은 대부분 효과가 없고 다른 사람의 도움이 없으면 머지않아 붕괴됩니다. 우리 시대에 가장 부족한 것은 무엇일까요? 제가 보기에 이런 '포기하지 않는' 정신일 것입니다. 우리 모두는 생존을 위해 인내하는 것 같지만 매우 고통스럽고 힘들게 살고 있습니다. 고독하고 무기력할 때 우리 주위에 스진과 같은 사람이 있다면 얼마나 큰 위안이 되고 큰 행복이 되겠습니까! 그래서 저는 줄곧 <사병돌격>에서 가장 빛나는 인물이 쉬싼 뒤도 아니고 위안랑은 더욱 아니며 바로 스진이라고 여깁니다. 스진이 드러내는 것은 우리 최근 생활에서 가장 결여된 인품입니다. <사병돌격>의 이런 주제는 <우리 부대장, 우리 부대>에서도 충분히 명시됩니다. "어찌 옷이 없다 하는가, 나는 그대와 옷을 나눠 입으려네"(豈曰無依, 與子同袍). 이 여덟 자를 오늘날 들으면 매우 감동적입니다. 오늘의 우리들은 <잠복>의 위쩌청처럼 모든 것을 조심하고 신중하며 다른 사람에게 먼저 해코지 당하지 않기 위해 심지어 다른 사람을 음해하는 것을 꺼려하지 않습니다. 위쩌청은 개인적인 것을 뛰어넘는 이상과 신념으로 버텼지만, 만일 우리에게 이러한 이념과 신념조차 없다면 우리 삶의 방식에는 비열함만 남을 것입니다. <부대장>에서 사람들이 열정이 있고 호탕한 기세가 있으며 서로에게 관심을 갖고 돌보는 것처럼, 우리 대다수의 사람들은 정정당당하고 서로 충실하며 신뢰를 구축하면서 살기를 원한다고 저는 굳게 믿고 있습니다.

혁명역사 제재 드라마는 현재 대단히 드문 생활 태도와 인격 정신을 표현했기 때문에 환영을 받는 것 같습니다. <세상>에 등장하는 주요 인물들의 인생은 이상의 밝은 빛을 받아 그렇게 생기발랄하고 활력이 있습니다. 취언(瞿恩)은 말할 것도 없고 양리런(楊立仁)과 같은 악역도 자기의 신념과 책임이 있어 무시할 수 없습니다. 이런 인생은 정말 매력적입니다. 설령 당신이 그들의 정신과 신념을 받아들이지 않더라도 그런 장렬한 인생을 부정할 수는 없을 것입니다. 그들과 비교해서 우리의 삶은 무기력하고 나약합니다. 우리는 그것이 얼마나 정의롭고 아무리 아름답더라도 하나의 주의를 위해 헌신하라고 자기 자신을 설득하기 어렵습니다. 이런 회의는 일종의 지혜일까요? 제가 보기에 반드시 그렇지는 않습니다. 그러나 그런 회의는 우리의 생활에 몰입 정도와 행동의 활력을 약화시킨 것은 틀림없습니다. 개인적인 것을 뛰어넘는 이상과 신념을 거대 담론으로 간주하고 그것으로 인생을 이끌어가는 것을 거절한다면, 생활은 그저 당신 개인의 일일 뿐이고 조그만 득실 같은 자질구레한 일들이 생활의 전부가 될 것입니다. 그런 생활은 분명 무미건조할 것입니다.

혁명적 생애 역시 모두 취언처럼 장렬하지는 않고, 평범함 가운데 위대함을 볼 수 있습니다. <이멍>에서 마무츠 마을사람들은 볼품없는 농민들입니다. 촌티가 철철 난다고 말할 수 있겠죠. 그렇지만 그들의 대지와 같은 두텁고 풍부한 포부와 사심 없는 공헌은 어떠한 칭찬의 말로도 이루 형용할 수 없습니다. '인민'이 무엇이냐고 묻는다면, 이들이 바로 '인민'이라고 대답할 수 있습니다! 1980년대 이래 일찍이 적지 않은 사람들이 '인민'이라는 글자에 더러운 물을 뿌리면서 그것이 허위적인 집단명사라고 말했습니다. 이는 그들 자신이 매우 편협하다고 말할 수밖에 없습니다. 오늘날 우리는 '인민'을 새롭게 언급하며 이 개념을 이용해 사람들의 동일시를 소환합니다. 이것은 당연히 개성을 억압하는 것이 아니라 개인과 커다란 군중 사이의 관계 재건을 강조함으로써 매 사람에게 타인과의 밀접한 연계를 느끼게 하고 다음과 같은 진리를 깨닫게 해줍니다. "사람은 자기만을 위해 사는 것이 아니라 더 많은 사람들을 잘 살게 하기 위해서 살아간다. 이런 인생이야말로 의미있고 존엄이 있는 인생이다."

이 드라마들이 우리에게 사랑받는 이유는 대부분 그들이 우리에게 수많은 가르침을 주고 자기 생활에 부족한 점이 없는지 반성하게 하며, 더 나아가 무엇이 비로소 이상적이고 건강한 생명 상태인지 깨닫게 해주기 때문입니다. 이야말로 이 드라마들의 진정한 가치의 소재라고 생각합니다. 군중의 눈은 밝습니다. 대다수 시청자들도 이렇게 볼 것이라고 믿습니다. '미국 스타일'과 '마음에 드는 방식'에 연연해하는 습관이 대량의 시청자들을 기만한다고 인식하는 견해는 일반 시청자들의 지혜를 다소 과소평가하는 것이 아닐까요?

4_ 역사 기억의 '전후 문맥'

왕샤오밍: 문장 첫머리에 니원젠 선생이 말했던 부분으로 돌아가려 합니다. 1980년대 소설은 '문예무대'의 주인공으로 거의 전 사회의 이목이 집중되었습니다. 그러나 최근 십여 년간 소설(특히 종이로 출판된 소설)은 주변으로 이동했고 드라마가 그 자리를 대신했습니다. 이 변화를 어떻게

해석해야 할까요?

'전후 문맥'을 살펴보면 그중 관건적인 항목이 지배문화 생산기제의 변화입니다. 여러분이 앞에서 언급한 '물질성'이 바로 이 기제의 중요한 일환입니다. TV수상기의 보급과 각종 화면 신기술의 응용, '레저' 시간의 형성(밤늦게 문건을 공부하는 사람은 없겠지요)과 '거주' 중심의 새로운 생활방식 유행과 화이트칼라의 노동력 강도의 증가, 면직자/은퇴자의 오락 공간의 협소함과 드라마 영상과 음반 위주의 시청각 환경과 교류 매개의 습관 형성 등은 정치와 경제 그리고 문화 요소의 새로운 사회 조건을 혼합해 더욱 더 많은 중국인을 인도했고 앉아서 혹은 서서 심지어는 왔다 갔다 하면서 '드라마를 보도록' 했습니다.

또 다른 직접적인 고리는 문화의 주류 '창작(잠시 이 낡은 단어를 사용) 모델의 변화입니다. 집권정치는 여태껏 '개인 창작'에 어떤 신성성(神聖性)이 있다고 생각하지 않았습니다. 1990년부터 시작해 자본이 또 끼어들어서 '문예' 또는 '문화'를 시장에 진열해 팔았는데, 이것이 현재 유행하는 표현을 따르면 '문화콘텐츠 산업'입니다. 이 두 가지의 연합 아래 갖가지 다자의 개입과 기민하게 피드백한 집단제작 방식이 신속하게 모여 새로운 주류 창작모델을 만들었으며, 낡은 방식의 개인의 독단적인 창작방식은 거의 권역 밖으로 밀려났습니다. 설령 많은 작품들이 여전히 개인 서명을 통해 만들어질지라도 이 '개인'들은 사실 이미 꼭두각시 인형처럼 배후의 유형·무형의 지령에 따라 움직입니다.

그러나 집단제작 모델이 '정책'과 '시장'의 후원을 가지고 있다고 할지라도 필경 너무 엉성하게 만들 수는 없습니다. 백성들이 식상하고 감동하지 않고 소비하지 않게 되면 정책과 시장은 드라마에게 죄를 묻습니다. 그래서 새로운 주류 '창작' 모델은 반드시 이것저것 신경써야 하고 심지어는 사면에 읍(揖)을 해야 하는 것 같습니다(물론 실제로 그러는 것은 아니지만). 정책과 시장이라는 두 개의 후원자가 있기 때문에 투자할 수 있는 원금과 일류 인재들을 휘하로 끌어들일 수 있습니다. 그의 응시는 상당히 융통성이 있고 읍하는 자세 또한 비교적 자연스럽습니다. 1990년대 초 이래 중국 드라마의 역사가 바로 그 좋은 예입니다. 수많은 시청률 높은 드라마가 뚜렷하게 대립된 사회 반응을 야기했다는 것이 이 점을 더 설명할 수 있겠군요. 물론 바로 여기에서 사회의 심층 심리와 이 심리 변화의 궤적의 조짐을 찾을 수 있습니다.

그 외에도 수많은 중요한 고리들이 있습니다. 여기에서는 더 언급할 시간이 없으므로 한 가지만 더 말하겠습니다. 바로 '역사 기억'입니다. 150년 동안 중국의 현대 역사는 심상치 않은 우여곡절과 거센 풍파를 겪었습니다. 이 역사에 대한 기억과 망각은 어쩌면 당연한 것이겠지만, 줄곧 우리 생활에서 중요한 역할을 맡았습니다. 오늘날 새로운 지배문화의 생산 기제는 강력한 '역사' 기초가 있습니다. 한편으로 이 기초는 예컨대 현행 문화 관리제도, 그리고 이 제도의 결과의 하나로서 사회의 보편적인 역사 지식과 기억 상태 등과 같이 매우 물질적인 것입니다. 그러나 다른 한편으로는 무형적인 것입니다. 드라마를 예로 들자면, 제작자가 어떻게 판단하고 나아가 시청자들의 기억 상태를 환기시키며 시청자는 또 자신의 실제 역사 기억—이런 기억을 내포하고 그 영향 아래 형성된 현실 생활 경험을 포함—을 근거로 어떻게 드라마 줄거리를 이해할 것인가가 이 기제의 중요한 역사 고리의 일부분을 구성했습니다.

요컨대 제 뜻은 각종 '전후문맥'(위에서 제가 예만 들었지만)을 모두 고려해야만 상황을 정확히 볼 수 있으며 여러분이 애쓴 좋은 의도 또한 진정한 작용을 발휘할 수 있을 것입니다.

[요약]

　　좌담에서는 두 차례에 걸쳐 21세기 TV드라마에 대해 폭넓은 대화를 진행하고 있다. 제1부 '중국 TV드라마의 중국적 숨결'에서는 최근 몇 년 '사회적 효과와 경제적 이익'이라는 이중의 수확'을 이루어 내는 중국의 TV드라마가 보여주는 중국적 풍경에 대해 토론한다. <량검>, <암산>, <사병돌격>, <우리 부대장, 우리 부대>, <잠복>, <관둥에 뛰어들다>, <세상 바른길은 굴곡이 많다>, <달팽이 집>, <생사선>, <이명> 등의 드라마들은 현재 중국의 기본 문제를 다루고 있거나 시청자들의 민감한 신경을 건드렸고 보편적인 역사 기억을 일깨운다. 그것들은 또한 적지 않은 집단 무의식을 모아 형상화했고, 그것들이 제작하고 생산한 것들은 이미 유행어가 되었을 뿐만 아니라 우리 현시대의 심미심리와 문화적 공감각, 사회적 콘센서스 나아가 이데올로기가 되었다. 이 드라마들이 사랑받는 이유는 더 이상 서양 연속극의 욕망 논리로 중국의 역사와 혁명 제재를 구성하지 않으며 중국적인 생활모습을 그대로 보여주고 있기 때문이다. 근래의 중국 드라마들은 중국의 숨결, 중국의 생활, 중국의 감정을 이야기한다. 이는 현실이든 역사든 모두 중국인 자신의 이야기를 새롭게 말하려는 시도이다. 지금 굴기하는 중국에서 사람들이 마음으로 더 깊이 느끼는 '중국'은 무엇이며, 자기를 살게 하는 더 진실하고 더 강인하며 더 존엄한 '중국인'은 또 어떤 모습인가? 특히 위기와 곤경에서 아무 것도 가진 것이 없어 궁지에 몰린 중국인은 어떻게 해야 하는가?

　　제2부 '중국 TV드라마의 시대의 아픔'에서는 중국 드라마에 담겨져 있는 사회의 고통에 초점을 맞춘다. 현재의 드라마는 그 깊이나 넓이에서 모두 상당한 수준을 가지고 있다. 흥미로운 것은 이런 드라마들이 과거로부터 에너지를 얻을 뿐만 아니라 오늘날의 억압되고 부정된 에너지들을 긍정적인 것으로 전환할 수 있다는 것이다. 중국 혁명역사의 실천과 연의(演義) 계보의 양적·질적 변화 가운데 어느 곳이 진정 결정적으로 정신이 몰락하고 전환한 지점일까? 그러므로 시대와 혁명의

동맹 체결로 인한 '홍색경전'의 지속과 변화에 직면해 비통과 즐거움이 뒤섞이고 희비의 쌍곡선이 생겨나, 한편으로는 피가 뜨거워지지만 다른 한편으로는 가슴이 아프다. 혁명역사 제재 드라마는 현재 대단히 보기 힘든 생활 태도와 인격 정신을 표현했기 때문에 환영을 받는다. (김서은)

혁명역사 정극의 재건:
'총알받이'(炮灰)를 화두로 삼아[*]

마오젠(毛尖)

고윤실 옮김

'총알받이'(炮灰)의 기존 풀이는 전쟁에 끌려가 목숨을 잃는 사병들을
가리킨다.

마오쩌둥은 「새로운 국제 정세에 관해 신화일보 기자에게 한 담화」(關
於國際新形勢對新華日報記者的談話, 1939)에서, "도이치와 이태리, 잉글랜
드와 프랑스, 그리고 유럽과 세계 다른 나라를 막론하고 인민이 제국주의
의 총알받이가 되길 원치 않았다면 그들은 반드시 일어나 여러 방법으로
제국주의 전쟁에 반대했었을 것"이라고 말했었다. 또 다른 예로 라오서(老
舍)의 연극 <룽쉬거우>(龍鬚溝, 1950)의 제1막 가운데 다음과 같은 대사
가 있다. "오늘 밤처럼 매일 호구(戶口) 조사를 하다가 누군가 수상쩍으면,

---

* 출처: 毛尖, 「重建革命歷史的正劇: 從"炮灰"談起」, 미발표.

가볍게는 장정으로 끌고 가 총알받이로 삼고, 자칫 잘못되면 팔로군으로 몰아 (죽을지도 몰라)…." 이로 보건대 '총알받이'는 하찮은 죽음을 의미할 뿐 아니라 종종 정의롭지 못한 전장에서의 죽음이기도 하다. 그래서 17년 시기 영화 가운데 적군이 쓰러지는 것은 총알받이이고, 아군이 죽는 것은 장렬한 죽음이었다.

그러나 21세기의 드라마 <우리 부대장, 우리 부대>(我的團長我的團)[1] 는 '총알받이'의 정의를 바꿔놓은 것 같다.

드라마 첫 장면에서 우리는 더 이상 물러날 곳 없는 패잔병을 보았다. 군인으로서의 체면을 지키려고 하는 장교 아이(阿譯)를 제외하고, 베이핑에서 온 멍판랴오(孟凡了), 둥베이 병사 미룽(迷龍), 야오마(要麻), 더우빙(豆餅), 서피구(蛇屁股), 캉야(康丫), 하오 수의(郝獸醫) 그리고 부라(不辣)는 산송장이자 걸어다니는 고깃덩이처럼 윈난(雲南)성 서남부의 작은 마을 찬다(禪達)에서 기생하며 매일 배불리 먹을 생각만 하고 있었다. 드라마의 분위기는 줄곧 잿빛 기조의 암담함이었고, 연전연패의 사병들은 앞날에 대해 자신감을 잃었을 뿐 아니라 생활에 대한 열정도 식어있었다. 그래서 첫 대목에서 당신은 이 영혼 없는 사람들이 항일의 중책을 맡을 수 있을 것이라 전혀 기대하지 않았을 것이다. 그러므로 오합지졸이 소집되어 선발대가 된 것도 그리 비장하지 않았고, 그들 스스로 자신을 총알받이라 부르는 것도 별로 자극적이지도 않았다. 그러나 이 '총알받이 군대'가 막다른 길에서 '생존을 도모하는 것'으로부터 '조국 수호의 책임자'로, '목숨을 아끼는 것'으로부터 '죽음을 두려워하지 않게' 되었고, 마침내 파렴치하고 구차한 상태에서 떨치고 일어나 신출귀몰한 중국 군인으로 변모함으로써, 원래

---

1) <우리 부대장, 우리 부대>(我的團長我的團), 43부작. 란샤오룽(蘭曉龍) 극본, 캉훙레이(康洪雷) 연출, 화이형제(華誼兄弟) 출품, 2009년.

영혼이 없었던 자신들에게 새로운 정기를 불어넣었을 뿐 아니라 집단적으로 '총알받이'의 내용을 새로 써내었다.

사실 <우리 부대장, 우리 부대>가 나오기 전후 일련의 혁명 제재 영화와 드라마에서 '총알받이'라는 줄거리와 주제를 사용했었다. 이 글에서는 '총알받이' 영상들의 발전과정을 분석함으로써 혁명 영화와 드라마에 대한 토론에 개입하고자 한다.

1_

'총알받이' 영화와 드라마의 발전과정을 토론함에 중국 전역을 풍미했던 두 편의 영화 즉 셰진(謝晉) 감독의 <고산 아래의 화환>(高山下的花環)[2]과 펑샤오강(馮小剛) 감독의 <집결호>(集結號)[3]를 빼놓을 수 없다.

<고산 아래의 화환>과 <집결호>는 많은 의미심장한 공통점이 있다. 첫째, 이야기는 모두 주롄(九連)[4]에서 발생했고 주인공 모두 주롄의 연대장이며 주요 서정 인물들이 모두 열사와 과부라는 점이다. 둘째, 영화의 중심 내용은 전쟁이 아니라 전쟁 이후라는 것이고, 셋째, 핵심 서사와 이야기의 주요 내용이 전사자에 대한 평가와 보훈 문제에 관한 것이다.

<고산 아래의 화환>은 1984년 개봉 후 많은 상을 받았고 흥행 기록을 경신했다. 전국의 관객과 매체는 오랜 시간 동안 량싼시(梁三喜) 현상에

---

2) <고산 아래의 화환>(高山下的花環), 리쥔(李準)·리춘바오(李存葆) 시나리오, 셰진(謝晉) 감독, 상하이영화제작소(上海電影制片廠) 출품, 1984년.
3) <집결호>(集結號), 류헝(劉恒) 시나리오, 펑샤오강(馮小剛) 감독, 화이형제(華誼兄弟) 출품, 2007년.
4) 광둥성 허위안(河源)시 롄핑(連平) 현에 있는 혁명 근거지.—옮긴이 http://baike.baidu.com/view/3664286.htm

대해 토론했고, 그 토론의 예봉은 베트남에 대한 자위적 반격전이 아니라 당시 중국 현실을 향하고 있었다. 특히 영화는 량씨 아주머니(梁大娘), 레이 군단장(雷軍長), 우솽(吳爽), 샤오베이징(小北京) 등의 인물을 통해 항일전쟁, 문화 혁명 등 역사적 기억과 역사의 결과를 현실로 끌어들이면서 더욱 강렬한 성찰과 고발의 색채를 띠게 되었다. 그리고 <고산 아래의 화환>의 '감독의 이야기'에서 셰진 역시 이 영화의 감정의 무게가 "량싼시의 빚, 진카이라이(靳開來)가 훈장을 받지 못한 것, 샤오베이징의 죽음"에 있다고 분명히 밝힌 바 있다.5) 그렇기 때문에 전체 영화에서 군인들의 공헌, 인민들의 이해와 조국 산하의 신성함이 매우 장엄하게 표현되고 있다 하더라도 영화 전반에 걸친 감정의 주축은 줄곧 영웅들의 비극에 있다. 량싼시는 고급 간부의 자제인 자오멍성(趙蒙生)을 엄호하다 죽었는데 사후 보훈금으로도 빚을 다 갚지 못했으며, 진카이라이는 규정을 어기고 사탕수수밭에 가서 사탕수수를 베다가 지뢰를 밟고 죽어 훈장을 받을 수 없게 되었고, 이상과 포부로 가득했던 샤오베이징은 비림비공(批林批孔) 시절에 생산된 오래 된 불발탄 때문에 목숨을 잃었다.

기본적으로 <고산 아래의 화환>을 시작으로 스크린 상의 전쟁영웅들은 점차 17년 시기 은막의 영웅들과 이별을 고했다. 비록 그들은 여전히 자신을 돌보지 않는 영웅들이었지만 량싼시와 같은 억울함과 진카이라이의 불만 그리고 샤오베이징이 가진 유감스러움이 있었고 관객 역시 열사들이 조국을 위해 온 몸을 바쳤으나 조국은 곧 그들을 잊어버리는 것 같다고 느꼈을 것이다. "우리의 인민 영웅들이 의미있게 죽었는가?"라는 질문의 목소리가 점차 커졌고 펑샤오강의 <집결호>가 나왔을 때 이 영화의 관객

---

5) 「고산 아래의 화환 감독의 이야기」(高山下的花環之導演闡述), 『셰진영화선집 전쟁편』(謝晉電影選集戰爭卷), 上海大學出版社, 2007, 254쪽 참조.

들은 이미 높은 수준이 되어있었다.

일반 전사와 인민들에 대해 역사가 진 빚을 묘사했던 점이 바로 <고산 아래의 화환>과 <집결호>가 관객들에게 감동을 준 부분이며 이 두 영화의 최고의 흥행 순위를 보장해 주었다. 여기서 나는 <고산 아래의 화환>을 중국 영화적 맥락 가운데 생겨난 영향과 문제 위에 잠시 내려두기로 하고, 먼저 영상 표현에 있어 <집결호>와 <고산 아래의 화환>의 차이를 살펴보도록 하겠다.

<고산 아래의 화환>은 일련의 텅 빈 화면으로 시작하는데, '영화 완성본'에서는 이렇게 묘사되었다. "험준하고 높이 솟은 거대한 바위들이 화면에 나타나며 그 가운데 쿠이먼의 석벽(夔門石壁), 창장의 적벽(長江赤壁), 젠먼관의 석벽(劍門關石壁), 화산의 셴런장(華山仙人掌), 황산의 첸두봉(黃山天都峰)…이 있다."6) 이와 동시에 배우들의 이름이 이 웅장하고 아름다운 풍경과 장중하게 흐르는 음악 위로 오버랩 된다. 그리고 화면이 바뀌면서 중국 서남부 어떤 지역의 청산녹수와 주련의 전사들의 왁자지껄하게 떠드는 모습이 전체적으로 아주 즐겁고 유쾌한 분위기와 어우러지며 군인들과 그 뒤의 큰 산들이 혼연일체가 되는 모습을 약 4분 동안 볼 수 있다.

<고산 아래의 화환>의 결미에 량싼시의 어머니와 처와 자식들이 열사 공원묘지에서 애도를 끝낸 후 떠나는 장면에서 지프차가 산길로 접어들자 푸른 산들이 오버랩 된다. 산등성이에서 레이 군단장이 천천히 오른 손을 올려 경례를 하는 장면의 배경 역시 산이며, 그 위로 '끝'이라는 글자가 겹쳐진다.

이로 볼 때 <고산 아래의 화환>이 1980년대의 은막에서 고발의 목소리가 컸다 하더라도 시작과 결말의 산하 풍경은 여전히 강력한 위안을

---

6) 「고산 아래의 화환의 영화 완성본」(高山下的花環之電影完成本), 『셰진영화선집 전쟁편』(謝晉電影選集戰爭卷), 262쪽.

만들어냈다. 량싼시를 비롯한 주인공들이 묻힌 열사 공원묘지가 첩첩 산의 품 안에 놓이며 이른바 '청산에 충성스런 뼈를 묻는 것'으로 역사의 빚이 여기서 영상적 보상을 얻게 되는데, 이것이 바로 조국을 위한 희생이다. 이렇듯, 레이 군단장의 마지막 경례는 관객들의 얼굴에 감동의 빛을 어리게 했는데, 그것은 한 군단장의 경례만 의미하는 것이 아니라 전 인민의 경의의 표현인 것이다. 조국의 산하는 1980년대의 스크린에서 여전히 가장 웅장한 서정이었다.

그러나 <집결호>의 산하는 이미 뻣뻣하게 경직된 무대장치가 되어 버렸다. 영화의 시작과 결말은 모두 녹이 슨 것 같은 영상이었고 차디찬 눈으로 뒤덮인 열사 공원묘지는 비할 바 없이 적막해 보였다. 게다가 처음부터 마지막까지 군대의 나팔소리는 더 이상 군혼(軍魂)을 대표하는 것이 아니라 울려 퍼지지 않는 집결 신호요, 주롄의 46명의 목숨을 요구하는 거대한 감탄 부호였다. 더욱 재미있는 것은 <집결호>가 2007년 설맞이 영화(賀歲片)로 나오면서 당시 CCTV1의 <뉴스연합보도>(新聞聯播)에서 1분 9초 동안 이 영화를 소개했고, 이렇게 긴 시간을 할애해준 뉴스보도의 특권적 대우는 특권적 선전이라 할 만했다. 그래서 당시 관객들은 이 영화가 '주선율' 영화라고 생각했다. '주선율'이란 말이 영화표 판매에 광고 효과가 있는 것은 아니었지만, 후에 펑샤오강이 "<집결호>는 주선율이다. 생활의 주선율이다. 나는 이번에 주선율을 새롭게 만들었고 주선율에 대한 관객들의 낡은 생각을 바꾸어 놓았다"라고 말한 점 역시 재미있다.

펑샤오강의 '주선율'에 대한 변명적 해석에서 우리는 <집결호>의 감정적 추이를 비교적 명확하게 알 수 있다. 배우 덩차오(鄧超) 역시 <집결호>가 완성되기 전 두 개의 결말이 있었는데 '하나는 밝은 결말이고 하나는 비극적 결말이었다'고 밝힌 바 있다. 물론, 현재 <집결호>의 결말은

'밝은 결말'이라고 할 수 있는데, 그렇다면 그것이 도대체 얼마나 '밝은 가?' 얼음과 눈으로 뒤덮인 추운 열사 공원묘지가 마지막 밝음이라면 이 밝음은 너무 춥고, '자네들이 노고가 많았다'라는 지휘관의 최후의 한 마디가 밝음이라면 이 밝음은 너무 가볍다.

평샤오강이 셰진과 같이 역사의 부채라는 거대한 주제를 새롭게 표현하려 했을 때 설령 그의 영상이 이런 부채를 완화하고자 했더라도 영화효과는 의심할 나위 없이 이런 부채를 가중시켰다. 비록 리얼리즘적 의미에서 보면 영상(으로 표현된) 부채도 의미심장하고, 이 영화도 이로 인해 특별한 지위를 가진다 해도 말이다. 그러나 멀리 보면 <집결호>에서 상대적으로 입체적이었던 '영상 부채'가 오히려 점차 부단히 확대되고 단편적이 되면서, 마지막에 이르러 영웅이 가정도 잃고 묘지조차 없게 되면서 당대 가장 정치적 능력이 있는 영상 표현으로서 이 서사가 만들어낸 영상부채는 이미 블랙홀과 같이 보완할 수 없는 지경에 이르렀다. 이로 인해 우리의 영웅은 조국을 위해 희생하는 숭고함을 만들어내지 못하면 관객의 눈에 그저 총알받이의 탄식으로 전락해 버리고 말았다.

17년 영화에서 <고산 아래의 화환>에 이르기까지 영웅들은 억울함과 불만이 많아졌고, <고산 아래의 화환>에서 <집결호>에 이르게 되면서 영웅은 녹슨 묘지를 남겼다. 이런 영상의 발전과정 가운데 열사가 '총알받이'가 되는 것은 마치 역사적 흐름을 따르는 것에 불과해 보인다.

2_

전쟁터에서 묵묵히 죽어간 전사들이 21세기 드라마에서는 어떤 운명을 갖게 되었는가? 앞부분에서 드라마 <우리 부대장, 우리 부대>는 '총알받이 부대'의 이야기를 따라가면서 '총알받이'로 전락한 열사들을 새롭게 정의했다고 언급했었다. 그렇지만 <우리 부대장, 우리 부대>에서 '총알받이 부대'가 죽음의 위기에 처한 그 순간을 표현할 때도 '총알받이'의 비극적 운명과 역사적 정체성을 강화했다. 그렇기 때문에 '총알받이'를 '열사'로 다시 되돌려 놓는 영상 여정 역시 더욱 복잡하고 험난해졌다. 그렇지만 이 작업도 완전히 불가능했던 것은 아니다. '총알받이' 제재에 영합한 영화와 드라마 가운데 새로운 계기가 있었던 것 같다.

<영원불멸의 번호>[7]는 2011년 상당한 인기를 끌었던 항일전쟁 드라마로, 여러 평론가들로부터 영화 <집결호>의 드라마 버전이라는 평을 받은 바 있다. 내용에서도 그것은 분명 <집결호>, <량검>,[8] <우리 부대장, 우리 부대>와도 충분히 비교할 만하며, 단순히 줄거리만 보더라도 '신혁명 역사 제재 영화 · 드라마'(新革命歷史題材影視劇)에 속한다. 이 '신혁명 제재 영화 · 드라마'의 정의는 류푸성(劉復生)의 개념을 따른 것이다.

류푸성은 '신혁명역사 소설' 가운데 혁명 영웅이 비적떼가 되고 정치위원이 희화화되는 것에 대해 논의했다.[9] 기본적으로 항일 영화와 드라마 역시 이러한 논리이다. <량검>에서 정치위원인 자오강(趙剛)은 항전 드라마 속 수많은 정치위원 가운데 가장 괜찮은 인물로 그려졌고 연기자의 이미지 또한 좋았다. 그러나 전체 드라마에서 기본적으로 영웅 리윈룽(李

---

7) <영원불멸의 번호>(永不磨滅的番號), 34부작. 쉬지저우(徐紀周) 극본 · 연출, 화루바이나(華錄百納) 출품, 2011년.

8) <량검>(亮劍), 36부작. 두량(都梁) · 장치타오(江奇濤) 극본, 장첸(張前) · 천젠(陳健) 연출, 하이룬영화텔레비전(海潤影視) 출품, 2006년.

9) 류푸성(劉復生), 「변화 가운데 다시 나타나는 역사—'혁명역사 소설'에서 '신혁명역사 소설'에 이르기까지」(蛻變中的歷史復現 從 "革命歷史小說"到"新革命歷史小說", 『문학평론』(文學評論), 2006년 제6기.

雲龍)의 평민적 기질이 정치위원 자오강에 영향을 주고 변화시킨 것에 비해 리윈룽에 대한 자오강의 영향력은 거의 없었다. <량검>은 2005년 작품이었고, 2010년 한동안 인기를 누렸던 항일 드라마 <흰 표범>[10])에서 특수 공작원 장런제(張仁傑)의 인물 형상은 거의 모든 사람의 지탄을 받았었다. 네티즌들은 하나 같이 '외골수의 공산당 지도자'라는 말로 그를 평가했다. 2011년 작 <영원불멸의 번호>에서 정치위원 '장류진(張六斤)'의 인물 형상이 비록 대폭 개선되기는 했으나 그 역시 남자 주인공의 평민 영웅의 영향을 받고 변화를 겪게 된다. 류푸성은 이런 정치위원의 인물 형상이 17년 소설에서는 상상할 수 없었던 것이라고 언급했다. 당시 소설의 원칙은 매우 분명했는데 그것은 바로 당이 군을 지휘하는 것이었다. "민간 의병을 명확한 사회적 정치적 방향을 갖춘 '인민의 군대'로 전변시키고, 작전의 의미, 자신의 사명과 정치적 목적을 이해하는 것을 바탕으로 강철 같은 조직 규율을 세우는데 이것이 홍군(紅軍) 이래로 군대의 본질을 이루어왔다. 당의 중심 위치는 당이 이런 정신을 제공할 수 있다고 여겨지는 데 있다." 이에 류푸성은 '신혁명역사 소설' 가운데 민간 영웅과 정치위원의 구조적인 교체가 의미심장하며 그 배후에는 이데올로기가 작용하고 있고 어렴풋이 1990년대 이래 '혁명과의 고별'(告別革命)이라는 이데올로기(반급진주의, 반도덕이상주의, 자유주의)가 소설에 투영되고 있음을 발견할 수 있다고 말했다.

류푸성의 이런 분석은 아주 훌륭하며 게다가 신혁명역사의 영화와 드라마 가운데 이런 '혁명과의 고별'이라는 논리 역시 아주 분명하게 드러나고 있다. 예를 들어 <영원불멸의 번호>의 마지막 3회는 일본 놈 야마시타

---

10) <흰표범>(雪豹), 40부작. 징쉬펑(景旭楓) 등 극본, 하오웨이(暠威) 등 연출, 베이징멍저우원화(北京夢舟文化) 출품, 2010년.

(山下)의 부대가 팔로군 근거지에 대한 맹공을 준비하자, 아군의 9군단 사령관과 정치위원은 밤새 리츠수이(李赤水, 극중에서는 李大本事라 불림)가 이끄는 부대로 달려가 가장 장렬한 임무인 적군의 저격을 맡아줄 것을 제기한다. 이런 장면은 17년 영화에서 반복적으로 출현했고 임무를 받은 모든 장교와 사병들은 감격하며 자긍심을 갖고 정의를 위해 모든 것을 희생하는 것으로 표현되었었다. 그러나 독립부대 대장으로서 리츠수이는 의기소침하게 표현되었다. 그리고 그때 하달된 숭고한 임무에 대해 인터넷 여론을 통해 본 시청자의 반응은 반감을 나타냈다. 물론 이런 반감 역시 이전의 영화와 드라마가 공통적으로 만들어놓은 것이었고 많은 관중들은 <영원불멸의 번호>를 그저 한 차례 한 차례 '총알받이' 임무를 완수해 나가는 것으로 간주했다.

그러나 이들 '총알받이의 임무'와 '혁명과의 고별'은 드라마의 영상 표현에서 오히려 상당히 입체적인 의미를 드러냈다. 예를 들어 리츠수이가 저격 임무를 받아들이고 난 후부터 드라마의 호흡이 갑자기 빨라지는데 이는 마지막 최고조를 이루는 결전에서의 분위기를 만들어내기 위한 것이었다. 그러나 이와 동시에 연출자는 중간에 상당히 긴 에피소드를 삽입하여 리츠수이가 수하 병사들의 머리를 하나하나 빗겨주도록 하는데, 빗은 그의 부인이 생전에 그의 머리를 빗겨주던 것이고 병사들에게 해준 말은 그의 부인이 생전에 하던 "목숨을 거둬가는 저승사자가 당신을 찾지 않고 일본 놈들의 총알도 비켜가게 하소서"라는 기도였다.

리츠수이가 그렇게 많은 전사의 머리를 하나하나 빗겨주며 기도의 말을 해줄 때, 마음이 급한 시청자들은 쓸데없는 말이 너무 길다고 싫어했겠지만 이 에피소드는 '17년' 시기 동안 새로운 '혁명성'이라는 것이 생성되었을 것 같다는 생각에 반대하는 것으로 쉽게 이해된다. 전장에 나가기에 앞서 엄숙한 이별은 '총알받이'의 짧은 출현이 아니라 생명의 의식인 것이다. 게다가 "목숨을 거둬가는 저승사자가 당신을 찾지 않고 일본 놈들의 총알도 비켜가게 하소서"라는 소박한 민간의 기도를 통해 리츠수이 부대의 출전은 그의 부인 싸이댜오찬(賽貂蟬) 등 민간 영웅들의 희생과 동일한 의미 장(場) 안에 위치하게 된다.

리츠수이가 그의 병사들의 머리를 빗겨주고 있을 때 그의 부하 '시톄스(吸鐵石, 자석이란 뜻) 역시 그의 부인과 작별한다. 시톄스는 리츠수이를 충실히 따랐고 모든 인민이 사랑하는 영웅들처럼 맨 처음부터 차례차례 전투를 거쳐 왔다. 한 번은 그가 부상을 당해 입원을 하게 되었는데 간호사를 사랑하게 되었고 결전을 앞둔 마지막 날 밤에 결혼식을 올렸다. 그는 전쟁터로 떠나면서 이제 막 혼례를 마친 부인을 안아주며 다음과 같이 말했다. "전에는 항상 국가를 위해 싸운다고 말하면서 내가 머리가 둔해 무엇이 국가인지 알지 못했지만 지금은 확실히 알 것 같소. 국가는 바로 당신이오. 나는 오늘부터 당신을 위해 싸우겠소!"

'국가는 바로 당신'이라는 말은 이론적으로 봤을 때 17년 영화 속에서 표현된 것과 정 반대되는 방식이다. 1952년 <남정북전>(南征北戰)[11]에서 대규모의 부대가 마오쩌둥 유격전의 이론에 따라 산둥(山東)까지 철수하면서 많은 전사들은 어째서 전투에서 이기고도 철수해야 하는지 알 수 없었다. 타오촌(桃村)을 지날 때 어떤 병사가 나이 어린 전우인 류용구이(劉永貴)를 놀리면서 다음과 같이 말했다. "류용구이, 자네 집이 타오촌 아닌가? 이제 자네 마누라와 자식들이 길가에 서서 자네를 환영하고 있겠구먼!" 류가 대답하길, "그런 소리 마세요. 그들을 만나면 뭐라고 말해야 할지

---

11) <남정북전>(南征北戰), 천시멍(沈西蒙) 등 시나리오, 청인(成蔭)·탕샤오단(湯曉丹) 감독, 상하이영화제작소(上海電影制片廠) 출품, 1952년.

모르겠어요!" "뭐라고 말하긴, 우리가 매일 전투에서 승리하고 있다고 말해, 그럼 영웅이 되겠지!" 류가 맥없이 대답한다. "매일 승리하고 있긴요, 매일같이 후퇴하고 있는데."

이어 류융구이는 3년 동안 만나지 못했던 부인을 만났다. 두 사람은 단 한 마디의 애정 어린 말도 없이 온통 전투와 철수에 대한 이야기뿐이었다. 뒤이어 류융구이가 있는 부대가 타오촌에서 승전한 후에도 계속 철수하라는 명령을 받았다. 헤어지면서 류융구이가 부인에게 말했다. "집에 별일 없소?" 부인은 "아이들은 친정집에 맡겼고 나는 위민(玉敏)을 따라 산으로 가 있어요. 당신들이 전쟁에서 반드시 돌아오기를 기다리고 있을게요"라고 답한다. 류융구이는 "우리는 반드시 돌아올 수 있소!"라고 말한 후 두 사람은 작별을 고했다.

3년 동안 만나지 못했던 젊은 부부가 만나고 헤어지면서 온통 국가대사에 관한 이야기뿐이다. 어쨌든 당시의 영상 표현 가운데 병사든 인민이든 어떤 사람이 되었든 모두 국가의 인민들이고, 이는 또한 당신은 국가의 것이라는 의미이다. 이렇게 두 장면을 비교해 보았을 때, <영원불멸의 번호>에서의 시톄스의 고백은 거의 반동이나 마찬가지이다.

그러나 다시 화면 속의 현장으로 되돌아가서, 키 크고 몸집 좋은 순박한 시톄스가 '국가는 바로 당신이오'라는 말을 마치고 첫 번째 전쟁터로 뛰어들었을 때 시청자들은 그 순간 '국가'와 '당신'은 같은 것이며 동등한 것이라고 느꼈을 것이다. 시톄스가 전쟁터로 나간 그 순간 그는 더 이상 성별 없는 총알받이가 아니라 남자요 군인이었다. 그 순간 남자와 군인으로서의 시톄스는 '총알받이'를 '중국의 남성'과 '중국의 군인'으로 새롭게 호명했다.

이런 의미에서 <영원불멸의 번호>와 같은 스스로 많은 문제를 제기한 드라마는 차례차례 '남성'과 '전사', '개인'과 '국가'의 역방향으로 등호를 긋는 장면12)을 통해, 그리고 '인민', '학도병', '가정과 국가' 등의 오랫동안 손상되었던 개념의 재건을 통해, '열사'와 '총알받이'를 새롭게 구별짓는 가능성을 만들어냈다. 그렇다면 영상 층위에서 '전사들이 죽음을 향해 뛰어드는 것'을 재건하는 것은 어쩌면 영상 기억을 회복하고 '혁명역사의 정극'을 회복하는 첫걸음일까?

또 다른 면에서 <영원불멸의 번호>는 네티즌과 제작자(制片人)들에 의해 '항일 버전의 <수호전>(水滸傳)'이라고 평가되었다. 그 첫 번째 이유는 리츠수이의 '오합지졸' 부대와 부대를 이끄는 몇몇의 인물들이 모두 전기적 색채를 띠고 있는데, 어떤 이는 유협들과 비슷하고, 어떤 이는 노지심(魯智深)을 닮았으며 더욱이 리츠수이는 여러 전기적 인물들을 합쳐놓은 것 같기 때문이다. 두 번째 이유는 리츠수이의 작은 부대가 어엿한 대규모의 부대로 성장하기까지 민간의 많은 뛰어난 인물들이 역량을 투여했는데, 그중 싸이다오찬 오누이가 이끄는 토적떼와 세상 경험이 아주 풍부한 추이샤오볜(崔小辮)과 샤오베이징(小北京) 부녀 등이 포함된다. 이 부대가 항전하는 과정에서 종종 매우 희극적인 장면이 연출되는데, 중국 무술과 경극이 동원되는 것은 말할 것도 없고 강호 고수들의 죽음도 저마다 전기적 특색을 띤다. 우선 그러한 전기적 특색을 띤 장면들의 진실성에 대한 것은 논외로 하고 '총알받이' 문제에 대해서만 말하자면, 최소한 영상 층위에서 민간 고수들이 자기 죽음의 전기성을 병사들에게 전해주고 병사들 역시 자기 죽음의 공공성을 민간 고수들에게 전해준다. 여기서 죽음의 전쟁터로 떠나는 리츠수이의 부대는 더 이상 '총알받이 부대'가 아니라 전기성과

---

12) 예를 들어, '개인은 국가다'가 아니라, '국가는 개인이다' 식.-옮긴이

민간성, 그리고 혁명성과 공공성을 겸비하게 된다.

그래서 <영원불멸의 번호>와 같은 드라마는 유행 드라마의 풍조를 따른다는 혐의가 있음에도 드라마의 구체적 내용 전개 과정에 영상의 '육신'(肉身)들을 충실히 채워놓았다. 이 '영상의 육신'들이란 설창(說唱)문예와 강호 이야기, 명저와 전기 등 전통적인 것에서 온 것들도 있고, 민속과 풍광, 하늘과 대지 등 발 딛고 있는 세계로부터 온 것들도 있다. 그래서 구 혁명역사의 영상과 구별되고 신 혁명역사의 영상과 차이가 나는 이들 드라마를 통해 새로운 시대의 혁명역사 정극이 다시 발돋움할 가능성을 드러냈다.

3_

그렇다면 무엇이 혁명역사 정극인가? 많은 평론들로 볼 때 '혁명역사 정극'이란 17년 시기처럼 이야기를 서술하거나 권위적이고 완벽한 방법으로 역사적 서술에 개입하는 것을 의미하고 있는 것 같다. 그러나 최근 몇 년간의 혁명역사 영화와 드라마는 기본적으로 이런 생각에 반박과 수정을 가하고 있다. 내 생각에 오늘날 '혁명역사 정극'을 새롭게 정의하는 것은 아직 시간을 필요로 하지만 지금 검토할 수 있는 것은 만약 혁명역사 정극의 개념이 없었다면 어떤 상황이 출현했을까 하는 것이다.

최근 몇 년 간의 항일전쟁 영화와 드라마 가운데 사람들 입에 가장 많이 오르내렸던 것은 <일본 놈이 왔다>[13]였다. 장원(姜文) 감독의 말에

---

13) <일본 놈이 왔다>(鬼子來了), 장원(姜文) 감독·시나리오, 중국합작영화제작사(中國合作制片公司) 출품, 2000년. 한국 내에서는 <귀신이 온다>(鬼子來了)라고 소개되었는데, 중국어 '鬼子'에

따르면, 그는 <일본 놈이 왔다>를 통해 일본 관객들의 잘못된 인식들을 바꿔놓고자 했다. 예를 들어 일본인들은 중국이 '전 인민이 모두 병력으로 동원'되었기 때문에 '전 중국인을 몰살시킬 수 있다고 생각했다. <일본 놈이 왔다>는 일본인들이 어떻게 무기 하나도 없는 평민들을 대상으로 무참히 학살을 저질렀는지를 보여주고자 했다. 이론적으로 장원 감독은 이를 잘 만들어냈다. <일본 놈이 왔다>는 일본에서 상영되었고 실제로도 일본 우익들의 반격을 받았다. 영화의 마지막에 일본이 이미 전쟁에 패하여 투항했음을 분명히 알면서도 간교하고 잔악한 일본인 소대장이 잔치를 빙자하여 과자타이(掛甲臺) 마을 사람들을 모두 모이게 한 후 전부 몰살시켰다. 일본인의 잔악함을 장원 감독은 충분히 표현해냈다.

그러나 <일본 놈이 왔다>에 관한 좋은 평가는 인쇄 매체나 인터넷 매체 할 것 없이 모두 이 영화의 처음과 끝을 주목하고 있다. 첫 장면은 '내'가 출현하는 부분이다. 만약 '내'가 밤에 두 개의 마대 자루를 다싼(大三)의 집에 버리지 않았다면 일본군 점령구역에 있는 과자타이 마을 사람들은 승리의 그 순간까지 줄곧 일본군과 사이좋게 지냈을지도 모른다. 거의 모든 평론에서 '나'를 어떤 공산당원 혹은 유격대원이라 했고 심지어 어떤 평론가는 이 '나'를 '짐'(朕)이라고도 했다. 어찌됐든 영화적 표현이나 영화 평론을 막론하고 이 두 적군을 데려온 '나'는 황당하고 책임감이 없는 데다 재난을 몰고 다니기까지 했다. 동시에 이와 대응되는 '마지막 장면'은 무엇인가? 일본군이 투항한 후 읍내로 진군해온 국민당 군대였다. 영화 마지막에 다싼은 마을 사람들의 복수를 위해 날이 선 도끼를 들고 국민당의 포로수용소에 쳐들어간다. 그는 비록 일본 병사 몇몇의 목을 베긴 했으

는 귀신이란 의미가 없다.-옮긴이

나 곧 붙잡혀 국민당 장교에게 사형을 선고받는다. 가장 비극적인 것은 국민당 장교가 일본인 포로에게 다싼의 형을 집행하도록 한 것이다. 부하를 데리고 한 마을을 몰살시켰던 일본인 소대장은 포로가 되고나서도 여전히 득의양양했고 오만한 태도로 하나아(花屋)에게 은인의 목을 베도록 명령한다.

이 영화는 비극의 발생부터 마지막 비극의 최고조에 이르기까지 동족에 대한 원망이 일본인에 대한 원망을 초월한다. <일본 놈이 왔다>는 장원 감독의 깊은 영향을 받은 루촨(陸川) 감독의 작품 <난징! 난징!>[14]에서 더욱 주제로부터 벗어난다.

<난징! 난징!>은 먼저 전쟁 중의 중국인을 비판하고 풍자한 후 다시 인도주의적 철학으로 일본군을 제도(濟度)하고 있다. 이렇게 항일전쟁은 침략 전쟁이 아닌 철학 전쟁이 되어버렸다. 그리고 더욱 이해할 수 없는 것은 중국인들을 수치스럽게 만든 이 영화가 외국 영화제에서 상을 받은 것은 그럴 수 있다 해도 중국에서 무수한 갈채와 많은 상을 받고, 사람들이 이 현상을 중국 영화가 점점 현대적 스타일을 띤다고 생각하게 되었다는 점이다. 그러나 나는 <난징! 난징!>과 <집결호>의 흥행이 폭로하고 있는 것은 바로 혁명역사 정극의 공백과 곤혹이라고 생각한다.

<난징! 난징!>과 <우리 부대장, 우리 부대>는 모두 2009년 작품으로 <난징! 난징!>의 흥행 성적은 괜찮았고 <우리 부대장, 우리 부대>의 시청률은 높지 않았었다. 그러나 2009년 최고의 흥행은 <건국대업>[15]이었다.

---

14) <난징! 난징!>(南京! 南京!), 루촨(陸川) 감독·시나리오, 중국영화그룹(中國電影集團) 등 연합 출품, 2009년.

15) <건국대업>(建國大業), 왕싱둥(王興東) 등 시나리오, 한싼핑(韓三平) 등 감독, 중국영화그룹(中國電影集團) 출품, 2009년.

영화 <건국대업>은 주선율 중의 주선율로서 어떤 의미로 보아도 혁명역사 정극이라 할 수 있는 데다 실제로도 정극의 주제를 갖고 있다. 그러나 영상 표현에서 이 정극은 곤혹스러움을 드러내고 있다. 장궈리(張國立), 류더화(劉德華), 리롄제(李連傑), 청룽(成龍), 천쿤(陳坤), 장쯔이(張子怡), 자오웨이(趙薇), 거유(葛優), 펑사오강 등이 조연급으로 출연하여 짧은 분량의 출현에도 배우로서 최고의 열연을 펼쳤지만, 장궈리는 여전히 황제였고 류더화는 여전히 우상이었으며 장쯔이와 자오웨이는 여전히 스타였기 때문에 그들이 돌아가면서 나타날 때마다 영화관은 웃음바다가 되었다. 이에 비해 쑨훙레이(孫紅雷)가 출연한 <잠복>(潛伏)[16]과 <세상 바른길은 굴곡이 많다>(人間正道是滄桑)[17]는 공공생활 가운데 남긴 영상 기억에 근거하기 때문에 시청자들의 웃음소리가 (건국위업과) 다르며, 우리에게 주인공 위쩌청(余則成)과 양리칭(楊立靑)을 떠올리게 한다.

물론 나는 스타를 등장시켜 역사 정극을 제작하는 것을 반대하는 것이 결코 아니다. 반대로 그것은 혁명역사 정극이 대중을 사로잡을 수 있는 첩경이 될 수 있다. <건국대업>이 상영된 후 네티즌들 대부분이 한동안 공산당의 역사에 관심을 나타냈다. 그러나 여기서 문제는 몽타주 같은 <건국대업>은 그것을 뒷받침할 영상의 자료[18]와 영상 기억이 전무하기 때문에 고도로 추상적이 되어버렸을 뿐 아니라, 뒤이은 <건당위업>[19]이

---

16) <잠복>(潛伏), 30부작. 장웨이(姜偉) 극본·연출, 둥양칭위영상문화(東陽靑雨影視文化) 출품, 2009년.
17) <세상 바른길은 굴곡이 많다>(人間正道是滄桑), 50부작. 장치타오(姜奇濤) 극본, 한싼핑(韓三平) 연출, 중국영화그룹(中國電影集團) 출품, 2011년.
18) 영화 화면을 인상적으로 표현하기 위해 과감한 편집과 장면을 병치시키는 몽타주 구성을 설명하고 뒷받침할 수 있는 구체적 인물과 사건들 그리고 영상 표현들을 말한다.—옮긴이
19) <건당위업>(建黨偉業), 둥저(董哲) 등 시나리오, 한싼핑 등 감독, 중국영화그룹 출품, 2011년.

내용과 형식을 긴밀하게 연결하지 못함으로 인해 영화가 원래 갖고 있던 역사적 가능성이 상업성에 의해 오염되어 버렸다. 이와 동시에 역사 정극의 이런 '바람직하지 못한 결과'와 '말로'로 인해 이후 감독들은 곁가지 뻗어나가는 방식으로 인민의 역사와 혁명 중국을 표현할 수밖에 없게 되었다.

그러나 혁명역사 정극의 영상 관련 종사자들이 무능함을 보이는 것은 분명 위험한 일이다. 최근 몇 년간 대륙 영화와 타이완 영화에서 보인 역사 정극의 표현에서의 곤경이 바로 그것이다. 2011년 두 편의 역사 블록버스터 <시디크 발레>(Seediq Bale, 賽德剋・巴萊)20)와 <건당위업>을 그 예로 들어 설명할 수 있겠다. 타이완의 항일 블록버스터 <시디크 발레>에서 웨이더성(魏德聖) 감독은 타이완 '역사 정극'의 재건을 시도했으나 이 영화는 인쇄 매체와 인터넷 매체를 막론하고 "타이완의 <아바타>"라는 평을 받았다. 이와 동시에 <건당위업>의 마지막 부분에 우리는 난후(南湖)와 호수 위의 배, 그리고 공산당 역사상 가장 중요한 회의 장면을 볼 수 있었지만 이 장면은 첨단 과학기술의 특수 효과가 만들어낸 것이어서 아득히 피어나는 물안개는 무협영화의 장면 같았고, 더욱이 영화배우 저우쉰(周迅)의 클로즈 업 장면은 로맨스 영화의 효과 같았다.

풍경을 아름답고 환상적으로 표현하는 것은 아마도 요즘의 추세일 것이다. 그러나 혁명역사 제재를 나타낼 때 이런 기법은 오히려 역사적 수사를 약화시킬 수 있다. 왜냐하면 고도의 추상은 결국 기의(시니피에)의 무능으로 빠져버리기 때문이며 첨단 과학으로 만들어낸 풍경은 더욱이 추상이

---

20) <Seediq Bale>(賽德剋・巴萊), 웨이더성(魏德聖) 감독・시나리오, 웨이스영화공사(威視電影公司) 출품, 2011년. 타이완 원주민 말로 Seediq은 '사람', Bale은 '진정한'이란 뜻으로, 원제는 '진정한 인간'이란 의미이다.-옮긴이

라고도 할 수 없는 일종의 순수한 가상(virtual)이므로 <집결호>의 풍경보다 더욱 퇴보되었다.

그래서 혁명역사 정극의 재건이라는 문제에서 어쩌면 '일류 감독'들이 오히려 '이류, 삼류 드라마'로부터 배워야 할지도 모르겠다. 드라마 <우리 부대장, 우리 부대>는 실제로 훌륭한 예를 제공해주고 있다. 드라마 20회에서 '총알받이 부대' 대장 룽원장(龍文章)이 자신의 신세타령을 하는 장면이 있다. "한살에는 허베이(河北), 두 살에는 허난(河南)에 있었고, 네 살에는 산시(山西)에 오게 되었지. 윈청(雲城)의 샤오스후(硝石湖, 질산칼륨 성분으로 된 호수-옮긴이)에 가봤는데 온통 끝없이 하얀 빛이었고, 관운장의 고택에도 가봤지. 여섯 살에는 쑤이위안(綏遠)으로 갔지. 모두 가족을 따라 갔었어. 몽골(蒙古), 간쑤(甘肅), 디화(迪化), 즈완 전쟁(直皖戰爭, 1920년대 군벌전쟁-옮긴이) 때는 캉짱(康藏), 그렇지 캉짱에 있었지. 그 후 동쪽으로 갔는데, 쓰촨(四川), 산시(陝西), 후베이(湖北), 안후이(安徽)에 갔어. 강산이 그림 같았지." 룽원장은 '강산이 그림 같았지'라는 말에 이어 연신 '나불댔다'. "베이핑의 바오두(爆肚, 소 내장 요리), 샤브샤브(刷肉), 황청건(皇城根, 베이징의 한 지역), 난징의 간쓰 샤오마이(乾絲燒賣, 말린 두부피를 얇게 썰어 속으로 넣어 찐 만두), 휘황찬란한 친화이(秦淮, 난징의 작은 강. 기녀와 풍류의 고장으로 유명했음)의 풍경, 상하이의 룬빙(潤餅, 얇은 피 안에 야채 소를 넣어 말아 만든 것), 커짜이젠(蚵仔煎, 빈대떡 비슷한 전), 보기만 해도 눈이 번쩍 뜨이는 세상이지. 톈진(天津)의 마화(麻花, 꽈배기)와 거우부리(狗不理, 톈진의 유명한 만두의 일종), 광저우(廣州)의 팅짜이저우(艇仔粥, 광저우의 야채 어죽)와 창펀(腸粉, 고기소를 넣고 얇은 밀가루 피에 말아 만든 것), 뤼순커우(旅順口)의 셴위빙쯔(鹹魚餠子, 소금간 한 생선으로 만든 튀김)와 포대(炮臺), 둥베이(東北) 지역의 디싼셴(地三鮮, 야채로 만든 특색 요리)과 쏸차이바이러우둔펀탸오(酸菜白肉燉粉條, 고기, 야채, 전분으로 만든 국수를 같이 넣어 만든 요리), 훠궁뎬(火宮殿)의 야쉐탕(鴨血湯, 오리피로 만든 탕)과 처우더우푸(臭豆腐, 썩힌 두부), 그리고 면과 국수로 유명한 창사(長沙)…."

내가 보기에 이런 '중국성'과 '중국적 육신'들은 바로 '혁명역사 정극'의 기본 바탕이며, 이것이 바로 <집결호>와 같은 영화에 빠져있는 것이다. 왜냐하면 룽원장이 마음 속 가득한 자신의 감정을 중국의 지명과 지방의 토속 음식들의 이름으로 줄줄이 풀어낼 때 시청자들이 받은 감동은 <건당위업>의 물안개 피어오르는 난후의 마지막 장면의 감동을 초월했기 때문이다.

실제로 <우리 부대장, 우리 부대>나 <영원불멸의 번호>와 같은 드라마는 모두 <집결호>처럼 의도적으로 국토 수복 작업을 하지 않았다. 반대로 감독이 하고자 하는 이야기는 여전히 '신혁명역사 이야기'이다. 그러나 영상의 힘이 이데올로기의 틀을 넘어서 중국인과 중국 전통 그리고 중국 혁명이 결집되도록 하는 과정에서 '혁명의 고조'가 다시 한번 가능하게 되고, '인민'과 '군인', '가정'과 '국가'가 만나게 된다면 이것이 아마도 '혁명역사 정극'의 본질적인 회복이라고 믿는다.

[요약]

마오젠은 「혁명역사 정극의 재건: '총알받이(炮灰)'를 화두로 삼아」에서 최근 몇 년간 중국에서 인기를 끌었던 혁명을 주제로 하는 영화와 드라마의 공통된 제재인 총알받이를 분석하고 있다. 그녀는 2000년대 이후 제작된 주선율 드라마를 통해 그간 관방에 의해 조명 받지 못했던 '민간', 영웅에 묻혀 스러져갔던 수많은 '개인들'의 이야기가 중국성(中國性)과 혁명의 기본 바탕을 구성함으로써 영상 기억과 '혁명역사 정극'의 본질을 회복하기 위한 가능성을 제공하고 있음을 밝혀내고 있다. 2000년대 이후 중국의 주선율 드라마의 '세속화'는 중국의 정치, 경제, 사회 정책들과 함께 맞물려 있으며, 새로운 소비세대의 등장과 첨예한 현실의식에 기반을 두고 있다. 개인의 경험을 통해 정치적 이데올로기와 혁명적 신념, 그리고 보편적 진리를 찾는 방식은 시청자들의 세속적 욕망과 더불어 정신적 추구에 대한 요구를 만족시켜준다. 또한 드라마의 영상적 표현들 가운데 드러나는 '중국성'은 마오젠이 말한 '중국의 육신(肉身)'이며, 혁명의 기저에 깔린 인민들의 풀뿌리성 그 자체이다. 마오젠은 이것이야말로 이데올로기의 틀을 뛰어 넘어 중국인과 중국 전통 그리고 중국 혁명을 다시 집결시킬 수 있는 가능성을 만들어내며 진정한 '혁명역사 정극'의 본질을 회복할 수 있는 중요한 요소로 보고 있다. (고윤실)

당대** 첩보드라마에 드러난 신앙과 문화적 징후*

니웨이(倪偉)

손주연 옮김

최근 몇 년 간 중국 대륙에서 TV드라마(이하 드라마)는 그 발전이 무궁무진했다고 할 수 있다. 드라마의 생산량이 매년 늘어나 비공식적으로는 그 생산량이 세계 1위를 기록하고 있다.[1] 또한 그 영향력도 끊임없이 커지고 있어 선풍적인 인기를 끈 드라마는 수억의 시청자들을 매료시켜 사람들

---

* 출처: 倪偉, 「當代諜戰劇中的信仰與文化徵候」, 『第八屆中國文化論壇: 電視劇與當代文化暨國産革命歷史題材電視劇靑年論壇』(資料集), 2012. 7. 14-16(『熱風學術』, 제8집 게재 예정).

** 중국어에서 '當代'는 두 가지 의미를 가지고 있다. 하나는 영어 'contemporary'의 의미로, 우리말에서 '최근' 또는 '당대'의 의미와 상통한다. 다른 하나는 1949년부터 시작해 지금까지의 시기를 지칭하는 중국의 특유한 용법이다. 이 경우 중국적 맥락을 존중해 '당다이'로 표기하는 것이 좋다. 이 글에서 '당대'는 전자의 의미로 사용되었으며, 특히 21세기에 들어선 가장 최근을 지칭하고 있다.-옮긴이

1) 국가방송영화TV총국(國家廣播電影電視總局)의 통계에 따르면, 2011년 전국에서 생산, 완성 및 발행 비준을 받은 국산 드라마는 총 469편 14,942부이며, 2012년 1월부터 6월까지 생산, 완성 및 발행 비준을 받은 드라마는 총 224편 7,618부이다. 이는 2011년의 역대 신기록을 돌파할 전망이다. 통계 수치는 국가방송영화TV총국의 홈페이지 참조. http://sdj.sarft.gov.cn

의 일상적인 이야깃거리가 되었다. 다수의 대중을 상대로 한다는 점과 그 영향력이 크다는 점에서 문학과 연극 등 전통적인 문예 형식은 드라마에 비할 바가 못 된다. 화이형제(華誼兄弟, Huayi Bros. Media Group) 드라마사 업부 총재인 양산푸(楊善朴)는 인터뷰에서 "생활에 대한 시청자들의 이해는 드라마에서부터 비롯된다"[2]고 말한 적이 있다. 이 말은 조금 과장된 것일 수도 있으나 드라마가 의미를 생산하고 전파하는 매우 중요한 장(field)이 되었다는 점은 부인할 수 없는 사실이다. 다양한 장르의 드라마는 다채로운 방식으로 당대 삶의 구석구석을 우리의 눈앞에 펼쳐놓았으며, 보여줄 듯 말 듯 역사 및 생활에 대한 당대 중국인의 서로 다른 이해방식을 표현해냈다. 우리는 또한 드라마를 통해 1990년대 이래 형성된 사회의 주류 가치관이 이전 이데올로기 담론의 일부 요소들을 성공적으로 흡수하고 개편함으로써 일종의 패권적 이데올로기 담론이 되었음을 알 수 있다.

다양한 장르의 드라마 중에서 첩보드라마는 최근 비교적 열렬한 반응을 불러일으킨 것 중 하나이다. 비록 그 역사는 50~60년 전의 <양성암초>(羊城暗哨, 1957),[3] <영원히 사라지지 않을 전파>(永不消失的電波, 1958)[4] 등의 영화를 대표로 하는 방첩물과 정탐물로 거슬러 올라갈 수

---

2) 「화이의 '형남'이 드라마 산업에서의 자원 쟁탈전과 생산량 중 1/4이 시장을 얻지 못함을 비판하다」. http://yule.sohu.com/20120704/n347261661.shtml
3) <양성암초>는 루졔(盧珏) 감독이 1957년에 출품한 영화다. 중화인민공화국 건국 초기, 209라는 암호명을 쓰는 특수공작원이 변방군인에게 잡힌다. 적의 간첩조직을 일망타진하기 위해서 왕롄(王練)이라는 한 공안(公安)은 209의 신분으로 간첩들과 접선하는 한편, 바구(八姑)와 함께 가짜 부부 신분으로 활동을 전개해 나간다. 왕롄은 세심한 정찰을 통해, 바구가 의사 천(陳)씨를 데리고 홍콩으로 건너가 '중국인민대표규탄모임'에 참가하여 UN에 가 중화인민공화국을 비방해야 한다는 것을 알게 된다. 공안의 도움으로 천 의사는 공안국을 도와 이 일을 해결하기로 결심한다. 간첩들은 천 의사를 협박하여 같이 배에 타게 하는데, 메이이(梅姨)의 등장으로 왕롄의 신분도 폭로된다. 간첩들이 왕롄과 천 의사 사이를 이간질하려던 찰나, 그들은 공안들의 도움으로 간첩들을 일망타진한다. ─옮긴이 http://baike.baidu.com/view/608155.htm
4) <영원히 사라지지 않을 전파>는 상하이의 비밀 지하당원이었던 리징안(李靜安, 리바이[李白]

있으나 본격적인 인기를 얻게 된 것은 21세기 이후이다. 2006년, <암산>

(暗算)[5]의 예상외의 인기로 인해 첩보드라마가 쏟아져 나왔고, 곧이어 <잠

복>(潛伏, 2008),[6] <여명이 오기 전>(黎明之前, 2010),[7] <총을 빌리다>

으로도 알려져 있다)과 친훙쥔(秦鳴鈞) 두 사람의 실화를 바탕으로 1958년에 출품된 영화다. 1949
년 5월 30일 공산당이 상하이를 점령한 지 사흘째 되던 날, 상하이 시장으로 임명된 천이(陳毅)에
게 전보 하나가 전달된다. 전보는 중국 공산당 중앙정보부 부장 리커눙(李克農)이 보낸 것으로,
리징안 동지의 행방을 찾아달라는 내용이었다. 천이는 조사 결과 리징안은 5월 7일 밤 적에게
희생당했다는 사실을 알게 되고, 6년여의 시간을 들여 책임자인 예단추(葉丹秋)와 여간첩 뉴하이
보(鈕海波)를 처형한다. 영화는 이러한 역사 사실을 바탕으로 손에 땀을 쥐게 하는 혁명 투쟁을
평범하고 일상적인 가정생활에 녹여내어 리사(李俠)라는 낙관적이며 굳세고 위험을 두려워하지
않으며 용감하게 자신을 희생하는 공산당원 형상을 만들어냈다. 또한 지하 공산당의 비밀 첩보
활동을 그려내어 관중들에게 큰 재미를 가져다주었다.─옮긴이 http://baike.baidu.com/view/
137163.htm

5) <암산>은 총40부작으로, 크게 제1부 "바람을 듣다", 제2부 "바람을 보다", 제3부 "바람을
잡다"의 세 부분으로 구성되어 있다. 제1부는 도청하는 사람들의 이야기다. 이들은 "귀로 천하를
다스리는" 사람들로, 이들의 귀는 천지 밖의 소리도, 없는 소리도, 비밀스러운 소리도 모두 다
들을 수 있다. "바람을 보다"는 암호 해독자들의 이야기다. 이들은 "묘한 계책에 능한" 사람들이
다. 그들의 혜안은 그 어떤 기밀도 다 꿰뚫어볼 수 있으며 난해한 글을 해독하고, 글자가 없는
책마저도 읽을 수 있다. "바람을 잡다"는 지하 공산당원의 이야기다. 국민당이 백색공포를 실시하
던 시기, 그들은 희생자이자 전사였다. 그들은 변장하여 호랑이 굴에 들어가 투쟁해 중화인민공화
국을 위한 불후의 업적을 남겼다.─옮긴이 http://baike.baidu.com/view/161231.htm

6) <잠복>은 룽이(龍一)의 단편소설을 각색한 총 30부작의 드라마다. 항일전쟁이 승리하기 전,
국민당의 군통(주20 참고) 요원인 위쩌청(余則成)은 국민당의 부패에 불만을 품고 공산당의 지하
공작원이 되어 군통 톈진(天津) 지부에 '아미봉(峨眉峰)이라는 암호명을 가지고 잠복해 들어간다.
임무 수행을 위해 그는 결단력 있고 올곧은 여성 유격대장 추이핑(翠平)과 가짜 부부 행세를
한다. 그러나 추이핑은 관리 부인으로서의 생활에 적응하지 못해 임무에 불만을 가지게 된다.
이에 가짜 부부의 충돌은 끊이지 않고 위험이 계속해서 이어지는 상황에 처한다. 위쩌청의 연인인
쩌란(左藍)도 톈진에서 임무를 수행하는데 두 사람은 타의에 의해 서로 낯선 사람 행세를 하게
된다. 이로써 특수 공작원으로서의 임무를 둘러싸고 세 사람은 각종 위험에 맞닥뜨리게 된다.─옮
긴이 http://video.baidu.com/v?word=%C7%B1%B7%FC&fr=ala6&ct=301989888&rn=20&pn
=0&db=0&s=8

7) 류장(劉江) 감독의 30부작 드라마. 1948년 9월 15일 밤 상하이 국민당 정부 중앙정보부 제8국
정보처 처장 치페이린(齊佩林)은 중국 공산당 장쑤성(江蘇省) 위원회의 교통원인 친유톈(秦佑天)을
체포하게 된다. 이에 친유톈은 바로 반역하여 국장 탄중수(譚忠恕)에게 제8국에서 다년간 스파이
로 임무 수행중인 중국 공산당 특수 공작원에 대해서 진술하고 이를 기록으로 남기기로 약속한다.
그러나 국장이 도착했을 때 문서국의 기밀 요원인 첸위(錢宇)는 이 기록을 불태우고 있었고 국장
이 이를 급하게 가로채는 사이에 첸위는 음독자살한다. 국장은 그 기록에서 익숙한 암호명, '선완

(借槍, 2011),[8] <낭떠러지>(懸崖, 2012)[9] 등의 이목을 끄는 작품들이 등장
함으로써 첩보드라마도 일약 가족윤리드라마에 버금가는 중요한 장르가
되었다.

당대 첩보드라마는 1990년대 말부터 21세기 초까지 인기를 끌었던 수
사드라마와 홍색(紅色)제재 역사드라마가 성공적으로 접목해 이루어진 산
물이다. 2004년 '국가방송영화TV총국'(國家廣播電影電視總局)은 수사드라
마가 과도하게 유혈 폭력과 잔혹한 살해 장면을 보여준다는 이유로 황금시
간대에 수사드라마의 방영을 금지했다. 그 이후 수사드라마는 홍색제재
역사드라마와 접목해 첩보드라마의 탄생이라는 빛나는 성과를 거두었
다.[10] 첩보드라마는 수사드라마의 몇 가지 특징을 계승했다. 예를 들면
플롯이 복잡하고 스릴 있으며, 논리적 추론이 치밀하고 추리드라마의 성격

을 발견한다. '선왼은 국장의 숙적이었던 것이다. 국장은 각종 수단을 동원해 '선왼'인 돤하이핑
(段海平)를 찾아내려고 한다. '선왼' 돤하이핑은 '트로이 목마 작전으로 국민당의 '목마'를 성공적
으로 무너뜨리고 또 다른 공산당 공작원인 류신졔(劉新傑)의 신분이 탄로 나는 것을 막기 위해
자신을 희생한다.–옮긴이 http://video.baidu.com/ v?ct=301989888&rn=20&pn=0&db=0&s=
8&word=%C0%E8%C3%F7%D6%AE%C7%B0&fr=ala0
8) <총을 빌리다>는 <잠복> 제작팀이 만든 30부작 드라마로, 항전시기의 이야기를 다루고
있다. 항전시기 톈진의 중국 공산당 특수행동과의 행동조장은 일본 헌병 사령관인 가토(加藤)의
암살을 기도하지만 실패한다. 이에 지하 공산당원 슝쿼하이(熊闊海)가 이 임무를 이어받게 되는데,
드라마는 그가 진퇴양난의 상황에서 가토를 총으로 쏴죽이기까지 벌어지는 이야기를 그리고
있다.–옮긴이 http://baike.baidu.com/view/2365796.htm
9) <낭떠러지>는 1938년의 동북지역을 배경으로 하고 있다. 저우이(周乙)는 공산당의 특수 공작
원이다. 그는 적의 내부로 들어가 잠복근무를 하기 위해 정보 전달의 임무를 맡은 구추옌(顧秋姸)
과 가짜 부부행세를 하게 된다. 그러나 강한 적수 가오빈(高彬)은 두 사람의 관계를 시험해 보기
위해 저우이에게 압박을 가하고, 저우이는 자신의 진짜 아내가 눈앞에서 총살당하는 것을 지켜보
고 있을 수밖에 없게 된다. 동시에 '가짜 부부' 관계도 서서히 변한다. 구추옌과 저우이가 모두
위험에 닥친 상황에서 저우이는 결국 하얼빈에 가 구추옌을 구하기로 결심하지만 돌아올 수
없는 길에 들어서게 된다.–옮긴이 http://baike.baidu.com/view/552443.htm
10) 바이샤오이(白小易), 「수사드라마에서부터 첩보드라마까지의 책략 변화를 논함」(論涉案劇到諜
戰劇的策略轉型), 『중국 방송 TV 학간』(中國廣播電視學刊), 2010년 제5기 참고

이 짙은 것이 그것이다. 그러나 서사 주제는 기본적으로 홍색제재 역사드라마의 스타일을 따르는데 통상적으로 이는 중국공산당 첩보원이 적의 내부로 침입해 탄복할 만한 지혜와 용기로 각종 어려움을 극복하고 임무를 완수한다는 줄거리를 따른다. 홍색제재 역사드라마의 파생물인 첩보드라마 역시 혁명 주제를 널리 알리려 한다. 첩보드라마도 주인공이 군세고 흔들림 없는 혁명 신앙에 의지해야만 극도로 험악한 환경에서 적을 물리치고 궁극적인 승리를 얻을 수 있다는 것을 강조한다. 첩보드라마에서 신앙은 높이 들어올린 기치이면서 가장 눈에 띄는 홍색 표시이다.

첩보드라마는 이 '신앙'이라는 주제를 어떻게 드러내는가? 첩보드라마는 혁명이라는 신앙에 어떠한 새로운 시대 내용을 주입시켰는가? 이것은 주목할 만한 문제다. <암산>의 제3부 "바람을 잡다"(捕風)에서 공산당원 첸즈장(錢之江)은 이중적인 신앙을 가지고 있다. 그는 공산주의를 믿는 전사이면서 독실한 불교도이기도 하다. 그는 공산당원이라는 실제 신분을 숨기기 위해서가 아니라 오히려 정신적인 필요에 의해서 불교를 믿는다. 그는 불교 신앙을 이렇게 설명한다. "나는 불교를 믿지 않는다. 불교는 내가 나의 정신을 기탁하는 곳이지 신앙이 아니다." "신앙은 목표다. 기탁은 필요에 의한 것이며, 어찌 할 도리가 없는 것, 부득이한 것이다." 그가 보기에 불교 신앙은 일종의 개인의 정신적 기탁처이기에 신앙이라 할 수 없는 것이다. 신앙은 반드시 개인을 넘어서는 원대한 목표가 있어야 하며 그것은 적극적이며 진취적이고 무조건적인 봉헌, 더 나아가 자기희생을 요구한다. 불교 신앙에는 비록 이데올로기적 믿음과 같은 그런 초월적 가치는 없지만, 그가 "정신 깊숙이 존재하는 모든 곤혹과 고통을 마음 놓고 둘 수 있는 구석을 가질" 수 있게끔 하여 자신의 믿음을 더욱 잘 실현하기 위해 분투하고 노력하게끔 한다. "생명은 숨 한 모금이고, 신앙은 하나의 생각이다."

그러나 이러한 방식으로 불교를 믿는 것과 신앙을 가지는 것의 차이를 강조하는 것은 위험을 내포하고 있다. 즉 정신적, 감정적 위안 작용을 신앙의 기본적인 기능으로부터 제거하게 되는 것이다. 일반적으로 신앙은 언제나 강렬한 감정적 체험의 색채를 지니고 있으며 개인의 생명을 뛰어넘는 초험적인 목표를 제공하는 동시에 신자로 하여금 일종의 강렬하고도 신성한 정신적 체험과 감정적 경험을 얻게 한다. 이러한 의미에서 "신앙은 단지 사유방식에 그치는 것이 아니라 오히려 일종의 생활방식이라 할 수 있다. 신앙은 일상생활을 영구불변한 실체 속에 위치시킨다. …이는 우리로 하여금 정력이 넘쳐흐르게 할 뿐만 아니라 하나의 신념을 얻게끔 한다. 즉 사람들은 지극히 선하며 무한한 힘으로부터 가장 깊고 두터운 충족감을 얻을 수 있다."11)

이전의 홍색경전(紅色經典)에서 혁명가의 신앙을 표현할 때 신앙은 통상 다음과 같은 의미로 이해되었다. 즉 신앙은 공산주의의 원대한 목표를 이성적으로 인지하고 자각적으로 인정할 뿐 아니라 그에 상응하는 인생관과 가치관을 충실하게 수행하는 것이다. 바로 이 때문에 혁명가는 현실생활에서의 각종 곤혹과 고통에 얽매이지 않으며 어떠한 상황에서도 혁명의 열정과 왕성한 투지를 유지할 수 있다. 그러나 첸즈장에게 신앙은 '하나의 생각'이 되었다. 신앙은 비록 초월적 성격의 목표를 제공할 수는 있으나 근본적으로 사람의 영혼을 평온하게 할 수는 없었다. 정신 깊숙이에 존재하는 곤혹과 고통은 여전히 다른 방법을 통해 내려놓아야 할 필요가 있었고, 이는 실질적으로 신앙이 개인의 생명 전체를 효율적으로 그러모을 수

---

11) Frederick J. Streng(斯特倫), 『인간과 신—종교생활에 대한 이해』(人與神—宗教生活的理解), 上海人民出版社, 1991, 59.

없으며 끝까지 신앙의 신성한 빛이 비추지 못하는 구석들이 존재한다는 것을 뜻한다. 불교를 믿는 것은 개인의 정신적 기탁처를 얻기 위함이고, 신앙을 가지는 것을 개인을 초월한 이상적인 목표라는 방식으로 구분하는 것은 실질적으로는 개인의 정신적 체험과 사회적인 이상 목표 사이의 연관성을 끊어버리는 것이다. 그러나 본래 진정한 신앙 안에서 이 두 가지는 서로 관통하며 융합되어야 마땅하다.

신앙의 테두리 밖에 은밀하고 신앙이 침투할 수 없는 개인만의 정신세계가 펼쳐져 있다고 가정하는 논리는 당대 중국에서 발생하고 있는 공동체 본위에서 개인 본위로 가치가 편중되는 현상을 반영하고 있다. 일단 신앙이 첸즈장의 이른바 '생각'처럼 개인의 생명 외부에 존재하는 목표가 되면, 그것은 형식적이며 주관적인 명령으로 변하기 쉬우며 그 구체적인 내용은 그다지 중요하지 않게 된다. 만일 신앙이 주관화되고 개인의 생각과 동일시되면, 서로 다른 신앙의 가치 구분은 모호해지게 된다. "바람을 잡다"에서 첸즈장이 국민당 경비사령부의 부참모장 옌징성(閻京生)을 물고 늘어져 옌징성이 자신의 무고함을 밝힐 수 없게 되자 자신의 결백과 국민당에 대한 충성을 보여줄 수 있는 방법은 오직 자살뿐이었다. 어떤 의미에서 옌징성은 곧 첸즈장의 부정적 그림자라 할 수 있다. 두 사람은 모두 각자의 당에 충성하고 자기희생을 결심하며 또 그런 결심을 할 만한 용기를 가지고 있다. 그렇다면 옌징성도 견고한 신앙을 지닌 사람이라고 할 수 있을까? 바로 여기에서 우리는 신앙의 형식화와 주관화가 모종의 위험성을 내장하고 있고 혁명신앙이라는 전통적인 주제도 어느 정도 의도적으로 모호해짐을 알 수 있다.

<잠복>에서 이 난처한 질문은 한 걸음 더 나아가 확대된다. 옌징성과 비교해 봤을 때 리야(李涯)는 보다 유능하고 노련하며 또 인격적으로 더

큰 매력을 지닌 국민당의 인재다. 그의 재능은 출중하며 이상(理想)도 품고 있었다. 그러나 극도로 부패한 환경에서 그는 처세술에 능하지 못해 자신의 맡은 바 임무를 다하려고 할수록 더 큰 타격을 받게 된다. 이러한 면에서 그는 용의주도하며 관료사회와 병법을 꿰뚫어보고 있는 위쩌청의 상대가 되지 못한다. 그는 예리한 후각으로 정확하게 위쩌청을 식별해 내지만 혼자만으로는 위쩌청을 무너뜨릴 수 없었다. 오히려 그는 면전에서 위쩌청에게 따귀를 맞는 모욕을 당하고 사무실에 숨어 들어가 남몰래 홀로 눈물을 흘릴 수밖에 없었다. 상사와 동료들은 모두 말없이 한몫 잡는 데 열중해 공산당에 대해서는 보고도 못 본 체 했다. 오직 사무실을 집 삼아 지내는 이 독신남만이 충실하게 사냥개로서의 임무를 충실히 이행하고 있었다. 그는 무엇을 위해서 이렇게 했던 것일까? 이는 승진하고 재산을 불리기 위해서가 아니라 오히려 "아이들이 잘 살게 하기" 위해서였다. 이 염원은 개인의 영욕과 득실을 초월했으며 확실히 하나의 감동적인 이상이라 할 수 있다. 리야의 충성과 집착 그리고 무사(無私)함은 많은 시청자들의 동정을 샀고, 적지 않은 사람들이 "견고한 신앙을 지니고 끊임없이 그것을 좇"으며, 위쩌청보다 더욱 자신의 신앙에 충실하므로 리야야말로 '진정한 영웅'이라고 생각했다.[12] 장웨이(姜偉) 감독은 <잠복>에서 표현하고자 한 것은 신앙의 힘이지만 만일 신앙에 대한 표현으로 인해 우리가 뜻밖에도 리야가 더욱 깊은 신앙을 지닌 영웅이라고 생각하게 된다면 그것은 의심의 여지없이 조금 난처하다고 말한 바 있다. 리야는 비록 충성스럽고 용감하지만 그가 충성을 다 하고 있는 것은 반동부패 정권이었던 것이다. 그는 뜻밖에도 이렇게까지 눈이 멀어 자신의 국민당에 대한 충성과 "아이들을

---

12) 「주펑이 연기한 <잠복>의 리야: "저조"란 무엇인가」(<潛伏>之李涯—祖峰飾:什麼叫"低調"). http://hi.baidu.com/baitiantian1994/blog/item/c287742d116d8c3d359bf754.html

잘 살게 한다"는 이상이 근본적으로 상충됨을 인식하지 못한다. 이런 점만 봐도 그는 기껏해야 가소로운 공상주의자이며 정확하게 현실을 인식하지 못하고 역사가 필연적으로 발전해 나가는 방향을 명확하게 보지 못하고 있다. 이러한 사람을 어떻게 신앙을 지닌 영웅이라 할 수 있는가? 그리고 신앙은 정말 그저 개인의 순수한 주관에 의해서 정해지는 것인가? <잠복>에서의 신앙에 대해 논할 때, 확실히 적지 않은 사람들이 이러한 결론에 도달한다. "신앙은 곧 스스로 옳다고 여기는 생각(혹은 진리)이다."[13] 따라서 위쩌청과 리야는 모두 신앙을 가지고 있는 사람들이며 그들의 신앙 중 누구의 것이 옳고 누구의 것이 그르다고 말하기 힘들다. 그들 둘은 모두 자신의 신앙에 충실했으며 "그저 신앙을 추구하는 방식이 다를 뿐이다. 하나는 배반을 택하고 다른 하나는 맡은 일에 대한 책임을 택했다."[14] 어떤 사람들은 심지어 셰뤄린(謝若琳)도 신앙이 있다고 생각한다. "그의 신앙은 곧 돈이다!"[15] 이로써 이 시대의 신앙에 대한 이해가 얼마나 혼란스러운지 알 수 있다! 무엇을 믿는지는 더 이상 중요하지 않은 것 같다. 중요한 것은 진정으로 믿을 수 있는지, 동시에 영원히 변치 않을 수 있는지 여부이다. <잠복>을 포함한 첩보드라마에서의 신앙의 형식화와 주관화는 분명하게도 신앙에 대한 이러한 혼란스럽고 잘못된 이해를 조장했다.

공산당원의 신앙을 표현한다는 면에서 <낭떠러지>는 흠 잡을 데가 없어 보인다. 많은 시청자들의 눈에 저우이(周乙)는 완벽한 이상주의자다. 그는 견고한 신앙을 가지고 있으며 깊숙이 지혜로움을 숨기고 있고 변화무

---

13) 「<잠복>을 보고 든 생각에 대한 잡담(1): 신앙에 대하여」(看『潛伏』, 思考雜談(一): 關於信仰).
http://blog.tianya.cn/blogger/post_show.asp?BlogID=2030008&PostID=17093785
14) 「[영화논단] <잠복>, 위쩌청과 리야의 신앙 선택」([電影縱論『潛伏』, 余則成和李涯的信仰選擇).
http://bbs.tianya.cn/post-filmtv-254720-1.shtml
15) 같은 글.

쌍한 상황에서도 놀라지 않고 자신의 인격적 매력으로 적을 포함한 주변의 모든 사람들을 정복해버린다. 바로 신앙의 힘을 빌어 저우이는 각종 어려움과 싸워 이길 수 있었던 것이다. 체포된 뒤에 저우이는 특무대 대장 가오빈(高彬)과 함께 의미심장한 대화를 나눈다.

가오빈: …방금 자네를 사면해야 할지 여부를 고민하고 있었네….

저우이: 그럴 필요 없소. 만일 이것이 승진과 재산을 위해서였다면 나는 완전히 다른 선택을 할 수 있었소. 내가 말하지 않았소. 이것이 내 신앙이라고.

가오빈: 자네는 자네의 신앙이 너무 황당무계하다고 생각하지 않나? 맑스가 약속한 모든 것들을 당신들 공산당은 완전히 제대로 하고 있지 못하잖아. 스탈린만 봐도 알 수 있지.

저우이: 반드시 할 수 있소. 머지않아 새로운 정부가 생길 거요. 황제가 없고, 집권자도 없고, 착취와 압박이 없는. 주권을 상실해 국위가 실추되는 일도 없고, 인민들이 존엄함을 지니며 살 수 있는 그런 정부 말이오. 신정부는 인민들을 노예로 부리지 않을 거요.

가오빈: 유치하긴!

저우이: 이상이 없는 사람들은 모두 다른 사람들이 유치하다고 생각하지.

가오빈: 이것이 당신들의 이상이라고? 이것이 당신들이 추구하는 전인류의 대동단결인가?

저우이: 그렇소. 우리가 이것을 이루려면 어쩌면 10년이, 어쩌면 20년이, 어쩌면 100년이 걸릴 수도 있소.

가오빈이 이해한 공산당원의 신앙은 '맑스의 모든 약속', '전인류의 대동단결'의 이상 등과 관련되어 있다. 그러나 저우이는 가오빈이 생각하는 대로 대답하지 않았다. 그는 신앙을 새로운 인민정부에 대한 동경으로 제한시켰다. 두 사람의 신앙에 대한 이해에서 비롯되는 이러한 탈구(脫臼)는 다소 풍자성을 띠고 있다. 가오빈이 가리키는 것은 공산당원이 가지는 신앙의 원대하고 궁극적인 목표이며 이로써 허무맹랑함을 강조하고 있다. 그러나 저우이는 궁극적인 목표라는 문제를 회피하고 도리어 신앙을 머지 않은 미래에 볼 수 있는 목표에 두었다. 이 대화에서 우리는 작품이 신앙이라는 주제를 처리할 때의 고민들을 대략적으로 예측해볼 수 있다. 즉 고차원적인 의미에서의 신앙을 논하는 것이 아니라 그것을 곳곳에서 구체적으로 볼 수 있는 목표에 두고자 하는 것이다. <낭떠러지>에서 저우이는 여러 차례 신앙에 대해서 논하지만 공산주의를 입에 올린 적은 거의 없다. 신앙에 대한 그의 인식은 매우 현실적이다. 예를 들면 그는 "생각들을 종합해서 도출된 신앙은 진정한 신앙이 아니다. 진정한 신앙은 사회적 인식에서부터 비롯된다"고 생각한다. 이러한 견해는 실제로 곰곰이 생각할 필요가 없다. 왜냐하면 '사회적 인식'은 당연하게도 '생각들의 종합과 떼어 놓을 수 없기 때문이다. 그럼에도 불구하고 저우이가 드러내고자 하는 뜻은 여전히 분명하다. 그가 보기에 신앙과 이론적 사변은 기본적으로 관련이 없으며, 오히려 신앙은 직접적인 사회현실의 인식으로부터 비롯된다.

이러한 현실적인 신앙관은 일부 시청자들의 동의를 얻었다. 그들은 <낭떠러지>가 저우이의 신앙을 표현하는 데 비교적 성공적이었던 점은 바로 "항상 저우이가 추구하는 것과 그가 가진 신앙이 공허하거나 허황되지 않도록 주의했다"는 데에 있다고 생각한다.16) 그러나 만약 신앙의 이른 바 공허함이나 허황됨을 피하기 위해 신앙의 고차원적인 의미를 완전히

---

16) 옌징밍(閻晶明), 「저우이의 신앙과 마디엘[Ma Diel]호텔의 '정취'」(周乙的信仰和馬迭爾的'范兒"), 『톈진일보』(天津日報), 2012. 2. 14, 제12판.

포기한다면, 인물의 언행 및 일부 의미가 있는 사건과 세부묘사를 통해 사람들에게 신앙의 궁극적 이상의 빛을 보여줄 수 없거나 그럴 의도가 없다면, 신앙은 실질적으로 사상누각이 된다. <낭떠러지>의 중요한 단점은 일부 구체적인 생활과 투쟁의 사건을 통해 신앙의 초월적 이상의 빛을 보여주지 못하고, 신앙이 인물의 모든 사상과 느낌 그리고 행위에 진정으로 녹아들지 못했다는 점에 있다. 그로 인해 더 현실적이게 된 것이 아니라 오히려 한층 더 실제에 부합하지 않고 공허하게 되었다.

<잠복>에서 위쩌청의 신앙은 투쟁에서 점진적으로 형성되고 동시에 나날이 견고해진다. 쭤란(左藍)이 희생되던 그 날, 큰 비통에 빠져있던 위쩌청은 마오쩌둥의「인민을 위해 복무하라」(爲人民服務)를 읽고 여기에 연인에 대한 슬픈 감정을 기탁하는 동시에 자신의 사상을 승화시킨다. 비록 <낭떠러지>에는 이러한 주체의 성장과정은 없지만, 저우이는 첫 등장부터 매우 성숙한 혁명가였기에 신앙에 대한 그의 구체적인 인식을 세부묘사를 통해 표현할 필요는 없었던 듯하다. 그러나 이를테면 위쩌청이「인민을 위해 복무하라」를 읽는 것과 같은 훌륭한 세부묘사가 없다보니 저우이가 어떻게 매번 난관을 헤쳐 나가는지에 대한 기술적 세부묘사 및 그가 맞닥뜨린 혈육의 정과 관련된 갈등을 표현하는 데 중점을 두게 되었다. 이로 인해 신앙이 가지는 풍부한 함의가 충분히 표현되지 못했고 신앙이 기본적으로 국민국가의 정치적 층위에 갇히게 되었다.

저우이는 국제주의 전사라 자칭한다. 하지만 어디서 그의 국제주의적 지향을 찾아볼 수 있는가? 스탈린의 암살 기도가 실패로 들어간 그 장면에서 모든 일에 대한 저우이의 판단은 온전히 국족 이익의 관점에서 출발한다. 그는 구추옌(顧秋妍)에게, 라오웨이(老魏)가 정보의 진실성이 입증되지 못하면 중국과 소련 양당(兩黨) 사이에 의심과 불신을 불러일으킬지도 모

른다는 나름의 고충으로 인해 그가 얻은 정보를 옌안(延安)에 보고하지 않는다고 설명한다. 저우이는 한 걸음 더 나아가 "이것은 정치야. 그 앞에서 우리는 졸개만도 못하지"라고 말한다. 이 말에 우리는 놀라움을 금할 수 없다. 이 말은 우리로 하여금 마치 혁명정치가 일종의 복잡한 이익 계산이라 느끼게 해 그 초월적 성격의 목표는 도리어 찾아볼 수 없게 만든다. 더군다나 이러한 정치에서 혁명가 개인이 할 수 있는 역할은 사실 미미하다. 물론 혁명정치가 분명 각종 현실적 이익을 고려해야 한다는 점을 부인할 수는 없지만 만약 혁명정치가 가지고 있는 이상적이고 초월적인 면모를 충분히 드러내지 못하면 혁명정치에 대한 이해는 비루해지게 된다. 마찬가지로 공산당원의 신앙이 만약 국민국가 정치의 한계를 뛰어넘지 못한 채 인류 해방을 궁극적 목표로 삼는다면 이런 신앙은 국족주의자의 신앙과 어떻게 변별할 수 있을까? <낭떠러지>만 보더라도 다음과 같은 피할 수 없는 문제를 맞닥뜨리게 된다. 똑같이 인민의 이익을 위해서 적의 내부에 침입해 들어간 첩보원인데, 저우이와 국민당의 천징한(陳景韓) 사이에는 도대체 무슨 차이가 있는가? 설마 능력과 매력에서만 어느 정도 차이를 보일 뿐인가? 이 문제에 대해서 작품은 그럴듯한 대답을 내놓을 의도가 없어 보인다. 그렇기 때문에 <낭떠러지>에서의 신앙에 대해서 논할 때 적지 않은 시청자들도 마찬가지로 가치 상대화의 태도를 보인다. 어떤 사람들은 저우이와 천징한, 심지어 가오빈과 런창춘(任長春)마저도 각자의 '신앙' 혹은 '주의'(主義)를 가지고 있다고 생각한다. 이왕 이렇게 된 이상, 누가 옳고 누가 그른지를 따질 필요가 있을까? 각 신앙을 평가하는 기준은 무엇인가? 보편적 가치인가 아니면 다른 무엇인가?[17] 이러한 문제제기는

---

17) 「<낭떠러지>에서의 신앙과 주의」(『懸崖』裏的信仰與主義), 바이두<낭떠러지>논단("百度懸崖吧") 참고. http://tieba.baidu.com/p/1358279737

분명 작품이 혁명신앙 특유의 풍부한 함의를 뚜렷하게 드러내지 못한 것과 어느 정도 관계가 있다.

여기에서 우리는 다음과 같은 사실을 알 수 있다. 당대 첩보드라마는 혁명서사를 빌어 신앙의 위대한 힘을 널리 알렸다. 그러나 신앙이라는 주제를 표현하는 데 있어서는 홍색경전의 전통적인 스타일과 혁명신앙 혹은 형식화에서 벗어나 신앙을 개인의 일상적 신념과 혼합시켰다. 그로 인해 가치의 상대화가 야기되거나 공산주의 이상을 의도적으로 약화시키는 결과가 초래되었는데, 그 자리에 애국주의와 같은 담론이 대신 들어서게 되었다. 신앙이라는 주제에 대한 다시쓰기를 통해 첩보드라마는 어떤 의미에서 혁명 역사 경전 서사의 고쳐 쓰기를 완성했다. 물론 어느 시대에든 이전의 역사를 새롭게 서술하는 것은 의도적이든 의도적이지 않든 모두 필연적으로 고쳐 쓰기에 속하게 된다. 문제는 "고쳐 쓰기의 동력은 무엇인가?", "어떠한 방식으로 고쳐 쓰는가?"에 있다. 첩보드라마만 두고 보더라도 어째서 신앙이 가장 주목받는 문제가 되었을까? 신앙에 대해서 일반 시청자들의 이해는 정도의 차이가 있을지라도 모두 모호할 것이다. 그러나 첩보드라마는 최소한 그들로 하여금 신앙이 개인의 생명에 가지는 중요한 의의를 보게 했다. 신앙은 한 일반인의 평탄한 생활에 반짝임을 부여하고 그들이 갖가지 역경과 좌절을 겪을 때 흔들림 없는 의지와 두려움 없이 앞으로 나아갈 수 있는 용기를 가지게끔 한다. 그리고 이러한 초월적인 정신적 요소는 현재 많은 사람들이 결여하고 있는 것이다. 이러한 관점에서 보자면 첩보드라마는 사람들에게 자신의 생활과 정신상태를 돌아보게 하는 거울이다.

사실상 첩보드라마가 널리 사랑받는 주요 원인은 그러한 거울 기능에 있다. 우선 첩보드라마에 등장하는 스파이가 처한 도처에 위험이 널린 환경에서 시청자들은 종종 자신의 처지를 연상하게 되고 그와의 동일시를 통해 자신의 초조함을 누그러뜨리게 된다. 이미 일부 논자들은 첩보드라마를 보는 심리적 동력은 이야기의 결말에 대한 궁금증 때문이 아니고 혁명선열들을 추모하기 위함은 더더욱 아니며 오히려 현대인이 보편적으로 맞닥뜨리는 생존의 초조함, 특히 개인의 안전에 대한 초조함 때문이라고 지적한 바 있다.18) 첩보드라마에 등장하는 스파이의 생존 환경은 극도로 험난하다. 이중 신분과 분열된 생활로 인해 그는 수시로 긴장과 초조에 시달리고 조금이라도 긴장을 늦추면 진짜 신분이 들통난다. 그는 보통 홀로 자신의 지혜에 의지해 끊임없는 위급 상황에 대처한다. 이전의 홍색제재 영화와 비교해봤을 때 당대 첩보드라마는 스파이 개인의 역량을 더욱 부각시키고 조직의 지도자와 그 도움은 의식적으로 약화되었다. 첸즈장은 결국 조직과 연락을 취하지 못해 끝내 옛 방식으로 정보를 전달할 수밖에 없었다.

<여명이 오기 전>에서 조직은 크게 약화되었다. 대부분의 경우 류신장(劉新江)은 언제나 조직으로부터 큰 도움을 얻을 수 있는 위쩌청과는 달리 고군분투했다. 슝쿼하이(熊闊海)는 조직의 어떠한 도움도 받지 못했다. 그는 정보를 사기 위한 자금이 필요했으나 조직은 그의 요구를 만족시킬 수 없었다. 그는 어찌할 도리가 없어 자신의 집을 팔아야만 했다. 조직은 그에게 도움을 줄 수 없었을 뿐만 아니라 도리어 종종 잘못된 지시로 그의 작업을 방해했고 심지어 그로 하여금 국민당 군통19)의 특수공작원 양샤오

---

18) 자오통(趙彤), 「21세기의 '첩보드라마' 열풍: 전환기의 개인적 초조함」(新世紀的 '諜戰劇' 熱: 轉型期的個體焦慮, 『당대TV』(當代電視), 2010년 제2기.
19) 중화민국 시대의 국민당 특무 기관의 하나로 '국민정부군사위원회조사통계국'(國民政府軍事委員會調査統計局)의 준말이다. 출처: 고려대학교 민족문화연구원 출판 중한사전-옮긴이

쥐(楊小菊)와 어울려 정보를 살 수 있는 돈을 사취하도록 내몰았다. <낭떠러지>에서도 마찬가지로 조직은 더 이상 정확하고 빛나는 형상으로 등장하지 않는다. 조직과 저우이의 연락을 담당하는 라오웨이는 일처리가 세심하지 못한 데다가 경솔해서 저우이에게 그 어떤 실질적인 도움도 주지 못했다. 그는 심지어 임무를 맡을 용기도 없어 스탈린 암살 계획의 정보를 중앙에 보고하기를 거부해 저우이와 구추옌이 야외로 나가 전보를 치게 만드는데 이 때문에 구추옌이 희생당할 뻔 한다. 구추옌 모녀의 퇴각을 처리할 때에도 조직은 준비가 충분치 않고 치밀하지도 못해 결국 구추옌 모녀가 잡히고 만다. 이런 갖가지 일들로 인해 조직의 형상은 더 이상 빛나 보이지 않으며 심지어 사람들에게 반감을 불러일으킨다. 조직의 역할을 약화시킨 것은 아마도 주인공의 지혜와 용기를 더욱 강렬하게 부각시키기 위함일 것이다. 이것은 모든 외부의 힘은 믿을 만한 것이 못 되므로, 개인은 궁극적으로 자기 자신의 힘으로 모든 어려움과 위험에서 벗어날 수밖에 없다는 것을 암시하는 것은 아닐까? 도처에 위기가 널려있는 환경에서 안전하지 못하다는 강렬한 감정 및 홀로 견뎌야 하는 거대한 압박과 고독감 그리고 도움을 받을 수 없다는 느낌. 이는 아마도 당대 중국인이 보편적으로 가지고 있는 일종의 생존경험일 것이다. 따라서 우리가 첩보드라마를 볼 때 극중 인물이 맞닥뜨리는 스릴에 영향을 받고 기뻐하거나 걱정하거나 두려워한다. 또한 일정 정도 극중 인물과 동일시되어 한편으로는 자신이 처한 현실을 깨닫고, 다른 한편으로는 경험을 대상화함으로써 일시적으로 현실생활에서의 초조함을 누그러뜨릴 수도 있다.

거울 기능은 주체의 호명과 형상화를 통해 더욱 뚜렷하게 구현될 수 있다. 당연하게도 영상매체 작품은 오락기능만 가지고 있는 것은 아니다. 그것은 이데올로기적 도구이기도 하다. 영상매체 텍스트 내에서 구조화되는 주체형상과 시청자 사이에는 일종의 거울과 그 안에 비친 반영체의 관계가 형성된다. 관람을 통해서, 시청자는 점차 특정한 이데올로기적 벡터(vector)로서의 주체형상을 인식하고 받아들이며 동일시하게 된다. 이러한 의미에서 이데올로기는 주체를 생산하고 주체의 생산을 통해 자신을 끊임없이 재생산함으로써 사람들의 생각을 단단히 지배한다. 첩보드라마는 홍색제재의 역사드라마를 서사틀로 채용했으나 대부분 묘사의 초점을 주인공이 어떻게 위기를 극복하고 임무를 완성하는가에 두었다. 심지어 그들이 목표를 달성하기 위해 그 어떤 수단과 방법도 가리지 않는 모습을 지나치게 과장하기 때문에 흔히 생존을 위한 주인공의 술수가 더 많은 이목을 끌게 된다. 많은 시청자들이 흥미진진하게 이야기하는 것은 혁명가의 신앙과 희생정신이 아니라 그들이 어떻게 관계망에 대처하여, 도처에서 도움을 얻고 대세를 장악하는지와 같은 뛰어난 능력에 대한 것이다.

<잠복>이 큰 성공을 거둔 중요한 원인 중 하나는 많은 사람들이 이를 '직장 교과서'로 여긴 점에 있다. 위쩌청의 용의주도함과 우징중(吳敬中)의 교활함은 모두 그들이 사무실 정치에서 힘들이지 않고 일을 처리하는 승리의 법보(法寶)다. 어떤 사람은 심지어 위쩌청의 성공 경험을 상중하 세 계급의 관계를 능숙하게 대처하는 것으로 요약하기도 한다. "상급자는 공경해야 하고, 같은 동급자에게는 온화해야 하며, 하급자는 거두어들여야 한다."[20] 그중 가장 중요한 것은 물론 상사와의 관계를 잘 처리하는 데 있다. <여명이 오기 전>에서 류신제(劉新傑)도 사람 됨됨이가 남들의 환심을 사는 인물이다. 그는 자신이 총무처장이라는 이점을 이용해 국장과 여러 처장들을 즐겁게 해주고 하급자들과도 잘 어울리기에 언제나 전화위복할 수 있었다.

---

20) 「오피스드라마 열풍은 사회적 전환기의 스트레스와 초조함을 반영한다」(職場熱映折射社會轉型期壓力與焦燥感), 『비책』(決策), 2010년 제12기.

류신제를 연기한 우슈보(吳秀波)의 말을 빌자면, "류신제의 가장 큰 무기는 친구를 사귀는 것이다. 그가 제8국에서 한 유일한 일은 자신의 적과 친구가 된 것이다."[21] 류신제와 선명한 대조를 이루는 것은 행동처장 리보한(李伯涵)이다. 이 사람은 프로정신이 투철하고 능력도 뛰어나지만 인간관계가 좋지 않아 사사건건 저지당해 결국 자신의 부하에게 목숨을 빼앗기는 처참한 최후를 맞는다. 어떤 사람은, "만약에 <잠복>이 직장입문서 1.0버전이라면, <여명이 오기 전>은 업그레이드 된 2.0버전의 직장 생존 보전(寶典)이다"라고 말한다. 2010년에 시행된 한 인터넷 조사에 따르면 최근의 오피스드라마 중에서 시청자가 가장 관심을 많이 가지는 드라마는 <잠복>이었고 그 다음은 <두라라 승진기>(杜拉拉昇職記)[22]와 <여명이 오기 전>이었다.[23] 가장 호평을 받은 두 편의 첩보드라마가 사람들이 보기에 가장 훌륭한 오피스드라마가 되어 직장정치가 혁명정치를 소멸시켜버리다니. 정말 아이러니하지 않은가?

    <낭떠러지>는 어쩌면 직장 보전의 최신 업그레이드판이라 할 수도 있을 것이다. 저우이는 위쩌청과 류신제의 영리함, 신중함, 원만함 외에 또 하나의 법보(法寶)가 있었는데 그것은 바로 악랄함이다. 저우이는 자신의 신분을 폭로할 가능성이 있는 사람이라면 조금의 망설임도 없이 즉시 척결해 버린다. 그의 이유는 다음과 같다. "우리가 신앙을 선택했으면 심중의 잡념을 내버려야 한다. 자비와 연민은 태평성대의 사치품이다. 전쟁

---

21) 같은 글.
22) <두라라 승진기>는 리커(李可)의 소설을 원작으로 제작한 32부작 드라마다. 이 드라마는 도시의 직장여성인 두라라가 끊임없는 노력을 통해 존재감 없는 사원에서 기업의 고위임원이 되는 이야기를 그리고 있다.-옮긴이 http://baike.baidu.com/view/1199945.htm
23) 「오피스드라마 열풍은 사회적 전환기의 스트레스와 초조함을 반영한다」(職場劇熱映折射社會轉型期壓力與焦燥感).

시기에 그것은 너와 너의 가족 그리고 너의 전우들에게 치명적인 재난을 가져올 것이다." 그리하여 그는 구추옌에게 런창춘의 구추옌에 대한 신임을 이용해 그를 처치하라고 명령한다. 많은 사람들이 런창춘을 애석하게 생각한다. 그는 본래 정의감을 가지고 있었던 젊은이였다. 만약 저우이가 위쩌청이 완추(晚秋)를 대하듯 의식적으로 런창춘을 이끌어줬다면 그가 저우이의 동지가 되었을 가능성이 없지 않았을 것이다. 그러나 저우이는 참으로 너무 신중해서 처음부터 끝까지 적극적으로 하는 바가 없었기에 결국 총으로 쏴죽이는 것으로 숨은 폐해를 제거할 수밖에 없었다. 이것이 드라마에서 가장 큰 흠이라고 할 수는 없다. 혹자는 이것이 바로 혁명투쟁의 잔혹함을 반영하는 것이며 이러한 설정으로 인해 상황이 더욱 진실에 가까워졌다고 변호할 수도 있다. 그러나 현실적 정의를 궁극적인 목표로 하는 혁명이 혁명의 이름으로 무고한 사람들을 함부로 죽인다면 이러한 혁명은 그 자체의 의미가 변한 것이다. 더욱 위험한 것은, 만일 이러한 논리를 받아들인다면 모든 폭력이 목적의 정의로 자기 변호할 수 있게 된다는 것이다. 이것은 바로 혁명윤리에서 시종일관 곤혹스러운 난제(難題), 즉 목적과 수단의 괴리이다.

저우이가 체포되고 난 뒤에 가오빈은 신앙에 대해서 논한다. 가오빈은 그를 조롱하며 말한다. "너희들의 신앙은 무엇이냐? 인도(人道)? 너희들은 너희들의 동료마저도 죽이는데, 사람들이 손가락질 하는 그 일들을 하는 게 바로 '신앙'인가?" 이는 실질적으로 상술한 난제를 지적하고 있다. 그러나 저우이는 "당신의 이해는 너무 얕군"이라는 말로 가오빈의 문책을 회피한다. 이러한 대답은 분명 그다지 설득력이 없다. 또한 비록 현실에서 이러한 일이 일어날 가능성이 있다 하더라도, 드라마에서 꼭 이러한 방식으로 표현해야 하는 것인가? 이렇게 표현해야만 진실성이 있는 것일까? 이것은 사실 예술의 진실성 문제와 관련이 있다. 예술의 진실성을 현실에서의 진실과 동등한 것으로 여길 수는 없다. 예술의 진실은 "표현 아래에 은닉하고 있는, 깊은 곳에 숨겨져 드러나지 않는 현실의 본질에 대한 탐색"[24]에서부터 비롯된다. 이것은 종합의 과정을 거쳐 형성되는 하나의 완전한 총체로 드러나는 진실과 연관된 것이며, 그것이 체현하는 것은 사회 역사 발전의 경향과 추세다. 이러한 각도에서 봤을 때, 런창춘을 총으로 쏴죽이는 줄거리 전개는 예술의 진실성에 도달했다고 말하기보다는 반대로 드라마에서 표현하려는 현실의 본질—혁명의 정의와 그 필연적 승리—에 방해가 되었으며 심지어 일정 정도 현실의 본질을 해체하는 역할을 했다.

<낭떠러지>는 처음부터 끝까지 낭떠러지에 서있는 공포와 초조함을 전달하고자 했다. 저우이는 가오빈이 얼마나 무서운 상대인지 반복적으로 강조한다. 그는 "그를 보기만 하면 마음속으로 긴장되어 땀구멍이 다 공포로 가득 차"기까지 한다. 이러한 공포는 저우이의 안전에 대한 관심을 거의 병적인 수준까지 이르게 만든다. 그는 자신 주변에 있는 모든 사람들을 믿지 않는다. 그는 식모 류마(劉媽)가 비교적 똑똑해 보이니 식모를 바꿔야 한다고 말한다. 구추옌이 집에서 자신의 남편과 만났을 때도 그는 극도로 매서운 모습을 보이지만 사실은 질투가 담긴 질책이었다. 일단 빈번한 활동으로 인해 적의 경각심을 불러일으키게 되면 그는 스스로 휴면기에 들어간다고 선포할 것이다. 물론 그가 하는 모든 행동에는 정당한 이유가 있다. 그것은 바로 그의 안전이 혁명 사업에 있어서 대체할 수 없는 가치를 지닌다는 것이다. 그가 처음으로 또 유일하게 자신의 안위를 고려하지 않고 위험을 무릅쓴 것은 가족과 다름없는 구추옌 모녀를 구출하기 위해서였다.

---

24) 『루카치 문학 논문집 2』(盧卡契文學論文集 2), 中國社會科學出版社, 1981, 213쪽.

이때 그는 혁명 사업을 위해 자신을 보존해야 한다는 것을 더 이상 고려하지 않았다. 어쩌면 그가 자신의 신분이 이미 폭로되었다고 생각해 스스로 큰 가치를 지니지 못한다고 생각해 조직의 명령을 저버리고 어떻게 행동할지를 스스로 결정한 것일 수도 있다. 개인적 이유에서 조직의 비준을 거치지 않고 제멋대로 행동하는 것은 이전의 홍색경전 서사에서는 상상할 수도 없는 것이다. 물론 현재의 가치 기준에서 이것은 드라마가 잘 팔리는 요소다. 서로 의지하며 돕는 정은 물론 거대한 혁명의 목표보다 더 현실적이며 사람들이 더 많은 눈물을 흘리게끔 할 수 있다. 저우이의 자기희생은 자연스럽게 당대 중국인의 부드럽고 또 연약한 심금을 한층 더 울릴 수 있었다. <낭떠러지>에서는 개인의 안전의식과 자기희생 정신을 표현하는 데 있어서 모두 새로운 시대적 내용을 주입시켰다. 그것은 마치 암암리에 사람들을 경고하는 것 같다. 살인 동기가 도처에 널려 있는 생존 환경에서는 냉정하고, 신중하며, 과감하고 무정해야 한다. 그러나 자신과 관계가 깊은 사람을 위해서는 자신의 모든 것을 희생할 수도 있고, 또 응당 희생해야만 한다. 이러한 가르침보다 더 중국인의 심금을 울릴 수 있는 것은 무엇일까? 이러한 충고 및 이국적 느낌이 가득한 도시의 풍경과 아름다운 의복과 가구 등 생활의 각 방면에서 뿜어져 나오는 농후한 자본가 계급의 기호와 정서에 기대어 <낭떠러지>는 당대 중국에서 품위 있는 중산계급이 좋아하는 하나의 홍색 기호식품이 되었다.

첩보드라마가 오피스드라마가 되고 또 그것이 전수한 것은 어떻게 하면 더 잘 생존할 수 있는지에 대한 갖가지 기술이었다. 사람들이 <잠복>, <여명이 오기 전>, <낭떠러지>와 같은 첩보드라마에서 깨우친 것이 직장 혈투극에서의 비결과 수단을 가리지 않는 생존전략이라면, 첩보드라마가 남긴 한 줄기 홍색이 상징하는 것은 어쩌면 사람들의 피를 들끓게 하는 이상과 신앙이 아니라 피 냄새와 잔혹함일 수도 있다. 이러한 첩보드라마가 호명하는 주체는 신앙을 가지고 대담하게 자신을 희생하려는 혁명가라기보다는 계산적이고 안전감을 결여한 악덕상인이라 할 수 있다. 한번 생각해 보자. 만약 우리 사회가 이러한 부류의 사람들로 가득 차 있다면—그들은 위쩌청의 교활함, 류신장의 무성의함, 슝쿼하이의 후안무치와 저우이의 모진 마음을 가지고 있지만 첩보전의 영웅들이 발산하는 이상과 신념의 빛을 전혀 가지고 있지 못하다면, 얼마나 무서울까!

비록 당대 첩보드라마는 어느 정도 신앙과 이상의 빛이 비추는 혁명가의 인생을 표현하고, 이로 인해 우리가 신앙을 상실해 혼란스럽고 나약하고 옹졸한 잿빛 삶을 사는 것을 반성하게끔 했으나 우리는 또한 그것이 혁명을 다시 서술하는 과정에서 더 이상 완전한 혁명적 가치 체계가 존재하지 않음을 알게 되었다. 남은 것은 그저 조각난 혁명의 빛에 불과하고 첩보드라마는 이를 이용해 서사 구조 밑에 흐르고 있는 당대 주류 이데올로기를 보완하고 치장하고 있을 뿐이다. 이러한 의미에서 첩보드라마는 어쩌면 혁명 시대와 포스트 혁명시대의 이데올로기적 분열을 메우는 역할을 했을지도 모른다. 그러나 어떠한 바람과 생각에서 비롯된 것인지와는 상관없이 일단 혁명의 유령이 일깨워지기만 하면 그것이 모든 것을 무너뜨리는 힘으로 변하지 않으리라 장담할 수 없다. 이것은 어쩌면 당대 첩보드라마가 불러일으킬 수 있는 최소한의 적극적 의미라 할 수 있을 것이다.

[요약]

니웨이는 드라마를 통해 매체가 당대 중국인의 삶에 미치는 영향을 분석하고 있다. 「당대 첩보드라마에 드러난 신앙과 문화적 징후」에서 니웨이는 2009년부터 중국 대륙에서 인기를 끈 첩보드라마 <영원히 사라지지 않을 전파>, <암산>,

<잠복>, <낭떠러지> 등을 통해 드라마에서 운위되고 있는 신앙의 문제와 그 심층에 놓여있는 문화적 징후들을 짚어내고 있다. 중국에서의 첩보드라마는 수사드라마와 홍색(紅色)제재의 역사드라마가 접목해 탄생한 것인데, 첩보드라마가 종종 신앙을 그 주제로 삼고 있다는 점에서 홍색경전의 흔적을 찾아볼 수 있다. 니웨이는 '신앙'이라는 주제어를 통해 홍색경전에서 당대 첩보드라마로 이어지는 드라마의 맥락을 짚어본다. 이러한 과정에서 공동체 본위에서 개인 본위로 편중되는 사회적 변화, 가치의 상대화 혹은 공산주의적 이상의 약화로 인한 애국주의의 대두 등의 문제를 다루는 한편 첩보드라마가 어떠한 방식으로 이데올로기를 생산하게 되는지, 그리고 어떻게 사람들의 생각을 지배하게 되는지를 살펴본다. 이로써 첩보드라마에 내재된 위험성과 함께 그것이 당대 중국인들에게 미치는 긍정적 의의도 짚어보고 있다. (손주연)

젠더와 '후궁'서사** 그리고 영상 이데올로기

드라마 <궁>(宮)을 통해 본 '시공초월 드라마' 유행 현상*

둥리민(董麗敏)

고윤실 옮김

2011년 1월 31일, 후난시각문화미디어유한공사(湖南經視文化傳播有限公司)에서 제작한 35부작 시공초월 드라마(穿越劇) <궁>(宮)(또는 <궁쇄심옥>[宮鎖心玉])이 후난위성TV에서 처음으로 방영되었다. 고작 두 달여에 걸쳐 제작된 이 드라마가 뜻밖에도 전국적인 반향을 일으키며 온 국민을 사로잡았다. 중국 중앙TV미디어리서치기관(CMS, 央視索福瑞) 조사에 따르면, 춘제(春節)기간 지역 위성방송국 시청률 가운데 드라마 <궁>(宮)

* 출처: 董麗敏, 「性別, "後宮"叙事與影像意識形態-從≪宮≫看當代穿越文化現象」, 『文藝爭鳴』, 2011년 제12기. 그리고 이 글은 상하이시 수광 프로젝트(曙光項目, 일련번호: 08SG42)와 상하이시 중점학과(제3기, 일련번호: S30101) 지원을 받아 작성된 것임을 밝혀둡니다.
** '후궁'은 황제와 가족, 특히 황제의 비빈들이 거처하는 공간이자, 궁중의 사생활이 펼쳐지는 공간이다. 본문에서 '후궁'서사란, 시공초월 드라마를 통해 후궁이라는 공간을 중심으로 궁중의 가족사와 연애사를 주로 다루는 드라마 서사장르를 말한다.-옮긴이

이 야간 시청률 부문 최고치를 갱신했고 후난위성방송국 자체 제작 드라마로서도 최고 기록을 세우게 되었다. 10부까지의 평균 시청률과 최고 시청률만 보더라도, 1·2부(1.99%/8.24%), 3·4부(2.07%/8.85%), 5·6부(2.36%/9.27%), 7·8부(2.39%/9.38%), 9·10부(2.51%/9.35%)이며 이후 최종 방영까지 3번이나 기록을 갱신하며 최고 시청률 14%를 돌파했고 방영기간 16일 내내 전국 동시간대 시청률 1위를 기록했다.[1] 중국 최고의 동영상사이트 유쿠(優酷)가 선정한 '2011년 최고 인기 프로그램'에 2억여 건 이상의 조회수를 기록한 <궁>이 영예의 '대상'을 수상하게 되었다.[2] 이로써 <궁>은 <황제의 딸>(環珠格格)에 이어 최고의 시청률을 기록한 드라마로 남게 되었다.[3]

사실 드라마 <궁>이 단독으로 전례 없는 유행을 만들어낸 것은 아니다. 2001년 <진나라를 찾아서>(尋秦記)를 시초로 2010년 전국을 들썩이게 한 드라마 <신화>(神話)에 이르기까지 이른 바 시공초월 드라마가 대세로 떠오르게 됨에 따라, 2005년부터 2007년까지 소설 『몽회대청』(夢回大淸)이 작가출판사(作家出版社)에서 12%의 저작권료를 받았고, 텅쉰두수(騰訊讀書)·진장위안창넷(晉江原創網)·홍슈톈샹(紅袖添香) 등 5대 인터넷 소설사이트에서 100만 건 이상의 조회 수를 기록하며 '4대 초월기서'에 선정된 『4월의 찬란한 무궁화』(木槿花四月錦繡), 『란, 나의 전생과 후생』(鸞: 我的前半生我的後半生), 『미로』(迷途) 그리고 『난세미녀』(末世朱顔)는

---

1) 이상의 자료는 바이두 게시판(百度貼吧)과 후난위성텔레비전 게시판(湖南衛視吧)을 참고했음.
http://www.ihunantv.com/news-9608-1.html
http://baike.baidu.com/view/3578254.htm#12
2) 「'궁', 인터넷 텔레비전 최고의 시청률로 영예의 '최고의 드라마로 선정」, 2011. 3. 7.
http://ent.hunantv.com/t/20110307/870183.html
3) 이상의 자료는 바이두 게시판(百度貼吧)과 후난위성텔레비전 게시판(湖南衛視吧)을 참고했음.
http://www.ihunantv.com/news-9608-1.html

10만부 이상 초판 인쇄 계약을 체결했다.[4] '시공초월 소설'(穿越小說)은 인터넷 소설 가운데 가장 대표적인 장르로 자리매김하게 되었다.[5] 이런 면에 있어서 <궁>이 드라마와 소설을 넘나들며 종횡무진하는 현상은 최근 10년 간 영상·인터넷·출판 영역이 삼위일체가 되어 서로 영향을 주고받는 가운데 형성된 결과라고 봐야 할 것이다.

재미있는 것은 이런 '시공초월'이 한 시대를 풍미하는 문화현상이 되었음에도 불구하고, 반역사적 현상이라든가, '자극'과 '기이한 것'만 추구해 역사적 사실에 대해 무책임한 왜곡을 저질렀다든가,[6] 여성 작가와 독자들이 현실을 도피하고 심리적 위안을 찾고자 하는 허구의 산물이라든가,[7] 혹은 드라마와 소설이 서로 모방해 깊이 없는 재미와 통속화를 추구하는 경향을 드러낸다 하여 지탄의 대상으로 삼는 등,[8] 이에 대한 학계의 평가는 비교적 냉담하다.

이렇듯 극명하게 엇갈리는 반응은 <궁>과 같은 '시공초월 드라마'가 당대 중국문화의 재현으로서 곱씹어보고 연구할 가치가 있음을 분명히

---

4) 쑹진쉬(宋金緖), 「작가 출판사 4편의 '시공소설'에 거금의 계약을 체결하다」(作家出版社百萬簽四部穿越小說), 『남방도시보』(南方都市報), 2007. 7. 24.

5) 천시한(陳熙涵), 「시공초월 소설이 청춘 문학의 '대표'가 되다」(穿越小說成青春文學頭牌), 『문회보』(文滙報), 2008. 3. 6.

6) 시먼쑹커(西門送客), 「시공초월 소설에 대한 일갈: 누가 역사 저작의 발전을 짓누르고 있는가」(棒喝穿越小說: 誰在扼殺歷史寫作), 『사회관찰』(社會觀察), 2008년 제3기; 타오춘쥔(陶春軍), 「역사 해체: 신역사소설과 시공초월 소설」(解構歷史: 新歷史小說與穿越小說), 『광시 사회과학』(廣西社會科學), 2010년 제5기.

7) 첸슈인(錢秀銀), 「포스트80 세대 여성 인터넷 작가와 인터넷 시공초월 드라마」('80後女性寫手與網絡穿越小說, 『하얼빈사범대학 사회과학학보』(哈爾濱師範大學社會科學學報), 2011년 제1기; 우신이(吳心怡), 「시공초월 소설의 기본 모델과 특성」(穿越小說的基本模式與特點), 『문예쟁명』(文藝爭鳴), 2009년 제2기.

8) 런쓰옌(任思燕), 「시공초월 드라마 열풍 분석」(穿越類電視劇熱潮探析), 『영화평가』(電影評介), 2011년 제5기.

드러내는 것이다. 중국인은 왜 '시공초월 드라마'에 대해 이런 상반된 태도를 보이는 것인가? '시공초월 드라마' 유행의 배경에는 독서와 시청 취미의 어떤 가치 전환이 숨겨져 있는 것인가? '시공초월'의 소재가 유행하기 시작하면서 인터넷과 텔레비전 같은 뉴 미디어는 어떤 작용을 했으며, 심지어 생산과 전파과정에 어떻게 개입하게 되었는가?

그런 의미에서, 드라마 <궁>의 재해석은 위에서 말한 문제들을 검토하는 데 필요한 기본적 지점들을 제공할 것이다.

_'역사를 읽는 여성의 출현

'시공초월'(穿越)이라는 단어는 타이완 작가 시쥐안(席絹)이 소설 『엇갈리는 시공 속에 피어난 사랑』(交錯時空的愛戀)에서 처음 쓰기 시작했다고 알려져 있다.9) 그러나 중국 '초월소설의 아버지'라 불리는 황이(黃易)10)의 말에 의하면 '시공초월'은 '허구적' 소설 기법에 불과하다.

시공초월은 현대인을 고대 역사 시간 안으로 배치하는 기법이다. 여기서 역사는, 한 수를 잘못 두게 되면 전체 판도가 뒤바뀌는 바둑판과 같다. 시공초월 소설의 매력은 현실을 벗어나 소설의 세계로 우리를 끌어들이는 데 있다. 마치 한 곳에서 같은 생활이 오랫동안 반복되었을 때 훌쩍 여행을 떠나고 싶어지는 것과 같은 것이다.11)

---

9) 시쥐안(席絹), 『엇갈리는 시공 속에 피어난 사랑』(交錯時空的愛戀, 萬盛出版社, 1993.
10) 황이(黃易), 『진나라를 찾아서』(尋秦記), 1997년 화이출판사(華藝出版社)에서 중국 대륙에 출판했으며, 이 소설은 중국의 시공초월 소설 붐을 일으킨 작품으로 평가되고 있음.

또한 '시공초월' 소재가 처음 나타났을 때 사람들은 여행을 떠나 휴가를 즐기고 싶은 심리가 전혀 다른 시공간, 지역, 문화 등이 어긋나고 마주치며 뒤바뀌는 경험과 같은 역사에 대한 뜻밖의 이야기를 만들어냈다고 생각했다. 그렇기 때문에 '시공초월'은 그 원초적 의미에서 일종의 포스트모더니즘적 '모자이크'식 서사기법이라고 봐야 할 것이다.

그러나 2007년 이래로 '시공초월'은 이미 단순한 서사기법이라기보다는 기존 시공질서를 타파하면서 기존 역사소설 관념과는 전혀 다른 새로운 역사 문화에 대한 시도로 보아야 한다. 작가와 독자(시청자) 그리고 이야기 주제가 점차 '여성화'되어 가고 있기 때문에 초현실 시공과 '로맨스 소설'이 접목된 것에 가깝다고 봐야 할 것이다. 작가출판사 총편집부 주임 류팡(劉方)은, "최근 1, 2년 사이에 인터넷에서 유행하고 있는 초월문학의 특징 가운데 또 다른 점은, 유사한 드라마의 영향으로 젊은 주인공이 고대로 돌아가 낭만적인 사랑에 빠지고 궁중암투와 권력투쟁에 휘말리게 되는 이야기가 많은데, 이런 소설은 주로 여학생과 여성 직장인들이 선호하기 때문에 로맨스 소설의 변종"이라고 말한 바 있다.[12] 그렇다면, '시공초월' 문학은 어떻게 서사기법에서 서사장르로 전환된 것일까? '시공초월'은 또한 어떻게 수많은 '로맨스'와 결탁해 '여학생과 여성 직장인'들의 사랑을 받게 된 것이며 그 비밀은 무엇일까? '시공초월'의 배후에는 젊은 여성들의 현실과 문화에 대한 판단과 상상이 어떻게 존재하고 있는 것일까?

---

11) 「후난위성텔레비전 드라마 '궁' 인터넷 시공초월 소설 붐 다시 일으켜」(湖南衛視宮再掀網絡文學穿越潮). http://news.xinhuanet.com/newmedia/2011-02/23/c_121114907.htm
12) 「여름방학 시장을 겨냥하여 쥐자 출판사에서 시공초월 소설에 거금의 판돈을 걸다」(瞄準暑期市場作家出版社百萬豪賭穿越類小說), 기점 중문넷(起點中文網), 2008. 3. 20. http://www.qidian.com/Publish/ShowNewsTS.aspx?newsid=1002368

드라마 <궁>을 통해 이 같은 문제들을 분석해볼 수 있을 것이다. 편부모 가정에서 자라 골동품점을 운영하고 있는 뤄칭촨(洛晴川)은 답답하고 지루한 일상을 보내고 있었다. 마찬가지로 지루한 약혼식장에서 그녀는 볼수록 빠져들 듯한 고대 미인도를 발견하게 되고 그 그림을 좇아 이상한 숲에 도착하게 된다. 그곳에서 그녀는 실수로 그만 발을 헛디뎌 시간의 광속 안으로 떨어지고 말았다. 칭촨이 도착한 곳은 강희제 47년 시기로, 평소 즐겨 읽던 역사소설 『옹정황제』에서 그녀가 가장 재미있게 읽었던 시기였다. 그래서 칭촨은 청대 황궁에서 강희황제의 왕자들과 함께 슬픔과 기쁨을 나누며 아름다운 사랑을 키워나가는 '시공초월'의 여행을 시작하게 된다.

다음은 시공초월의 이야기가 시작되는 도입 부분으로, <궁>에서 보이는 것과 마찬가지로 초월 소설의 고정적인 처리 방식을 보여주고 있다.

장웨이, 나는 평범한 직장인으로 매일같이 도시의 이곳저곳을 누비며 자질구레한 사무를 처리하면서 바쁜 나날을 보내고 있었다.[13]

나는 단 한 번도, 아니 결코 내 뜻대로 인생을 살지 못했던 그저 수많은 사람 중에 평범하기 이를 데 없는 사람이었다. 지금의 생활이 하루아침에 변하지는 않을까 조바심 내면서도 피곤에 찌들어 무감각하게 살아가고 있었다. 일도 사랑도 변화라고는 상상도 못한 채 그저 그렇고 그렇게 지나가고 있었다. 내게는 세상을 바꿀만한 힘이 없었기 때문이다.[14]

---

13) 진즈(金子), 『몽회대청』(夢回大淸). http://www.jjwxc.net/onebook.php?novelid=12779.
14) 류리바오쑤(琉璃薄蘇), 『대청견몽 제 31 장』(大淸遺夢・第三十一章). http://www.jjwxc.net/ onebook. php?novelid=94958

‘시공초월’이 항상 ‘자질구레한 일’, ‘피로’, ‘바쁨’, ‘무감각’, ‘조바심’
과 같은 현실 감각/판단과 연관되는 것을 보면, 칭찬과 같은 도시의 젊은
여성들에게 ‘시공초월’이란 그저 동화 같은 현실도피일 뿐 아니라, 어느
정도 포스트80 세대15) 도시 ‘딸기’족16)에게 만연한 지루함과 무력감을
반영하고 있는 것이라고 볼 수 있다. 무미건조하면서도 중압감에 시달리는
일상과 끝없이 생겨나는 자질구레한 일들로 질식할 것 같은 절망감, 고독
과 반항을 동시에 갖고 있는 젊은 청춘은 사랑을 갈구하나 이해받지 못하
고 부모의 잔소리와 상사의 꾸지람, 친구들의 오해와 배신으로 가득 차있
다. 심지어 기대했던 사랑마저도 상상과는 달랐고 항상 금전과 이해타산으
로 인한 상처투성이였다. 그런 의미에서 볼 때 ‘시공초월’의 충동은 칭찬과
같은 젊은이들이 불만족스러운 현실에 대한 느낌을 문학적 색채를 가미해
표현해낸 것이므로, 이를 역사서사의 틀에 위치시키기보다는 리얼리즘 서
사 안에서 보아야 할 것이다.

겉보기에 순탄하지만 실제로 ‘현실에 만족하지 못하는’ 이들의 근본적
심리를 들여다보면, 도시 젊은이들에게서 보편적으로 나타나는 불안감이
적자생존의 성장배경과 밀접한 관련이 있다는 것을 발견하게 될 것이다.
인터넷에서 유행하고 있는 「사기・포스트80 세대전」(史記・80後傳)에는
해학적이고도 장중한 문체로 포스트80 세대 젊은이들이 느끼는 무력감에
대해 잘 묘사하고 있다.

---

15) 80년 이후 태어난 중국 젊은이들을 가리키는 말.-옮긴이
16) 타이완 학자들은 포스트80 세대를, 신선하고 아름다운 색과 광택을 띠지만 달콤함 가운데
시고 떫은 맛을 갖고 있으며 온실 속에서 자라 한번 따면 금방 시들어버리는 딸기에 비유해
‘딸기족’이라고 부른다. 셴니에즈, 장둔즈(見聶智・張敦智), 「중국 “딸기족” 현상 분석」(中國‘草莓
族’現象分析), 『중국청년연구』(中國靑年硏究), 2007년 제4기.

무릇 포스트80 세대란, 초등학교 때부터 의무교육의 혜택을 받지 못했고 대학교 분배제도마저 없어져 전국 규모의 입시를 거쳤으며, 온갖 고난 끝에 석박사를 마치고 어렵사리 인재가 되었지만 값비싼 학자금을 갚아야 한다네. 생계를 위해 쉬지 않고 십년, 새벽 별빛이 어깨에 내려앉도록 밤새 고된 일을 하면서 어렵사리 돈을 모았네. 부동산시장이 폭등하는 바람에 집을 구할 수 없게 되자 주식시장에 뛰어들어 모은 돈을 하루아침에 탕진하니 억울함이 병이 되었네. 의료보험 가라사대, 이런 병은 보험처리를 해줄 수 없소. 입원한 지 일주일이 지나도 낫지는 않고 빈털터리가 된 몸을 이끌고 치료비 독촉에 병원 문을 나선다. 친구가 이를 가련히 여겨 외상으로 싼루17) 한 통을 건네었는데, 이를 물에 타 마시고는 요절했다.18)

1990년대 사회 전환기를 보내면서, 포스트80 세대들은 처음으로 전국 규모의 입시19)와 취업난, 의료개혁, 그리고 부동산시장의 팽창 등 사회 변혁이 몰고 온 대가를 치르게 되었다. 이만하면 거대한 사회의 치열한 경쟁과 '성공', '이해타산' 등의 현실법칙이 도시 청년들에게 '시공초월'을 통해 피안세계로 도피하고자 하는 욕망과 충동을 만들어냈다고 해도 과언이 아닐 것이다. 더 크게 보면, 이런 상황은 '중국적 특색'일 뿐 아니라 초국적 자본의 지구적 확장과 지구적 생산 전환이 만들어낸 필연적 결과이다. 1970년대 이후 지구적 사회노동의 변혁 과정에서 지구적 시장 일체화가 진행됨에 따라 '비물질 노동'20)이 헤게모니를 장악하면서 주류 생산

---

17) 영유아에게 치명적 부작용을 일으켰던 중국 분유 브랜드–옮긴이
18) 「사기·포스트80세대 전」(史記·八零後傳).   http://baike.baidu.com/view/4689.htm?fr=ala0_1_1
19) 기존의 대학 분배제도에서 탈피해 사회적 경쟁력 제고를 위해 1999부터 입시 제도를 도입함.–옮긴이

형태가 되었으며 이에 따라 현대 관리제도에도 커다란 변화가 생기게 되었다. 이를테면 현대적 관리 제도가 '노동자의 영혼을 공장의 일부'로 만들고 노동자의 개성과 주체성을 조직과 명령에 민감해지도록 하는 것이다.[21] 또한 새로운 형태의 노동자로 도시 직장인을 중심으로 한 '지식노동자'들은 '현대 관리제도' 변혁이 야기한 '주체'에 대한 새로운 압박과 형성 방식에 대해 직면하고 있다. '주체되기'는 계급과 협력, 자치와 지배 간의 대립 상태를 없애지 못할 뿐 아니라, 실제로는 더 높은 차원에서의 저항을 만들어낸다. 왜냐하면 그것은 노동자의 개성을 촉진시키면서도 그 개성과 저촉되기 때문이다.[22] 그러므로 도시 젊은 층 사이에 만연한 중압감은 또한 새로운 관리제도, 나아가 노동자 '생명'에 대한 관리와 밀접한 상관이 있으며 이는 '사회 통제'가 점차 일상생활 깊숙이 침투하고 있는 것에 대한 필연적 결과라고 할 수 있다.

이러한 배경을 놓고 보았을 때 포스트80 세대 도시 직장여성들의 생존 환경을 들여다보면 칭찬과 같은 여성들은 더 큰 중압감과 첨예한 문제에 직면하고 있음을 발견할 수 있다. 베이징에서 1,000여 명의 직장인 여성을 대상으로 실시한 조사에서, 현실에 기본적으로 만족감을 느낀다고 대답한 여성이 45%가 채 되지 않았으며[23] '잘 모르겠다'고 대답한 여성이 약

---

20) '비물질 노동' 혹은 '비물질성 노동'은 '전통적으로 말하는 서비스업이나 두뇌 노동 혹은 인식 노동 등 모두 비물질 노동의 어떤 방면'을 일컫는 것이 아니라 '지식, 정보, 교류, 인간관계 혹은 감정반응 등의 노동과 같이 비물질성 상품을 창조하는 것'을 말한다.
Michael Hardt(邁克爾·哈特), Antonio Negri(安東尼奧·奈格裏), 「제국 그리고 포스트사회주의 정치」(帝國和後社會主義政治), 뤄강(羅崗) 主編, 『제국, 도시와 현대성』(帝國, 都市與現代性), 江蘇人民出版社, 2006, 31쪽.
21) Maurizio Lazzarato(毛裏齊奧·拉紮拉托), 가오옌(高燕) 譯, 「비물질노동」(非物質勞動, Immaterial labor), 『국외이론동태』(國外理論動態), 2005년 제3집.
22) 같은 글.
23) 「베이징 화이트칼라 여성 생활 조사」(北京白領女性狀態調查), 『정품구매가이드』(精品購物指南),

2.71%, '쉽게 우울해지거나 걱정이 많다'라고 대답한 여성은 2.89%였고, 2.77%의 여성이 '안절부절못하고 쉽게 화를 낸다'라고 답해 피로도 면에서 남성보다 높은 수치(각 2.46%, 2.6%, 2.45%)를 보였다.[24] 그러나 직장여성들이 당면한 문제 중 가장 심각한 것은, 칭찬처럼 '결혼식장에서 도망치고' '시공초월'을 선택하는 것처럼 '남편감 찾기의 어려움'이 나날이 심각해지고 있는 것이다. 베이징에서 월급 5,000위안에서 15,000위안을 받는 직장여성을 대상으로 실시한 조사에서 50.2%의 여성이 싱글이라고 말했으며 그중 35.6%가 '자신보다 더 잘난 남성을 찾기가 쉽지 않아서' 혹은 '사랑에 대한 불신 때문'이라고 대답했다.[25]

여성은 남성과 마찬가지로 직장과 사회에 대한 스트레스와 중압감을 느끼고 있으며, 또 한편으로는 스트레스 완충장치 역할을 하는 애정, 결혼, 가정생활 등이 상당히 결핍되어 있다. 각종 사회적 중압감과 '벗어나고 싶은' 충동의 결합 배후에는 사생활까지 깊숙이 개입하고 있는 '통제사회'의 모습과 이에 대한 여성들의 긴장감과 저항으로 인해 남성보다 더한 피로와 우울감에 시달리고 있다는 것을 어렵지 않게 읽어낼 수 있다. 이러한 상황에서 보면 '시공초월'은 젠더정치의 범주 안에 포함시킬 수 있으며, 내재적 반항 심리를 가진 청년 하위문화의 유형으로 볼 수 있다. 내가 관심을 갖고 있는 것은, 당대 중국에서 칭찬과 같은 젊은 여성이 어째서 현실에 직접 대면하는 방법을 선택하지 않고 '시공초월'이라는 방식으로 자신의 현실 감각을 전환시키는가 하는 점이다.

2007. 7. 25.

24) 스샤오팡(史曉芳), 「화이트 컬러 직장 스트레스 조사: 여성 직장인의 스트레스 수치 더 높아」(職場白領生存壓力調査: 女性壓力更大), 『중화공상시보』(中華工商時報), 2004. 1. 9.

25) http://women.sohu.com/43/70/article214727043.shtml

'시공초월' 활동 실현의 또 다른 차원으로서 역사 자원 및 그것이 방출하는 역사 상상력은 현실의 중압감에 시달리는 칭찬과 같은 도시 젊은 여성들로 하여금 효과적으로 더 나은 삶에 대한 상상과 맞물릴 수 있도록 하게 하는 것은 아닌지, 나아가 더 많은 칭찬들을 역사적 상상 속으로 참여시킴으로써 어느 정도 활기를 불어넣어 주고 중압감 속의 '반항적' 역량을 해방시킬 수 있는지는 다른 공간에서 별도로 다루어야 할 것이다.

<궁>에 대해 말하자면, 칭찬이 매료되었던 『옹정황제』와 같은 역사소설은 의미심장한 '역사적' 코드가 되어 우리의 분석 시야에 들어올 필요가 있다. 1990년대 초, 한때 큰 반향을 일으켰던 정통 역사서사로서 『옹정황제』[26]는 '모든 역사를 당대사'로 보는 시각으로 옹정제의 전기적이고도 치열한 일생을 색다른 시야로 담아냈다. 그러면서도 연거푸 개인의 도전과 쟁취의 이야기를 긍정적으로 그려내는 가운데 '적자생존'의 시장경쟁 원리와 '강자가 곧 법이다'라는 전통적 '성공' 관념과 최고 권력에 대한 숭배 정서가 결합되었다. 『옹정황제』는 1980년대 이후 형성된 욕망하는 '개인'을 역사적 사사의 논리적 출발점과 내재적 지지대로 삼고, 1990년대 이후 지식 엘리트의 거대한 현실에 대한 환멸과 의심, 그리고 정통 역사를 전복하는 신역사주의 서사의 유업을 이어 받아 '풀뿌리 민간'의 시야를 기본 출발점으로 삼고, 세속적 공리주의를 기반으로 역사적 사건과 인물을 이해하고, 역사적 사실에 근거해 번안을 목적으로 한 역사소설의 장르이다. 그 후에도 『명나라 이야기』(明代那些事), 『제국정계의 지난 이야기』(帝國政界往事), 『권력과 출세』(流血的仕途) 등이 잇따라 나왔고, 인터넷이 가세하면서 1990년대 중반 이후 남성 화이트칼라 계층이 주도하는 이른바 공공

---

26) 얼웨허(二月河), 『옹정황제』(雍正皇帝), 三卷本, 長江文藝出版, 초판 1991년, 재판 1993년, 삼판 1994년.

사학(대중사학) 창작과 소비 붐이 형성되었다.

바로 이러한 상황에서 『옹정황제』는 시작부터 여성의 독서 계보 안에 쉽게 자리잡을 수 있었던 것은 아니었다. 그것은 궁녀들의 사랑과 갈등에 중점을 둔 궁궐서사를 통해 극복되었고, 궁궐과 조정을 중심으로 펼쳐지는 잔혹한 '정치'투쟁의 전말을 가미함으로써 역사서사의 새로운 전범이 되었다. 그러므로 칭촨이 여성독자로서 『옹정황제』를 읽은 것은 여러 가지로 되새겨볼 만하다. 어떤 의미에서 보면 이런 소설은 재미있고 매력을 느낄 수 있으면서도 역사 왜곡을 일으킬 수 있다. 칭촨은 독서를 통해 얻은 지식을 객관적 사실과 정사로 받아들여 여사랑(女四娘)이 옹정황제를 암살했다는 야사로 꾸며진 드라마에 대해 진지하게 논평하는데, 이는 실제로 『옹정황제』 같은 소설이 '정사가 사라지고 공공사학(대중사학)이 점차 당대 사회에서 마치 환상인 듯 실제 역사와 같은 방식으로 역사 교과서를 대체하는 역할을 하고 있음을 드러낸다. 다른 한편으로는 얼웨허(二月河)가 '후궁' 서사 위에 '옹정황제'의 조정 권력투쟁의 내용을 강화하는 것처럼, 칭촨 같이 사랑과 결혼에 대한 불만의 태도를 가지고 독서하는 행위는 젠더정치의 측면에서 볼 때, 남성적 역사관을 밀어내고 역사 자체를 엄마의 시집가라는 잔소리를 피해 '잠시 한 숨 돌리기 위한 도구로 전락시킨다. 더 중요한 것은 칭촨이 궁중으로 들어가 권력 투쟁에 휘말리는 과정에서 『옹정황제』 독서의 '객관적' 역사지식을 능숙하게 활용하는데, 이는 소설 속 조정정치가 엮어내는 정당성을 극복하고 '후궁서사'를 통한 사랑의 합리성을 내세우면서 파편적으로, 또 기능적으로 『옹정황제』를 여성의 지식 계보 안으로 편입시키고 있음을 드러내는 것이다.

그렇기 때문에 소설 『옹정황제』는 칭촨이 강희제 때로 돌아갈 수 있는 중요한 경로와 지식 자원을 구성하고 있으면서 여성 독자로서 칭촨의 현실

감각을 분명하게 드러내고 있기 때문에 이 둘은 단순히 지식생산과 재생산의 관계뿐 아니라 여러 가지 요소가 포함된 복잡한 정치적 관계를 형성한다. 공공사학(대중사학)에 대한 자원을 빌려 '개인'→ '권력'→'성공'을 논리적 틀로 삼는 현재의 세속적 가치관이 역사 서술에 개입할 수 있는 합법성을 확립했다. 그리고 현대 도시 여성의 독서 태도와 입장이 강조되면서 애정 서사에 대한 정당성을 확보했고, 나아가 '개인'적 시야로 역사적 맥락의 신성불가침성을 이해하고 있는 점을 부각시켰다. 그러나 다른 한편으로는, 여성의 개인 생활과 남성 위주의 '조정정치'를 대립시키거나 심지어 분열시키는 방식으로 '개인'→ '권력'→'성공'이라는 역사적 판단 방식에 대해 의문을 제기하고 있다. 그러므로 이런 의미에서 여성들이 『옹정황제』를 읽는 것은 전통적 의미의 '정사(正史)'에서 탈피하고, 대중문화 영역 내 남성이 창작한 '대중사학' 서사에 대한 해체라는 점에서 이중적 저항의 의미가 있다.

현실의 무거운 중압감을 기반으로, 대중미디어 시대의 '포스트모더니즘' 식의 역사적 상상과 변용을 빌려 주류 남성 독자들과는 다르게 '역사서를 읽는 여성'과 그들의 방식이 서서히 드러나고 있다. 그리고 뚜렷하게 드러나지는 않더라도 '불만'과 '저항'의 정서가 현실과 역사를 관통하는 핵심으로서, 도시 젊은 여성의 '초월'에 대한 욕망을 구성하고 있다는 점을 반드시 주목해야 할 것이다.

_'후궁' 서사: 반역사적 역사주의

물론, 이것은 출발점에 불과할 수 있다. '시공초월'이 진정으로 문화정치의 역량이 될 수 있을지는 젊은 여성들이 더욱 합리적인 생활 형태와 방식을 찾도록 함으로써 중압감으로 인한 반항 심리에서 벗어날 수 있도록 하는 데 달려있다. 시공을 초월해 과거 역사 시기로 돌아가는 것이 새로운 젊은 여성주체를 만들어낸 것인가? 일정 정도 역사 혹은 현실을 변화시킨 것은 아닐까? 젊은이들이 과거 역사 시기로 회귀하는 반역사적 행위를 대체 어떻게 바라보아야 할까?

시공초월 모험을 하기 위해 선택된 과거 역사시기는 한·당대와 같은 태평성대나 진말·삼국·오대십국 등 수많은 영웅이 할거했던 난세, 혹은 역사적 배경이 모호하거나 아예 상상 속에나 있을 법한 어느 시대 등 일정한 규칙성을 띠고 있다. 이 가운데, 현재와 가장 가까운 청대가 바로 '시공초월'로 가장 많이 선택되는 시기이다. 쭤쟈출판사(作家出版社)에서 거금의 계약서를 체결한 4편의 초월 소설 가운데 3편이 시공초월의 시기로 '청대'를 선택했으며, 그 가운데 강희제 말 아홉 왕자가 후계자의 자리를 두고 정권다툼을 하는 시기가 가장 많았다.[27] 시공초월 드라마 가운데 인기몰이를 했던 드라마 몇 편도 역시 '청대'를 배경으로 하고 있으며, <궁> 다음으로 최고의 인기를 누렸던 드라마 <보보경심>(步步驚心) 역시 강희제 아홉 왕자가 정권을 두고 잔혹한 투쟁을 벌이는 시기를 배경으로 하고 있다.[28] 작가들이 시공초월극 작품 설정을 통해서 현실 보상심리를 투사하고 스토리의 유형화를 지향하고 있음을 어렵지 않게 발견할 수 있다.

---

27) Pence, 「작가출판사, '시공초월 소설·드라마에 거금의 계약을 체결하다 」(作家出版社以百萬高價簽下四本穿越小說), 문학블로그넷(文學博客網), 2007. 7. 30. http://blog.readnovel.com/article/htm/tid_830378.html

28) 어느 신문에서는 '드라마 <보보경심>의 시청률이 1.73%로 동시간대 최고 시청률을 기록했다고 보도했다. 이를 통해 청대를 배경으로 하는 '아홉 왕자의 왕권다툼'의 시공초월 드라마 인기를 짐작할 수 있다. 장밍춘(張明春), 「'보보경심' 인기 원작의 영향으로 첫 방영 시청률 1위」('步步驚心'首播收視率第一原著受追捧), 『대련만보』(大連晩報), 2011. 9. 20.

그렇다면, '청대'가 다른 역사시기에 비해 더 선호되고 있는 이유는 무엇이며, 여성 서사와 독자의 어떤 은밀한 기대가 맞물리고 있는 것일까?

칭촨의 시공초월의 주요 활동무대인 청대의 '후궁'을 상징 코드로서, 또 '후궁'에서 펼쳐지는 이야기들을 어떻게 이해해 시공초월 행위의 핵심적 문제로 설정할 것인가. 단순한 역사 맥락 가운데 놓는다면, '후궁'은 봉건 왕조의 중요한 편제로서 특히 '삼천 궁녀'가 총애를 받기 위해 암투를 벌이는 곳으로 현대사회와는 전혀 맞지 않는 곳이기 때문에 이는 완전히 반문명적 역사적 퇴보 행위로 이해될지도 모른다. 그러나 그런 틀에 박힌 사고를 버리고 '후궁' 자체와 칭촨의 이야기들을 곰곰이 생각해보면 어째서 다른 곳이 아닌 청대의 후궁을 택했는지 조금은 이해가 될 일이다.

칭촨처럼 청대로 날아간 여주인공들의 독백을 통해 현실에 대한 반항심리가 어떻게 '후궁'이라는 뜻밖의 공간에서 펼쳐질 수 있는지 생각해보자.

> 나는 요즘 진장넷[29]의 청대 초월소설에 푹 빠져 산다. 강희제의 왕자들이 얼마나 멋있는지! 냉정하고 차가운 사왕자, 부드럽고 자상한 팔왕자, 핸섬한 매력의 구왕자, 터프한 십왕자, 의기와 기개가 넘치는 십삼왕자, 활달하고 유머가 넘치는 십사왕자…[30]

> 과거로 날아간 여주인공들은 아름다운 사랑에 빠진다지 않던가? 대개 청대로 날아간 여주인공들은 왕자들과 사랑에 빠진다니 더욱 대단하지. …난 천성적으로 황실에 좀 호기심이 있는 것 같아. 어쩌면 여자들은 모두 천성적으로 구중궁궐에서 일어나는 이야기를 좋아하는지도 몰라.[31]

---

29) 진장넷(晉江網), 인터넷 소설 사이트 - 옮긴이
30) 쉔원(翩雯), 『대청정사』(大淸情事). http://www.inbook.net/bookDetail_22870.html

이곳으로 날아온 후, 고대인과 다른 사고방식과 역사에 대한 약간의 지식으로 나는 이전에는 상상조차 못해본 것들을 얻게 되었어…입고 먹는 것은 말할 것도 없고 정말로 신기한 것은 내가 드디어 사람들의 운명을 좌우할 수 있게 되었다는 것이야. 사람은 설령 명리 자체가 아니라도 명리를 추구하는 경향이 있고 또 진정으로 자신의 운명을 결정짓고 싶어 하지. 운명에 의해 좌우되는 것이 아니라.[32]

청대의 '후궁'으로 날아간 여주인공들의 목적은 저마다 다양하다. 현실세계의 힘든 상황을 벗어나고 '성공'이라는 개인적 꿈을 실현하는 것이 시공초월자의 주요한 목적 가운데 하나이지만, 도시 젊은 여성들의 애정 결핍이라는 문제가 '신데렐라' 식 이야기로 전환됨으로써 현실세계에서 찾기 힘든 완벽한 사랑을 체험하게 해준다는 것이 바로 여성들의 시공초월충동을 설명할 수 있는 압도적 원인이라 볼 수 있다. 그러므로 청대, 특히 강희제의 '후궁'으로 날아가는 것은 분명 강희제의 개성 있고 복잡다단한 운명을 지닌 왕자들 때문일 것이다. 이는 시공초월을 통해 취향에 따라 다채로운 사랑을 경험할 수 있음을 암시하는 것이다.[33] 바이두[34]의 '궁쇄심옥 토크 바(宮鎖心玉帖吧)[35]에서 "왜 <궁>을 즐겨보십니까?"라

---

31) 창주이부싱(長醉不醒), 『청궁견몽』(淸宮遺夢). http://www.jjwxc.net/onebook.php?novelid=94958
32) 金子, 앞의 글. http://www.jjwxc.net/onebook.php?novelid=12779
33) 어떤 논평가는 '강희제의 아홉 왕자들의 이야기는 초월소설의 주요 독자인 젊은 여성들의 궁중연애에 대한 기대감을 만족시켜주기 때문에 『夢回大淸』, 『情傾天下』와 같은 시공초월 소설이 일찍이 유행하게 되었으며, 이 두 소설 모두 같은 시대적 배경을 갖고 있다라고 평하고 있다. Pency의 「作家出版社以百萬高價簽下四本穿越小說」을 참고. 문학 블로그 넷(文學博客網), 2007. 7. 30. http://blog.readnovel.com/article/htm/tid_830378.html
34) 중국의 검색 포털 사이트.-옮긴이
35) 바이두에 있는 주제별 인터넷 이야기 공간.-옮긴이

는 설문조사를 한 바 있는데, 모두 699명이 참가했고, 조사 결과는 다음과 같다. 드라마 <궁>을 즐겨보는 주요 이유로 '다양한 사랑 이야기를 즐길 수가 있기 때문'이라고 답했으며, 그 중 69.9%인 468명이 '팔왕자와 칭촨의 깊고 애틋한 사랑'을 선택했고, 23.4%에 달하는 157명이 '사왕자와 칭촨의 매혹적이며 우여곡절이 많은 사랑'을 선택했다.36) 그리고 '이 드라마를 시청하고 난 후 어떤 생각의 변화가 있었는가'라는 질문에 341명 가운데 23.7% (81명)이 '역사에 흥미가 생겼다'고 답했고, 34.8%(119명)가 '매일같이 시공초월에 대한 생각을 한다'라고 답했으며 '칭촨과 팔왕자를 좋아하게 되었다'고 말한 사람이 각각 54.8%(187명), 46%(157명)에 달했다.37)

이 조사를 통해 '후궁'과 그에 대한 상상에 변화가 생겼음을 알 수 있다. 주인공을 통해 드러나는 주인공 화자에 대한 것이든 여성 시청자든 '시공초월'과 그것을 보는 행위는 '황실에서 일어나는 일'에 대한 궁금증 해결이 아니라 '한 번 멋지게 살아보는 것'(특히 사랑)에 대한 강렬한 소망이 역사적 상상으로 투사된 것이다. 이런 소망을 고대의 시공간에서 실현시키는 것은 현실에서 새로운 생존 방식과 애정에 대한 희망이 희박함을 암시하는 것이며 다른 한편으로는 설령 역사적 퇴보이기는 하나 과거로 돌아가기만 하면 자신에게 꼭 맞는 환경을 얻을 수 있고 다른 사람의 운명을 좌우할 수 있을 것이라는 현대여성의 미묘한 심리가 반영된 것이다. 이런 절망과 자신감이 '후궁'이라는 공간을 통해 완벽히 교차되는 것에서

---

36) '바촨롄'(八川戀)은 팔왕자와 칭촨의 사랑을 일컫는 것이고, '쓰촨롄'(四川戀)은 사왕자와 칭촨의 사랑을 가리키는 것이다(원문을 번역할 때 위와 같이 설명해 번역했음-옮긴이). 세 사람 사이의 복잡한 감정은 드라마 <궁>의 핵심 줄거리이다. 인터넷 드라마 게시판 참고 http://tieba.baidu.com/p/1155945782

37) http://tieba.baidu.com/p/1154277700

우리는 여성 화자와 여성 시청자 사이의 결합과 분열을 엿볼 수 있다.

그렇기 때문에 '후궁'과 그곳에서 일어나는 이야기에 대한 토론은 역사주의적 측면에서만 머무를 것이 아니라 범위를 더 확대해 현실과 역사의 이중 변주 안에 위치시켜야 한다. 같은 이치로, 젊은 여성들이 어설픈 역사적 논리를 바탕으로 과거 시간여행을 하는 것을 실패한 서사 경험이라고 치부할 것이 아니라 오히려 분석해볼 만한 의미있는 문학적 사건이라고 봐야 할 것이다.

칭찬은 청대로 돌아가 특별한 능력을 발휘할 수 있었기 때문에 많은 사람들의 사랑을 받는다. 희빈에게 롤러스케이트 타는 법을 가르쳐 총애를 받고, 패션모델을 고용해 옷을 팔고, 화학적 지식을 활용해 사람의 목숨을 구하고, 유일하게 부를 줄 아는 현대 유행가로 고대인의 마음을 사로잡는 등 생각지도 못한 방법으로 많은 이야기를 만들어낸다. 중요한 것은, 칭찬이 후세 사람으로서 청대 역사의 기본 맥락을 잘 이해하고 있었기 때문에 선견지명과 기지로 위험을 벗어나며 '선녀'라고 추앙받게 되는 것이다. 이로 인해 칭찬은 궁중의 왕자들과 가까이 지낼 수 있게 되며 그녀의 다양한 매력으로 모든 이의 사랑을 한 몸에 받게 된다.

칭찬의 개인적 성공스토리에 대해 자세히 들여다보면 그 과정이 황당하고 실소를 금할 수 없음은 말할 나위가 없다. 흥미로운 것은 <궁>이 이런 이야기를 통해 칭찬의 성공을 그려내는 과정 가운데 보통 사람이 성공을 거두는 것에 대한 찬양과 그 배후의 역사 진보론의 긍정, 그리고 다음과 같은 더 주목할 만한 내용을 담고 있다는 데 있다. 예를 들어 현대인으로서 가지는 우월감, '문명'으로 우매한 시대를 정복하고 여성주의식으로 '후궁'을 장악하고 새로운 의미를 부여하는 것 등이다. 그런 의미에서 칭찬의 다양한 애정 스토리는 결코 전통적 후궁의 경험 체계 안으로 들어

갈 수 없으며 오히려 '현대'가 강제로 '고대'에 개입함으로써 '고대'적 결과를 바꾸려는 시도이자 '현재'가 필연적으로 '역사' 위에 존재하며 '역사'에 대한 극복으로 이루어진 것이라는 현대적 논리 담론의 직접적 연역이라고 봐야 한다.

그러나 후궁에서 벌어지는 칭찬의 애정 스토리를 반역사적 서사라고 치부해버려서는 안된다. 칭찬 이외의 또 다른 시공초월자인 양비가 깨닫고 있는 것처럼, 현대 여성의 독특한 매력으로 궁궐에서 영향력을 행사하고 역사적 결과를 이미 알고 있다고 하더라도 강제로 역사의 진행 과정을 방해한다면 그 일이 뜻대로 되지 않을 뿐만 아니라 모든 일이 수포로 돌아가는 것을 보여주고 있다. 이러한 반성은 다른 작품에서도 '시공초월'의 한계로 강조된다.

나는 더 이상 역사를 바꾸려고 할 수 없어. 역사는 마치 스프링과 같아서 외력으로 그것을 당길수록 더 큰 탄력이 생기면서 역사를 뜻대로 바꿀 수 없는 데다 많은 무고한 사람들이 연루될 수도 있기 때문이야. 우리가 역사를 어지럽혀도 역사 속에 우리는 존재하지 않기 때문에 우리는 그저 방관자일 수밖에.[38]

시공초월자 자신이 역사적 방관자에 불과하고 역사에 참여할 수 없음을 깨달았을 때, 권력의 중심에 있는 남자들과의 연애도 역사의 궤도가 정해놓은 정치적 결과를 바꿀 수 없음을 발견했을 때, 역사를 쉽게 바꿀 수 있다고 생각했지만 고정불변의 거대한 법칙에 저항할 수 없을 때, 우리는 지나치게 현대적인 드라마 줄거리에 의해 덮여버린 시공초월자의 진정

---

38) 琉璃薄蘇, 앞의 글.

한 슬픔을 느낄 수 있으며, 바로 시공초월 소설 『몽회대청』(夢回大淸)의 주인공 밍웨이의 말을 빌려 이런 슬픔의 근원을 표현할 수 있다.

> 나는 정말 역사를 바꾸고 싶지 않아. 역사를 그토록 존중해서가 아니라 역사에 약간의 편차라도 생겨나면 미래를 예측할 수 없기 때문이지. 그건 정말 두려운 일이고 여기서 살아낼 용기를 잃게 될지도 몰라.[39)]

여성 시공초월자가 후세 사람으로서 역사의 진행 과정과 그 결말을 이미 다 알고 있기 때문에 역사의 비밀을 좌우할 수 있다면, 역사를 바꾼다는 것은 이런 노력 없이 얻은 행운을 포기해야 함을 의미하고 또한 예측 불가능한 새로운 역사 질서 속에 놓일 수도 있음을 의미하는 것이다. 만약 시공초월자가 현실세계에 대한 무력함 때문에 역사의 어느 시점 속으로 도피하는 것을 '시공초월'의 전제로 삼는다면, 우리는 그들이 느끼는 공포 감의 본질을 대략 이해할 수 있을 것이다. 그것은 바로 약자이지만 고대인 보다 우월할 수 있는 유일한 자산이 바로 이미 역사의 진행 과정을 이해하고 있는 점이기 때문에, 이득을 취하고 위험을 회피할 수 있으며 이런 맥락에서 '성공'과 '안전'을 확보할 수 있는 것이다. 그러나 '역사의 결과'가 그녀들이 장악할 수 있는 유일한 자원이기 때문에 자신의 운명을 역사의 수레바퀴 위에 단단하게 고정시켜야만 하는 것이고, '천명', '역사' 혹은 '제왕'은 그녀들의 도전 대상이 아닌 의존할 수 있는 중요한 대상이므로 본래 갖고 있던 현대적 반항적 기질은 '후궁'에 들어가게 되고 새롭게 이야기를 이끌어나갈 때 철저히 전복되게 된다.

---

39) 金子, 『夢回大淸·第六章』. http://www.xiaoshuoku.com.cn/sub_list/6470.html

그러나 나는 천명 혹은 당신들이 말한 역사가 흔들릴 수 없다는 것을, 특히 제왕의 운명은 바꾸고 싶어도 그것이 거의 불가능하다는 것을 발견했다.[40]

설령 그렇다 하더라도 복잡한 것은, 최후의 선택에 있어 <궁>은 예상을 벗어나지만 이치에 어긋나지 않는 방법을 제공한다. 비록 칭찬은 그토록 조심스럽게 '천명'을 따르려 했었고, 권력투쟁에 성공한 사왕자의 지극한 사랑이 있었지만 팔왕자의 진정한 사랑 앞에서 그와 생사를 같이하기로 결심한다. 개인의 생사를 처리하는 대담함과 자유로운 방식은 역사의 대사건을 처리하는 소극적인 방식과 더불어 재미있는 대립적 관계를 구성하며, 여성들이 현실의 불만을 역사 이야기 속에 투사한 후 새로운 선택의 가능성과 그 한계를 형성한다. 젊은 여성들이 과거 역사의 시간 속 후궁으로 되돌아가는 방식을 통한 새로운 '현실주의'적 방식은 '한 여성과 여러 명의 남성'이라는 여성중심주의적 연애 방식으로서 성공도 애정도 온전히 가질 수 없는 현실세계의 불만에 대한 표현과 개인적 투쟁을 드러낸다. 또 다른 한편으로는 젊은 여성들이 그 역사적 상황 가운데 역사적 규율과 권력의 작용 등의 요소에 대해 상당한 역사주의적 입장을 고수하면서 자신과 역사의 중심인물과의 연애를 '개인적 사건'으로 일축시키면서 역사의 변동과 반동에 대한 생산 가능성을 희석시킨다. 그럼으로써 거스를 수 없는 '천명', 개인의 미약한 역량과 저항의 한계를 여전히 드러내고 있다. '초월' 형식을 통해 현실/역사, 사랑/권력, 반항/타협, 후궁/조정, 반역사/역사주의 등 분명한 단절을 보여주고 있을 뿐 아니라 이들이 서로 얽혀들어가며 새롭게 맞물리는 상황을 만들어내면서 포스트80 세대들이 가진 전형

---

40) 琉璃薄蘇, 앞의 글.

적 특성의 서사형식을 탄생시켰다.

　물론, 하이든 화이트(Hayden White)가 말한 '역사' 재현은 영원히 일종의 '특수화'된 '역사주의 서사'라는 의미에서 생각해보면 '시공초월' 문화 현상은 서사에 대한 도전임을 알 수 있다.

> 저마다의 '역사'재현은—얼마나 특수화되었는지, 서사성이 얼마나 많이 있는지, 얼마나 자각적 통찰력이 있는지 그리고 어떤 이유로 인해 특정 제재를 고집하는지에 상관없이—모두 '역사주의'라고 불리는 전통이론의 대부분의 요소를 포함하고 있다.[41]

　즉, '역사' 서술자가 아무리 참신한 입장을 내세운다 해도 그 노력이 항상 '역사주의'적 요소의 방해를 받는 것은, 서술자가 어째서 항상 역사 진행을 마음대로 바꾸지 못하고 기본 맥락을 준수하면서 개인 활동 범위와 그에 따른 효과를 한계 짓는지를 어느 정도 설명해준다. 그러나 이런 서사 기법상의 원인만이 전부는 아니다. 구체적으로 '시공초월' 현상을 살펴보면, 주인공이 겪는 곤경과 드러나는 서사적 한계는 관료제에 기반한 현실 세계에서 생겨나는 화이트칼라들의 '성공'에 대한 개념들과 밀접한 관련이 있다. 밀스(C. Wright Mills)는 미국 화이트칼라 문화에 대해 언급하면서, 현대 청년 화이트칼라 계층들은 "한편으로는 노력해야 하고 '젖 먹던 힘까지 쏟아내야 한다'는 압박이 지금의 나를 버티게 하지만, 다른 한편으로는 상향의지가 날로 박약해지면서 성공과는 거리가 멀어진 지 오래"[42]

---

41) Hayden White(海登・懷特), 「역사주의, 역사와 비유적 상상」(歷史主義, 歷史與比喩的想象), 『포스트모던 역사서사학』(後現代歷史敘事學), 中國社科院出版社, 2003, 102쪽.

42) C. Wright Mills(C. 萊特・米爾斯), 『화이트칼라: 미국의 중산계급』(白領 美國的中産階級), 저우

라고 말하는 것처럼 '성공'에 대한 애착과 증오가 동시에 공존하고 있는 모순적 심리상태를 갖고 있다고 지적했다. 왜냐하면 "관료체제 안에서 지위가 상승하는 것은 종종 허황한 성공일 뿐"이기 때문이다.[43] 바로 이런 '성공'하고자 하는 욕망과 '성공'에 대한 회의가 같이 연결되어 있는 것에서 '시공초월' 현상은 젊은 여성들이 가치 관념에서 느끼는 두 가지 곤경을 드러내고 있다고 할 수 있다. '성공'을 위해 '시공초월'을 택하지만 사실상 '성공'에 대한 허황함과 성공한 자들의 도덕적 타락에 어느 정도 경계심을 갖고 있기 때문에, 주인공은 '시공초월' 형식을 빌려 권력 중심과 '성공'에 접근하게 되면서도 항상 개인적 감정인 '사랑'을 빌미로 '권력'과 '성공'을 극적으로 비껴간다. '성공'에 대한 이런 내적 긴장은 문화상의 전위적 도전성과 현실정치 입장에서의 후퇴성을 분명히 갖고 있으며[44] 이는 바로 서양 중산층 문화의 전형적 특징이다. 그렇기 때문에 '초월'과 그것이 만들어내는 성공에 대한 이미지는 1990년대 글로벌화 물결 속에서 생겨난 중국의 화이트 계층 문화와 밀접한 관련이 있으며, 동시에 1980년대 이래 확산된 개인주의에 대한 정당성을 기반으로 하는 자유주의 여성주의와 점차 어느 정도 공모관계를 형성하게 되었다.

이런 점들에 근거해 '시공초월' 현상은 중산계층 여성문화 특징을 가진 문화정치 행위로서, 현실의 '성공' 법칙은 개인이 끊어낼 수 없는 질곡을 만들어내었고, 개인과 애정 등을 특정으로 하는 '개인주의'적 곤경을 초월하지 못하고, 나아가 역사적 맥락과 단단한 결합을 이룸으로써 내재적

샤오훙(周曉虹) 譯, 南京大學出版社, 2006, 225쪽, 201쪽.

43) 같은 책.

44) 저우샤오훙(周曉虹), 「중산계급: 어째서 가능하고 무엇을 할 수 있는가」(中産階級:何以可能與何以可為), 『장쑤사회과학』(江蘇社會科學), 2002년 제6기

역량을 획득할 수 없음을 보여주고 있다. 그렇기 때문에 '시공초월'은 현실 안전을 계수로 하는 억제적 젠더정치로, 현실에 변화를 가져오지 않으면서 도 근본적으로 바뀔 수 없는 역사적 담론을 기계적으로 생산해내는 행위로 전락했다.

_ '영상'이 어떻게 이데올로기로 작용하는가

우리는 더 나아가 <궁>이 어떻게 앞서 말한 문화정치와 젠더정치를 형성하는가를 묻기에 앞서, 드라마 <궁>이 만들어지는 중요한 과정 중의 하나로서, '텔레비전'과 같은 매체가 어떠한 역할을 하며 의미 생산 과정에 어떻게 개입하고 제약을 가하는지 자세히 분석할 필요가 있다.

"텔레비전은 잠재적 의미가 많이 포함된 프로그램들을 방송하며, 이런 의미를 비교적 단순하고 사람들이 좋아하는 의미로 결집시키며, 이를 통제 함으로써 주류 이데올로기적 작용을 하기 때문에"45) 현대 사회에서 '텔레 비전'은 종종 이데올로기 생산자이자 해설자로 여겨진다. 그러나 더글라 스 켈너(Douglas Kellner)가 '매체문화는 사람들의 세계관, 행위 심지어 정 체성을 구성하는 재료를 제공'함과 동시에 '하위문화 주체와 개인이 문화 와 정체성에 대해 저항을 주도하는 형식이 어떻게 되는지, 그들만의 스타 일과 정체성을 어떻게 창조하는지에도 관심을 갖는다'라고 강조한 바와 같이 이런 이데올로기는 내재적 '모순'을 갖고 있다.46) 바로 이러한 상황

---

45) John Fiske(約翰·菲斯克), 『텔레비전 문화』(電視文化), 치아홍(祁阿紅) 等譯, 商務印書館, 2005, 6쪽.
46) Douglas Kellner(道格拉斯·凱爾納), 「중국어판 서문」(中文版序), 『미디어 문화』(媒介文化), 딩닝 (丁寧) 譯, 商務印書館, 2004, 3쪽.

에서 <궁>과 같은 드라마가 모호하거나 혹은 분명한 이데올로기를 생산
해냈는지, 우리는 또 어떻게 이런 이데올로기를 이해해야 하는지 좀 더
깊이 토론해볼 필요가 있다.

최근 몇 년간 방송계의 새로운 세력으로 떠오른 후난위성텔레비전(湖
南衛視, 이하 후난TV)는 '시공초월 드라마'를 기획해 높은 시청률을 기록
했으며, 드라마 <궁>의 제작과 방영을 담당했다. '시공초월 드라마'가
어떻게 후난TV 제작 기획의 매력적인 소재가 되었는지는 1990년대 후난
TV가 시공초월 드라마의 전신인 애정 드라마(言情劇)와 맺은 인연으로부
터 살펴봐야 한다. 실제로 1998년 세간의 화제를 모았던 <황제의 딸>(還
珠格格)을 기점으로, 포스트모더니즘적 유머코드를 가진 똑똑한 말괄량이
주인공 샤오옌즈가 남녀노소의 사랑을 받는 새로운 우상으로 떠오르면서
후난TV는 내용 구성과 시청자 설정 그리고 방송 메커니즘 등 각 방면에서
어떻게 해야 시청률 높은 애정 드라마를 제작할 수 있는지에 대한 탐색을
시작했다. 그러나 후난TV가 애정 드라마 제작과 방영에 대한 이념과 메커
니즘이 진정으로 성숙된 시기는 <드라마극장>(金鷹獨播劇場)[47]이라는 프
로그램을 운영하고 나서부터이다.

후난TV는 2005년 이전까지 다른 지역 방송국과 마찬가지로 중국 중앙
텔레비전 방송국(CCTV)에서 보내온 <종합뉴스>(新聞聯播) 송출 시간이
끝난 후 19시 35분부터 22시까지를 드라마 황금시간대로 편성해 주요 드
라마를 연속으로 2편씩 방영했다. 그러나 이런 편성은 2005년 한국드라마
<대장금>(MBC출품)을 방영하는 데 커다란 불편이 따랐다. 2000년 국가
광전총국(國家廣電總局)의 '드라마 관리 규정'(電視劇管理規定)에 따라 수입

---

47) 밤 10시부터 드라마를 전문적으로 방영하는 프로그램, 제목을 '드라마극장'으로 옮긴다.-옮
긴이

드라마와 합작 드라마는 황금시간대 방영을 엄격하게 제약하고 있었다. 규정 제35조에 따르면 '방송국이 매일 방영하는 각 프로그램 가운데 수입 드라마는 총 방영시간의 25%를 초과할 수 없으며 그중 황금시간(18시부터 22시)의 15%를 초과할 수 없으며', 만약 이를 위반할 시 '드라마 방영 허가증을 취소할 수 있다'라고 규정짓고 있다. 2004년 국가광전총국에서 발표한 「해외 텔레비전 프로그램 수입 및 방영 관리규정」(境外電視節目引進·播出管理規定)에서는 한층 더 강화되어 당년 10월 23일부터 '각 텔레비전 채널에서 매일 방영되는 해외 드라마는 해당 채널이 당일 방영하는 영화와 드라마 총 시간의 25%를 초과할 수 없으며', '광전총국의 허가를 거치지 않고 황금시간대(19:00~22:00)에는 해외 드라마를 방영할 수 없다고 규정했다. 처벌 강도 역시 강화되어 '해당 규정을 위반했을 시 「라디오 및 텔레비전 관리 조례」(廣播電視管理條例)에 의거해 처벌 받으며, 엄중한 위반이 발견되었을 때 법에 의거해 형사처벌을 받을 수 있다'라고 규정하고 있다. 그리고 이 규정과 더불어 국가광전총국에서 이전에 발표한 「라디오 및 텔레비전 광고 방송 관리 임시 규정」(廣播電視廣告播放管理暫行辦法, 2004년 1월 1일부터 실행)이 각 방송국을 관리하는 가장 중요한 지침이 되었다. 이 임시 규정은 황금시간대의 광고 방송 시간, 횟수 등에 관해 엄격한 제한을 두고 있다. 19시부터 21시에 이르는 황금시간대에 '프로그램이 끝나는 매 시간마다 방영되는 방송시간은 프로그램 방영시간의 15%, 즉 9분을 초과할 수 없다'고 규정하고 있으며, '라디오와 텔레비전 광고는 프로그램의 완성도를 위해 프로그램의 흐름이 자연스럽게 끝나는 부분을 제외하고 중간에 광고 방송을 삽입할 수 없다. 황금시간대 이외에 방영되는 드라마는 1편(일반적으로 45분)당 1번의 삽입 광고만 허용되며 시간은 2분 50초를 초과할 수 없다'고 규정짓고 있다. 광전총국이 민족주의적 태도로 해외 드라마의 방영을 금지하고 광고 규제를 통해 황금시간대의 텔레비전 시장을 '정화'하는 것에서 우리는 국가적 측면에서 황금시간대 텔레비전 시장에 대한 강렬한 이데올로기적 통제 의도를 갖고 있으며, 이를 통해 순수하게 하나로 통일된 '도덕'적 이미지를 구축하려는 것을 파악할 수 있다. 그러나 이렇게 상명하달 식으로 '일률적으로' 처리된 강제적인 '반시장적' 방법은 황금시간대에 방영되는 드라마(특히 해외 드라마) 광고 시간을 판매해 투자 이익을 취하는 지방 방송국의 영리모델에 치명적 타격이 아닐 수 없다.

바로 이런 상황 속에서 엄격한 규정을 교묘히 피하고 해외 드라마인 <대장금>을 순조롭게 방영하면서 이에 따른 대량의 광고 방송 분량을 통해 경제적 수익을 얻기 위해 후난TV는 2005년 9월 1일부터 특별 편성표에 따라 프로그램 시간을 조정했다. 19시 35분에 시작하는 <드라마극장>의 방영시간을 한 시간으로 축소했으며 <해피 930>(快樂930)[48]을 한 시간 앞당겨 20시 30분에 방영했고, <저녁뉴스>(晚間新聞) 역시 한 시간 앞당겨진 21시 25분에 방송되었다. 그리고 22시부터 <대장금>을 2편씩 방영했고, 매 편마다 세 번의 삽입광고가 모두 15분 분량으로 나갔다. 예상 밖으로, 비황금시간대로 옮겨 방영된 <대장금>이 혀를 내두를 만한 높은 시청률(4.9%)를 기록했으며 4,000만 위안의 광고 수입을 벌어들였다.[49] 이 일을 통해 후난TV는 새로운 시청시간대를 발견해냈고 이것으로 저녁 10시 이후가 새로운 '제2의 황금시간대'로 새로이 거듭나게 되었다.

---

48) 원래 프로그램 이름은 <快樂中國930>으로 매일 저녁 9시 30분에 방영하는 종합 오락 프로그램이다. 월요일부터 일요일까지 정보, 오락, 토크쇼, 대중가요, 드라마 등 매일 다른 장르의 프로그램을 운영한다. 이는 젊은 시청자들의 고정 시청 습관을 양성해 안정된 시청률을 얻기 위해 기획된 것이다.–옮긴이

49) <드라마극장>(金鷹獨播劇場). http://baike.baidu.com/view/1689583.htm

그래서 2006년 초, 후난TV는 자체적으로 저녁 시간 프로그램 편성을 대폭 조정했다. 원래 드라마를 방영했던 황금시간대에 자체 제작한 프로그램을 구성해 방영될 드라마에 대한 선전과 광고를 벌였고, 이후 22시부터 드라마를 방영했다. 독특한 경영 이념과 모델을 통해 <드라마극장>이 탄생했고 여기서 방영된 드라마가 연이어 높은 시청률을 기록하면서 고정 시청자(안정적 시청률)를 확보하게 되었다. 이 방송국에서 매년 최고 시청률을 기록한 드라마로는 <마이 걸>(한국SBS, 2006, 2.56%), <또 한 번 그리움을 꿈꾸다>(又見一簾幽夢, 후난TV, 2007, 4.09%), <추녀무적>(醜女無敵, 후난TV, 2008, 2.02%), <With the view of meteor shower> (一起來看流星雨, 후난TV, 2009, 3.89%), <찬란한 유산>(한국SBS, 2010, 4.71%)이 있다.50)

<드라마극장>에서 방영된 드라마를 분석해보면 기본적으로 후난TV 자체 제작 드라마, 한국, 대만 드라마가 주류를 이루고 있으며, 후난TV 자체 제작 드라마가 시청률 방면에서 단연 두각을 드러내었음을 발견할 수 있다. 내용면에서 보면 대부분 러브 스토리를 기본으로 하고 있으며, <대장금>, <War and Beauty>(金枝欲孽)가 이런 드라마의 대표적인 예로 사악한 악녀와 천사 같은 여주인공을 중심으로 고대 궁중 안에서 벌어지는 복잡한 암투와 여성의 운명을 그리고 있다. 또 다른 대표적인 예로 <사랑은 깊어지고 비는 아득히>(情深深雨濛濛), <그리움을 꿈꾸다>(一簾幽夢)와 같은 작가 츙야오(瓊瑤)의 드라마 시리즈를 들 수 있는데, 순수하고 아름다운 소녀 주인공을 통해 현대인의 복잡한 생활과는 다른 지고지순하며 슬픈 '사랑'이야기를 주로 그리고 있다. 세 번째 대표적인 예로 <아내의

---

50) <드라마극장>(金鷹獨播劇場). http://baike.baidu.com/view/1689583.htm

유혹>(回家的誘惑),51) <추녀무적>, <백만장자에게 시집가기>(嫁給百萬富翁) 등은 가족 관계, 직장에서 벌어지는 일들, 사랑과 연애를 통해 현대 도시 여성들의 심리변화와 생활을 그리고 있다. 사극, 현대극, 인물 형상, 내용 구성 혹은 서사 특징을 불문하고 이런 드라마에서는 러브 스토리를 다루는 데 있어 상당히 '여성화'된 점을 발견할 수 있으며 이런 잠재적 호소력은 여성 시청자를 사로잡았고 오늘날 <궁>이 큰 붐을 일으킨 기초가 되었다.

이런 기획은 우연히 만들어진 것이 아니라 후난TV에서 광전총국이 발표한 정책과 제도에 적절히 대응하면서 새로운 시청자 층을 겨냥해 대비한 결과라고 봐야 할 것이다. 실제로 후난TV가 실시한 조사에 따르면 22시 이후 주요 시청자는 대부분 25~45세 사이의 도시의 화이트칼라 여성들이었기 때문에, 방송국은 '건전하면서도 진취적이고, 세련되며 감동적이고 재미있는' 애정드라마를 위주로 편성하는 원칙을 확립했다.52) 후난TV는 저녁 10시 이후 여성 시청자들의 시청 요구와 심미적 기대에 부합할 수 있었기 때문에 후난TV에서 <드라마극장>이 성공할 수 있었고 그로 인해 독특한 드라마 유형을 만들어낼 수 있었다.

그럼 <드라마극장>은 어떻게 특정 시청자를 타겟으로 삼아 그들을 사로잡을 수 있었던 것일까? 타니아 모들스키(Tania Modleski)는 미국의 연속극을 통해 페미니즘 연구를 진행하면서 "주간에 방영되는 연속극은 여성 시청자를 타겟으로 삼은 것이며 백인 중산층 여성들의 가사노동 패턴

---

51) 한국 <아내의 유혹>을 리메이크 한 드라마.—옮긴이
52) 「후난위성텔레비전의 세 가지 대표 프로그램에 대해: 우리가 하는 것은 모두 정상적인 것을 벗어나는 것이다」(湖南衛視三張王牌:我們做的都是離經叛道的事). http://bbs.rednet.cn/forum. php?mod=viewthread&tid=3054766&extra=%26page%

에 맞도록 제작된 것이다"53)라고 지적한 바 있다. 유럽과 미국 선진국의 연속극 시청자들이 중산층 가정주부로 구성되어 있다면 <드라마극장>의 여성 시청자는 신분, 역할 그리고 시청 기대 심리 등 모든 면에서 위에서 말한 상황과 확연히 다르다고 볼 수 있다. 사회주의 중국의 여성해방운동의 주요한 성과가 오늘날까지 지속적으로 드러나고 있는 것으로서 여성이 사회 노동에 참여하고 직장여성으로서 자신의 기본적 신분 정체성을 규정 짓는 것은 우리가 도시의 여성 화이트칼라 계층과 드라마의 관계를 이해하는 기본적인 출발점으로 삼을 수 있다. 이를 바탕으로 여성 시청자들은 드라마 소비자일 뿐 아니라 경제적 능력을 갖춘 직장여성이며 광고 상품을 소비할 수 있는 잠재력이 있기 때문에 방송국에서 광고 투자를 계속할 수 있다는 점을 주목해볼 수 있다. 직장여성들의 휴식 시간은 퇴근 후 가사노동을 끝낸 저녁 시간이기 때문에, 일터와 가정 사이에서 어떻게 그녀들만의 '시간'을 만들어내고, 어떻게 다양한 직장여성들의 모습과 여성들의 신분 정체성을 만들어낼지가 바로 방송국에서 관심을 가져야 하는 내용이 되었다. 여성들의 높은 교육 수준과 다양한 지식 배경은 '드라마 내용에 심취하면서 감정의 공감대를 형성하면서도 냉정하게 줄거리와 인물 등을 품평할 수 있는' 시청 습관이 형성되었다.54) 이를 통해 이성과 감성, 복잡한 사랑과 교훈을 적절히 엮어내는 것을 성공 드라마의 중요한 원칙으로 삼게 되었다. 바로 이러한 이유들에 근거해 우리는 '건전하면서도 진취적이고, 세련되며 감동적이고 재미있는' 드라마와 시공초월 드라마가 어떻

---

53) Tania Modleski(勞拉·拉比諾維茨),「드라마의 신부의 꿈」(肥皂劇新娘夢), 왕정(王政) 等編『사회 젠더 연구 선집』(社會性別研究選輯), 三聯書店, 1998, 328쪽에서 재인용.

54) L. VanZoonen(祖倫),『여성주의 매체연구』(女性主義媒介研究), 차오진(曹晉) 等譯, 廣西師範大學出版社, 2007, 160쪽.

게 도시 화이트칼라 여성들의 마음을 사로잡을 수 있었는지 이해할 수 있다. 이런 의미에서 <드라마극장>이 이런 시청자를 발견하고 양성해냈다기보다는 여성들이 만들어낸 특수한 젠더정치적 요구가 <드라마극장>의 드라마 장르와 스타일을 강화시켰다고 봐야 할 것이다.

<드라마극장>의 호소력과 도시 화이트칼라 계층의 여성들의 시청 취향이 결합되면서 애정드라마와 시공초월 드라마가 지속적인 성공을 거두는 것은 이미 부인할 수 없는 사실이지만, 드라마 <궁>의 대대적 성공에는 또 다른 분석해볼 만한 '사건'이 있다. 드라마 <궁>의 첫 방송을 고심 끝에 2011년 1월 31일(음력 23일 혹은 24일의 섣달 그믐 전날)[55]로 결정한 것이다. 동시에 인터넷과 지면 매체의 광고를 내보낸 것도 이날 저녁 10시부터 12시까지 방영되는 저우졔룬(周傑倫)의 매직 음악쇼와 자오번산(趙本山)의 희극 소품에 도전해 시청률을 놓고 경쟁을 벌이기 위함이라는 후문이다.[56] 비록 기대 이상의 성과를 거두지는 못했지만, 시청자들의 관심을 불러일으킴과 동시에 후난TV 자체제작 춘제 오락프로그램에 기대를 모았고, 이는 춘제 때 재방송된 <궁>의 시청률에 큰 도움을 주었다. 춘제 연휴라는 기간을 통해 중앙텔레비전의 <춘제오락특집>(春節聯歡晚會)[57]의 힘을 빌려 순조롭게 자리매김을 할 수 있었던 것도 후난텔레비전이 일관성 있게 추구하는 시장 전략으로 이해할 수 있다. 그러나 어째서 이 전략이 시청자들을 사로잡을 수 있었고 이런 효과를 만들어낼 수 있었는지 분석할 필요가 있다. 이런 사고방식대로라면, 국가/지방, 중심/주

---

55) 중국인들은 대개 이날 가족모임을 갖고 함께 텔레비전 프로그램을 시청한다.-옮긴이
56) 뤄진핑(駱俊澎), 「후난위성텔레비전의 드라마 <궁>이 중앙텔레비전의 <춘제오락특집>에 도전하다」(湖南衛視穿越劇『宮 挑戰央視春晚), 『동방조보』(東方早報), 2011. 1. 31.
57) CCTV의 대표적 춘제 오락프로그램.-옮긴이

변과 같은 분석틀이 여전히 유효함을 어렵지 않게 발견할 수 있다. 1983년 이래로 28년을 지속해온 <춘제오락특집>은 의심할 나위 없이 시청자의 사랑을 독차지하고 있는 프로그램이며 해마다 가장 높은 시청률을 기록해 왔다. 그러나 판에 박힌 내용을 되풀이하며 프로그램 시장을 독식하고 있기 때문에 심미적 피로감을 일으키며 시청자들의 불만을 사고 있다. 그렇기 때문에 이런 <춘제오락특집>이 갖고 있는 여전한 인기와 독점적 이데올로기를 자신만의 독특한 브랜드 이미지로 극복하며 시장 점유율을 확대해 나갈 수 있는지가 바로 지방 방송국이 당면한 과제이다. 이런 의미에서 그 떠도는 후문이 진실이든 아니든 간에, 본격적으로 '인기몰이'에 나선 <궁>이 <춘제오락특집>에 대항할 수 있으리라는 기대 배후에는 국가 주류 문화의 상징인 <춘제오락특집>에 대한 염증과 조롱, 그리고 독점시장을 나눠 가지려는 시장경제의 목적이 숨겨져 있다는 것을 어렵지 않게 읽어낼 수 있다. 이러한 정세 속에서 드라마 <궁>은 '지방성'을 통해 중앙에 자신이 가져야 할 권리를 확대하고자 함과 동시에 주변적 청년 하위문화가 자신의 합법성을 확보하려는 시도이며, 여성대중문화가 '자오번산'이나 '저우제룬' 등 남성 주류 대중문화코드와 필적할 수 있다는 의미를 띠고 있다는 점에서 분명 중요한 역할을 하고 있다. 그렇기 때문에 이런 저항이 '사건의 후문'에 의해 판단된 것이라 해도 후난TV가 자체 제작한 '짝퉁' 춘제 오락프로그램으로 중앙텔레비전의 <춘제오락특집>에 대항하는 것은 여전히 '지방'으로 '중앙'에, '주변'으로 '주류'에 도전하고 있음을 입증하는 것이다. 그러나 '청년 하위문화'와 '여성' 코드를 방기한 것은 그것들이 주류 이데올로기에 대항할 수 있는 요소를 가진 역량이라고 여겨지지 않았으며, 그래서 매체 제작자—설령 지방 텔레비전 매체 제작자라 할지라도—의 시야 안에 들어오지 못했음을 증명하는 것이다.

이렇듯, 광전총국의 해외 드라마에 대한 배타적 민족주의 정책으로부터 황금시간대 광고시간 제한을 통해 형성된 반경제지상적, 반시장적 엄숙 이데올로기를 거쳐 지방 위성 텔레비전의 경제 이윤 창출 원리를 중심으로 정부 정책에 대처하며 새롭게 만들어낸 '제2의 황금시간대'와 도시 화이트 칼라 여성 시청자 특유의 젠더장치가 그 안에서 보이지 않는 작용을 하기까지, 또 <춘제오락특집>에 대항하고자 시장 원리를 교묘히 이용하기까지, 후난TV가 <궁>을 제작하고 방영하는 과정 가운데 정책, 시장, 대중, 젠더, 지방 등 다양한 요소가 복잡하게 서로 작용하고 있으며, 이로써 전환기 중국 특유의 도덕 교훈과, 이윤추구 그리고 문화 충돌 등 다양한 요소가 복잡하게 얽혀 영상 이데올로기를 형성하고 있음을 발견할 수 있다.

<궁>에 대한 체계적 독해를 통해, 청년 하위문화 특징인 현실 감각에서 출발해 공공사학의 흥기를 통해 역사 자원이 효과적으로 각색되었고 '시공초월'은 역사서를 읽는 여성들이 현실과 역사의 관계를 처리하는 중요한 연결고리가 되었다. 그러나 '후궁'서사를 주제로 하는 시공초월 이야기의 역사 서술을 통해 내재적으로 반항을 지향하는 청년 하위문화와 젠더 정치가 반역사적 역사주의 서술로 변화했으며 1990년 이후 생겨난 중산계급 문화에 의해 흡수되고 개조되었음을 발견할 수 있다. 또한, 당대 텔레비전 매체의 개입은 국가와 지방, 도덕과 경제, 주류와 주변 등의 요소들이 서로 복잡한 영향을 미치고 있는 가운데 드라마 <궁>을 특정한 전환기 영상 이데올로기로 규정하고 있음을 알 수 있다. 그러므로 드라마 <궁>을 대표로 하는 당대 '시공초월' 문화 현상은 당대 청년 하위문화의 억압된 반항의 잠재력을 재현해내고 있지만, 드러나는 현실적 측면에 있어서는 새롭게 현실에 개입하고 역사를 다시 구성할 수 있는 강력한 역량을 아직 갖추지 못했다고 할 수 있다.

[요약]

둥리민은 「젠더와 '후궁' 서사 그리고 영상 이데올로기—드라마 <궁>(宮)을 통해 본 '시공초월 드라마' 유행 현상」에서, 시공초월 드라마의 유행이 21세기 대중문화 지형도 가운데 생겨난 독특한 문화현상으로, 중국의 21세기 대중문화를 이해하는 중요한 사건 중의 하나라는 점에 초점을 맞추고 있다. 21세기 들어 인터 넷 소설 사이트에서 일어난 '시공초월 소설' 붐은 치열한 현실의 중압감 속에 포스 트80 세대들, 특히 도시의 화이트칼라 계층 여성들의 사회에 대한 저항, 삶에 대한 욕망과 의지가 인터넷 공간 안에서 문학적 상상력으로 표현되었다는 점에서 일대 문학적 사건이라 할 수 있다. '시공초월 드라마'는 남성 주도의 대중 역사 서사가 애정과 궁중암투를 중심으로 하는 서사 변형을 거쳐 여성의 독서 계보 안으로 진입하면서 인터넷 공간 안에서 여성들의 창작과 소비로 이어졌으며 인터넷, 출판, 텔레비전을 삼위일체로 하는 문화산업의 새로운 지형변화의 영향 하에 탄생한 것이다. 둥리민은 포스트80 세대들이 창작하고 즐기는 초월 소설과 이후 탄생한 시공초월 드라마는 이런 불만족스러운 현실에 대한 느낌을 문학적 색채를 가미해 표현한 것으로 보고 리얼리즘 서사 안에 위치시켜 분석하고 있다. 또한, 후난위성 텔레비전 방송국의 드라마 생산 기제에 대한 분석적 접근을 통해 배타적 민족주의 정책에 대항함으로써 제2의 시청 황금시간대를 창출해낸 점, 그리고 여성들이 만 들어낸 특수한 젠더 정치적 요소가 이와 맞물려 시공초월 드라마라는 특수한 장르 와 스타일을 강화시킨 점을 밝혀내고 있다. 이와 더불어 드라마 <궁>은 현실에 대한 불만과 저항의 정서가 역사를 읽는 여성독자를 중심으로 '개인, 권력, 성공' 이라는 역사적 판단 방식에 의문을 제기함과 동시에 남성 창작물인 '대중사학'에 대한 해체라는 점에서 이중적 저항의 의미가 있다고 볼 수 있다. 시공초월 드라마 유행 현상은 정책, 시장, 대중, 젠더, 지방 등 다양한 요소가 복잡하게 서로 작용하 고 있으며 이로써 전환기 중국 특유의 도덕 교훈과 이윤추구 그리고 문화 충돌

등 다양한 요소가 복잡하게 얽혀 영상 이데올로기를 형성하고 있음을 보여주는 것이다. (고윤실)

제 4 부

생활세계와 문화 유턴

상하이 노동자신촌:
사회주의와 존엄이 있는 '생활세계'*
─『상하이국자』**의 샤오우(蕭武)의 질문에 답함

뤄강(薛毅)

김민정 옮김

_ 상하이 역사에서 실종된 '30년

『상하이국자』: 올해 초, 상하이 현지 신문들이 여러분의 차오양신촌(曹楊新村) 연구에 대해 보도했습니다. 제가 조사한 바로는 여러분께서 맨 처음 차오양신촌에 관한 연구를 시작하신 게 2005년이더군요. 왜 이렇게 오랜 기간 동안 이 연구를 하게 되셨는지요?

뤄강: 상하이의 노동자신촌(工人新村)에 대해 관심을 갖게 된 것은 사실

---

* 출처: 羅崗, 「上海工人新村: 社會主義與有尊嚴的'生活世界'─答≪上海國資≫蕭武問」, 『上海國資』, 2011년 8월.
** 『상하이국자』(上海國資)는 상하이시 국유자산감독관리위원회(國有資産監督管理委員會), 상하이 세기출판(世紀出版) 그룹, 상하이 귀성(國盛) 그룹이 연합하여 만든 경제전문지(월간)이다.─옮긴이. 이하 이 글의 각주는 모두 옮긴이의 것이다.

훨씬 더 오래 전의 일입니다. 맨 처음은 2001년 왕샤오밍(王曉明) 선생께서 상하이대학(上海大學)으로 옮기시면서 당대중국문화연구센터(當代中國文化研究中心)를 설립하시고 중국식 '문화연구'를 제창하셨기 때문입니다. 그때부터 어떻게 적절한 돌파구를 찾아 새롭게 상하이를 연구할 것인가를 고민하기 시작했습니다. 당시엔 '상하이 술집' 연구 부류가 유행이었습니다. 물론 이런 연구가 재미는 있습니다만, 다른 생각과 관점으로 상하이를 볼 수는 없을까 하는 고민 속에서 '노동자신촌' 문제가 우리 시야에 들어오게 되었습니다.

구체적으로 말해서 '노동자신촌'이 상하이를 이해하는 시각이 된 데에는 두 가지 배경이 있습니다. 첫 번째 배경은 1990년대 이후 나타난 '상하이 붐'입니다. 문학연구와 문화연구에서는 리어우판(李歐梵)의 『상하이 모던』[1]이 번역 출판되면서 대대적으로 불러일으킨 반향을 지표로 삼습니다. '상하이 붐'에서 가장 중요한 것은 개항 이래의 상하이 역사에 대한 재서술입니다. 상하이는 1843년 개항하여 2003년에 160주년을 맞이했습니다. 당시 상하이의 두 대중매체[2]는 편폭이 긴 160판의 특별판을 제작하여 개항 160주년을 기념했습니다. 이러한 기념에서는 역사에 대한 재서술이 당연히 중점이 되었습니다. 그런데 재미있는 것은, 160년 역사에 대한 두 특별판의 서술에 하나같이 공백기가 존재한다는 사실입니다. 그 공백기란 바로 1949년에서 1979년까지 사회주의시기의 상하이를 말합니다. 사회주의 도

---

1) 본문에서 모든 도서명은 중국어로 제시되어 있으나 영어가 원문인 번역본의 경우에 한해 원서명을 찾아 각주로 달았다. Leo Ou-Fan Lee, *Shanghai Modern: The Flowering of a New Urban Culture in China, 1930-1945* (Cambridge, Mass.: Harvard University Press, 1999); 한국어판: 리어우판, 『상하이 모던: 새로운 중국 도시 문화의 만개, 1930-1945』, 장동천 역, 고려대학교출판부, 2007.

2) 『동방조보』(東方早報)와 『신강복무도보』(申江服務導報).

시로서의 상하이는 왜 상하이의 역사 서술에서 공백으로 남게 되었을까요? 당시 저는 한 학생을 지도하여 앞서 언급한 두 특별기념판을 심층 분석함으로써 상하이 역사가 어떻게 서술되어 왔는지에 대한 논문을 작성했습니다. 우리는 '상하이 붐'이 초래한 '상하이 역사 서술'에 특정한 취사선택이 있음을 발견했습니다. 즉 1992년 이후 새롭게 개방된 상하이와 1843년 개항 이후의 상하이가 직접 도킹하고 있다는 사실입니다. 이 도킹 과정은 사회주의 도시로서의 상하이에 대한 의식적인 망각과 억압을 전제합니다. 이는 '상하이 노스탤지어'의 가장 주요한 특징이기도 합니다. 따라서 '상하이 붐', '상하이 드림', '상하이 노스탤지어'는 지구적 자본주의 네트워크 속에서 상하이의 위치를 새롭게 상상한다고 할 수 있습니다. 이러한 '상하이 붐'에서 사회주의 30년 역사를 정면으로 비방할 수 없는 만큼, 이 시기에 대해 언급하지 않거나 적게 언급함으로써 일부러 공백을 남기고 있습니다. 이러한 서술 속에서 30년간 상하이의 도시 경관은 거의 변화가 일어나지 않았으며 심지어는 훨씬 악화되었습니다. 우리는 이러한 서술을 겨냥하여 다음과 같이 묻고 싶습니다. 30년의 시간이 상하이라는 도시에 남긴 것이 정말 공백뿐이란 말인가? 만약 사회주의가 역사운동이라면, 그것은 이 도시에 어떤 흔적을 남겼는가? 이것이 가장 직접적인 문제의식입니다. 왜 '노동자신촌'을 연구하는가? '노동자신촌'이야말로 사회주의가 이 도시에 남긴 가장 선명한 역사의 흔적이기 때문입니다.

당시 '상하이 이야기'를 서술하는 방식에는 두 가지가 있습니다. 하나는 리어우판의 『상하이 모던』이고, 다른 하나는 루한차오(盧漢超)의 『네온 불빛 너머』[3]입니다. 『네온 불빛 너머』에서 논하는 것은 이른바 '화계'(華

---

3) Hanchao Lu, *Beyond the Neon Lights: Everyday Shanghai in the Early Twentieth Century* (Berkeley, Calif.: University of California Press, 1999).

界)4)의 역사로, 『상하이 모던』에서 이야기하는 '조계'(租界)와 서로 대응됩니다. 이 두 가지 서술에서 상하이는 흥청망청 환락에 빠진 번화한 조계가 아니면, 가난하고 낙후된 전통적인 화계로 분열되어 있습니다. 둘 중 과연 어느 것이 상하이를 대표할 수 있을까요? 서로 적대적인 두 종류의 서술 사이에 또 다른 가능성은 없을까요? 이것이 우리가 '차오양신춘'을 연구하게 된 첫 번째 배경입니다.

두 번째 배경은 '문화연구'와 관계가 있습니다. 당시 우리는 왕샤오밍 선생께서 주관하시는 상하이대학 당대중국문화연구센터의 선도 아래 '문화연구'에 주목하기 시작했습니다. '문화연구'를 중국에 도입하는 데에는 두 가지 서로 다른 맥락이 있습니다. 첫 번째 맥락은 분과학문의 각도에서 말하자면 문예이론과 밀접한 관계가 있습니다. 주로 베이징의 몇몇 친구들이 여기에 해당합니다. 그들은 문화연구를 도입할 때 문화연구를 종종 서양 이론 발전의 새로운 단계로 여기고는, 포스트모더니즘, 포스트식민주의, 신역사주의 등 새로운 이론을 번역·소개했던 것처럼 '문화연구'를 소개했습니다. 서양, 특히 미국에서 '문화연구'는 유행문화를 주요 연구대상으로 삼습니다. NBA라든지, 맥도날드라든지, 할리우드 영화라든지, 로큰롤이라든지 등등. 이와 상응하여 중국에 도입된 '문화연구'도 예컨대 타블로이드 신문, 운동화, 다이어트 등등의 유행문화 연구로 변해갔습니다. 이 친구들의 작업은 물론 대단히 의미있는 일입니다. 그들은 한편으로 서양의 중요한 문화연구서를 대량으로 번역·소개했으며, 다른 한편으로 지구화의 배경에서 서양과 동보(同步)적으로 일어나는 중국의 문화현상을

---

4) 화계는 조계 이외의 중국인 거주구역을 말한다. 청대에는 상하이 현성(縣城)과 쉬자후이(徐家匯) 일부를 지칭했고, 민국 시기에는 크게 남시(南市)(원래 상하이 현성 소재지로 지금의 예원[豫園] 일대), 자베이구(閘北區), 바오산구(寶山區) 우쑹(吳淞) 지역의 세 군데로 나뉘었다.

연구했습니다. 그러나 이것이 중국식 '문화연구'일까요?

이에 반해 우리 학술 집단의 고민은 서양의 '문화연구'라는 용어를 그대로 따다 쓰긴 하지만 1990년대 이후 중국에 시장경제 사회가 도래함에 따라 한창 형성되고 있는 새로운 이데올로기에 더욱 주목하는 것입니다. 이 새로운 이데올로기는 시장, 소비, 지구화 및 대중문화와 함께 연결되어 있기 때문에 서양에서 온 문화연구 방법론을 운용하는 데 확실히 모종의 가능성을 제공했습니다. 그러나 새로운 이데올로기에 동반되는 문화형식은 그 기초가 한편으로는 시장경제화 과정이 지구적 자본주의 체계 속으로 중국의 편입을 최대로 가속화시키는 것입니다. 그러나 다른 한편으로 이과정은 중국 내부에 본래부터 내재했던 문제와 상황들을 표출시키기도 했습니다. 예를 들어 '상하이 붐'에서 근현대 대기계공업과 동반하여 생겨난 상하이 산업노동자는 '문화연구'의 시야에 포착된 적이 없습니다. '공동체'로서 이 계층의 문화적 요구와 일상생활 상태는 진지하게 연구되거나 자세히 기술된 적이 없습니다. 또 다른 예를 들자면, 1949년 이후 '노동자계급'은 이론적으로 국가의 영도계급이 되었고, 주류 이데올로기에서 그들이 차지하는 위상은 필연적으로 도시 공간 위로 투사되어 도시발전에 대한 사회주의의 새로운 계획에 직접적인 영향을 미쳤습니다. 어떤 학자가 프라하나 부다페스트 등과 같은 동유럽 사회주의 도시를 연구한 후 지적했듯이, 사회주의 도시 건설은 도시개조 운동인 동시에 이데올로기개조 운동입니다. 오늘의 상하이를 '포스트사회주의 도시'로 이해한다면, 이러한 시야 속에서 '사회주의 도시'로서의 상하이의 역사를 어떻게 재건할 수 있을까요? '노동자신촌'은 분명 그 돌파구가 될 것입니다.

물론 문화현상에 대한 토론과 새로운 이데올로기에 대한 궁구(窮究)를 어떻게 하면 보다 구체적인 사례연구와 더욱 설득력 있는 사회현실과 결합시킬 수 있을지는 여전히 문제로 남습니다. 아시다시피 문화연구의 대상은 일반적으로 '유행문화'입니다. 이는 '대량문화'(mass culture)로도 번역되며, 대량생산, 대량소비가 가능하고 대량으로 쾌감을 가져다줄 수 있는 문화를 말합니다. 그러나 간과할 수 없는 것은 문화연구에는 '대중문화'(popular culture)라는 또 다른 중요한 영역이 있다는 사실입니다. '서민문화'로도 번역되는 이것은 민간으로부터 온 하층의 문화로서, 맥도날드나 할리우드 식의 소비문화가 아닙니다. 문화연구의 역사에서 보자면, 문화연구가 처음 영국에서 출현했을 때는 '서민문화' 연구를 통해 미국의 할리우드식 유행 문화에 대항하기를 희망했습니다. 신촌 내부의 기획과 구성 그리고 배치는 공간의 생산방식으로서 노동자 집단의 일상생활 환경을 재건했을 뿐만 아니라, 그들의 일상생활양식을 형상화했습니다. 이로부터 노동자 생활의 물질조건과 그들의 문화의식 사이에서 모종의 특정한 관계를 찾아낼 수 있습니다. E. P. 톰슨이 『영국노동계급의 형성』5)에서 그랬던 것처럼, 생활 과 문화라는 두 측면을 각각 감자와 웨슬리 교파로 비유한다면, 그는 사실 상 전자가 효과적으로 사회를 안정시키는 작용을 충분히 긍정했습니다. 더욱 핵심을 찌르는 부분은 그가 감자도 일종의 사회적 지위임을 밝혀냈다 는 것입니다. 일부 사람들이 어쩔 수 없이 감자를 주식으로 선택했다면, 이는 그들이 정치적, 사회적으로 소수자(minority)의 지위에 놓여 있음을 의미합니다. 바로 이러한 '소수자의 지위'라는 공동 경험은 다른 지역, 다 른 종족, 다른 직업의 사람들로 하여금 문화적으로 동질적인 사회집단을 형성하게 했습니다. 따라서 우리도 노동자신촌 연구를 통해 모종의 민중문 화와 서민문화를 발견하기를 희망하고 있습니다. 더군다나 노동자신촌 문

---

5) Edward Palmer Thompson, *The Making of the English Working Class* (New York: Vintage, 1963); 한국어판: 『영국노동계급의 형성』(상, 하), 나종일 역, 창작과비평사, 2000.

화는 민간에서 비롯되었다고 간단히 치부할 수는 없습니다. 그것은 또한 이 도시의 역사기억과 밀접한 관계를 맺고 있는 것입니다.

더욱 직접적인 자극은 2003년 7월 후난(湖南) 위성텔레비전이 방영한 <상형도시>(象形城市)라는 프로그램입니다. 이 프로그램은 스쿠먼(石庫門)과 '노동자신촌' 가운데 어느 것이 상하이를 더욱 대표할 수 있는지의 문제를 제기했습니다. 이로 인해 매체에서 무엇이 상하이의 도시 랜드마크 인가에 관한 토론이 일었습니다. 이렇게 '노동자신촌'은 대중의 시야에 새로이 들어와 화제가 되었습니다.

여기서 덧붙이고 싶은 것은, 최근 몇 년간 상하이 연구의 깊이와 세분화 추세에 대한 토론입니다. '상하이 모던'의 양식이라 하더라도 다음과 같은 연구는 표면화에서 훨씬 내재적이고 정밀한 층위로 들어섰습니다. 예컨대 예원신(葉文心)의『상하이 번화—대도시 경제 윤리와 근대 중국』6) 은 직원 계층에 대한 현대 경제윤리의 영향에 주목하여 상하이 '모던'에 대한 일면적 이해를 확장했습니다. 더욱 중요한 것은 상하이 연구의 '탈정치화' 경향이 어느 정도 교정되었다는 사실입니다. 아마 잘 알려진 연구로는 페리(Perry)의『상하이 총파업』7)과 웨이크먼(Wakeman)의『상하이의 붉은 별』8) 이 있습니다. 사실 북미의 중국연구학계에는 이미 1949년 이후의 상하이 30년을 연구대상으로 삼는 저서가 갈수록 많아지고 있습니다. 하버드대학 출판부에서 2007년 출간한 중화인민공화국 초년을 연구한 논

---

6) Wen-Hsin Yeh, *Shanghai Splendor: Economic Sentiments and the Making of Modern China, 1843-1949* (Berkeley and Los Angeles, Calif.: University of California Press, 2007).

7) Elizabeth J. Perry, *Shanghai on Strike: The Politics of Chinese Labor* (Stanford, California: Stanford University Press, 1993).

8) Frederic Evans Wakeman Jr., *Red Star Over Shanghai: The Communist Transformation of The Municipal Police 1942-1952*. 이 책은 저자의 유고로, 중국어 번역본은 2011년 5월에 출판되었으나 오히려 영문본은 아직 출판되지 않은 것으로 보인다.

문집『승리의 딜레마』9)만 해도 웨이크먼의 「정화운동—상하이의 새로운 질서」,10) 페리의 「국가의 주인? 인민공화국 초기의 상하이 노동자」,11) 나라 딜런(Nara Dillon)의 「신민주주의와 상하이 개인 자선의 종말」,12) 코크란(Cochran)의 「공산당 중국을 선택한 자본가」13) 등 상하이를 연구대상으로 하는 글들이 상당수 실려 있습니다.

이상은 모두 배경에 관한 소개입니다. 제가 보다 강조하고 싶은 것은 중국 학자들의 공헌입니다. 이러한 공헌은 더욱 긴 시간대의 역사에 대한 장악력에서 나타납니다. 흥미로운 사실은 설령 '긴 시간대'의 역사—그리하여 가령 '상하이 모던'과 '네온 불빛 너머' 사이의 대립처럼, 각종 단절된 서사를 자각적 혹은 비자각적으로 타파한다 하더라도—가 종종 '사물'(物)의 '공간성' 존재로써 연결된다 하더라도, 이렇게 이끌어낸 도시 경관은 거친 스케치가 아니라 숨털까지 살아있는 세밀화이며, 나아가 더욱 세심하게 역사의 풍부성과 복잡성을 실현합니다. 제가 여기서 들고 싶은 예는 장웨이췬(張偉群)의 『상하이 룽탕의 활기—1001건의 기록과 문서에 근거하여 복원한 쓰밍별장의 역사』(上海弄堂元氣—根據1001件檔冊和文書復現的四明別墅歷史, 상하이인민출판사)와 뤄쑤원(羅蘇文)의 『가오랑차오 기사—근대 상하이 면방직 공업지구의 발흥과 종말 1700-2000』(高郞橋紀事—近代上海一個棉紡織工業區的興起與終結 1700-2000, 상하이인민출판사)입니다. 하나는 '모던'한 도시인 상하이 서부를 대표하고, 하나는 '공업' 도시로

9) Jeremy Brown & Paul G. Pickowicz, eds., *Dilemmas of Victory: The Early Years of the People's Republic of China* (Cambridge, Mass.: Harvard University Press, 2008).

10) "'Cleanup': The New Order in Shanghai."

11) "Masters of the Country? Shanghai Workers in the Early People's Republic."

12) "New Democracy and the Demise of Private Charity in Shanghai."

13) "Capitalists Choosing Communist China: The Liu Family of Shanghai, 1948-56."

서의 상하이 동부를 명시합니다. 두 가지를 함께 논할 때라야 토론의 공간을 활짝 열 수 있습니다. 상하이의 그 어느 특정한 역사적 시기를 연구대상으로 삼는다 하더라도, 예컨대 상하이의 문혁(文革)은 이전에 페리와 리쉰(李遜)의 정치사 및 노동자사 연구14)가 나온 바 있지만, 지금까지도 여전히 모종의 금기가 존재합니다. 그러나 진다루(金大陸)의 『비상과 정상─상하이 문혁시기의 사회생활』(非常與正常─上海文革時期的社會生活, 상하이사서출판사)은 일상생활의 각도에서 고도로 정치화된 듯한 영역으로 들어감으로써 오히려 미시사의 각도에서 문혁의 다중성, 지역성, 복잡성을 이해할 수 있도록 했습니다.

_상하이의 주택 형식

『상하이국자』: 노동자신촌은 1949년 이후에야 대규모로 출현했는데, 그 전에 노동자는 어디에서 살았습니까?

뤄강: 상하이가 조계지가 된 후 이 도시의 가장 특색 있는 주거 형식은 스쿠먼입니다. 제가 전에 발표한 글15)에서 지적했듯이, 스쿠먼 같은 주거 형식의 출현은 태평천국(太平天國) 전쟁과 밀접한 관계가 있습니다. 스쿠먼은 또한 조계 시기 부동산 개발의 첫 번째 지표이기도 하고요. 이 과정은 설명하자면 다소 복잡한데, 간단히 말씀드려 보겠습니다. 최초의 조계는

---

14) Elizabeth J. Perry and Li Xun, *Proletarian Power: Shanghai In The Cultural Revolution* (Boulder, Colo.: Westview Press, 1997).

15) 뤄강(羅崗), 「상하이: 재생과 파멸의 땅─상하이의 식민 경험과 공간 생산(上海: 再生與毀滅之地─上海的殖民經驗與空間生産), 『항저우사범대학학보(사회과학판)』(杭州師範大學學報[社會科學版]), 2006년 제1기.

영국조계였습니다. 당시 영국조계관리당국의 규정에 따라 조계는 '중국인과 서양인의 분리 거주'를 요구했습니다. 말하자면 중국인은 조계에서 일할 수는 있지만 거주할 수는 없다는 것입니다. 그런데 태평천국 전쟁 기간에 장쑤성(江蘇省)과 저장성(浙江省) 일대에 살던 수많은 부자들이 전란을 피해 상하이로 모여들었습니다. 그들은 돈이 많으니까 오자마자 집을 사려고 했지요. 당시 상하이 조계에는 양행(洋行)이 많았는데, 그들은 대외무역에 종사하는 상인이었습니다. 전쟁이 일어나서 장사는 못 하게 되었지만 그들 수중에는 거액의 자금이 있었습니다. 이런 자금들이 출로를 찾다가 부동산에 투입되었던 것입니다. 영국 공사(公使)는 처음에는 허가하지 않다가 상인들이 항의하자 결국 타협하여 조계에 최초의 스쿠먼 주택을 건설했습니다. 스쿠먼은 영국인이 투자했지만 세입자는 모두 강남 일대에서 피난 온 부자들이었습니다. 따라서 스쿠먼의 내부 구조는 강남 일대의 민가와 흡사합니다. 그러나 조계는 공간이 제한되어 있으므로 더 많은 부동산을 개발하기 위해서 스쿠먼의 외양은 서양의 연립주택을 참조했습니다. 이리하여 중국과 서양의 특색이 절충되었습니다. 스쿠먼의 기초 위에 다시 신식리룽주택(新式里弄房)이 발전했습니다. 신식리룽주택은 스쿠먼에 비해 훨씬 현대화된 형식으로 루쉰 고거(魯迅故居)가 바로 전형적인 신식리룽 주택입니다. 그보다 더 좋은 것은 당연히 가든빌라(花園洋房)입니다. 이런 집은 지금까지도 상하이에 적잖이 남아있습니다. 그 다음은 아파트(公寓大樓)로 주로 상하이의 서부에 분포해 있습니다. 이상의 몇 가지 형식이 상하이 시내 중심지의 주요 주택 형식입니다.

이 네 가지 주택 이외에 특별히 노동자, 빈민에게 주어진 집은 없었습니다. 그럼 가난한 사람들은 어디에서 살았을까요? 창강(長江)의 지류를 따라 각지에서 상하이로 모여든 빈민들은 강기슭에 터전을 잡았습니다.

배 위에서 지내는 사람들도 있고 강기슭에 간이건물을 짓고 살기도 했습니다. 이렇게 소위 '판자촌'[棚戶區]이란 것이 형성되었습니다. 당시 공장에도 노동자에게 제공되는 기숙사가 있기는 했지만 이는 주로 양푸구(楊浦區)에 모여 있었습니다. 제가 조사한 자료에 따르면 이 가운데 상당수가 당시 노동운동을 통해 쟁취한 것이지 처음부터 제공된 것은 아니었습니다. 그렇다고 하더라도 노동자에게 기숙사를 제공할 능력이 있는 기업은 극히 드물었기 때문에 이런 노동자 기숙사는 절대적으로 적었으며, 대다수는 여전히 판자촌에 살았습니다.

1949년 이후의 상하이에서 인민정부는 줄곧 하층민의 거주 상황 개선이라는 거대한 압박에 직면했습니다. 통계에 따르면 1949년 5월 상하이가 해방16)되었을 당시 전체 시에는 200호 이상의 판자촌이 322곳 있었습니다. 그 중 2,000호 이상은 4곳, 1,000호 이상은 39곳, 500호 이상은 36곳, 300호 이상은 150곳, 200호 이상은 93곳이었습니다. 판자촌은 점유면적 1,109만㎡, 간이판잣집 197,500칸, 건축면적 322.8㎡, 총 거주자가 115만 명이었습니다. 이밖에도 대량의 '한선'(旱船), '초막'(草棚), '수상누각'(水上閣樓)이 상하이의 구석구석에 별 걷듯 널려있었습니다. 이러한 거주지의 환경과 거주조건은 극히 열악했습니다. 신 정권으로서는 판자촌의 철거와 개조가 도시정비의 급한 불이었을 뿐만 아니라 새로운 사회질서를 세우고 제도의 우월성을 확연히 드러내는 데 필수적인 조치였습니다. 화둥사범대학 사회학과에서 교편을 잡았던 천잉팡(陳映芳) 교수는 1949년 이후 상하이 판자촌에 행해진 개조에 대해 연구했는데, 그녀의 글17)에는 판자촌 분

---

16) 중국에서 '해방'은 1949년 국민당을 타도하고 중화인민공화국을 건립한 것을 지칭한다.
17) 천잉팡(陳映芳) 책임편집, 『판자촌─기억 속의 생활사』(棚戶區─記憶中的生活史), 上海古籍出版社, 2006.

포 상황이 비교적 상세하게 나와 있습니다. 이 연구에서도 판자촌에 살았던 이들은 주로 노동자와 빈민임을 알 수 있습니다.

따라서 해방 이전에는 상하이에 특별히 노동자가 거주하기 위한 대형 단지가 없었습니다. 해방 전에 상하이의 공업 발전은 이미 상당한 수준에 도달했음에도 노동자의 거주 문제는 제대로 해결되지 못했습니다. 맨체스터나 디트로이트 같이 전형적인 공업도시에는 모두 그에 상응하는 노동자 집중 거주구역이 있음을 감안한다면 참 이상한 일이지요. '대공업화'는 본래 근현대 '주택'문제와 연관되어 있습니다. 일찍이 1887년에 엥겔스는 이렇게 지적한 바 있습니다. "오랜 문화국이 이처럼 매뉴팩처와 소경영에서 대공업으로 이행하고 더구나 이 이행이 이처럼 유리한 환경들에 의해 촉진되는 시기는 또한 유난히 '주택난'의 시기이기도 하다. 한편으로는 농촌 노동자 대중이 갑자기 대도시로 밀려들어오고, 이 대도시들은 공업 중심지로 발전한다; 다른 한편으로는 이 옛 도시들의 건축물 시설들은 새로운 대공업의 조건들과 이 대공업에 조응하는 교통 조건들에 더 이상 적합하지 않게 된다; 도로들이 확장되어 큰 길이 나며 철도가 가로질러 통과한다. 노동자들이 무더기로 쇄도하는 바로 그 순간에 노동자 주택들이 대거 철거된다. 이에 따라 노동자들의 주택난과 노동자 고객에게 의지하는 소상업 및 소공업의 주택난이 갑자기 발생한다. 애초부터 공업 중심지로 형성된 도시에는 이러한 주택난이 거의 알려져 있지 않은 것이나 다름없다. 맨체스터, 리즈, 브래드포드, 바르멘-엘버펠트 등이 그러하다. 이와는 반대로 런던, 파리, 베를린, 빈에서는 주택난이 한때 급성적 형태로 나타났다가 대부분 만성화되어 계속되고 있다."[18]

---

18) 엥겔스의 「주택 문제에 대하여」. 인용문의 번역은 『칼 맑스 프리드리히 엥겔스 저작 선집 제4권』(최인호 외 역, 박종철출판사, 1995, 165-66)을 참고했다. 중국어 번역이 한국어 번역과

엥겔스는 급속한 산업화가 초래한 주택문제를 겨냥하여 '혁명적'인 해결방안을 제시합니다. 이는 곧 부르주아계급을 없애고 프롤레타리아계급 독재를 실행하여 사회주의 국가가 집의 소유권을 노동자의 수중에 분배해야 한다는 것입니다. 그러나 그도 20세기 도시인구가 폭증함에 따라 혁명이 성공하더라도 원래의 주택균등분배로는 '단일가족의 단독주택' 문제를 해결하기 어려움을 예상하지 못했습니다. 이로 인해 20세기 건축업은 산업화의 과중한 압박을 받았습니다. 핵심 문제는 어떻게 하면 표준화되고 비용이 적게 들며 프리캐스트 부재를 사용한 '서민주택'(平民住宅)을 설계할 것인가 입니다. 그리하여 제한된 공간 안에 경제적, 합리적으로 더 많은 인구를 수용하는 문제를 현실적으로 해결하고, 아울러 그들이 존엄한 생활을 영유할 수 있도록 하는 것입니다.

한 연구에 따르면 산업화 초기에 도시는 노동자 집중 거주구역을 만들지 않았습니다. 당시 노동자들은 주로 이주민─시골에서 도시로의 이주민, 혹은 유럽에서 아메리카로의 이주민─이었기 때문에 절대 다수는 그 출신지에 따라 모여 살았습니다. 마치 오늘날 광둥(廣東)의 상황처럼 동향 사람들끼리 모여 살았던 것입니다. 테일러주의와 포드주의가 나타나 널리 보급됨에 따라 변화가 일어났습니다. 테일러주의와 포드주의식 경영관리는 공장의 어셈블리라인 생산과 관계가 있습니다. 다만 이런 관리 방식은 공장 내부 생산과정에 대한 관리와 통제를 강화시킬 뿐만 아니라 사실상 노동자의 일상생활에 대한 규제로까지 확장되었습니다. 다시 말해, 노동자가 어떻게 생산하는지에 대해 관리하려 할 뿐만 아니라 노동자가 어떻게 생활하는지에 대해서도 규정을 두는 것입니다. 이로 인해 노동자의 일상생활도

크게 다르지 않아 한국어 번역본을 거의 그대로 따랐다.

경영의 아주 중요한 영역이 되었습니다. 이런 상황에서 공장은 노동자에 대한 관리를 쉽게 강화하기 위해 노동자 기숙사를 대량으로 건설하기 시작했고, 이는 필연적으로 도시 전체 경관에 변화를 가져왔습니다. 출신지에 따라 모여 살던 원래의 구성이 깨지고 노동자들이 공장 주변에 모여살기 시작한 것입니다. 공장은 노동자가 출퇴근이 편리하고 시간을 절약할 수 있도록 보통 노동자 기숙사를 공장 근처에 지었기 때문입니다. 이러한 경영 논리는 노동자 기숙사의 내부 공간 설계와 노동자의 일상생활, 가정에 대한 처리로까지 확장되었고, 마침내 전체 도시의 구성까지 바꾸었습니다. 그러나 1949년 이전에는 상하이에 이런 상황이 나타나지 않았고 노동자는 여전히 판자촌에 살았습니다.

_차오양신촌(曹楊新村)의 유래

『상하이국자』: 노동자신촌이 성립될 수 있었던 전제조건은 무엇입니까? 예를 들면 프롤레타리아계급 선봉당이 집권당이 되었다든가, 프롤레타리아계급 독재의 국가기관, 국유기업, 이런 것들인가요?

뤄강: 노동자신촌이 대규모로 출현한 것은 1949년 이후의 일이니, 중국 혁명의 승리와 당연히 밀접한 관계가 있습니다. 그러나 종전에는 이 연관성에 대한 이해가 편협했던 것 같습니다. 예를 들어 우리는 노동자계급이 이론상으로 이 나라의 주인이 되었으니 국가가 그들에게 살 집을 지어주어야 한다고 여길 수 있습니다. 이렇게 생각하는 사람도 있습니다. 1949년 이후 상하이는 소비도시에서 생산형 도시로의 전환에 직면했는데, 당시 제기된 구호가 '선(先) 생산, 후(後) 생활'이었거든요. 노동자들이 생산노동

에 더욱 잘 종사할 수 있도록 생활상의 뒷걱정을 해소하고 집을 지어줘야 한다고 말입니다. 이는 모두 일리 있는 말이지만, 간략히 말씀드리자면, 1949년 이후 사회주의 도시 설계의 '상하이' 경관 개조는 이데올로기적 고려(노동자계급의 주인 되기, 식민화 도시 면모의 쇄신, 사회주의의 우월성 과시 등등)와 동시에 도시형태의 변화('소비형 도시'에서 '생산형 도시'로의 전환)와도 관계있습니다. 노동자신촌의 건립은 바로 '상하이' 도시 개조에 대한 사회주의의 요구와 조응합니다. 왜냐하면 '노동자신촌'은 한편으로 사회주의의 우월성을 과시하여 이데올로기적 요구에 부합했으며, 다른 한편으로 '생산형 도시' 기능의 발휘는 노동자계급의 적극적인 참여와 투입을 필요로 했습니다. 노동자신촌의 건립이 비록 노동자의 생활조건을 대규모로 변화시키지는 못했지만, '시범' 효과는 대단히 뚜렷했습니다. 노동자들에게 스스로 주인이 된 느낌을 주었고, 선전 의미에서의 '주인공' 지위를 구체적인 생활 체험으로 실현시켰습니다.

그러나 저는 다른 중요한 요소가 간과되었다고 생각합니다. 그것은 바로 노동자신촌의 건설은 공산당의 군중노선(群衆路線)과 직접적인 관계가 있다는 사실입니다. 마오쩌둥은 줄곧 '군중노선'을 매우 강조했습니다. 공산당의 3대 법보(法寶) 가운데 하나인 '군중노선'에 대해서는 여러 측면에서 이해하고 설명할 수 있지만, 저는 여기서 한 가지만 강조하려 합니다. 그것은 바로 공산당이 군중을 위해 어떻게 봉사했는가 입니다. 전심전력으로 군중을 섬겨야만 군중도 전심전력으로 지지를 보낼 것입니다. 마오쩌둥의 「조직하라」(組織起來)라는 글이 있는데, 이는 그가 중공중앙 산간닝변구(陝甘寧邊區)19) 노동영웅 초청대회에서 한 연설문입니다. 특별히 중요한

---

19) 산간닝변구는 산시성(陝西省) 북부, 간쑤성(甘肅省) 동부와 닝샤회족자치구(寧夏回族自治區) 일부 지역을 포함하는 민국 시기의 행정구역으로, 1937년~1949년 사이 존재했다. 이 지역은 중국

문구가 있어 인용해 보겠습니다. "지방 공작을 하는 우리 동지들이 군중과 괴리되어 군중의 정서를 이해하지 못하고 군중의 생산조직과 생활개선을 도울 수 없다면, 그들에게 구국공량(救國公糧)[20]을 요구할 줄만 알고, 먼저 90%의 정력으로 군중이 스스로 '구민사량(救民私糧)의 문제를 해결하도록 도운 후 10%의 정력만으로 구국공량의 문제를 해결할 수 있음을 알지 못한다면, 이는 국민당의 작태에 물든 것이요, 관료주의의 때가 묻은 것입니다. 국민당은 백성들에게 뭔가를 요구할 줄만 알지 백성들에게 그 어떤 것도 주지 않습니다. 우리 공산당원들도 이와 같다면 이런 당원들의 작태는 국민당의 작태이며, 이런 당원들의 얼굴에는 관료주의의 때가 한층 뒤덮였기에 따뜻한 물로 깨끗이 씻어내야 합니다. 저는 어떤 항일근거지의 지방 공작을 막론하고 이런 관료주의의 작태가 존재하며, 군중 관점을 결여해 군중과 괴리된 동지가 있다고 생각합니다. 우리는 반드시 이런 작태를 결연히 극복해야만 군중과 친밀하게 결합할 수 있을 것입니다."

마오쩌둥이 말한 '구국공량과 '구민사량의 관계는 어떤 면에서 '생산과 '생활의 관계와 유사합니다. 특별히 지적할 것은, 상하이의 사회주의 도시 설계가 확실히 '선 성장, 후 생활을 기본 원칙으로 삼고 있다는 사실입니다. 건국 이후 근 30년간 '선 성장, 후 생활의 종지(宗旨)는 근교 공업단지의 건립과 시내중심지 용지 규모의 확대 과정에서 시종 일관되고 있습니다. 1970년대 말에 이르기까지 상하이는 기본적으로 기업발전에 치중했

공산당의 근거지로, 중일전쟁기(1937~1945)에는 국민당 정부 행정원(行政院)의 직할행정구였으나, 국공내전(1945~1949) 이후에는 장제스(蔣介石)에 의해 불법반란구역으로 선포되었다. 당시는 국공합작을 맺어 일본과 전쟁을 치르던 때로, 국민당 정부가 중국 유일의 합법정부였기 때문에 변방이란 뜻의 '변구'는 공산당 정부의 합법성을 인정받기 위해 국민당의 중앙 정부에 대해 상대적으로 붙인 이름이다.

20) 구국공량은 중일전쟁기 중국 공산당이 근거지의 주민들에게 식량으로 거둔 현물세이다. 산간닝변구에서 농업현물세 형태로 실시하여 재정수입의 중요한 원천이 되었다.

고 도시 기초시설과 주택건설을 소홀히 했습니다. 따라서 시내중심지가 확장되었지만 그 발전 범위와 질은 상대적으로 낮은 수준에 머물렀습니다. 그런데 노동자신촌의 출현은 이 원칙을 복잡하게 만들었습니다. 사회주의 도시 설계도 '생활' 문제를 고려해야 하지만, '생활' 문제에 대한 그것의 고려는 '생산'을 전제로 삼습니다. 바꾸어 말하면, '생산'과 '생활'의 원칙이 노동자신촌에서는 이미 일체화되었으며 '생활'은 '생산'의 구성부분이 된 것입니다. 만약 노동자가 공장에서 주인공의 태도로 생산에 종사하려 한다면 반드시 신촌에 새로운 '생활세계'를 건립할 수 있도록 요구할 것입니다. 1951년 5월 상하이시 인민정부는 푸퉈구(普陀區)에 조사팀을 파견해 노동자 주택문제를 조사했습니다. 조사보고서에는 이 문제를 다음과 같이 분명하게 말하고 있습니다. "푸퉈구는 6.2㎢의 경계 안에 있다. 과거 수십 년이라는 긴 세월 동안 제국주의와 국민당 반동파의 통치 하에 있었기 때문에 시정 건설이 극히 기형적이며, 노동자 거주구역은 보편적으로 매우 비좁을 뿐만 아니라 통풍도 잘 안 되고 볕도 안 든다. 노동자는 야근에서 돌아와도 숙면을 취할 수 없으며 노동자 숙소의 절대다수는 이미 사용연한을 초과해 심하게 낡았고 때때로 붕괴위험마저 있다. 판자촌은 (포장)도로라곤 전혀 없어서 비가 오면 진창으로 질퍽거려서 다닐 수 없으며 악취가 사방에 진동하는 등 환경이 열악하다. 생산력을 한층 제고시키기 위해서는 노동자계급의 물질생활 조건을 개선하고 향상시켜야 한다. 오늘날 이 도시를 개조하고 건설하고자 할 때 거주 방면에서 새로운 방안을 마련해 장기적으로 새로운 주택을 대량으로 건설하지 않는다면 이는 장차 생산에 직접적인 영향을 미칠 것이다. 이번 시정 건설은 우선 푸퉈구의 노동자 기숙사 건축이라는 내용을 중점으로 삼는다."

이 보고서의 내용을 기초로 정부는 노동자 기숙사 건설을 중점으로 삼는 노동인민 거주조건 개선방안을 확정했습니다. 이리하여 1951년 8월부터 주택건설 전기(前期) 작업이 진행되었습니다. 전루진(眞如鎭) 둥먀오첸춘(東廟前村)의 토지 225무(畝)[21]를 수용해 9월 정식으로 노동자신촌이 착공되었습니다. 이듬해 5월 첫 분기 공사가 완료되었습니다. 도합 48개 동, 167개 라인[單元]이며, 건축면적은 32,366㎡였습니다. 건축기지가 차오양로(曹楊路)에 인접했기 때문에 '차오양신촌'이란 이름이 붙었습니다. 첫 분기에 완성된 주택은 '차오양 1촌'이라고 합니다. 당시 주택 분배 기준에 근거하여 새로 지은 주택에는 주민 1,002 가구가 들어갈 수 있었기 때문에 '1002 프로젝트'라고도 불렸습니다.

이런 각도에서 보자면 우리는 해방 초기 신 정권의 노동자신촌 건설도 일종의 태도였다고 할 수 있습니다. 그러나 이는 새로운 생활을 창조하는 태도인 것이지요. 저우얼푸(周而復)의 장편소설 『상하이의 이른 아침』(上海的早晨)에 나오는 다음의 묘사가 이 문제를 잘 설명할 수 있을 것입니다. 공산당 대표가 공장에 들어온 후 노동자들의 지지를 얻기 위해 고용자측 대표와 경쟁하는데, 쟁취 대상은 일반적인 의미의 '혁명 열성분자'가 아니라 기술이 탄탄하고 대중적 기반이 있는 노동자였습니다. 소설 속에 탕아잉(湯阿英)이란 여공이 나오는데, 공장의 핵심기술자로 이미 결혼을 했고 수입이 남편보다 높았지요. 노동자 가운데 상당히 영향력이 있었지만 아직 공산당원은 아니었습니다. 그녀는 당시 판자촌에 살았는데 환경이 매우 열악했습니다. 비가 오면 아궁이에 불이 붙지 않아 밥을 지을 수 없을 지경이었으니까요. 고용자측이 그녀를 포섭하기 위해 약속한 것은 임금인상이나 힘든 작업 부서에서의 전출 등 물질적인 이익뿐이었습니다. 그러나 공

---

21) 중국식 토지면적 단위로, '묘'라고도 읽는다. 1무는 약 666.67㎡, 1㎡는 약 0.0015무이다.

산당은 그녀에게 새로운 '생활세계'를 제공할 수 있었습니다. 예컨대 탕아잉의 시어머니는 며느리가 아들보다 잘 나가는 것에 대해 항상 불만이었습니다. 그런데 공산당이 '남녀평등'을 제창하여 탕아잉의 유능함에 합법성과 긍정성을 부여했습니다. 더욱 중요한 것은 노동자신촌의 건립으로 노동자계급의 새로운 '생활세계'가 실체화될 수 있었다는 사실입니다. 당시 "한 사람의 신촌 입주는 공장 전체의 영광"이란 구호가 있었습니다. 탕아잉의 노동자신촌 입주는 공산당이 노동자들로부터 폭넓은 옹호와 지지를 얻게 됨을 상징합니다.

소위 노동자에게 새롭고 완전한 '생활세계'를 제공한다 함은 한편으로 신촌의 설계 이념과 마스터플랜을 가리킵니다. 예를 들면 신촌과 주변 환경의 관계를 어떻게 계획할 것인가, 신촌 내부의 '공공 공간'과 '개인 공간'을 어떻게 배치할 것인가 입니다. 다른 한편으로 더욱 중요한 것은 주택 내부의 '생활공간'에 대한 설계입니다. 오늘날 모두에게 익숙한 말로 하자면 '집 구조'가 어떠한가이지요. 아시다시피 '집 구조'의 설계 이면에는 소위 '이상적인 생활'에 대한 설계자의 이해가 포함되며, 동시에 미시적인 층위에서 공간의 통제, 분배, 사용방식이 체현됩니다. '집 구조'라는 구체적인 공간생산을 통해 노동자 집단의 일상생활 환경을 재건했을 뿐만 아니라, 그들의 일상생활양식을 형상화한 것입니다.

차오양신촌은 농업지대에서 개발되었으며 원래의 지형적 특징을 합리적으로 이용했습니다. 원래의 일부 하천을 보존하고 하천 줄기를 따라 신촌을 관통하는 도로를 건설했으며, 다시 이 도로에 의거해 신촌을 서로 다른 면적의 블록으로 나누었습니다. '차오양 1촌'이 세워짐에 따라 초등학교, 도서관, 공중목욕탕, 대형 부뚜막,[22] 식료품 시장, 소비합작사(消費合作社),[23] 보건진료소, 대강당, 그리고 필요한 정부 관리부문 주택관리소,

공안파출소 등과 같은 일련의 부대시설이 신축되었습니다. 향후 발전에 대비하여 은행, 우체국, 탁아소, 공원, 문화관 등의 공공시설을 위한 건축부지도 예비해 두었습니다. 신촌 내의 도로는 간선과 지선으로 나뉘는데, 간선도로의 폭은 21m이며, 지선도로의 폭은 12m입니다. 공사비용은 주택부분이 대략 런민비 220만 위안이며, 시정시설 부분은 약 80만 위안입니다. 50년대 초에서 80년대까지 차오양신촌은 1,002 가구에서 3만여 가구로 증가했습니다. 면적이 부단히 확대되고 인구도 끊임없이 증가했는데, 기본적으로 당초의 마스터플랜에 따른 것입니다. 당초 보존했던 수로는 수년간 끊임없는 정비와 녹화(綠化)를 거쳐 지금까지도 신촌지구의 주요한 자연경관으로 남아있을 뿐만 아니라 공중활동의 주요 장소가 되어 전통적인 시내 주택과는 완전히 다른 주거분위기를 조성하고 있습니다.

상하이대학의 차이샹(蔡翔) 교수는 어려서부터 차오양신촌에서 자라 2000년도 이후에야 그곳을 떠났습니다. 저는 전에 종종 그 댁에 가서 한담을 나누곤 했습니다. 하루는 그 분과 다음의 중요한 관찰과 체득에 대해 이야기를 한 적이 있습니다. 1950-60년대 상하이의 아이들은 사실 두 부류로 나눌 수 있습니다. 한 부류는 룽탕의 아이들이고, 다른 부류는 노동자신촌의 아이들입니다. 어렸을 때 거주한 공간과 주변 환경은 이 아이들에게 서로 다른 기억을 남기며, 이는 성격에도 어느 정도 반영됩니다. 룽탕의

---

22) 원문은 '老虎竈'로 직역을 하면 '호랑이부뚜막'이다. 장쑤성과 저장성 일대의 오래된 전통으로, 치켜든 '꼬리'와 가마목이 있어서 붙여진 이름이다. 이것이 가장 성행했을 때에는 석탄이나 가스처럼 편리한 연료가 없어서 대체로 비용을 절약하기 위해 이렇게 전문적으로 뜨거운 물을 공급하는 곳이 생겼으며 부수적으로 차를 팔기도 했다.

23) 지역주민위원회를 단위로 설립된 자급적 경제조직으로 '생활협동조합'과 비슷한 개념이다. 물품 구매와 소비를 편리하게 하고 소비자의 권익을 보호하기 위해 세워졌으며, 소비합작사에 가입한 소비자는 합작사를 통해 제조사나 도매상과 직접 연락하여 중간유통마진을 줄임으로써 신속하고 저렴하게 물품을 구입할 수 있다.

아이들은 대개 도심에서 살아 각 방면의 조건이 비교적 편리합니다. 그러나 대다수 룽탕의 거주공간은 비교적 협소합니다. 이에 반해 노동자신촌의 아이들이 사는 공간은 비교적 넓습니다. 이때의 공간은 집안 면적의 크기만을 가리키는 것이 아니라, 거주 환경의 공공 공간이 넓으며 여가생활이 풍부함을 의미합니다. 저는 푸퉈구의 기록보관소에서 당시 부지 선정에 관한 자료를 찾았습니다. 부지 선정을 책임지는 조사팀이 맨 마지막에 제출한 보고서에 따르면, 상하이의 첫 번째 노동자신촌을 지금의 자리에 지은 까닭에는 물론 여러 가지 이유가 있습니다만, 재미있는 것은 차오양지구가 '다샤(大夏)대학'에 인접해있다고 특별히 언급했다는 점입니다. 다샤대학은 화둥사범대학의 전신으로, 대학 가까이에 있다는 것은 교육과 문화생활이 한 등급 향상될 수 있음을 의미합니다. 즉 당시 부지를 선정할 때 (여러 가지 요인을) 상당히 종합적으로 고려했다고도 할 수 있겠습니다. 다시 예를 들자면, 상하이 최초의 심야운행 버스는 차오양지구로 다녔는데, 수많은 노동자들이 야근을 해야 하므로 편리한 교통을 제공할 필요가 있었기 때문입니다. 이런 기획은 노동자신촌을 겨냥한 것이었지만 상하이라는 도시에 지극히 큰 영향을 미쳤으며, 전에 없던 새로운 요소를 증가시켰습니다.

차오양신촌의 새로 지은 노동자 숙소는 모두 2층 입주식(立柱式) 전목(磚木) 구조로 다섯 칸이며 남향이나 동향입니다. 매 라인의 건축면적은 275㎡이고 거주면적은 173.4㎡입니다. 대형 가구는 4가구, 소형 가구는 6가구가 살 수 있었습니다. 대형 가구의 거주면적은 20.4㎡, 소형 가구의 거주면적은 15.3㎡입니다. 각층에는 5가구가 공동으로 사용하는 공용주방이 있습니다. 화장실은 1층에 만들어 놓았는데 동일한 라인 안의 10가구가 공동으로 사용합니다. 동일한 라인에서 위층과 아래층 주민은 각기 다른 대문으로 출입합니다. 앞뒤 주택의 간격은 집 높이의 두 배에 상당하며, 이로써 주택의 채광과 통풍을 확보했습니다. 줄지어 선 주택 사이에 공터를 남겨두어 향후 녹지로 만들거나 공공활동장소로 사용될 수 있게 했습니다. 지금의 기준에 비추어보면 주방과 화장실을 단독으로 쓸 수 없으니 사생활이 충분히 보장된다고 볼 수는 없습니다. 그러나 당시 신촌의 공간 설계는 바로 '공'과 '사'의 경계를 허물기 위한 것이었습니다. 옥외의 공공 공간은 말할 것도 없고, 공용화장실과 공용주방은 모두 '공'과 '사'가 어우러질 수 있는 가능성을 제공했습니다. 이런 방식을 통해 새로운 인간관계와 생활세계를 빚어냈습니다. <오늘 저 휴무거든요>(今天我休息)란 옛날 영화가 있는데, 마톈민(馬天民)이란 호적담당 경찰24)이 맞선을 보는 이야기로 꽤 재미있는 코미디입니다. 그는 선행만 하는 경찰인데, 바로 차오양신촌을 배경으로 촬영되었습니다. 이 영화를 보시면 아마 상하이 같지 않다고 여기실 겁니다. 와이탄(外灘)이나 난징로(南京路), 화이하이로(淮海路) 등의 실외 배경이 없으니까요. 이 영화의 중요한 특징은 실내 배경을 실외 배경으로 바꾸었다는 점인데, 차오양신촌이 이런 가능성을 제공했습니다. 마톈민은 원래 맞선을 보러 가야 하는데도 "오늘 저 휴무거든요"라는 이유로 신촌에 있는 가정집을 왔다갔다 드나들면서 주민들을 도와 좋은 일을 합니다. 이는 스쿠먼이나 신식리룽주택에선 절대 불가능하고 상상할 수도 없는 일이지요.

_현재에 주는 시사점

『상하이국자』: 이 연구의 현실성은 어디에 있습니까? 그러니까, 이런

---

24) 경찰서나 파출소에서 해당 관할구역의 후커우(戶口)를 관리하는 경찰이다.

역사적 경험이 현재의 사회적 실천으로 전환될 수 있을까요?

뤄강: 차오양신촌의 실험이 성공을 거둔 후 차오양지구에서 차츰차츰 상하이 전역으로 확장되어 수많은 노동자신촌이 조성되었습니다. 푸퉈구는 1950년대에 차오양신촌 건설을 기점으로 하여 시의 서북부 쪽으로 개발되어 오늘날에는 근교의 자딩구(嘉定區)와 이어지는 주요구간이 되었습니다. 1952년 직공주택 건설로 발전하기 시작한 양푸구(楊浦區)의 쿵장(控江), 안산(鞍山), 창바이(長白), 평청(鳳城) 등의 신촌은 지금도 도시 동북부의 인구조밀지역을 이루고 있으며, 과거 상당히 오랜 기간 동안 변화가 적었던 장완진(江灣鎭), 우자오창(五角場) 지역이 개발될 수 있는 기초를 제공했습니다. 1952년 창닝구(長寧區)에서 톈산신촌(天山新村) 건설의 위치 선정과 배치는 서부 종심(縱深)지역으로의 발전에 중요한 조건을 제공했습니다. 차오양신촌도 차오양 1촌부터 차츰차츰 지금의 차오양 9촌까지 확장되었습니다. 이 짧지 않은 확장 과정은 건국 이후 30년 동안 내내 계속되었을 뿐만 아니라 1978년 이후에도 지속되었습니다. 예컨대 차오양 9촌의 일부 주택 중 최근의 것은 1990년대 이후에 지어졌습니다.

차오양신촌의 또 다른 중요한 특징은 완전히 하나의 직장(單位) 체제 하에 건설된 것이 아니라는 점입니다. 우리가 원래 알고 있는 노동자 거주지는 대부분 각 직장에서 건설한 후에 다시 자기 직원들에게 분배하는 식입니다. 예를 들어 상강신촌(上鋼新村)처럼 제철소에서 세운 노동자신촌이 있고, 몐팡신촌(棉紡新村)처럼 방직공장에서 세운 노동자신촌이 있습니다. 이러한 노동자신촌은 대부분 공장 부근에 있으며, 자체적인 직원자녀 학교, 병원 등의 부대시설을 갖추어 독특한 '작은 사회'를 구성하고, 마침내 완전한 직장제도를 형성했습니다. 그러나 차오양신촌은 다릅니다. 신촌 주민들은 같은 직장 출신이 아니며, 가장 먼저 입주한 주민들은 전체 시의 모범 노동자들이었습니다. 여기서 알 수 있듯이 당시의 차오양신춘은 전체 도시계획의 일부분이자 기능지역으로서, 일반적인 노동자 기숙사하고는 다릅니다. 이 덕분에 차오양신춘에는 선양(瀋陽)의 톄시구(鐵西區)와 같은 현상이 나타나지 않았습니다. 톄시구는 개혁이 진행되고 국영기업이 쇠퇴함에 따라 쇠락했는데, 쇠락한 후에는 부동산업자들에 의해 헐려 새로 건설되고 개조된 바 있습니다. 상하이의 (여타) 노동자신춘도 대부분 철거되지 않았는데, 이는 처음 계획될 때부터 독립된 도시 기능지역으로, 주변의 다른 직장 및 기구와 양호한 작용을 주고받으며, 고정된 직장에 종속된 것이 아니라 독립적으로 존재할 수 있는 조건을 갖추었기 때문입니다. 물론 주택제도 개혁을 거친 후 이런 집들의 재산권은 그 안에 거주하는 사람들에게 양도되었습니다. 나중에 재산권의 유동을 거쳐 노동자신춘의 절대다수에서는 이미 변화가 일어났습니다. 주민의 주체는 더 이상 노동자가 아니며 원래의 노동자의 '생활세계'도 이미 와해되었습니다. 그러나 이런 과정이 발생한 것은 주로 그것이 존재하는 데 의지했던 외부환경이 이미 변했기 때문이지, 그것이 스스로 쇠락을 초래한 것이 아닙니다.

'당대 생활, 당대 차오양은 차오양신춘 근처에 있는 대형 매물의 광고 문구입니다. 그것은 비범한 기세로 차오양로와 중산베이로(中山北路) 교차로에 우뚝 솟아 있습니다. 이 광고는 우리가 익숙한 부동산 광고들처럼 실속 없이 겉만 번지르르하게 과시하지 않고, 마치 말하지 않아도 자명한 듯한, 고객에게 분명 매력적일 개념인 '차오양'을 광고소구(Advertising appeal)[25]로 삼고 있습니다. 여기서 '차오양'이 가리키는 것은 '차오양신

---

25) 광고소구(Advertising appeal)란 소비자의 주의를 끌거나 제품이나 서비스에 대한 소비자의 느낌에 영향을 미치기 위해 사용되는 접근법으로, "사람들의 마음을 움직이고, 그들의 필요와 욕구에 대해 말하며, 그들의 관심을 불러일으키는 것"이라 할 수 있다.

촌'입니다. 그것은 전통적인 '노동자신촌'에서 부동산 광고의 어필 기호로 변했으며, 이는 1980년대 이후 '차오양신촌'에 일련의 재미있는 변화가 발생했음을 의미합니다. 이러한 변화는 두 가지 방면에서 나타났습니다. 하나는 노동자신촌 내부 성질의 전환으로, 즉 '신촌'에서 '아파트 단지'로의 전환입니다. 뚜렷한 예가 바로 '2만 가구'26) 프로젝트의 운명입니다. '2만 가구'를 철거한 이후 새로 지은 아파트 주택은 이미 완전히 상품화되었습니다. 차오양신촌 동사무소 당국의 표현을 빌리자면, "노동자 거주 위주의 옛 신촌 주택지구"가 "차오양 신 아파트 단지"로 발전한 것입니다. 이런 전환은 1980년대 이후 중국 사회에서 '노동자' 지위의 구조조정과 대응합니다. 제가 앞서 말씀드렸듯이 예전에 매체에서 "어느 것이 상하이를 더욱 대표하는가? 노동자신촌 대 스쿠먼"이란 토론이 있었습니다. 보기엔 양자의 관점이 서로 대립하는 것 같지만 아무도 다음을 의식하지 못하고 있습니다. 즉 '노동자신촌'이 일종의 주택형식으로서 사회주의시기 노동자계급의 '생활세계'와 밀접한 관계를 맺지 못했다면 무슨 '대표성'을 지닌다고 하겠습니까? 다음의 한 토론자의 표현은 지나치게 직설적일 수 있지만 받아들이지 않을 수 없는 진상을 털어놓고 있습니다. "노동자신촌에 대한 스쿠먼의 승리는 노동자계급이 1950년에서 1976년까지의 '주도 시기'를 거쳐 이미 도시의 이데올로기 중심에서 물러나 상하이의 주변계층이 되었음을 의미합니다. 그들을 대신한 것은 훨씬 복잡하고 활력 있는 시민계층입니다. 자본주의 시대가 강림한 후 권세에 빌붙고 이익만을 탐하는 시민은 운명의 총애를 받아 상하이의 주도자로 상승했습니다. 사람들은

---

26) 1950년대 상하이에 최초의 노동자신촌이 들어설 당시 도합 21,830 가구의 노동자 숙소가 지어졌으며, 10만 2천여 명을 수용할 수 있었다. 이는 주로 양푸구와 푸퉈구에 집중되었으며, '2만 가구'는 이런 노동자 주택의 속칭이 되었다.

'신톈디'(新天地) 서사가 이미 붕괴된 시민의 기억을 복원하고 후자로 하여금 회복된 스쿠먼의 영상 속에서 식민시대의 자본주의 몽상을 되찾았음을 경이롭게 발견했습니다. 아무도 이 건축문화학의 정변(政變)을 저지할 수 없었습니다."

만약 이런 전환이 불가피하고 이미 사실이 되었음을 인정한다면, '차오양신촌'과 같은 '노동자신촌'이 존재했던 역사조건에 이미 중대한 변화가 발생했음을 깨달아야만 합니다. 그러나 참고하고 귀감으로 삼을 수 있는 역사 경험은 오늘날 이 '고가주택의 시대'에 보다 두드러진 의미를 가지고 있습니다. 예를 들어 보장성 주택을 건설하는 과정에서 입주자에게 기본적인 거주조건을 제공할 뿐만 아니라 재미있는 생활세계를 제공할 필요가 있는지 고려해야 하지 않을까요? 또 예를 들자면, 팍스콘(Foxconn)[27]은 전국 수많은 지역에 규모가 큰 노동자 기숙사가 있습니다. 한 기숙사 구역에 십 수 만, 심지어 수십만 명이 있는데, 이는 중소도시의 인구 규모와 맞먹습니다. 그러나 이런 환경에서는 노동자에게 '생활세계'를 제공하지 않으며, 노동자를 기계처럼 여깁니다. 노동자가 퇴근한 후의 휴식시간은 실제로는 노동시간의 연속이며, 전체 노동력의 생산에서 소비까지의 순환 과정 속의 한 고리입니다. 이곳에서 노동자는 생활이 없고 휴식만 있습니다. 노동이 주이고 휴식은 노동의 사이사이에 잠깐씩 있을 뿐입니다. 그러니까 '13명 연속 투신자살'[28]과 같은 악성 사건이 일어났지요. 이에 대해 판이

---

27) 폭스콘이라고도 하며, 중국명은 푸스캉(富士康)이다. 흔히 애플사에 아이폰과 아이패드 등을 조립하여 납품하는 업체로 알려져 있으나, 애플의 최대 생산기지일 뿐만 아니라 모토로라, 노키아, 소니, 닌텐도, 마이크로소프트, IBM, 인텔, 델, 휴렛팩커드 등의 제품을 위탁생산하는 세계 최대의 EMS(Electronics Manufacturing Service) 업체이다. 모회사인 타이완 홍하이(鴻海) 그룹은 2012년 3월 일본 샤프의 최대주주가 되었으며, 그 과정에서 평소 '타도 삼성'을 외치던 궈타이밍(郭臺銘) 회장이 일본을 추켜세우고 한국을 비하하는 발언을 하여 이슈가 되기도 했다.

28) 2010년 1월 23일 광둥성(廣東省) 선전(深圳)에 위치한 팍스콘 공장 기숙사에서 한 직원이

(潘毅) 교수가 연구한 '지구화 배경 하의 노동자 기숙사 제도'는 우리가 여기서 논한 '사회주의 조건 하의 노동자신촌'과 선명한 대비를 이룹니다. 이런 대비가 형성될 수 있었던 전제는 당연히 모두가 알고 있는 '노동자'에서 '노동력'으로의 전환입니다. 물론 이렇게 상상해볼 수도 있을 것입니다. 팍스콘의 노동자들이 폐쇄된 기숙사에서 생활하지 않고 개방된 거주환경이 있어서 그들의 일상생활을 조금 더 풍요롭게 하고 생명의 의의를 다채롭게 할 수 있었다면, 그렇게 경솔하게 자살을 선택하지 않았을지도 모른다고요. 그러나 '노동력' 생산과 재생산을 개선하는 조건에만 착안하고, '노동자'의 주체성을 회복하기 위해 그들이 존엄이 있고 의미 있는 생활을 영위할 수 있게 하지 않는다면, 신체 자살의 비극이 거듭 일어나는 것을 피할 수 있을지는 몰라도 영혼 손상의 비극은 끊임없이 상연될 것입니다.

끝으로 왕안이(王安憶)의 『계몽시대』(啓蒙時代)에 대해 덧붙이고자 합니다. (소설에서) 문혁을 어떻게 논하고 있는가의 각도에서가 아니라 상하이라는 도시를 어떻게 이해하고 있는가의 각도에서 말입니다. 간단히 말해서 '난창'(南昌)이라는 '관사'(官舍)29)의 자제가 천쥐란(陳卓然), 샤오라오다

투신한 것을 시작으로 같은 해 5월까지 10명 이상의 노동자가 공장이나 기숙사에서 뛰어내려 스스로 목숨을 끊는 사고가 발생했다(2010년 5월 27일 13번째 노동자는 자신의 기숙사에서 동맥을 끊었기 때문에 엄밀히 말해서 '13명 연속 투신자살'은 아니다). 이들은 모두 18~24세의 젊은이로, 4개월 동안 10명이 죽고 3명이 중상을 입었다. 이렇듯 짧은 기간에 연달아 자살 사건이 터지자 팍스콘의 저임금과 열악한 노동 환경에 의문이 제기되면서 핵심고객인 애플사의 도덕성 논란까지 낳았다. 각처에서 연쇄 자살의 원인에 대한 조사가 이루어졌는데, 저임금보다는 엄격한 규율을 강요하는 군대식 기업문화 및 과도한 야근으로 인한 육체적 피로와 정신적 스트레스 등 작업환경의 비인간적인 분위기가 더 큰 원인으로 지적되었다. 일각에서는 쉽게 좌절하는 신세대 농민공의 나약한 의식에서 그 원인을 찾기도 한다. 그 후 5개월 만인 2010년 11월 5일 또다시 선전 공장에서 투신자살 사건이 발생했으며, 2011년에는 각각 쓰촨성(四川省) 청두(成都), 선전, 산시성(山西省) 타이위안(太原) 공장에서 3명, 가장 최근에는 2012년 6월 13일 청두 공장에서 1명이 투신자살했다. 그러나 이는 공식적으로 발표된 숫자일 뿐 장쑤성(江蘇省) 쿤산(昆山)과 허베이성(河北省) 랑팡(廊坊) 공장 등지에서도 투신자살한 근로자가 더 있는 것으로 보인다.

(小老大), 수아(舒婭) 등과 알게 되면서 동시에 이 도시의 다른 공간, 다른 역사와 조우하는데, 이런 만남 속에서 난창이 어떻게 계몽되고 서로 계몽하는가 입니다. 이 소설의 서술자로서 왕안이는 도시의 공간과 역사를 이런 방식으로 표현하고 재구성합니다. 이는 앙리 르페브르(Henri Lefebvre)가 말한 '공간의 재현'에서 '재현의 공간'에 이르는 과정과 유사합니다. 바로 이 과정 속에서 우리는 역사를 취합하고 미래로 향하는 도시 상상을 새로이 구축할 수 있습니다.

[요약]

뤄강은 「상하이 노동자신촌: 사회주의와 존엄이 있는 '생활세계' —『상하이국자』의 샤오우(蕭武)의 질문에 답함」에서 사회주의시기 상하이의 노동자 신촌에 대해 이야기한다. 1990년대 이후 '상하이 붐'이 불면서 개항 이래 상하이의 역사를 다시 쓰는 움직임이 일었는데, 이때 1949년에서 1979년까지 사회주의시기 30년은 상하이의 역사 서술에서 자취를 감췄다. 이 시기를 건너뛰어 1843년 개항 이후의 상하이와 1992년 이후 새롭게 개방된 상하이가 직접 도킹한 것이다. 뤄강은 이에 대해 문제를 제기하면서, 앙리 르페브르(Henri Lefebvre)의 '공간의 생산(production of space) 방식을 근거로 사회주의 개조와 건설의 역사는 상하이라는 도시 공간에 '낙인'을 남겼으며, 이를 가장 선명하게 드러내는 흔적이 '노동자신촌'이라고 주장한다. 평소 서양 이론에 매몰되지 않는 '중국식 문화연구'를 고민했던 뤄강은 그간 한 번도

---

29) 원문의 '大院'은 일반적으로 군대와 당정기관의 가족들이 거주하는 관사를 가리킨다. 베이징에는 군대와 당정기관이 많아서 '大院'이 많은 편인데, 부모가 군대나 당정기관의 간부인 아이들은 사는 곳의 이름을 따서 '大院子弟'라고 불렀다. 왕쉬(王朔)의 소설에는 이런 '大院子弟'에 대한 묘사가 종종 등장하는데, 그의 소설을 영화화한 <햇빛 쏟아지던 날들>도 '大院'을 배경으로 하고 있다. 상하이에도 베이징만큼 많지는 않지만 군대와 당정기관의 관사가 있었으며, 역시 '大院'이라 불렀다.

문화연구의 대상이 된 적이 없었던 노동자계급에 주목하며, '사회주의 도시'로서의 상하이의 역사를 재건하기 위한 돌파구로 노동자신촌을 지목한다. 신중국 성립 이후 이론상으로나마 노동자계급이 국가의 영도계급으로 승격되면서, 주류 이데올로기에서 그들이 차지하는 위상이 필연적으로 도시 공간 위로 투사되어 도시발전에 대한 사회주의의 새로운 계획에 직접적인 영향을 미쳤다. 노동자신촌의 공간 설계는 바로 '공'과 '사'의 경계를 허물기 위한 것이었으며, '공'과 '사'가 어우러지는 방식으로 새로운 인간관계와 '생활세계'를 빚어냈다. 끝으로 필자는 오늘날 팍스콘사태와 같은 불행을 막기 위해서는 노동자신촌에서와 같은 생활세계의 창조가 필요함을 강조한다. 어떻게 생활세계를 창조할 것인지 구체적인 방안이 미비한 아쉬움이 있으나, 망각되고 억압되어온 사회주의 도시로서의 상하이에 대한 기억을 발굴하려는 노력은 그 자체로 충분히 신선하고 가치 있다. 다만 이것이 또 다른 '사회주의 노스탤지어'가 되지 않도록 경계해야 할 것이다. (김민정)

'섬세한 혁명'

생활세계의 재구성과 생활정치의 재가동[*]

장롄훙(張練紅)

김소영 옮김

1_ 들어가며

중국 혁명과 건설의 주체는 근본적으로 수많은 민중이라는 실천 주체다. 생활세계는 일반 민중들의 사회실천의 근원이며, 민중들의 생활세계에 주목한다는 것은 중국에서 가장 근본적인 정치문제와 문화문제 그리고 가치문제에 주목함을 의미한다. 인문 사유에 입각해볼 때, 그 핵심은 아마도 일반인들의 생명의 의미와 존엄 그리고 가치에서 시작해 조용히 지속되어온 사상적 실천과 사회적 실천을 통해, 지구화를 배경으로 하는 자본의 논리라는 강력한 굴레에서 벗어나고 돌파해 생활세계를 재구성하고 생활

---

* 출처: 張練紅, 「"細膩革命": 重建生活世界, 重啓生活政治」, 『熱風學術』 제6집, 2011.

정치를 재가동하는 것일 것이다.

내가 기대하는 것은 다음과 같다. 새로운 정치의 다층적이고 일상화된 실천으로서의 생활정치가 무형이면서도 실존적인 모든 사회실천 속에서, 또 기대할 수도 제한할 수도 없는 민중 실천의 증량(增量) 속에서, 보통은 억제되고 무시되며 풍화되고 마는 주관적 능동성과 정신의 창조력을 어떻게 조화롭게 통합할 수 있을 것인가, 나아가 어떻게 현금의 정치체제를 넘어서는, 생활의 기초와 사회적 맥락을 더욱 풍요롭게 하는 정치성과 정치 감각을 재구성하며 이를 통해 마찬가지로 무형이면서도 실존적인, 훨씬 광범위하게 오랫동안 지속되어온 역사적 능동성을 재구성할 수 있는가 하는 것이다.

요즘 영화와 드라마도 민중의 역사적 일상과 변화 속으로 들어가려 심혈을 기울이고 있다. 그것이 전쟁 시기를 되새기는 <이멍>(沂蒙)과 <우리 부대장, 우리 부대>(我的團長我的團) 등의 드라마든, 기층의 운명을 그린 <철로 된 피아노>(鋼的琴)와 같은 영화든 말이다. 여러 가지 노력을 통해 우리 땅과 우리 국민의 생활세계에 녹아있는 인정과 지혜에서 출발해 '고통을 통해 진주를 만들어내는' 생활윤리와 그 일상실천들을 깊이 체득하고, 사회 공동생활이 제공하는 휴식과 회복의 기능을 이해하려 애쓰며, 민중의 일상적 실천의 참고 버티는 힘과 그 사이에 축적되어 있는, 급진정치와는 다른 '섬세한 혁명'을 냉정하게 논증하고자 한다. 또한 생활세계에 잠재되어 있는 실천적 에너지를 통해 일반 민중의 몸과 마음을 의지하는 의미와 주체 자각의 의미를 다시 확인하고, 사회생활 방식과 감각 구조를 재구성하며, 일상적 기반과 사회적 맥락을 더욱 풍부하게 하는 생활정치와 정감정치 그리고 문화정치를 재가동함으로써 사람들이 바라는 정치 회복과 문화 창조 그리고 가치 재구성에 이르기를 바란다.

오늘날 중국과 중국인에게 역사성의 가치 불황기는 새로운 역사적 전환의 온양기이기도 하다. 중국의 진정한 굴기(崛起)는 결국 중국인들이 굴기할 수 있는가와 중화문명이 다시 굴기할 수 있는가에 달려 있다. 따라서 이른바 중국문제, 중국의 길, 중국 경험은 구체적 사회실천의 측면에서 그 역사적 연속성을 지니지만, '중국의 길'을 드러내고 진정으로 우리 땅 우리 국민의 풍부한 경험과 책임을 체현하기 위해서는 문화사상과 정신의 측면을 밝히는 것이 절실하다.

2_ '생활세계

'생활세계'란 무엇인가? 또한 기억과 실천 그리고 이론 사이에서 어떻게 해야 더욱 명철하고 막힘없으며 적절한 사유를 통해 민중 사회생활의 의미 근원을 아주 적절하게 말해낼 수 있을까? 여기에는 아주 기본적인 문제들이 항상 존재해 왔는데, 이는 보기에는 단순하지만 사실은 상당히 골치 아픈 문제로, 더욱 섬세하고 깊고 확실한 인식과 변별 및 분석이 새로 필요하다.

은사의 어머님이 외할머께 들었다던 말씀을 언급하신 기억이 난다. 딸이 시집가게 되자 신부 어머니가 당부하길, 시댁에 가서 절대로 좋은 사람이 되지 말거라 하셨다. 신부가 이해가 안 되어, 그럼 저보고 나쁜 사람이 되라는 말씀이세요? 하니 그 어머니께서 웃으며, 좋은 사람도 될 수 없는데 어떻게 나쁜 사람이 될 수 있겠느냐 하셨다고 한다. 어머니의 이 교훈은 '좋은 사람'도 되지 말고 '나쁜 사람'도 되어선 안 된다는 것으로, 명교(名敎) 층위의 이른바 '사람 되기의 어려움'을 한 마디로 정곡을 찌른 것이다. 물론 표층의 정곡을 찔렀다 해도 여전히 어려운 점은 존재한다. 그것은 어떻게 다른 사람의 입장에서 생각할 수 있을까, 복잡 미묘한 삶의 현장에서 어떻게 행동하고 눈과 마음을 밝혀 제대로 보고 할 일을 할 수 있을까 하는 점이다. 사람과 사람 사이에는 타고난 크고 작음, 강하고 약함, 존귀하고 비천함, 똑똑하고 우둔함이 각기 일찍이 이미 나뉘어 있다. 그러나 마지막의 분별은 정신과 의지의 연마에 달려 있는데 여기에서의 고저(高低)와 경중(輕重)은 통상 볼 수 있는 것은 아니다. 인간 세상의 시비와 선악, 공과 과, 의리와 이익의 변별이든, 인정과 도리의 싸움이든, 사실 분명한 경계를 말할 수 없다. 이치는 내가 맞지만 남을 용서해준다, 남을 너무 업신여기지 마라, 가는 말이 고와야 오는 말이 곱다, 오고 가는 교류 속에 변통의 여지가 있고, 모종의 총체적이고 구조적이며 동태적인 윤리의 균형을 유지할 수 있다. 이는 송나라 때 남전(藍田)현의 『여씨향약』(呂氏鄕約)에서 제창한, 좋은 일은 서로 권하고(德業相勸), 잘못은 서로 규제하며(過失相規), 예의로 서로 사귀고(禮俗相交), 어려움이 닥치면 서로 돕는다(患難相恤)와 같은 것이다. 이는 농업사회의 향토경제와 종법제도에 따라 생겨난 것으로, 이러한 집단성과 연대감을 지닌 '윤리본위'의 조화와 균형이 바로 중국전통의 경제, 정치, 문화, 생활 공동체의 큰 특징이며, 이는 오랫동안 사회질서를 안정시키고 개인의 몸과 마음을 조율하는 역할을 해왔다. 생활세계는 우리 땅 우리 국민의 의의가 기탁된 곳으로, 여러 가지 측면에서 생명의 의의를 이해하고 창조하는 역사적 현실적 상황을 제공하는데, 그 상황은 원초적이고 구체적이며 살아있는 것이다. 그 속에서 일상생활윤리에 녹아있는 인정과 지혜를 습득할 수만 있다면 글을 못 읽는 사람이라도 사리를 분별할 수 있으며 문화를 가질 수 있는데, 그것은 문화가 사회생활 방식에서 가장 구체적이고 실제적으로 드러나는 영역이기 때문이다.

그러나 어떠한 생활방식과 문화양태 그리고 정신적 전통의 존재가 쓸 수 있고 명확히 할 수 있는 기존의 형식으로 전해지는 것이 아니라면, 또 고유하고 항구 불변의 형식으로 확인될 수도 없다면, 그렇다면 우리는 그것들을 어떻게 이해하고 접근해야 할까? 해와 달을 거듭하여, 우리가 생활세계의 훈도와 자양분에 점점 더 깊이 빠져들 때, 갖가지 곤혹과 망설임도 그에 따라 생겨난다. 공동체와 개인, 타인과 나 사이에서, 하고 하지 않는 것의 경계에서, 혼란스러운 거짓과 진실들 속에서, 드러난 것과 암묵적으로 깨달은 것, 심증과 물증…언어와 문자로 표현할 수 없는 것들까지 포함하여, 이들은 바로 살아있는 사회의 역사와 현실의 구체성이자 연속성이요 생성성이다. 그렇다면 우리는 어떻게 하면 기억과 실천, 이론의 끊임없는 충돌의 연속과정에서 진정으로 심혈을 기울여 이 문제들을 다룰 수 있을까? 뚜렷하게 감응할 수 있을까, 예리하게 발견할 수 있을까, 더 완전하고 더 깊이 생활세계를 이해하고 파악할 수 있을까, 의식적으로나 무의식적으로 비공식적인 명명, 묘사적인 표현으로 그것을 지목할 수밖에 없다고 할지라도, 이는 생활세계와 그 의의의 근원을 존중하고 체득하며 드러내는 노력의 한 부분이라 할 수 있을 것이다.

　　필경, 일반인들이 생활세계와 평소 실천에 헌신하는 의미와 가치는 엘리트 문화, 주류 문화와 같이 세상 사람들을 향해 공개적으로 표명하는 드러난 서사와 확인방식에 의존하여 수립하고 전파하는 것과는 다르다. 이른바 '백성들은 매일 사용하지만 알지 못한다'는 것, 이는 알지 못함 속의 앎이며, 이름이 없는 것의 이름으로, 종종 주류서사와는 다른 또 하나의 서사방식, 또 하나의 확인 방식으로, 묵묵히 살아남아 전해지곤 한다. 그런데 아주 곤혹스럽고 그렇기에 계속 추궁하고 싶은 문제는, 숨겨진 '서사'들이 어떻게 표현할 수 없는 것에서 표현하고 문헌화할 수 있는 것이

되고, 나아가 해석할 수 있고 이론화할 수 있게 되며, 더 나아가서 널리 전파하고 실천할 수 있게 되는가 하는 문제이다. 실천가능성은 국부적인 혹은 구체적인 문제에 직면했을 때, 이를 어떻게 다루느냐에 달려있기도 하고, 더욱 넓은 의미와 가치 측면에서의 사회 구원과 문화 창조, 정신의 정체성을 지향하는 것이기도 하다. 특히 민중의 생활세계에 입각해, 우리는 현대에 통용되고 있는 주류적 인지 감각 시스템의 바깥에 묵묵히 존재하고 있는, 우리 땅 우리 국민이 자신의 역사와 현실에 밀착되어 있는 사상과 사회실천 속에서 드러낸 또 하나의 전통을 근본적이고 총체적으로 깨닫고 긍정할 수 있는가? 특히 일반 민중들이 우여곡절을 겪으며 어렵게 만들어내고 지켜온, 견실하고 확고한 가치이념과 생명의지에 대하여, 문화사상과 사회실천의 형상화, 의미추출, 생생한 전달을 통해, 그것들을 현재의 상황 속에서 받아들일 수 있고 이어갈 수 있으며 발전시킬 수 있는 실천적 에너지로 만들 수 있는가?

이러한 노력이 오래 유지되도록 하는 정신의 원천은 느끼고 생각할 수는 있지만 형언할 수 없는 일상생활과 노동 실천에 있다. 농민, 소상인 같은 서민들에게, 생계를 도모하며 이익을 취하고 손해를 피하는 것 모두가 가장 강력한 원동력이 되며, 집안의 자질구레한 일과 항간에 떠도는 소문 속 도처에 보이지 않는 저울추와 눈금이 있다. 진실을 어찌 사실대로 말할 필요가 있으며 바른 길이라도 꼭 똑바로 갈 필요는 없지 않은가. 스스로 생성 소멸하고 어떤 환경에도 잘 적응하고 만족하는 듯한 보통사람들의 생활방식과 태도 속에는 나름대로 견실하고 확고한 힘이 있어 이들을 지탱하고 있다. 물질과 정신, 실용과 심미는 오랜 세월이 흐르면서 모두 분주한 노동의 수고 속에서 이미 서로 대립적이 아니라 협력관계 속에 있다. 안타까운 것은, 진실한 생활에서 기원한 더욱 완전한 생명력, 특히 더욱 직접적인 감응력과 인내력이, 장기간에 걸친 훈련을 거치면서 생긴 성찰의 힘에 의해 많든 적든 침식된다는 점이다. 예를 들어, 비판이론은 상식의 각종 '독성'을 꿰뚫어볼 뿐만 아니라 그것을 파괴하지만, 그것을 복원시키려 해도 어렵다. 도시의 복숭아나무와 오얏나무는 비바람을 걱정하지만, 봄은 개울가 냉이꽃 위에 무르익어 있다.[1] 그렇다면 우리의 내면에도 자연과 천지간의 초목과 만물의 왕성한 생장의 기세를 좀 더 많이 느끼고 받아들여도 무방하지 않을까? 혹은 간단히 말해서, 당신과 나의 내면에, 민감한 통찰과 주위 모든 구조적 불평등과 불의, 불공평에 과감히 반항하는 '엘리트 의식'과 땅에 떨어지면 뿌리를 내리고, 있는 그 자리에 만족하고, 하늘이 무너지면 이불 삼고, 조금의 틈새라도 짜내면 거기로 길을 낼 수 있는 '풀뿌리 의지'를 동시에 모두 갖출 수는 없을까?

그러나 이것은 '생활세계'의 낭만화와 유토피아화를 의미하지는 않는다. 니웨이(倪偉)와 쑨샤오중(孫曉忠)[2]이 강조하는 것처럼, 생활세계는 자유로운 세계가 결코 아니며, 거기엔 좋은 것과 나쁜 것이 한데 얽혀 있어 마음대로 이용할 수도 없다. 생활세계를 어떻게 새로이 언술하고, 어떻게 개조하는가 하는 것이야말로 더욱 힘을 쏟아야 할 부분이다. 그러려면 하나의 이념이나 일련의 관념들로 이 생활세계를 새로이 정리하고 조직할 필요가 있다. 이러한 지양과 초월을 겪지 않고서는 생활세계가 긍정적인

---

1) 송나라 신기질(辛棄疾)의 사(詞) 작품 『자고천 · 맥상유상파눈아』(鷓鴣天 · 陌上柔桑破嫩芽) 중의 한 부분이다.-옮긴이

2) 니웨이(倪偉)는 상하이 푸단대학(復旦大學) 중문과에 재직 중이며, 쑨샤오중(孫曉忠)은 상하이대학(上海大學) 중문과에 재직 중이다. 둘 다 '상하이 문화연구 그룹'의 일원이라 할 수 있으며, 니웨이는 본 책에 수록되어 있는 「당대 첩보드라마에 드러난 신앙과 문화적 징후」(當代諜戰劇中的信仰與文化徵候)『문화/과학』 73호, 2013년 봄)를, 쑨샤오중은 「종이를 통한 통치: 1950년대의 상하이 개조」(通過紙張的治理—1950年代的上海改造)『중국문화연구』, 제19집)라는 글이 한국에 소개된 바 있다.-옮긴이

힘을 발휘할 것이라고 장담할 수 없다.

이에 대해서 허구이메이(賀桂梅)[3]가 관련 토론 중에 했던 다음과 같은 말은 나에게 큰 도움이 됐다.

이른바 '생활세계'는 오직 초월적이고 총체적인 상상 속에서만 '말'해질 수 있다. 이는 그것이 개념화되는 것을 의미하는 것이 아니라 개념의 방식으로 느낌과 경험, 체득을 응집하여 형체화하는 것이며, '앎'의 방식으로 '알지 못하는 것'을 세심하게 살피는 것이다. 이 두 가지는 동시에 존재한다. 어쩌면 생활세계가 '생활세계'로 지목될 때, 진정으로 초월적이고, 내부로부터 외부로 발전하는 이른바 '전통'과 '기억'이 비로소 가능하다고 할 수 있을 것이다. 따라서 이론이든 실천이든 그것들의 진정 감지 가능함과 유효함은 역사적 기억 및 정감 구조와의 대화 속에서 형성되는 것이다. 그러나 동시에 이 기억과 구조 자체 또한 '말해져야' 하며, 말해진다 해도 항상 변경과 누락 그리고 오독 등 방식으로 대가를 치르기 마련이다.

이 대가를 우리는 반드시 치러야 한다. 이는 더 많은 서술과 표현으로 끝없이 이어지는 민중들의 생활세계를 따뜻하고 활동적이게 하기 위함이고, 중국의 사회생활에 개입할 수 있는 실천적 에너지를 점진적으로 불러일으키고 통합시키기 위해서이다. 여러 대가를 치르는 과정에서 우리는 또한 책임지고 감수하는 자신의 능력을 점차 강화하게 될 것이며, 동시에 어려움 속에서 긍정적 가치를 모색하고 창조한, 많은 실제 경험과 교훈을

---

3) 허구이메이(賀桂梅)는 베이징대학(北京大學) 중문과에 재직 중이며, 한국에는 「'사회주의'와 '현대화'의 충돌 양상」(『오늘의 문예비평』 45호), 「지식인·여성·혁명」(『황해문화』 40호, 2003년 가을) 등의 글이 소개된 바 있다.-옮긴이

쌓게 될 것이다.

생활세계는 말해지면 곧 존재한다. 여기에서의 난제는 말(서사)할 수 있음과 없음 사이에 있을 뿐 아니라, 이론적 실천이 어떤 의미에서 유효할 수 있는가와도 관계되어 있다. 그렇다면 이러한 노력을 다음과 같은 '생활세계'의 형태화 문제로 요약해도 무방하지 않을까? 그것은 생활세계를 보고 말하며 그것에 특유한 형식을 부여하여 그것이 자신을 점진적으로 드러내게 하는 것이며, 기존에는 없는 비공식적 언어방식을 통해 생활세계 속의 표현할 수도, 축적할 길도 없는 것처럼 보이는 실감적이고, 경험적인 존재를 묘사하고 명명하며 확인하는 것을 포함하여, 무(無)에서 요약과 정련을 끌어내고, 끊임없이 형상화하고 의미를 추출하며 생생하게 전달하는 것이다. 특히 오늘날의 문제적 상황 속에 놓여 있는 우리가 심오한 내용을 쉽게 표현하고, 중국인들의 이야기를 새로이 서술하며, '굴기'하고 있는 중국의 이미지보다 더욱 마음에 파고들 수 있는 이야기, '중국'이 도대체 어디에서 왔으며 또 지금 어디로 가야 하는가를 서술할 수 있을까? 진실하고 강인하며 존엄을 가지고 살아온 중국인들은 어떤 사람들이었는지, 특히 재난이나 고난 속에서 이를 악물고, 와신상담(臥薪嘗膽)한 중국인들은 도대체 무엇을 생각하고 갈망했으며 행했는지를 이야기할 수 있을까? 여기에서의 중국적 숨결과 중국적 정감, 중국적 윤리와 중국적 경험은 천천히, 천천히 우리의 추억과 이야기 속에서 돌아올 것이다.

3_ '고통을 통해 진주를 만들어내다(蚌病成珠)

생활세계는 어떻게 생겨나고(生), 어떻게 활동하며(活), 어떻게 인간이

인간의 모습으로 살아가게 하는가? 특히 일상의 번잡함과 고생스러움 그리고 숙명처럼 지속되는 몸과 마음의 고통이 어떻게 공동생활의 실천 속에서 일반인들의 생명의 의의와 존엄을 포용하고 배양하는가?

우리의 삶 속에서 가장 친근한 여성인 할머니와 외할머니 그리고 어머니를 떠올려보자. 그녀들은 대부분 주민등록상의 호주(戶主)가 아니지만 실제로는 집안의 당당한 영혼이다. 쏜살같이 흐르는 세월, 날마다 힘들게 일해온 그녀들은 자신이 정한 역할과 신분, 생활방식 그리고 주위환경과 주변사람들에 대해 시간이 지남에 따라 자연히 정이 생겼을 것이고, 자기도 모르는 사이에 정감 윤리나 도덕규범 등에 대해 모종의 의존성과 인정, 귀속감이 생겼을 것이며, 이를 통해 내면 깊은 곳에 가장 안심되고 믿음직스러운 정신의 의지처를 얻었을 것이다. 오랫동안 이러한 역사적이고 사회적이며 이미 내재화된 윤리 질서 속에서 생활해왔기에, 여성들은 보통 자기 몸과 마음의 가장 직접적인 감수성과 균형감각, 인내력으로써, 크고 작은 일상적인 일처리 속에서 각자의 도의적 책임, 윤리적 책임, 도덕적 책임을 드러낸다. 그래서 고생스러운 세월 속에서, 인내하고 꿋꿋이 버티면서, 서서히 중국여성들은 더 세심하고 부드러우면서도 질기고 단단한 정감과 도덕 그리고 윤리 특징을 단련해냈다. 그녀들은 어둠 속에서도 희미하게 빛을 발했다.

유형의 노동에서 무형의 힘에 이르기까지, 무형의 힘에서 내재적인 빛에 이르기까지, 이는 마치 '고통을 통해 진주를 만드는' 과정과 같은데, 여기에는 개별 생명과 생활세계의 오랜 의존과 화합을 통해 생겨난 '운명공동체 의식'이 존재한다. 특히 보통의 여성노동자와 직장여성들은 일 년 내내 가정 안팎의 각종 사회생산구조 속에서 정신없이 바쁘며 심신의 부담도 더 크고 아픔도 훨씬 깊다. 그러나 여러 사회적 역할들에 의해 구성된,

심하게 억압된 젠더 정체성은 그녀를 고통스럽게 하면서도 위안을 얻을 수 있는 의의와 가치의 근원이 되기도 한다. 여기에는 생활 자체에만 의지하여 형성된, 인간과 인간, 인간과 생활세계가 '서로 의지하며 살아가는' 힘이 존재한다. 이 힘은 일상의 실천 속에서 총체성과 연속성 그리고 공존성을 지닌 윤리 구조를 지향하며, 이 모두는 통상 인간 교류와 감정의 피드백에서 구현되고, 사람들이 언제 어디서나 서로의 필요와 이해, 존중을 느끼게 한다. 옛말에 '면을 삶아 먹었으면 (소화를 위해) 그 국물도 마셔라'라는 말이 있다. 이것은 장기간 공동생활하며 서로 의지하고 살아가는 중에 고생을 통해 존엄을 얻고 고통을 위안으로 바꾸는 것이다. 진실한 개체의 수동성과 능동성 사이에서, 억압성과 운명공동체 의식은 모든 일상적 상황들의 두 가지 측면으로서, 숨었다 드러났다 하면서 묵묵히 힘을 준다. 이러한 생명의 경험적 단련과 책임을 자세히 체득하면, 고통을 통해 진주를 만들고 진주와 고통은 연계되어 있다는 그 깊은 뜻, 그런 정신과 의지를 더 잘 깨달을 수 있을 것이다.

민중의 생활세계에 대한 깊은 관심. '고통을 통해 진주를 만든다'는 것의 의미에 대한 섬세한 인식은 자연스럽게 나의 십여 년 간의 중국 희곡 문화연구에 대한 집착과 애정 속으로 녹아 들어갔다. 이전의 희곡 자체에 대한 연구와 달리, 나는 지방희곡과 민중생활세계의 긴밀한 관계를 통해, 특히 정치변혁이 가져온 사회적 전환 과정 속에서, 신중국의 혁명 대중문예의 개조와 전체 문화생태의 변화가 어떻게 '대시대'(大時代)적 변동을 겪고 있는 사회와 정치, 경제, 문화 구조와 구체적이면서 미묘한 상호관계를 맺는지를 고찰하고자 한다. 내가 이러한 문제의식과 연구영역을 선택하고 기꺼이 장기적이고 지속적인 노력을 쏟아 붓고자 하는 것은 그 사이에 들어있는 미약하지만 독특한 사상적 가치와 현실적 요구 이외에, 더 심층의 동력은 어려서부터 양성된 향토 생활과 민심 풍조에 대한 깊은 그리움, 전통문화와 민간문예에 대한 타고난 친근함, 그리고 자라면서 나도 모르게 구체화되고 무거워진, 중국의 특정 역사와 문화 상황에 대한 몸과 마음으로부터의 책임감에서 기원한다. 일반 민중들의 희로애락이 있는 곳이 바로 그 신체와 밀접하게 연관된 문화정신이 있는 곳이다. 신중국의 희곡개조운동 속에 드러난 문화정치와 생활윤리, 정감방식과 정신상태에 대한 정리와 분석을 거치면서, 내가 그 속에서 발견하고 체득하고 긍정하기를 더욱 바랐던 것은 생활과 생계를 유지하기 위한 일반 민중들의 생명 실천 속의 희미한 것 같지만 마르지 않는 향상하면서도 열성적이며 진지한 문화 전승과 정신 풍조였다.

희곡은 본토 문화실천에서 가장 사람의 마음을 깊이 파고드는 대중문예 양식으로서, 중국인들의 상당히 깊은 역사적 기억과 집단적 정감, 특히 민중들이 생활 경험 속에서 묵묵히 실증하고 있는 정감, 도덕, 윤리 전통, 그리고 이 모두를 표현하는, 희곡예술 중의 지극히 풍부하면서도 독특한 표현형식을 축적하고 있다. 20세기 중반에 일어난, 신중국 희곡 개조로 대표되는 대중문예개조운동은 통합력이 매우 강한 사회주의 문화정치의 구체적 실천으로, 국가의 이상과 인민 주체를 어떻게 다시 만들 것인가, 어떻게 정치문화 형태를 변혁하고 문화정체성을 키울 것인가, 어떻게 민중의 생활세계와 윤리도덕관념을 재구축할 것인가 등의 중대한 문제들과 관련되어 있다. 특히 옛 희곡의 개조 과정에서 그것들의 곡절 많은 운명과 그것이 일으킨 문예논쟁 그리고 그와 관계된 세상의 심한 변화를 자세히 정리하고, '엑기스만을 취하는' 사회주의 문예실천이 드러낸 정감구조, 사회윤리와 그 문화정치를 분석해보려 했다. 그러나 희곡이 지향하는 '생활세계'의 공동운명체 의식 속에서 역사가 어떻게 그 구체성과 연속성 그리고 생성성을 드러내는가? 그 사이에서, 일종의 본토자원으로서, 역사실천과 정치정체성이 구성한 '인민성'이 어떻게 '주체성', '인민성'과 형체는 없으나 실존하는 '공동체'와 연결되는가? 만약 더 받아들이기 쉬운 모종의 생활정치, 생명정치, 정감정치 혹은 문화정치가 있다고 한다면, 잠시 그것을 '섬세한 혁명'이라고 부르자. 가령 그것이 기억과 상상에만 존재하는 것이 아니라면, 이른바 '급진정치의 일상화' 과정은 또 어떻게 '생활세계'의 포기와 재건을 촉진할 것인가?

예를 들어, 인정극과 귀신극 그리고 신화극에서 전통문화의 기본 맥락을 지탱하는 인간계, 귀신계, 신계의 세 경계 속에 존재하는 '중국여성'의 대다수는 현모양처와 복수하는 원혼 그리고 속세로 내려온 선녀의 형상으로 나타나는데, 그녀들은 각기 자신의 욕망과 상처 그리고 책임을 지니고 있으며, 그러한 겹겹이 쌓인 부담 속에서 원망도 후회도 없이 용감하게 책임을 다한다. 극중 여성에는 온갖 부류가 있으며 원한을 품은 여성이나 사납고 거센 여자, 비천한 여성 등이 없는 것은 아니지만, 이러한 '봉건잔재'는 신중국이 추종하는 '인민성', '부녀해방' 등의 관념과 가치의 세례 속에서 조용히 숨겨지고, 지금 고전 복장 속에는 분명 전통적인 '현모양처'와 신중국의 '노동하는 여성'이 중첩되어 있으며, 그 속에는 민족국가의 현대적 전환 속에서 전통문화의 계승과 변천, 단련과 책임이 깊이 내포되어 있다. 특히 오랫동안 인기가 그칠 줄 모르는 '경전적 작품'들,『양산백과 축영대』(梁山伯與祝英臺),『백사전』(白蛇傳),『비파기』(琵琶記),『진향련』(秦香蓮),『쇄린낭』(鎖麟囊),『벽옥잠』(碧玉簪) 등은 '해석–극본–연출'의 영역에서, 논쟁을 겪고 유통되고 존속하는 과정에서, 사람들로 하여금 생활세계 속의 구체적 정감 윤리에 대한 '계급성'과 '예교론' 등 신구 이데올로기의의 통섭과 규약을 간파하게 했고, 인정과 극중의 이치에 깊이 파고들어 생활세계에서 기원한 희곡예술에서 항구한 인간세상의 온기를 느끼고, 억압당하고 굴욕당한 사람들이 어떻게 곤경 속에서 자신을 자제하고 확고부동할 수 있는지를 새로이 이해하게 했으며, 이로써 희곡이 함축하고 있는 민중들의 생활형태, 정감방식, 윤리상황과 그 내재적 의의를 체현하고, 특히 진실을 추구하고 선한 것을 따르며 향상하고자 하는 것 등의 구체적 실천방식들을 가지고 사회 변천 과정의 모진 압력과 정신의 함몰에 답하려는 생활에너지를 체현했다.

이것은 또한 전통희곡의 특수하면서 중요한 인문적 가치를 느끼게 한다. 뒤죽박죽이고 다원적이며 자주 변하기 때문에, 또한 언제 어디서나 생활의 실체에 의존하며 인정과 만물의 이치와 밀접하게 연결되어 있기 때문에, 영구한 것에서 변화가 생겨나고 변화 속에서도 영구한 것이 있게 되듯, 그렇기 때문에 인간세상의 풍부함과 모순을 훨씬 잘 포괄할 수 있는 것이다. 또한 대대로 전해지면서 시간의 흐름에 따라 더욱 새로워진 연출과 재현은 사람들로 하여금 끊임없이 자신의 더욱 진실한 생존상태를 되돌아보게 하고, 생활의 모든 정취와 다양한 가치에 가까이 가게 하며, 그럼으로써 인류의 풍부하고도 온전한 시야를 이을 능력을 갖게 한다. 특히 민중들이 좋아하는 '인정극'에서, 여성 주인공들이 온갖 고생을 참고 견딘 경험, 아름답고 감미로운 형상, 깊이 파고드는 통쾌한 감정으로 무대에 나타날 때, 관중들 마음속의 생활체험들도 조금씩 되살아나 자기도 모르는 사이에 그 속으로 빠져들게 된다. 그렇다면 어떻게 여전히 그녀들과 '봉건예교', '삼종사덕'(三從四德), '노예근성' 같은 생경한 개념들에 곧바로 등호를 그을 수가 있겠는가? 정반대로 깊이 파고드는 섬세한 연출 과정에서 고통과 남모르는 인내를 표현하면 할수록, 내면의 갈등에 대한 토로 속에서 모종의 비범한 힘이 생겨날 수 있는 것 같다. 이야기 줄거리와 생활의 세부묘사에 의해 나온 구체성과 심각성에 기대, 아무리 평범한 생존 체험이라도 희곡 공연 속에서 작열하는 생명의 화염을 분출할 수 있다. 전통희곡에 축적된 이처럼 강력한 예술 표현력은 고되고 비참한 사람들이 일상생활 속에서는 말로 표현하기 어려운 내면의 에너지를 어느 틈엔가 부여하고 분출시켰으며, 동시에 관중들의 강한 공감을 불러일으켰다. 희곡관람 과정에서 감성적 역량의 이러한 진작과 발전은 늘 묵묵히 '위를 향하'지 '아래를 향하려 하진 않을' 것이다.

중국혁명의 풀뿌리 역량의 문화담지체로서, 기층 민중의 고생스러운 삶 속에 축적된 고난의 체험과 정감의 표현은 지방극들 중의 여러 '인정극', '비정극', '고생극'들의 계속되는 공연에도 사라지지 않는 인기 속에 체현되어 있다. 고생스런 사람이 고생극을 연기하고 고생스런 사람이 고생극을 본다. 정말 고생 속에서 즐거움을 찾고 고생을 즐거움으로 삼는 것이라 하겠다. 세상이 어떻게 돌아가고 세태가 얼마나 야박하던 간에, 온갖 수단과 방법을 동원해 우선 사람의 마음을 따뜻하게 녹이려고 한다. 여기에는 불만의 발산도, 교류도 있으며, 더욱이 집단적인 위안과 제창도 있다. 또한 정감은 내면으로부터 생겨나, 그 무엇과도 비교가 안 되는 호소력과 응집력을 만들 수가 있기 때문에, 이것으로 민중의 상상과 이해, 곤경에 대처하는 집단적 형식을 구성하고, 더 나아가서는 현실에 반항하고 사회를 변혁할 거대한 정신적 에너지를 불러일으키고 한데 모은다. 이것은 어쩌면 심연과도 같이 깊은 생활세계로부터 나온 일종의 부력이 아닐까? 필사적으로 노력하고 필사적으로 생활하는 일반 민중들에 대해 말하자면, 평범한 생활 속에 함몰된 것 같은 일상적 생명 분투의 지속성과 보편성이 보통 사람들에게 힘써 생존하고 발전할 가능성을 다소간 제공했다.

4_ '섬세한 혁명

이러한 의미에서, 생활세계(실체/이념)는 사회, 정치, 문화 실천의 근원으로서, 역사와 현실의 구체성, 연속성과 생성성을 충분히 보여주었으며, 갖가지 모순과 충돌 위에 있는 사회생활의 모호성과 의존도, 운명공동체 의식도 드러내 보였다. 심지어 거시적인 면에서든 미시적인 면에서든, 의존/충돌의 관계에 기초하여 동시에 형성된 '공동운명체/억압 구조는 사실 생활세계와 일상적 실천 속에서 뚜렷이 드러난 동전의 양면이다.

그렇다면 이미 정해진 각종의 공동운명체/억압 구조 속에서, 항쟁과 결별의 길을 제외하면, 약자 혹은 소외 계층이 어떻게 확고부동할 수 있고, 어떻게 자신을 지킬 수 있을까? '확고부동함'(貞定)이라고 하는 것은 세상이 세차게 흘러가는데 나만 홀로 움직이지 않는 것인가? 무거운 부담을 지고도 여전히 초심을 잃지 않는 것인가? 이러한 움직이지 않음(고수)이 때로는 격렬한 움직임(파괴)보다 더 '억압구조'에 대한 부정과 의문을 지니고 있는 것은 아닐까? 확고부동함은 안에서 밖까지 모두 그것과 덜 폭력적인 구조적 동일성을 지녔으니, 그 또한 '공동운명체 구조'의 휴식과 회복의 기능을 최대한도로 유지할 수 있을까? 그러나 이러한 동전의 양면 사이의 이합집산의 정도는 도대체 어떻게 이해해야 더욱 타당한 판단과 파악이 가능할까? 분명 이것은 일상적 실천에 속하면서 또 생활정치에 중첩된 문제이며, 나의 이해와 인식으로는, 이것은 더욱이 주체가 그 영혼과 정신의 차원에서 직면한 함몰이다. 사실상 장기간 공동운명체/억압 구조 속에 있어온 소외 계층으로서, 가령 절실하고 효과적인 해결방법이 없고, 항쟁과 대결이라는 급진적인 방식으로 곤경을 벗어나 자신을 해방할 힘이 없다면, 그럼 그녀는 인내와 견지, 고생스러운 유지를 선택할 수밖에 없다. 그렇다면 이러한 인내는 도대체 의미가 있는 것일까? 인내는 생활세계에서 말할 만한 어떠한 궁극적인 가치를 지니고 있는가? 있다, 물론 있다. 인내 속에 견지하는 바, 유지하는 것이 있기만 하다면, 인내함으로 인해 지연되어 실현하지 못한 소망은 점점 더 깊고 충만한 의지를 낳을 것이고, 이렇게 꼿꼿이 참아내며 버티는 가운데 함축하고 축적하면서 묵묵히 미래를 향하리라!

여기서 관건은, 우리가 어떻게 해야 민중들이 역사와 현실 상황에 의해 한정된 문화정신 상태에 잠재된 실천적 에너지를 최대한 발굴할 수 있으며, 더 많은 긍정적 가치를 추출할 수 있는가 하는 것이다. 예를 들어 역사와 현실에서의 민중들의 실천 경험을 정리하고 고찰함을 통해서, 인내심 있는 세밀한 묘사와 개괄, 해석을 통하여, 생활세계 속의 휴식과 회복의 기능을 새로이 이해하고, 일상적 실천 속의 인내와 유지의 힘을 새로이 논증할 수 있을까? 이러한 역량이 반드시 지배적인 사회문화형식의 바깥에 존재하는 것은 아니다. 아마도 그 속에서, 다소간 현재의 각종 형식을 이용하고 있지만, 사람들이 더욱 심혈을 기울인 일상생활의 실천을 통하여 열어젖히고 극복한 바가, 결국 새로운 질(質)을 조용히 예전의 태반에서 움트게 만드는 것 아닐까? 또한 우리가 이미 곤경에 겹겹이 둘러싸인 이상, 차라리 마음을 진정시키고 시야를 넓히며 멀리 내다보고 해결책을 찾아야 하지 않겠는가? 동시에 착실하게, 기나긴 일상생활의 실천 속에서 급진적 정치와는 다른 '섬세한 혁명'을 펼칠 수는 없을까? 내가 보기에, 이것은 아마도 모든 억압받는 계급, 계층과 소외 계층이 사회적 실천 과정에서 항상 마주하게 되는 진짜 문제이다.

이와 관련하여 공동체와 개인, 타인과 나 사이에, 더욱 오래 지속되고 안정적이며 깊이 있는 상호 관계는 어떻게 하면 실현할 수 있을까? 돌이켜 생각해보면, 온갖 고생과 치욕을 참아가며 무거운 부담을 진 여성들, 그리고 여러 의미에서의 피억압자와 피해자들, 그들은 인내하면서 도대체 무엇을 고수하고 무엇을 극복했으며 무엇을 지키고 보존했나? 인내 속에서 사람들과 생활세계의 연계는 계속 깊어지고 단단해졌나, 아니면 약화되었나? 사실 사람들이 인내하면서 고수하고 지키는 것이 있을 때, 개체와 공동체의 의미에서 불합리한 현상을 변화시키고자 하는 '혁명'은 점점 더 가까워질 가능성이 있다. 전력을 다해 무언가를 지키는 과정에서만, 스스로 더 많은 시간을 들여 제한적인 역량을 축적하고 보존할 수 있으며, 싸우고 대결하고, 타협하지 않으며, 나아가 진정으로 혁명적인 역사의 시기를 맞아들일 수 있는 것이다. 이러한 참고 버티기의 과정은 '섬세한 혁명'의 구성요소를 이루며, 반석처럼 굳건하다.

그 사이에서 일찍이 주류정치와 엘리트문화에 의해 '봉건예교', '노예도덕'으로 명명된 것들, 예를 들어 분수를 알고 자제함(安分克己), 충성과 효도(忠誠孝悌), 인의예지신(仁義禮智信), 온화, 선량, 공경, 절검, 겸양(溫良恭儉讓) 등에 대해서, 우리는 더욱 섬세한 기억의 근원 탐색과 이론적 해석, 실천적 파악을 통해 그것들을 새로이 발굴하고, 개념 아래에 오랫동안 파묻혀 있던 이른바 '백성들은 매일 쓰면서 알지 못한다'와 같은 가치관들을 찾아내며, '노예도덕' 속에서라도 직접 뒤져 발굴해내서, 일반 민중들의 강인한 일상적 실천을 지탱할 수 있을까? '고된 대중'들의 '처지 개선', '해방'은 물론 쉽지 않거니와, 이러한 의미와 가치의 발굴은 아마 더 어려울 것이다. 하물며 이러한 발굴 자체는 여러 가지 위험성을 지니고 있어, 일단 상응하는 지식계보와 정치이념, 사회실천의 안팎의 지지가 결핍되면 바로 역전되어 지난날의 나쁜 습성이 다시 나타나고 이에 따라 문화와 정신상에서의 남에 대한 억압성은 더 심해질 것이다. 그러나 '섬세한 혁명'의 이념과 신념이 있기만 하다면, 이러한 섬세한 도리의 구조와 정신의 핵심이 생활세계에 존재하기만 한다면, 그러면 민중의 강인한 항쟁에서 혁명적 에너지를 끊임없이 끌어내고 보존할 수 있다. 이러한 에너지가 계기가 되는 때는 존재한다. 영원히 존재한다. 생명이 버림받고 살육당한다고 하더라도 불굴의 '혼백'이 억울한 누명을 씻어줄 수 있을 것이다. 수천 년 동안 한결같이 사람들의 눈길을 끌고 마음을 어지럽혀온,『두아원』(竇娥冤),『이혜낭』(李慧娘),『분향기』(焚香記),『경낭송형』(京娘送兄) 속의 원혼 형상들처럼 말이다. 미인이지만 운명이 기구한 연약한 여자들은 항거할 수 없는 강한 폭력과 불의에 의해 파릇파릇한 생명을 빼앗겨, 분한 마음에 원혼이 흐트러지지 않고 혼백의 힘에 의지해 인간 세상에 다시 나타났으며, 갈등과 투쟁의 방식으로 더욱 강렬하게 개입함으로써, 그의 생명의 핵심인 정신적 특질, 즉 현실사회의 모든 억압적 구조에 대한 의문과 변혁의 요구를 이어가고 있다. 사람의 마음을 두렵게 하는 영혼들은 정이 깊으나 단호하여, 루쉰(魯迅) 선생이 임종 한 달 전 회상했던 농촌 지신제 때 하던 연극(社戲) 속 목매달아 죽은 여자귀신 같은 "복수의 마음을 품은, 다른 모든 귀신들보다 훨씬 아름다우며, 훨씬 강한 귀신"이 땅의 불(地火)처럼 우리 땅 우리 국민 속에 묻혀 있는 꿋꿋하고 끈질긴 항쟁 정신을 진작시키고 있다.

사실 변두리로 몰리고 기층화한 삶의 실천일수록, 억압받고 단련된 생명의 소망일수록, 어둠 속에서 발하는 빛이요 지하에서 피는 꽃과 같으며, 세찬 생명력을 지니고 조용한 가운데 사람을 감동시키는 것이다. 이에 대한 우리의 지속적 주목과 노력은 기억과 실천, 이론의 어느 측면에서든, 한 마디로 말해서, 생명의 호흡을 찾으려 노력해야 한다. 그것이 '폐허' 속이나 '쓰레기더미'에서라 할지라도, 우리는 자세히 관찰하고 경청하여 그 속에서 생명의 진실한 호흡을 찾아내야 한다. 호흡하는 곳이 있으면 생명이 있을 것이고 생명이 있으면 힘이 있을 것이다. 역사적으로든 오늘날에든, 이러한 힘은 모두 아마도 층층이 쌓인 폐허 속, 쓰레기더미 속에서 머리를 내밀고 허리를 곧게 펴 꽃을 피워낼 수 있을 것이다. 이렇게 되면 당신은 생활세계 속의 본래는 보이지 않고 말하기 힘든 그 구석구석의 파편적인 존재들, 예를 들어 참기 힘들지만 반드시 참아야 하는 심신의 억압과 굴욕, 말할 수 없어 마음 속 깊은 곳에 묻은 생명의 격정과 온갖 풍파가 모두 '고통을 통해 진주를 만든다'는 의미에서, '쓰레기더미 속의 호흡'의 의미에서, 각자의 생명형식을 새로이 획득할 수 있다고 느낄 것이다. 그 사이에서 뼈에 새겨진 감정의 체험은 사람들의 감성인지와 대응능력을 가장 직접적으로 불러일으키고 통합하기 시작하고, 오랜 시간이 지나면서 생활세계 속에서 윤리적 균형을 가장 잘 유지하고 충실히 할 주체적 구성요소를 이루며, 기회와 인연의 마주침 속에서 수동적인 것을 능동적이 되도록 할 수 있으며, 때맞춰 행동주체의 정신에너지를 확충하면 이에 따라 더욱 오래 지속하고 충만한 실천적 역량으로 전환된다.

역사와 현실의 경우를 보면, 민중들이 일상의 공동생활을 유지하면서 서서히 절충하여 이루어진 윤리 상황은 보통 주류 이데올로기에 의해 명명되고 정의되며 해석되는 수동적인 형세 속에서만 존재할 수 있다. 물론 이에 따라 드러난 여러 관념형태와 개념도구가 비록 통치계급의 이익과 취향에 주로 기초한다고는 하지만, 만약 순조롭게 시행되려고 하면 민중들의 실제적인 요구를 아울러 적절히 고려해야 하며, 통치 국면과 사회정세의 변화에 따라 상황을 살펴 그 고려의 정도를 조절해야 한다. 이와 동시에 민중들의 실제생활에서 윤리질서의 자연적 형성과 답습은 알게 모르게 주류 이데올로기의 관념 통제와 서로 절충하고 실증하며 공고히 하고 강화할 것이며, 극단으로 가면 사람을 속박하는 규범과 억압이 될 것이다. 생활세계에서 생겨난, 이에 부합하지 않는 요구와 반응들은 다양한 사회, 정치, 문화적 역량들의 교차 합류에 의해 형성된 게임의 장 안에서 다소간의 영향을 낳을 순 있겠지만, 사회 관념과 제도, 그 해석적 측면의 담론권은 결국 국가정치이데올로기의 전면적 통제에 의해 결정된다. 그렇다고는 해도 여전히 주의를 기울이고 소중히 여길 만한 것은, 사회생활의 전개와 지속 과정에서 똑같이 구체적이고 감성적인 생존체험과 경험(예를 들어 억압받고 손해를 입은 몸과 마음의 '아픔')은 여전히 사람들이 각종 사회의 억압적 구조에 의문을 품게 하는 주관 능동성의 근거가 된다는 점이다. 공동의 일상생활을 유지하는 과정에서 생겨나는 민중들의 다양한 지향과 요구는 이와 상응하여 생활윤리의 완전성과 다양성의 형성을 촉진했으며, 설령 각기 나누어지더라도 여전히 서로 교섭하고 견제할 수 있게 하고, 내재적 장력으로 가득한 윤리의 조화와 균형을 가능한 한 유지하도록 한다. 만약 사회생활의 전면적이고 혼란스럽지만 실제적인 전개 자체가 어떠한 단일한 해석과 규범모델도 일면적이고 협애하며 완벽하지 않아 보이게 만든다면, 민중들 생활세계 속의 다원적 가치와 그 역량 형태가 폭넓게 존재하며 숨었다 드러났다 함은, 역사와 현실의 상황 속에서 시종 계속되는 민의의 표징으로서, 생활정치에서의 '수동'과 '능동'의 변증적 관계를 묵묵히 드러내고 있는 것은 아닐까?

이것이 바로 생활세계가 무한히 전개되는 과정에서 끊임없이 제공하는 사회의 내용과 형식이며, 우리가 각별한 성의와 인내를 가지고 발굴하고 해석하고 실천해야 하며 또한 충분한 용기를 가지고 일상실천을 사상과 이론으로 개괄하고 승화시켜야 하는 것이다. 이것으로써 중국 사회의 변화와 민중생활의 변천, 문화발전의 경과에 관한 역사적 정리와 현대적 해석, 이론의 창립, 특히 생활세계와 일상실천에 뿌리 내린 문화정체성과 윤리

자각, 주체 구성 등의 문제를 더욱 깊이 탐구함으로써, 우리 시대의 문화와 정신적 명제에 응답해야 한다. 그 사이의 여러 곤경과 난제는 결론적으로 말해, 역사적 경과 자체로 하여금 응대하게 할 수밖에 없으며, 진정한 개체들의 모임에 기초하여 생겨나는 더 폭넓고 오래 지속될 집단적 사상과 사회 실천을 기대할 수밖에 없다. 이런 의미에서 이른바 '노동이 세계를 창조'하고 '인민이 역사를 창조'한다는 것도 단순히 서사시적 표현이기만 한 것이 아니라, 민중 생활세계와 그 평소 실천 속에 체현된 서사시적 특징이기도 한 것이다. 의미가 기탁된 장소로서의 생활세계, 특히 일반 민중들의 초개 같고 소리 없는 생명 실천은 결코 향수나 서사시 같이 사람들에게 추억을 제공하는 것만은 아니며, 그보다 더, 역사와 현실의 어둠 속에서 희망의 빛을 캐내고, 그 불길을 대대로 이으면서, 우리의 일상적 실천의 길을 계속 밝히려고 한다.

5_ '소라껍데기 속에서 벌이는 법회'

중국에서 생활한다는 것은 착실하게 이곳에 뿌리내리는 것을 의미한다. 만약 우리의 자아 이해와 현실 인지가 모두 생활세계로까지 구체화될 수 없다면, 외부에서 개념과 틀을 얻을 수밖에 없는데, 그러면 현실에 잘 들어맞지 않을 수밖에 없다. 그것은 우리가 아직도 가치 측면에서 생활세계를 잘 유지하고 조직하며, 자신으로부터 그리고 실제로부터 출발하여 이상을 세우고 열심히 노력하여 생활세계가 건강하고 유기적인 총체를 이루게 할 힘이 없다는 것을 설명한다. 문제는 오늘날, 인위적으로 만들어낸 어떠한 총체적이고 보편적인 계획도 더 이상 현실적인 활로가 있을 수 없다는 것이다. 그러나 이것은 생명 실천의 다원적 상호작용에 기초하여 형성된 문화, 사상, 정신 측면의 공통성이 그에 따라 다 사라질 것임을 의미하는 것은 아니다. 그렇다면 자본주의 세계화로 인한 여러 위기들에 직면하여, 우리는 어떠한 시각과 도량, 패턴을 가지고 세계를 상상하고, 인류의 삶을 상상하고, 중국과 중국인을 상상할 수 있을까? 가장 중요한 것은 우리가 상상 속에 얼마나 아름다운 인생이상, 사회이상과 정치이상을 기탁할 수 있으며, 이것으로써 각자의 생활태도와 정신상태를 조정하고 더욱 건강하고 합리적이며 존엄을 가진 생명형식을 재구성할 수 있는가 하는 것이다.

가정과 국가의 발전 추세는 사람의 몸에 비유될 수 있다. 국가, 사회, 시대가 만약 생명이 있고 성격이 있고 의지가 있다면, 특정시기 사회의 변화와 발전에서 현저히 드러난 정치적, 경제적 동기 아래에는 도대체 더욱 꼼꼼하고 묵직한 어떤 문화 정신의 요소들이 내포되어 있는가?

나는 량수밍(梁漱溟)[4] 선생이 시종 주도하고 실천한 문화관에 대해 이야기하고 싶다. 그것은 그의 역사관이자 세계관이기도 했다. 량수밍 선생은 인류문화의 도구적 기술, 조직 제도 등과 같은 것은 비록 무게는 나가지만 종속적 지위에 있을 뿐이며, 중심에 있는 주도적인 것은 모든 문화들 사이에 깃들어 있는 인생태도와 가치판단이라고 여겼다. 따라서 그는 문화 생명을 창조하고 유지하는 마음을 역사발전의 동력으로 보았고, 마음의

---

4) 량수밍(梁漱溟, 1893~1988)은 근대 중국의 사상가이자 철학가, 교육가, 현대 신유가의 초기 대표 인물 중 하나이다. 향촌건설운동을 일으킨 사회활동가이기도 했으며 그 경험을 토대로 『향촌건설이론』(鄕村建設理論, 1937)을 출판하기도 했다. 그밖에 저서로 『동서 문화와 철학』(東西文化及其哲學, 1921), 『중국문화요의』(中國文化要義, 1949), 『인심과 인생』(人心與人生, 1984) 등이 있다. 한국에는 그의 출세작인 『동서 문화와 철학』(강중기 역, 솔출판사, 1995)이 번역, 소개되어 있다.—옮긴이

자각은 그 내재적 가치감각과 초월성을 지키는 것이며, 이해를 넘어서야 이해득실을 잘 처리할 수 있다고 했다. 그는 중화민족의 정신을 추출해냈는데, 그 중 하나는 향상심이 강한 것이고 또 하나는 사람과 사람 사이의 두터운 정이며, 거기에 또 차분하고 사리에 밝으며 또렷하고 안정된 이성이 있다. 그러나 중국문화의 요체는 윤리 본위, 인정이 넘치는 것 등, 바로 가치를 핵심으로 하고, 인생의 향상을 목표로 하며, 정으로 조화로운 인간관계를 조직하고, 의무 관념이 권리 관념보다 우선하며, 서로 상대방을 중요하게 여기고 돌이켜 자신에게서 원인을 찾으며 서로 화목하게 지내는 데 있다. 량수밍 선생은 또 신중국 개국의 기상에 대한 자신의 인식을 결합하여, 안정된 통일국가는 질서가 있어야만 온전함을 지키고 생존할 수 있음을 지적했으며, 교육을 통하여 단체생활을 촉진하고 공공생활을 이루어 중국인에게 부족한 공공관념, 규율과 습관, 법치정신, 조직능력 등의 문제를 수정할 것을 지적했다. 만약 사람들이 사회적 실천 속에서 서로 연계하여 마음이 열리고 지혜가 열리면, 모든 역량 또한 그에 따라 드러날 것이며, 인류의 문화는 인간생명의 활력을 아무런 속박이 없게 할 수 있으면 있을수록 진보할 것이다. 량수밍 선생의 이러한 식견은 건강하고 합리적인 사회에 대한 중국인들의 상상력을 다시금 펼쳤으며, 그 에너지의 핵심은 중국문화와 윤리에 대한 최대 다수의 사람들의 보편적인 자각에 있고, 가치의 재건이 바로 그 영혼이다.

가슴에 손을 얹고 자문했을 때, 문화 영혼의 빛에 기대, 정신을 차리고, 현재의 시대 상황과 일상실천으로 다시금 들어가, 사람들 사이의 더 진실하고 지속적인 관계 속에서 더욱 또렷한 문화 정체성과 윤리적 자각을 움트게 할 수 있는가? 이와 동시에, 중국인 골수까지 스며든 기억의 흐름 속에서 문화정신의 에너지를 끌어내고, 내면 깊은 곳에 있는 의의와 가치

인식을 움직이고 활성화하여, 이를 공동 가치의 재건에 투입하고, 중국의 꼼꼼한 사회메커니즘 속의 민중생활세계를 재구성할 수 있는가?

민중의 마음을 나의 마음으로, 민족혼을 나의 혼으로 삼고, 생활의 이치를 나의 이치로, 실천의 길을 나의 길로 삼는다. 이것이 내가 이해한 중국 문화의 자각과 가치 재구성의 현실적 방법이다. 이와 상응하여 중국의 인문사회과학자의 연구시각 또한 진실로 돌아가 속세를 향하며, 역사와 현실의 더욱 넓고 깊은 곳을 향하여 개방하고 현실로 돌아오고 있다. 뜻은 높은 곳에 두되 몸은 낮은 곳을 걷는 것은, 발로 안정적으로 땅을 밟고서 중국의 '땅의 기운(地氣)'을 받아보려 하는 것이다. 오직 민중의 생활세계의 항구한 것과 변화를 충분히 감지하고 세심히 이해해야만, 중국인들이 오랫동안 연마한 주체성과 능동성을 적절히 발휘할 수 있으며, 고금(古今) 국내외의 문화와 정신, 정감 자원을 더욱 여유롭게 지양하거나 통합할 수 있고, 보통사람들의 일상적 실천 속에서 축적되고 극복되고 창조된 것에서, 위대한 중화문명의 재굴기를 다 같이 소환하고 맞이할 수 있다.

돌이켜 생각해보면, 이른바 '섬세한 혁명'은 보기에는 전혀 일상에서 흔히 보이지 않는 정신 신념과 정치 이념이라고 해도 무방한데, 그것이 어떻게 표준적인 방식으로 일반 민중의 끈질긴 생명실천 속에 체현될 수 있는가? 성실하면 게으르지 않고 게으르면 성실하지 않다고, 이런 맥락의 성실함도 중국의 역사와 오늘날의 사회생활 자체에 의해 항상 검증받아야 한다. 따라서 현실을 직시하고 감당한다는 전제에서, 각 지역의 구체적 실정에 맞게 적절한 대책을 세우고 서서히 변화를 꾀해야만 총체적이고 전체적이며 초월적인 시야와 이념을 점차 구체적 사회실천 속에 녹아들게 할 수가 있다. 바로 이른바 '소라껍데기 속에서 법회를 열' 듯, 보기에는 객관적 정세에 쫓겨 어쩔 수 없이 그러한 것 같아 보이는 것이, 길게 보면 민중의 몸과 마음에 매인 역사적 구체성의 마땅한 모습이고 실제적인 모습이다. 이러해야 우리가 일상실천 속에서 생활의 지혜와 마음의 의지를 다시금 확인하고 그 사이에 담긴 정신함량과 주체적 자각을 발굴하려 애쓸수 있다. 거기에 더하여 이들을 각별히 소중하게 여기고 보호해야 하며, 이를 통해 이들 정신함량과 주체적 자각은 사회실천 중에 서로 호응하고 응집하여 강대해져서, 추상적 이념에서부터 사람들의 생활방식과 감각구조로 융합되어 들어가게 된다. 민중을 정말 행복하게 할 좋은 정치는 사실 보통사람들과 밀접하게 관련된 생활세계로부터 에너지를 끌어낼 수 있으면서 또한 조용히 지속되는 일상실천을 통해 사회 진보라는 소망과 행동을 추진할 수 있을 것이다.

[요약]

장롄훙은 「섬세한 혁명: 생활세계의 재구성과 생활정치의 재가동」에서 희곡이라는 민간예술 장르와 민중들의 생활세계에 관심을 가지고 이제까지는 거의 담론화되지 않았던 생활세계를 '관찰하고 담론하며, 나아가 거기에 특유한 형식을 부여'하려 한다. 또한 이런 끊임없는 '형상화, 의미추출, 생생한 전달'을 통해 민중에게서 실천적 에너지를 찾아내고자 하며, 이것이 섬세한 혁명으로 이어지기를 기대한다. '섬세한 혁명'에 대해서, 장롄훙은 "만약 모종의 더 받아들이기 쉬운 생활정치, 생명정치, 정감정치 혹은 문화정치가 있다면" 그것을 섬세한 혁명이라고 부르겠다고 한다. 그러면서 '공동운명체/억압'의 동전의 양면과 같은 구조 속에서 장기간을 보낸 소외계층 사람들이 효과적인 해결방법도, 항쟁으로 자신을 해방할 힘도 없기에 선택할 수밖에 없었던 '인내'에 주목한다. 필자는 인내하면서도 필사적으로 지키려는 것이 있다면 불합리한 현상을 변화시키고자 하는 '혁명'은 가까워질 것이라고 본다. 그녀가 생각하는 좋은 정치란 '생활세계로부터 에너지를 끌어내고 '일상실천을 통해 사회의 진보적 소망과 행동을 촉진'할 수 있는 정치라고 하는데, 이것이 위로부터의 '급진적 정치와는 다른' 아래로부터의 '섬세한 혁명'일 것이며, 장롄훙은 이를 '급진정치의 일상화'라고도 표현하고 있다.(김소영)

상하이를 바라보는 방식*

쩡쥔(曾軍)

진성희 옮김

_한 가지 시점: '상하이 우언'으로서의 『장한가』

중국에서 가장 현대적인 도시 상하이는 이미 백년 넘게 관찰되어 왔다. 상하이의 도시경관과 여러 색채가 뒤섞인 형상은 수많은 문학예술작품에 보존되었고 분석 가능한 텍스트가 되었다. 따라서 작가와 예술가들이 도시를 바라보는 방식을 연구할 때 상하이를 대상으로 삼는 것은 훌륭한 선택이다. 여기에서 '도시를 바라보는 방식'이란 문학예술작품의 도시경관과 작가가 도시경관을 대하는 문화적 입장, 예술적 기호, 정감 태도 등을 말한다. 소설 서사에서 우리는 서사 시각의 설정, 주인공의 언어표현과 감정표

---

* 출처: 曾軍, 「觀看上海的方式」, 『人文雜誌』, 2009년 제3기.

현, 환경과 장면 묘사를 통해 작가가 던진 숨겨지거나 드러난 가치를 포착할 수 있다. 뿐만 아니라 시각예술도 화면 구도, 영상 편집 및 음향 배합 등 기술적 방면을 통해 분석할 수 있다. 다시 말해 우리가 '도시를 바라보는 방식'이라는 문제를 제기했을 때 두 가지 층위를 보는 노력이 포함되어야 한다. 하나는 이야기와 영상의 층위, 즉 서술된 사건과 묘사된 영상 속의 도시경관이다. 다른 하나는 서사와 시각의 층위, 즉 사건과 영상을 바라보는 작가의 입장이다. 바로 후자에서 도시에 대한 작가의 '인식 지도'(cognitive mapping)가 드러난다.

여기서 살펴볼 왕안이(王安憶)의 『장한가』는 그 최적의 사례라 할 수 있다. 『장한가』는 '마오둔(茅盾) 문학상' 수상, 베스트셀러, 영화 각색 등 각 방면에서 탁월한 성과를 이룩함으로써 사람들의 마음속에 '상하이 노스탤지어'의 전형이 되었다. 또한 『장한가』는 주인공 왕치야오(王琦瑤)의 일생을 통해 세태가 바뀌는 상하이의 모습을 보여줌으로써 상하이의 문화 우언으로 자리 잡았다. 왕안이의 말에 따르면 그녀는 "도시의 거리, 도시의 분위기, 도시의 사상과 정신"을 써내려고 했다.[1] 이는 바로 왕안이가 상하이를 바라보는 대상으로 삼은 주관적 의향이다.[2]

뿐만 아니라 왕안이는 도시를 바라보는 방식에 대한 명확한 자각을 가지고 있는데, 이는 '비둘기 시점'의 설계에서 볼 수 있다. 『장한가』에서 '비둘기'는 초월적인 관찰 능력을 부여받았다. 첫째, 비둘기 시점은 상하이

---

[1] 치훙·린저우(齊紅·林舟), 「왕안이 탐방」(王安憶放談), 『작가』(作家), 1995년 제10기.

[2] 많은 평론가들은 왕치야오의 성격과 운명에 연연하며 다른 관점을 제기했지만 왕안이가 이 이미지를 만들어낸 진짜 의도는 여전히 상하이를 더 잘 바라보기 위해서이다. 왕안이는 이런 말을 했다. "왕치야오는 사실 상하이의 그림자이다. 상하이의 매 골목마다 모두 왕치야오가 존재한다." 소설에서의 인물의 확대와 줄거리의 약화는 독자들에게 왕치야오를 '인물로 보지 말라는 암시이다.

를 관찰하는 전망 좋은 곳(commanding heights)이 되었다. 그녀는 비둘기와 인류가 소망하고 발붙일 수 있는 지점을 비교하면서 비둘기에게 행동과 영혼의 자유 그리고 넓은 시야와 호기심이 가득한 눈을 부여했다. 비둘기 시점은 바로 "도시 전체를 한눈에 조망하기 좋은 곳에 올라서서 상하이를 내려다보면, 상하이의 룽탕(弄堂)들은 그야말로 장관을 이룬다"와 같은, 상하이를 바라볼 수 있는 가장 전망 좋은 곳이다.3) 둘째, 비둘기는 '도시의 정령(精靈)'으로 간주되었다. "비둘기들은 이 도시를 내려다보는 유일한 동물"이다. 왕안이는 비둘기의 타고난 감지 능력을 부각시키기 위해 참새와 구별했다. "참새는 세속적이어서 날아도 높이 날지도 못하고"라는 표현은 그것들이 시정의 소시민들과 "함께 나쁜 습관에 물들었다"는 의미이고, 그것들이 "스스로 멸시하고 천대하며", "지혜가 없는", "조류 가운데 속물"이라는 뜻이다. 그러므로 "비둘기는 영적인 동물이고 참새는 육적인 동물"이라 했다. 왕안이는 비둘기와 연을 비교하기도 했다. 연은 "비둘기 같은 새들을 모방한 것으로 비록 참새와 같은 생물은 아니지만 인류의 높은 이상을 추구하는 천진난만한 마음이 있다." 그러나 연은 줄을 끊으면 온갖 풍상을 겪지만 비둘기는 "이 무신론의 도시에서 신 같은 존재이다"라고 했다. 셋째, 비둘기는 시공을 초월하는 능력이 있다. 이런 능력은 비둘기가 도시의 상공을 자유롭게 날아다니는 것으로 표현될 수 있을 뿐만 아니라 강력한 기억력과 번식능력으로도 묘사된다. 특히 주의할 것은 왕안이의 '비둘기 시점'은 어떤 특정한 비둘기의 시점이 아니라 비둘기 무리의 시점이라는 것이다. 이에 관해 왕안이는 다음과 같이 언급했다. "매일 아침 얼마나 많은 비둘기들이 파도가 일듯 끝없이 이어지는 지붕 위에서

---

3) 왕안이(王安憶), 『장한가』(長恨歌), 人民文學出版社, 2004. 이하 소설의 인용문은 모두 이 판본에서 따옴.

하늘로 날아오르는가!" "그들은 매일 저녁이면 이것저것 가득 담아서 돌아온다. 이 도시의 상공에 이런 눈들이 얼마나 많은가!" 여기서 '비둘기 시점'은 사실상 개체성을 배제한 '유적'(類的) 시점이다.

비둘기 시점이 갖고 있는 이런 초월성은 많은 평론가들로 하여금 자연스레 벤야민의 '산책자'를 떠올리게 했고 동시에 '현대성을 성찰'하는 기능을 부여했으며 동정과 비판의 의미를 발굴했다. 장쉬둥(張旭東)은 다음과 같이 말했다. "이 도시의 높은 곳에 있는 비둘기의 시점은 『장한가』 첫 부분의 몇 페이지를 차지하고 있다. 이는 상하이의 진정한 영웅인 무명과 무형의 소비대중을 묘사하기 위해 만든 일종의 문학적 장치이자 미학적 배경으로 간주할 수 있다." "상하이 룽탕의 승화된 풍경 및 그 심원한 물리적 폭과 헤아릴 수 없는 현대 도시의 일상 경험과 기억의 메모리에 부여한 자연사(自然史)적 분위기는 역사구성에서 소실되고 있는 사회적 해석에 우언식의 대체물을 제공했다."4) 또한 『장한가』의 '비둘기'는 지식인들이 사회 기층에 관심을 가지는 민간 입장으로도 간주되었다. 쉬더밍(徐德明)은 다음과 같이 말했다. "'비둘기 시점'의 지혜는 세속에 가까운 지혜이자 진정한 민간서사의 지혜이다." "이러한 민간서사의 지혜는 모든 것을 포용하는 도량으로 어느 정도 관음보살이 중생을 구제하는 식의 의미를 갖고 있다. 글을 쓰는 주체는 중생과 모든 사물을 유난히도 자세히 보았다. 이는 높은 곳에서 바라본 중생의 평범하고 구체적인 생활에 대한 일종의 깊은 관찰이자 동일시이고, 흥미가 넘치는 욕망의 표출이기도 하며 민간사회의 서사적 자각이다."5)

---

4) 장쉬둥(張旭東), 「현대성의 우언: 왕안이와 상하이 노스탤지어」(現代性的寓言: 王安憶與上海懷日), 『중국학술』(中國學術), 2000년 제3기.

5) 쉬더밍(徐德明), 「역사와 개인의 중생 담론」(歷史與個人的衆生話語), 『문학평론』(文學評論), 2001

그러나 소설에서 '비둘기 시점'의 이러한 초월성은 의심스럽고 작품에서의 기능도 제한적이다. 첫째, 비록 왕안이는 '비둘기 시점'을 도시의 가장 전망 좋은 곳으로 삼고 거기에다 세속의 범인을 초월한다는 의미를 많이 부여했지만, '비둘기 시점'은 그로 인해 도시의 '타자'(他者)가 되지는 못했고 최종적으로 '외부적' 시각을 획득하지 못했다. 물론 비둘기는 확실히 인간보다 높이 날 수 있고 근거 없는 소문의 혼돈에서 벗어나 룽탕의 진면모를 볼 수 있기는 하지만, 한 가지 특히 중요한 점은 비둘기 자체도 도시의 일부분이라는 것이다. 『장한가』에서 비둘기의 의미는 일련의 이미지들과 등가로 치환할 수 있다. '비둘기'—'도시 마음의 보금자리'('상하이')—'규방(閨閣)의 마음'('왕치야오').6) 왕안이가 선택한 '비둘기'식의 부감(俯瞰)은 일종의 '자아를 되돌아보는 것', '산책자'처럼 도시를 '타자'의 존재로 관찰하는 것과는 명백하게 다르다. 이로써 왜 『장한가』에 올드 상하이 정서에 대한 미련이 가득한지에 대해 쉽게 설명할 수 있다. 왕안이의 달콤하다 못해 느끼한 수다에서 독자들은 자기도 모르게 올드 상하이 노스탤지어 속으로 빠져든다. 왕안이도 이렇듯 '가장 전망 좋은 곳'에 대한

넌 제1기.

6) 우선 '비둘기'에서 '도심 마음의 보금자리'로의 치환을 보면 다음과 같다. 왕안이는 '비둘기' 자체가 도시의 일부분이므로 "비둘기떼는 이 도시에서 가장 정감이 넘치는 풍경이고 상하이 룽탕에서 비교적 맑고 고운 풍경이며 지붕에다 비둘기 둥지를 틀어주어 아침이면 배웅하고 저녁이면 맞이하는 것은 이 도시의 연정의 하나로 도시 마음의 보금자리"라고 여겼다. 다음으로, '비둘기'와 '규방의 마음'으로의 치환을 보면 다음과 같다. "지붕 위에는 소녀와 같은 비둘기를 풀어놓고 규방 안에서는 소녀의 마음을 받아들이고 있다.", "지붕 위에서 날려 보낸 비둘기는 사실 모두 규방의 마음이다. 높이 날아올라 꽃무늬 커튼이 드리워진 창을 바라본다. 헤어지긴 쉽지만 만나기는 어려운 듯, 또한 너무 높이 날아올라 추위를 감당하기 어려운 듯하다." 이에 상응하여 '도심'은 '규방의 마음'과 같은 구조를 갖고 있다. "상하이의 패션은 왕치야오들에 의해서 비로소 구현된다. 그러나 그녀들은 유행을 추동시킬 수 없다. 그것이 그녀들의 임무도 아니기 때문이다. …그녀들은 아무런 불평불만 없이 이 시대의 정신을 몸에 걸쳤다. 이는 도시의 선언과도 같다.", "상해의 룽탕에는 늘 소녀의 모습이 있다. 이것이 바로 왕치야오의 모습이다."

자신의 관점을 명확히 발표한 적이 있다. 그녀는 "사람은 이따금 생존을 위해 개미처럼 자신의 주위를 개미집으로 만들곤 하는데 이는 해석할 수 없는 비애다. …당신은 철학가처럼 멀리 내다볼 수 없을 뿐 아니라 농민처럼 생존만을 위해 살 수도 없으며, 반드시 중간의 선택을 해야만 한다. 의기소침할 수도 없고 욕망이 없을 수도 없으며 그래야만 생활을 유지할 수 있다"고 말했다. 왕안이의 이러한 '중간 선택'의 태도는 상하이인과 상하이 도시에서의 체험과 관찰로부터 비롯되었다. 그녀는 상하이인에게 가장 큰 지탱의 힘은 강렬한 생존욕망으로부터 비롯된다고 했다.[7] 비록 『장한가』에서 '가장 전망 좋은 곳'은 사실상 우리들이 마음속으로 바라는 '가장 높은 곳'은 아니지만 말이다.

둘째, 왕안이는 상하이를 바라보는 방식을 두 가지('비둘기 시점'과 '참새 시점')로 구분했고 두 시점에 확연히 다른 문화가치를 부여했다. 그러나 앞서 말했듯이 '비둘기'와 '참새'는 모두 이 도시에 속해 있다. '비둘기 시점'과 '참새 시점'의 확실한 차별점은 그저 '비둘기'가 도시의 순결하고 고상하며 아름다운 면을 상징하고, '참새'는 도시의 세속적이고 비천하며 추악함을 대표한다는 데 있다. 그러므로 왕안이는 '비둘기 시점'을 선택해 사실상 일거양득의 작용을 달성했다. 하나는 작가의 상하이 문화에 대한 태도를 체현했다. 그 태도에 노스탤지어가 있다면 왕안이가 그리워하는 것은 상하이 문화의 좋은 면이다. 다른 하나는 소설이 독자에게 보여주는 부분 또한 상하이 도시정신에서 소중히 다룰 가치가 있는 부분만을 표현한 것이다. 『장한가』에서 '유언'(流言)에 대한 왕안이의 경멸 또한 이 문제에 대한 주석이 될 수 있다.

---

7) 왕췬(王羣), 「도시 인문 곤경을 회진하는 왕안이: 중용을 취하는 것은 생존에 좋은 계책」(會診城市人文困境王安憶: 取其中段是生存良策), 『신청년』(靑年報), 2004. 6. 20.

셋째, '비둘기 시점'의 초월성 문제이다. '비둘기' 이미지는 『장한가』에서 그 출현 빈도가 매우 낮다. 시작과 결말 그리고 중간의 극소수 부분에만 출현한다. 그러나 소설 속의 '비둘기 시점'에는 한 차례의 중요한 변화가 발생한다. 비록 왕안이는 소설의 시작에서 '비둘기'-'상하이'-'왕치야오' 사이에 '등호를 그었지만, 소설의 제2부 마지막 절에서 청(程) 선생의 자살을 묘사할 때 이는 분열된다.

그(청선생-필자)는 마지막 사진을 내려놓은 후, 암실 창 위에 드리워진 두꺼운 커튼을 열어젖히고 새벽빛 속의 황푸강(黃浦江)을 보았다. 이는 오랜만에 보는 정경이지만 마음속 깊이 박힌 친숙한 풍경이다. 청선생은 비록 오랜 기간 동안 황푸강에 눈길 한 번 주지 못했지만 여전히 황푸강은 그 자리를 지키며 그가 마음을 돌려주기만을 기다렸다는 생각이 들었다. 청선생은 문득 목이 메어왔다. 이때 비둘기 떼가 빌딩 틈새로 솟구쳐 하늘로 날아올랐다. 청선생은 생각했다. 이 또한 여러 해 전의 그 비둘기 떼겠지? 이들도 나를 기다리고 있었겠지?

청선생이 높은 빌딩에서 뛰어내릴 때, "비둘기조차 깨어나지 않았다." 그러므로 당연히 '봤다'고 말할 수도 없다. 이는 사실상 관찰 시점의 중대한 전변을 암시하고 있다. 이때의 '상하이'는 1965년의 상하이이다. "1965년은 이 도시 최고의 시절이었다. 도시의 안정과 부유한 생활은 이런 유복한 나날에 좋은 자원을 마련해주었고, 안락한 삶의 목표를 위한 좋은 무대를 마련해주었다. 1965년의 이 도시의 하늘은 풍요로움과 온화한 기류로 가득 차 있었다. 그것은 결코 사치스럽고 화려하지 않으며 소박하고 돈후한 향락의 바람이었다." 이런 상하이 풍경은 '신 상하이'의 풍경이다. '상하이'는 이미 '신 상하이'와 '올드 상하이'로 나뉘어졌고 '비둘기 시점'도

단연 '신 상하이'와 함께 나아갔다(이때의 비둘기는 예전의 비둘기가 아니라 비둘기의 자식들이다. 이는 또한 왕치야오와 청선생과 같은 올드 상하이인들이 '수년 전의 비둘기 떼'로 착각하는 원인이기도 하다). 그러나 '왕치야오'들은 여전히 '올드 상하이'의 상징이다. 그러므로 『장한가』 제3부로 가면 서술시각의 변화가 발생한다. 즉 왕치야오가 관찰 대상으로 된 것이다. 왕치야오는 상자 속에 수년간 묻어둔 유물처럼 새로운 시기의 햇빛 속에서 전시되고 '웨이웨이(薇薇)의 시대'에 관찰 대상이 되었으며 라오커라(老克臘)와 꺽다리(長脚)들한테 상하이의 옛일로 여겨져 '발굴'되었다. 이는 또한 왕안이가 왕치야오가 꺽다리에게 죽임을 당한 후 왜 다음과 같이 썼는가에 대한 답이 될 수 있다.

오직 비둘기만이 모든 사건을 지켜보았다. 40년 전 이곳에 살던 비둘기 떼의 새끼들, 그들은 대를 이어 오늘날까지 번식하면서 모든 것을 눈에 담아왔다. …그 비둘기 소리는 분명 통곡소리일 것이다. 다만 하늘이 너무 광활하여 사람들의 귀를 자극하지 못하고 그저 조금 떨리는 듯이 들려올 뿐이다. 비둘기들은 하늘을 배회하며 멀리 날아가지 않고 오래된 도시를 향해 애도의 뜻을 표시한다. 우뚝 솟은 새로운 빌딩숲 사이에서 이렇듯 오래된 룽탕들은 마치 한 척의 침몰한 배와 같다. 바닷물이 빠지고 난 후 잔해가 드러난 것 같다.

이러한 '비둘기 시점'의 분열은 무엇을 의미하는가? 일종의 초월적인, '산책자'와 유사한 비판적 존재를 말하는 것인가? 아니다. 만약 소설의 제1부와 제2부에서 '비둘기 시점'이 '왕치야오'가 상하이를 관찰하는 시점이라고 한다면, 제3부에서의 '비둘기 시점'은 웨이웨이와 라오커라들이 상하이를 관찰하는 시점으로, 그들의 신 상하이에 대한 동일시와 올드 상하이에 대한 상상은 왕치야오들이 절대로 용납할 수 없는 것이다. 제3부에서 신 상하이가 정치운동의 괴롭힘으로부터 벗어나 새로운 개방적 생활방식을 회복한 후, 왕안이는 두 부분에서 왕치야오의 눈에 비친 웨이웨이의 시대를 묘사했다. 그것은 한마디로 말해 "이미 원형을 잃어버렸다!" 그와 상응하는 것은 신 상하이 경관에 대한 일련의 평어이다. 이는 '낡고', '어지러우며', '거칠고', '차마 말할 수 없으며', '게걸스럽고', '솔직하다' 등등으로, 이는 왕치야오가 올드 상하이의 관점에서 내린 신 상하이에 대한 평가다.

_두 가지 면모: 올드 상하이의 새로움과 신 상하이의 노련함

『장한가』의 '비둘기 시점'과 같이 자아성찰식의 상하이를 바라보는 방식은 1990년대부터 상하이를 배경으로 하는 문학작품에 보편적으로 존재한다. 이런 올드 상하이 노스탤지어와 되돌릴 수 없는 침몰에 대한 아쉬움은 문장에 넘쳐난다. 이런 작품들에서 우리는 진실한 태도로 현실을 직시하는 도시의 산책자는 보기 힘들다. 오히려 그들은 일종의 정신적인 산책 혹은 상상 속의 산책을 원하고 있다. 상하이 문학을 평론하는 글에서 천후이펀(陳惠芬)은 다음과 같은 점을 예리하게 발견했다. "1990년대에 나온 상하이 묘사 문학은 대부분 '바로 지금'을 쓰는 것이 아니라 '시간을 되돌리는' 식의 회상을 쓰고 있다."[8] 비록 이 작가들은 1990년대의 급속히 발전하는 상하이에서 생활하고 있지만 그들 중 대부분의 사람들은 1930-

---

8) 천후이펀(陳惠芬), 「'문학 상하이'와 도시문화 신분구조」('文學上海'與城市文化身份建構), 『문학평론』(文學評論), 2003년 제3기.

40년대 혹은 1950~60년대의 올드 상하이로 시선을 돌렸다. 최근이라 해도 기껏해야 1980년대였다. 이로 인해 상하이나 상하이를 배경으로 하는 문학예술작품을 통해 거대한 유행, 즉 '올드 상하이 노스탤지어 현상'이 일어났다.

이 현상의 주요한 특징은 '해파(海派)문화라는 이름으로 된 문헌식의 영상자료, 문학 텍스트, 역사 텍스트 및 비교적 보존이 잘 된 1920~30년대의 중국과 서유럽이 혼합된 문물 등을 가지고 문화 회상의 방식으로 사람들의 마음속에 남아있는 올드 상하이에 대한 아름다운 추억에 불을 붙이고 이로써 문화가치와 시장가치를 실현하는 것이다. 예를 들면 쑤쑤(素素)의 『환생』(前世今生), 천단옌(陳丹燕)의 『상하이 애정사』(上海的風花雪月) 3부작 및 이와 유사한 다량의 통속적인 책들이 잘 팔리는 것이 이 현상을 매우 잘 설명해주고 있다. 이외에 장이머우(張藝謀), 왕자웨이(王家衛), 천이페이(陳逸飛) 등의 감독들은 약속이나 한 듯 자신의 영상에 1930~40년대의 올드 상하이를 담았다. 근현대 역사를 배경으로 하는 수많은 드라마는 더 말할 나위도 없다. 진실이든 허구든 이야기의 배경은 모두 상하이이다.9)

매우 흥미로운 것은 지식인과 문화인의 상상을 통한 올드 상하이의 부활은 그 의도가 '옛' 것을 품으려고 한 것이 아니라 '새' 것을 생각하기 위함이다. 정원이 있는 양옥이든 옛날식 룽탕이든, 부두의 상점이든, 술집과 노래바이든, 끼익끼익대는 축음기든 화려한 달력이든, 이 모든 문자와 영상은 매우 정교하고 그것들을 동경하게 만드는 빛을 발산했다. 지식인과 문화인이 공통적으로 주목하는 것은 사실상 상하이의 근현대 식민화 과정

---

9) 예를 들면 드라마 <안개비연가>(情深深, 雨蒙蒙), <안개처럼 비처럼 그리고 바람처럼>(像雾像雨又像風), <도봉 1937>(刀鋒 1937) 등, 영화 <풍월>(風月), <상하이, 3인조>(搖啊搖, 搖到外婆橋), <무너진 도시의 사랑>(傾城之戀), <붉은 장미 흰 장미>(紅玫瑰白玫瑰) 등 부지기수이다.

에서 중·서 문화의 충돌과 교류이다. 다시 말해 이른바 '올드 상하이'의 '옛' 것과 '오래된' 것은 쇠약함과 노후함이 아니다. 오히려 더욱 명확하게 드러난 것은 올드 상하이 속에 있었던 현대성의 일면이다. 이러한 '현대성 발굴'과 '현대성 성찰'은 바로 지식인과 문화인들이 올드 상하이의 역사와 문화 및 사회의 변천을 빌어 1990년대 이후 상하이 현대화 과정을 가속화하는 데 참여하는 중요한 수단이다.10)

그러나 이렇듯 올드 상하이로부터 새 의미를 발굴하는 노력에는 자체적으로 극복할 수 없는 문제들이 있다. 첫째, 올드 상하이를 향한 상상의 진실성에 대한 문제이다. 올드 상하이는 오래 전부터 신중국의 성립과 여러 차례의 도시개발을 따라 그 본연의 모습을 찾아볼 수 없게 되었다. 그리하여 올드 상하이는 문헌과 문물 그리고 기억을 통해 사람들의 생각 속에 새롭게 건설할 수밖에 없었다. 그러나 여기서 문제점은 올드 상하이의 상상적 부활은 '십리양장'의 아름다운 일상이나 신구가 뒤섞인 '상하이탄'으로 그 사이를 채워야만 하는데 이것들이 사람들에게 가져다줄 수 있는 것은 단지 일부 파편들이 끼워 맞춰진 것일 뿐 상하이의 전경을 보여주지는 못한다는 것이다. 한 논자가 지적한 것처럼 "올드 상하이의 도시화와

---

10) 그러나 일종의 정치적 기호로서의 '해파(海派)는 1920-30년대의 올드 상하이 풍토를 빌려 문화적 우월감의 역사적 기억을 회복하려고 했다. 하지만 현실생활에서 정부의 이데올로기적 억압을 받은 것은 사실이다. 비록 '해파'는 정부 언어를 빌려 '해파'의 문화부흥을 실현하려고 했으나 뚜렷한 문화 회상과 문화 고수의 특징에 의해 일정 부분에서 이 발전 과정은 방해를 받았다(구체적인 분석은 졸고 「문화연구시야 속의 '해파'와 '한류'」[文化研究視野中的海派與韓流], 『월해풍』[粤海風], 2006년 제1기를 참조). 또 다른 문화평론가 장홍(張弘)은 더욱 직접적으로 논했다. "추억의 대상으로서의 올드 상하이는 사실상 현재의 상하이와 그 거리가 너무나 멀다. 양자 사이에는 단절된 기억의 격차가 존재한다. 신화를 추억하는 빛살 아래 왕자웨이의 허구적 영상 속의 상하이는 사람들의 상하이 본질에 대한 이해를 지배했다. 사실상 우리는 단지 올드 상하이의 '그림자 속의 그림자'를 얻은 것뿐이다. 왕자웨이의 영상 속의 허구가 된 상하이와 비교하면 우리의 생활은 실질적인 신 상하이이며 오히려 모조품과도 같다'(장홍[張弘], 「상하이: 기억과 환상의 도시」[上海: 記憶與幻想之都], 『퉁지대학학보』[同濟大學學報], 2005년 6기).

현대화 그리고 자유화를 체현한 부르주아계급의 특징은 오늘날뿐만 아니라 1931년이라 해도 여전히 하나의 과장된 사실이며, 하나의 온전한 이데올로기적 산물일 가능성이 높다."11) 둘째, 올드 상하이에 대한 상상의 간접성으로 인해 지식인과 문화인의 시각은 자연적으로 이전 문헌의 영향을 받는다. 루쉰과 마오둔 등의 냉혹한 태도, '신감각파'의 놀라운 체험, 장아이링(張愛玲)의 미련 등은 하나도 빠짐없이 모두 당대 지식인과 문화인의 올드 상하이 상상의 가상 시각이 되었다. 이런 시각에 대한 모방과 동일시는 그들이 올드 상하이를 인지하고 장악하는 데 무조건적인 큰 영향을 끼친다.12) 만약 당대 작가가 자신만의 독특한 올드 상하이를 관찰하는 시각을 갖고 있다면 그것은 아마도 왕안이가 『장한가』에서 '비둘기 시점'으로 관찰한 것과 같이 신 상하이 건설의 배경에서 펼쳐진 올드 상하이의 되돌릴 수 없는 침몰일 것이다.

문학예술작품에서 올드 상하이의 '상상 속의 부활'은 단순히 올드 상하이를 묘사하고 상상하는 대상으로 삼는 것이 아니다. 더욱 중요한 것은 1990년대부터 상하이 신도시의 형상을 묘사할 때 가끔씩 '올드 상하이'의 그림자가 나타난다는 점이다. '신 상하이의 노련함이 '상하이를 바라보는

---

11) 바오야밍(包亞明), 왕훙투(王宏圖), 주성젠(朱生堅), 『상하이바 공간, 소비와 상상』(上海酒吧空間, 消費與想像), 江蘇人民出版社, 2001, 45쪽.

12) 매우 흥미로운 한 가지는 많은 논자들이 왕안이와 장아이링을 섞어 논한다는 점이다. 그리하여 왕안이는 여러 차례 자신은 장아이링이 아니고 장아이링은 자신에게 영향을 끼치지 않았다고 말했다. 왕안이는 다음과 같이 말한 바 있다. "많은 평론가들이 나와 장아이링을 함께 놓고 마치 내가 그녀의 '후계자'인 것처럼 얘기하는데 나는 나일뿐이다. 나와 장아이링이 비슷한 부분이 있긴 한데 그 중 가장 확실한 것은 우리 모두 상하이 작가라는 점이다. 우리 둘은 모두 상하이의 도시생활에 대해 쓰지만 글 쓰는 방식은 절대 같지 않다. 사실 장아이링은 지금의 세대에 별로 영향을 끼치지 못했다. 우리 세대는 소련, 러시아 소설의 영향을 더욱 많이 받았다"(왕안이[王安憶], 「나는 장아이링의 후계자가 아니다」[我不是張愛玲的傳人], 『베이징 오락 신보』[北京娛樂信報], 2001. 6. 18).

방식' 중 또 다른 방법이 된 것이다.

첫째, 신 상하이의 대표적 형상의 평면화이다. 만약 올드 상하이의 대표적 이미지가 황푸강 서쪽 강변의 와이탄(外滩) 일대의 만국건축단지라 한다면, 맞은편의 둥팡밍주(東方明珠)와 루자쭈이(陆家嘴) 금융지구는 신 상하이의 대표적인 건축물이다. 신세기 상하이를 배경으로 하는 많은 문학작품에는 늘 둥팡밍주의 모습이 담겨 있다. 그러나 흥미로운 것은 둥팡밍주와 루자쭈이 금융지구의 출현방식이 늘 황푸강 서쪽 강변에서 이를 바라보고 있는 것으로 묘사된다는 것이다. 이런 '표준 숏'의 방식은 올드 상하이를 묘사할 때 항상 와이탄의 시계탑을 보는 것과 같이 평면적이고 틀에박혀 있다. 전형적인 예로는 펑샤오롄(彭小蓮) 감독의 <아름다운 상하이>(美麗上海)가 있다. 자레이레이(賈磊磊)는 다음과 같은 질문을 했다. "상하이의 최신 풍경인 푸둥(浦東)에 대해서는 제대로 된 촬영장면이 없던데 당신은 그곳의 건축과 풍경이 아름답지 않다고 생각하나요? …<아름다운 상하이>에서 아름다운 상하이의 공간적 상징은 무엇인가요?" 이 문제에 대한 펑샤오롄의 대답은 많은 작가와 감독들의 푸둥에 대한 인식을 대표한다고 볼 수 있다. 그녀는 이와 같이 말했다. "우리가 <아름다운 상하이>를 촬영할 때 푸둥의 풍경을 표현하지 않은 것은 아닙니다. 우리는 그것을 허(虛)의 방식으로 처리했습니다. 예를 들면 크레인으로 촬영한 아룽(阿榮)의 사무실과 같은 상하이의 야경은 장면의 깊이를 더했습니다. 이와 같이 뉴욕의 맨해튼 같은 휘황찬란한 상하이가 사실상 곧 푸둥입니다." "푸시(浦西)를 통해서 푸둥을 봐야 의미가 있습니다." 그 원인은 푸둥과 푸시가 담고 있는 문화적 함량과 상하이 특색이 다르기 때문이다. 펑샤오롄은 "푸시는 비교적 개체의 특징이 있는 곳으로 그곳의 룽탕 하나, 작은 누각 하나, 작은 정원 하나 등 모든 개체의 모습이 모두 다릅니다. 그러므로 푸시를 촬영할 때는 세부 묘사를 강조했고 푸둥은 큰 그림으로 표현했습니다"[13]
고 했다.

이러한 신 상하이에 대한 상징적 이미지의 '원거리' 출현은 미학적 방면으로 고려되었을 뿐만 아니라 동시에 문화심리상의 무의식적 심리로도 체현되었다. 즉 신 상하이에 대한 거부감과 올드 상하이에 대한 미련이다. 이런 문화적 무의식에 대해 유행, 조류, 선봉의 대명사로 불리는 포스트70 세대(70後) 작가들 또한 유사하게 반응하고 있다. 웨이후이(衛慧)의 『상하이 베이비』(上海宝貝)에서도 신 상하이의 상징적 이미지에 대한 조롱과 풍자가 언표에 드러났다.[14] 그녀들의 도시에 대한 전략은 "우리는 도시를 조망하고 도시 밖에서 우리의 감정과 우리의 사랑을 이야기한다"는 것이다.

둘째, 상하이 도시의 시민생활에 대한 간략한 묘사이다. 신 상하이 도시의 시민 묘사에서 오직 두 부류의 사람들만이 '상하이인'의 전형적 형상이 되었다. 그 한 부류는 보편적인 상하이 시민의 생활과 정신의 변화를 묘사하는 문학과 영상작품 속에서 '전형적인 상하이인'으로 형상화된 남녀 주인공이다. 비록 이 당시의 신 상하이에는 이미 고층 빌딩이 숲을 이루고 무지개 같은 고가도로가 건설되었지만 작가들은 일부러 상하이의 지리적 특징을 부각시키려는 듯 기어코 인물을 좁고 붐비는 골목에 배치한다.

---

13) 펑샤오롄(彭小蓮), 쟈레이레이(賈磊磊), 「도시적 문화 영상과 심리공간―<아름다운 상하이>에 관한 대화」(都市的文化影像與心理空間―關於<美麗上海>的對話), 『영화예술』(電影藝術), 2004년 2기.
14) 웨이후이의 『상하이 베이비』에서 그녀는 둥팡밍주를 이렇게 묘사했다. "옥상에 올라서서 황푸강 양쪽 강변의 밝은 불빛의 빌딩들, 특히 아시아 제일 탑이라는 명성을 가지고 있는 둥팡밍주를 바라본다. 긴 강철기둥은 음경처럼 곧추 구름을 찌르고 있으며 이는 이 도시의 생식숭배에 대한 명백한 증거이다. 선박, 물결, 칙칙한 잔디, 눈부신 네온사인, 놀라운 건축물, 이러한 물질문명의 기초에 뿌리내린 번화함은 도시의 자아도취를 위한 촉진제에 불과하다. 그 안에서 개인 생활을 하는 우리와는 아무런 상관도 없다. 한 번의 차사고나 질병은 우리의 생명을 앗아갈 수 있다. 그러나 도시의 번성과 거부할 수 없는 그림자는 오히려 행성처럼 영원히 멈추지 않고 돌아가며 끊임없이 성장하고 번식한다."

그 인물 또한 대부분 소심하고 똑똑하며 허영심이 많은 모리배이다. 이러한 무의식적인 선택은 사실상 작가들의 집단무의식을 드러낸다. 즉 신 상하이는 차별이 없는 도시로 오래된 집, 오래된 거리, 오래된 사람이야말로 이 지역성의 마지막 유물이라는 것이다. 그렇기 때문에 예신(叶辛)의 『젖값』(孽債)에서 선뤄천(沈若塵)의 보금자리를 좁은 팅쯔젠(亭子間)에 배치했고, 『인생』(人生)의 편집부도 룽탕 안에 있는 것이다. 이와 같이 시민 경관 코미디로 자리 잡은 『외삼촌』(老娘舅), 『즐거운 아파트』(開心公寓), 『홍차방』(紅茶坊)에서의 상하이 방언은 시민성의 가장 두드러진 특징이다. 다른 한 부류는 '신 상하이안'의 형상이다. 그들은 초고층 빌딩에 있는 사무실에서 근무하고 고급호텔, 술집과 바를 드나들며 몇 개 국어로 의사소통이 가능한 유명 인사들과 교제한다. 그들은 원기왕성하고 상업계에서 종횡무진하며 벤츠로 외출하여 정원이 있는 양옥집으로 돌아온다. 독신이라 해도 푸둥의 원경을 감상할 수 있는 호텔식 아파트에 거주한다. 그들은 화려한 쁘띠부르주아지이자 성공한 중산층이며 비록 역사는 없지만 실질적으로 올드 상하이의 독특한 문화 유전자를 가지고 있다.[15] 그들은 여전히 올드 상하이의 '상하이 꿈'을 꾸고 있다. 어쩌면 바로 이런 '신 상하이의 노련함'이 신 상하이 도시문학이 짊어진 문화 중책을 보여주고 있는 것이며, 이 또한 작가와 예술가들의 당대 생활에 대한 이해의 결핍을 폭로하고 있는 것이다.

---

15) 웨이후이의 『상하이 베이비』는 시작부터 1990년대의 상하이가 짊어진 올드 상하이의 유령에 대해 꿰뚫었다. "상하이에는 종일 자욱한 안개와 음울한 유언비어 그리고 십리양장(十里洋場) 시기부터 답습해온 우월감이 떠돌아다닌다. 이런 우월감은 늘 나와 같이 민감하고 교만한 여자에게 자극이 된다. 나는 이를 사랑함과 동시에 미워한다." 그녀가 일하는 뤼디(綠蒂) 커피숍에도 "주위의 공기 중에 미세먼지가 떠다니고 책장 위의 패션잡지와 축음기에서 흘러나오는 재즈에도 모두 이상한 그림자가 드리워져 있다. 마치 1930년대의 퇴폐적인 생활의 잔재가 지금까지도 남아있는 것 같다.

물론 우리는 명백히 신 상하이 문학이 '노련함'을 가지고 있다고 단정할 수 없지만 필경 그것은 우리를 위해 1990년대 이후 상하이 사회의 발전과 변화의 새로운 요소를 보존하고 있다. 어쩌면 신 상하이와의 일정한 거리(신 상하이와 상대적으로 올드 상하이는 시간적 거리를 구성했다. 도시의 신개발 지구에 거주하면서 룽탕의 양옥에 주목하는 것도 일종의 공간 거리라 할 수 있다)를 유지하는 것은 지식인과 문화인의 전략일 것이다. 그러나 우리가 더욱 주목해야 할 것은 경향적인 '상하이' 글쓰기 배후에 놓인 정신적 지향이다. 이에 대해 차이샹(蔡翔)은 다음과 같이 말했다.

이런 서사적 의미에서의 지리학적 공간 이전 과정에서 우리가 실제로 본 것은 아마도 '상하이'의 집단 서사와 관련된 어떤 '기원'일 것이다. 이 기원은 현대성의 '형상화' 또는 '구축'에서 비롯되었다. 현대성의 소환으로 인해 도시는 하나의 '풍경'이 되어 도시 글쓰기를 제약하고 있다.[16]

_ '비전형적 산책': 바라보는 방식 및 그 문제점

앞서 서술한 사례 및 현상의 묘사에서 우리는 당대 문학예술작품 속에서 작가와 예술가들이 약속이나 한 듯 대체적으로 비슷한 '상하이를 바라보는 방식'을 채택했다는 것을 쉽게 볼 수 있다. 이런 방식은 왕안이의 '중간 지점을 취한 것'으로 개괄할 수 있다. 또한 '신구(新舊) 혼합'으로 평가할 수도 있다. 『상하이 모던』에서 리어우판(李歐梵)은 장잉진(張英進)

---

16) 차이샹(蔡翔), 「도시 글쓰기와 글쓰기의 '금기'—<도시지도> 텍스트 분석과 사회비평」(城市書寫以及書寫的禁言之物—關於<城市地圖>的文本分析和社會批評), 『시야』(視界), 2004년 14집.

이 작가들이 상하이를 바라보는 방식을 '산책자'로 분석한 것의 '적합성'에 대해 질문했다. 리어우판은 1930년 상하이 도시의 풍경은 작가들의 눈을 현혹시키고 그들이 "도시에 너무나 미련을 갖고 있고 도시가 제공한 황홀한 시간에서 헤어나오지 못해 애매하면서도 풍자적인 초연한 태도를 가질 수 없다"고 했다. 즉 비록 상하이 작가들이 도시를 쉴 새 없이 드나들지만 그들은 "산책의 예술을 정련하지 못했다"[17]고 했다. 그러나 장잉진은 이런 견해에 동의하지 않았다. 그는 "생각도 없이 '서양'을 순수하고 믿을 만한 장소(예를 들어 파리는 산책자를 위해 탄생했으므로 산책자의 유일한 '진실'의 장소이다)로 여겨서는 안 된다"고 했다. 보들레르가 '처음 만들어낸' 산책자의 이미지와 비교해, 우리는 '파생'된 상하이 산책자가 존재함을 수긍해야 한다. 이에 기초해 그는 '산책자'를 '산책성'으로 바꾸고 한 걸음 더 나아가 산책성을 세 가지 측면—"작중 인물이 진행한 '텍스트 산책성', 작가 본인이 진행한 '창작 산책성', 그리고 학자가 진행한 '비평 산책성'"[18]—으로 상상했다.

사실 리어우판이 비판하고 장잉진이 반박했지만, 그들의 공통 인식은

---

17) 리어우판(李歐梵), 『상하이 모던—새로운 중국 도시 문화의 만개, 1930-1945』(上海摩登——种都市文化在中國, 1930-1945), 北京大學出版社, 2001, 49쪽, 47쪽.
18) 장잉진(張英進), 「비평적 산책성: 상하이 현대파의 공간실천과 시각추구」(批評的漫游性: 上海現代派的空間實踐與視覺追尋), 『중국비교문학』(中國比較文學), 2005년 제1기. 사실 '산책자' 이미지는 당대 지식인과 문화인에게 있어 두 가지 의미를 지니고 있다. 그 한편으로, 벤야민이 보들레르를 분석할 때 개괄했듯이 그것은 지식인과 문화인이 도시의 '관찰자'가 되는 것과 동시에 '잉여'로서 생존하는 상태를 보여준다. **'관찰자'는 그 의미의 생성된 원천이지만 '잉여'는 지식인, 문화인과 도시 사이의 거리를 보여준다.** 다른 한편으로, 당대 사회는 체제화의 존재로 인해 지식인과 문화인은 일찍이 도시의 관료시스템에 편입되어 '문화공작자'가 되었으며 이로써 떠돌아다니며 관찰할 수 있는 권리와 거리를 유지하는 잉여성을 잃어버렸다. 그렇기 때문에 지식인과 문화인이 당대 사회 안에서 비판적 입장을 유지하려면 자신의 내면의 '산책성'을 강화시켜야만 한다. 이런 의미에서 장잉진이 리어우판의 상하이 작가의 비전형적 '산책자'에 대한 비판을 반박하고 전략적으로 '산책성'으로 바꾼 것은 아주 현명한 일이다.

분기보다 컸다. 첫째, 그들은 지식인과 문화인이 도시를 대함에 있어 산책적인 관람 방식을 인정했다. 이런 산책적 관찰은 벤야민이 보들레르와 19세기 프랑스의 도시 파리를 분석한 데서 온 것이다. 또한 이로부터 지식인과 문화인이 현대 산업문명의 대표인 도시를 대할 때 선택하는 태도가 되었다. 둘째, 그들은 모두 '산책자'의 관점을 직접적으로 이용해 1930-40년대의 상하이 문학을 분석하는 것은 억지스러운 면이 있다고 인정했다. 즉 중국 작가가 상하이를 관찰하는 방식은 엄밀히 말하자면 '비전형적 산책'이기 때문이다.

이러한 산책의 비전형성은 다음과 같이 표현된다. 첫째, 도시의 특성상 1940년대의 상하이와 19세기 말의 파리는 분명히 다르다. 1940년대 상하이의 현대성은 전형적인 이식(移植) 현대성으로 19세기 말 파리의 자생적 현대성과는 다르다. 상하이가 갖고 있는 것은 '표피적'인 현대성으로 아직 '뼛속 깊은' 현대성이 아니었다. 그러므로 우리는 작가들이 이런 도시의 현대성 특징에 직면해 표면만을 보고 일종의 기호 연결 방식으로 특성을 묘사하는 것을 볼 수 있다. 둘째, 중국 작가들은 아직 지식인적 기질이 충만하지 못하다. 그들에게는 중서와 고금을 혼합시키는 특징이 있다. 상하이의 1930-40년대 문학에서, 중국 전통문화에 대한 부정적 영향을 지향하는 '국민성 비판'은 마침내 상하이에서 실현가능성을 보였고 모던 시대의 댄스 스텝을 따라가지 못하는 '현대적 충격' 또한 신감각파의 기본적 특성이 되었다. 그러나 이렇듯 반봉건 반식민지 사회에서 배양해낸 영리함, 현실적이고 규칙적인 시민성이야말로 문학의 가장 중요한 발견이다. 셋째, 중국적이지도 않고 서유럽적이지도 않은 중국 작가들이 마찬가지로 중국도 서유럽도 아닌 상하이 도시와 대면하며 작가와 도시의 독특한 관계가 형성되었다. 즉 이런 관계는 작가가 도시를 사랑하기도 하고 미워하기도 하며 도시가 자신을 수용해 주기를 바라면서도 본능적으로 배척하기도 하는 복잡한 심정을 담고 있다. 분명한 것은 1930~40년대 중국 작가들이 상하이를 바라보는 방식을 명확히 '산책자' 하나로 개괄할 수는 없다는 것이다.

만약 1990년대부터 상하이에 등장한 신도시 문학으로 눈길을 돌려본다면 리어우판과 장잉진의 곤혹스러움이 여전히 존재할 것임을 쉽게 볼 수 있다. 비록 상하이의 현대화 발전 과정이 당대 중국의 적극적인 개혁에 의해 '영국을 초월하고 미국을 따라잡았다지만, 중국의 지식인과 문화인은 여전히 시대의 흐름에 뒤쳐져 있다. 그들은 자신과 도시 사이의 적절한 거리 유지를 강구하고 있지만 태도는 여전히 동일시와 비판 사이를 오가며 배회하고 있다. 즉 그들의 도시를 바라보는 방식은 여전히 비전형적 산책이다.

아마도 우리는 한 걸음 더 나아가 '도시를 바라보는 방식'의 시야를 넓혀야 할 것이다. 비록 벤야민이 우리에게 전형적인 지식인의 산책적 관람 방식에 관한 시각을 수립해 주었지만 도시를 바라보는 주체에 지식인과 문화인만 있는 것은 아니다. 도시의 관리자와 설계자들, 실제로 그곳에서 생활하고 있는 보통 시민들도 도시 관찰에 참여하고 있고 또한 자신들만의 도시를 바라보는 독특한 방식을 형성한다. 예를 들어 우리가 '대 상하이', '도시권', '도시군' 등의 개념으로 상하이의 도시 이미지를 구축한다면 우리는 어떤 방식으로 상하이를 바라봐야 하는가? 먼저 상하이의 경제와 사회발전을 추진하고 도시기획과 설계에 목적을 두는 정부 주관 부문 및 관련 전문가들은 상하이 관찰이 우선적으로 도면지에서 이루어진다고 말한다. 한 장 한 장의 지도와 하나하나의 모델로 설계된다는 것이다. 이로써 그들이 도시를 바라보는 방식은 개별적으로 제한된 경관에 대한 관람이 아니라 전경을 내려다보는 방식이다. 그들은 사실상 '전지적 시점'으로 관찰하는 역할을 맡았으며 그들이 노력하여 구축한 신 상하이의 이미지는 한마디로 '대 상하이'이다. 또한 '시민들의 시점'으로 상하이를 바라보는 것을 예로 들어보자. 시민들이 도시를 바라보는 방식은 일상 생활방식과 밀접한 관계를 맺고 있다. 그들에게 상하이란 '소재'하는 곳의 확인(예를 들어 나는 상하이에서 생활하는데, 쉬후이취[徐匯區]에서 거주하고 푸둥에서 근무한다 등등)일 뿐만 아니라, 더욱 중요한 것은 '생활'에서의 체험(즉 매일 먹고 자고 지지고 볶고 학습하고 근무하고 결혼하고 아이를 낳고 늙고 죽는 것 등등)이다. 즉 상하이는 시민들에게 외재적인 '타자'가 아니다. 오히려 그들은 상하이의 일부분에 속한다. 상하이가 시민들을 받아들이고 시민들의 상하이에 대한 동일시는 '상하이인'이라는 독특한 시민의식을 구성했다. 그렇기 때문에 시민들이 도시를 바라보는 방식에 지식인과 문화인이 선택한 '산책자'의 태도를 취할 수 없다.[19] 그들은 상하이와 거리를 둘 수 없으며 심지어 '떠돌아다닐' 수도 없다. 그들의 관찰은 도시와의 '상관성'을 통해 실현되고 '체험적' 방식으로 관람하게 된다. 이러한 '체험적 상관성'으로 인해 시민들은 상하이 관찰에 대한 개별적 차별성 및 시대 변화에 따른 시민들과 도시 관계의 변화를 통해 형성된 서로 다른 공간의식을 가지게 된다.

---

19) "주다커(朱大可)는 상하이에서 태어나고 상하이에서 자랐지만 상하이인이라는 신분을 줄곧 인정하지 않는다. '나의 성격은 뼛속부터 상하이와 아무런 연관이 없다.' 20년 전 처음으로 '스쿠먼 문화(石庫門文化)를 제기하면서부터 여전히 상하이 지표로 스쿠먼이 적합한 오늘날까지도 상하이 문화의 비천성에 대한 비판은 무자비하다. 이 외의 세 사람은 외지로부터 온 '신 상하이 이민자이다. 상하이에서 생활한 지 1년에서 많게는 십여 년까지 모두 제각각이다. 그러나 그들은 모두 상하이와 별로 관계가 없다고 여겼다. 이유는 '뿌리와 영양분이 모두 상하이에 있지 않기' 때문이다. 단지 상하이에서 '기생할 뿐이었다. 그들의 분석은 냉정하고 세밀하며 날카롭다. 그러나 변화한 상하이가 한 번쯤 귀기울일 만한 간언이다"(「통지대학의 네 학자가 혹평한 상하이 시민문화」[同濟四學者酷評上海市民文化],『시민』[市民], 2006년 9기).

만약 지식인과 문화인의 '산책적' 구경을 이상 두 가지의 도시를 관찰하는 방식과 비교한다면, 아마도 수많은 상하이 신도시 문학작품에 관한 곤혹스러움(즉 우리가 분석하는 '비전형적 산책'에 대한 문제)이 부분적으로 해결될 수 있을 것이다. 예를 들어 왜 신도시문학은 올드 상하이 노스텔지어에는 쉽게 빠져들고 신 상하이의 변화에 대해서는 반응이 느린가? 그 원인은 '전지적 시점'과 '비둘기 시점'의 차이로부터 단서를 찾을 수 있을 것이다. 도시기획자의 '전지적 시점'은 명백한 주도적인 관찰 방식이다. 왜냐하면 신 상하이의 물질적 외관의 개조를 직접적으로 결정하기 때문이다. 그러나 '전지적 시점'이 주도하는 '대 상하이의 확장'에서 물리적 공간에 대한 주목은, 비판적 지식인과 문화인이 정신적 층위에서 상하이 도시공간을 상상(즉 『장한가』에서 '비둘기 시점'과 기타 문학예술작품 속의 '올드 상하이에 대한 상상')하는 데 있어 '전지적 시점'과 서로 일치할 수 없게 한다. 또 예를 들자면, 모두가 보편적인 감각을 가지고 있는데 상하이 신 도시문예에서 시민의식이 비정상적으로 도드라지는 이유는 무엇인가? 이런 현상의 원인은 아마도 신중국 수립 후 인구 유동이 정체되어 지식인과 문화인의 '산책성'을 한층 약화시킨 데 있을 것이다. 수십 년의 적응을 통해 지식인과 문화인은 이미 시민화되었다. 그들의 도시를 대하는 태도는 어쩔 수 없이 '체험적 상관성'의 간섭을 받았다. 그 결과 지식인과 문화인들도 상하이를 관찰할 때 항상 무의식적으로 '시민 시점'을 드러내게 된다.

　　그렇기 때문에 지식인과 문화인이 도시를 바라보는 방식에 존재하는 문제점을 충분히 인식한다면 초점을 더욱 잘 조정해 더 나은 방식으로 상하이를 바라볼 수 있다. 이렇게 되면 우리는 진정으로 상하이의 인식 지도를 다시 그릴 수 있게 될 것이다.

[요약]

쩡쿼은 「상하이를 바라보는 방식」에서 '상하이 우언'이랄 수 있는 『장한가』 속 '비둘기 시점'에 대해 논한다. '비둘기 시점'은 왕안이가 설계한 도시를 바라보는 방식이다. 『장한가』에서 비둘기는 타고난 감지능력으로 시공을 초월하는 관찰 능력을 부여받았고 이러한 '비둘기 시점'의 초월성은 많은 평론가들로 하여금 벤야민의 '산책자'를 떠올리게 했다. 그러나 쩡쿼은 '비둘기 시점'의 초월성을 의심하며 그것이 벤야민의 '산책자'처럼 도시를 관찰하는 것과는 명백한 차이가 있다고 한다. 그는 올드 상하이로부터 새 의미를 발굴하려는 지식인과 문화인들의 노력에 극복하기 어려운 문제들이 있음도 지적한다. 올드 상하이의 진실성과 올드 상하이를 바라보는 상상의 가상 시각에 문제가 있다고 보기 때문이다. 나아가 쩡쿼은 평론가들이 '상하이를 바라보는 방식'을 '산책자'로 분석한 것의 적합성에 대해서도 고찰한다. 그는 중국 작가가 상하이를 관찰하는 방식은 '비전형적 산책'이며 이는 작가와 상하이 도시와의 독특한 관계 속에서 탄생한 것으로 벤야민의 '산책자'라는 의미망만으로는 개괄할 수 없다고 한다. 그리하여 '도시를 바라보는 방식'에 대한 시야를 넓혀야 한다고 말하며, 지식인과 문화인의 시각 외의 다양한 계층의 독특한 시선을 주목해야 한다고 보고 있다. (진성희)

문화 유턴
2008년의 '국민국가'와 '포스트80 세대'의 문제*

레이치리(雷啓立)

피경훈 옮김

2008년도 이미 과거가 되어버렸다. 그때 사람들은 그 해가 위대한 한 해가 될 것이라고 생각했고 역사는 그 시대를 대서특필했다. 이는 다름 아니라 중국인들이 4월 프랑스 파리에서의 성화 봉송 저지 사건과 5월 원촨(汶川) 대지진의 사건을 겪으면서 강렬한 민족 감정과 '우리 민족' 그리고 '타자'에 대한 관심을 보여주었기 때문이었다. 그리고 개인과 국민국가 사이의 관계 역시 이를 통해 이례적으로 밀접하고 중요해졌다. 특히 1990년대 이후 중국의 사회·문화적 변혁의 세례와 사회 전반에 걸친 점진적인 개인화 과정 이후, 30년에 걸친 개혁개방의 변화는 매우 소중한 것이었다. 이와 관련해 후진타오·원자바오 정부는 이런 일련의 사건을

* 출처: 雷啓立, 「文化反轉: 2008年的"民族國家"與"80後"問題」, 『天涯』, 2010년 제1기.

처리하는 과정에서 좋은 평가를 받았고 날이 갈수록 정부에 대한 믿음을 상실해가던 민중들도 얼추 정부에 대한 믿음을 찾아가는 듯했다.[1] 티베트 (西藏)의 3.14 사건 이후 관련기관들은 매체 관리 전략을 수정했고 정보 공개의 수준과 방법에 대한 연구를 시작했다. 5.12 원촨 지진 이후 각종 신구(新舊) 매체들은 신속히 그 거대한 동원능력을 보여주었으며 중앙TV방송(CCTV)을 선두로 한 TV매체들은 24시간 재난 상황을 보도하며 사상자 수와 각종 구조 소식을 타전했다. '뉴보 네트워크'(牛博網, www.bullog.com 현재는 폐쇄 상태)와 같은 비(非)관방 인터넷사이트와 기부 채널이 활동 허가를 얻게 된 것은 비단 재난 구호 활동 중 표출된 민간으로부터의 역량일 뿐만 아니라 그것의 출현과 활동은 외국 구조대가 재난지역에 도착해 구호활동을 할 수 있도록 허락한 것과 마찬가지로 매우 강렬한 상징적 의의를 갖는 것이었다. 그것은 곧 국가의 사회적 통제가 일정 정도 느슨해졌다는 것을 나타내는 것이었으며 사람들로 하여금 이 '오래된' '신흥대국'이 미래를 향해 나아갈 수 있다는 모종의 가능성을 느끼게 하는 사건이었다. 이런 보편적인 느낌에 대해 이의를 제기하는 이는 당연히 없었다. 시련을 거쳐야 그 본 모습이 드러나는 것처럼 모호한 가능성에 대한 학리적인 토론은 분명 시기상조이며 쉽사리 소실되어 버리기 쉽다. 전통적인 이전 문제들을 제외하고 인터넷과 대중매체에서 공개적으로 논의된 문제는 청년 세대들의 '성장'이었다. 지진 발생 이후 실업자들을 포함해 각종 업종에 재직 중인 '포스트80 세대'[2] 청년들은 원촨, 산시, 간쑤 등의 재난

---

1) 특히 원촨 대지진 이후 인터넷에는 '스진바바오판(什錦八寶飯. 원래는 요리 이름. 후진타오[胡 '錦濤]와 원자바오[溫家寶] 팬들의 합성어)'이라는 인터넷 게시판이 등장했는데, 이는 지도자들에 대한 열렬한 사랑과 친밀함을 표현하는 것이었다. 적지 않은 관료들이 당 내부에서 비록 원촨 대지진이 인민의 생명과 재산에 막대한 손실을 불러온 것은 사실이지만 당과 정부의 위기대처가 오히려 인민 대중의 지지와 보호를 받게 된 것은 전화위복이라고 공개적으로 언급했다.

지역으로 뿔뿔이 흩어져 각종 방법을 동원해 재난지역의 구호활동에 참가했고 이들 세대에 대한 종전의 일반적인 인식과는 완전히 다른 책임의식을 보여주었다. 5월 19일 원촨 지진 발생 후 7일 동안, 대륙의 수많은 사람들이 지진 피해자들을 애도했다. 3분 동안의 묵념 후 각지의 민중들은 '원촨 견디어라, 쓰촨 파이팅! 중국 파이팅!'이라는 깃발을 높이 들었다. 군중들의 이와 같은 격앙은 특히 자발적으로 톈안먼 앞에 추도를 위해 운집한 청년 민중들에서 최고조에 달했다. 이런 자발적인 격정은 동영상과 인터넷을 통해 전파되었다. 인기 드라마에서 구식 가정의 탕아로 묘사되던 아이들은 재난 이후 책임을 온몸으로 떠안는 기개를 보여주었고 사람들에게 비탄의 와중 속에서도 미래의 희망을 보여주었다.

재난과 외부의 모욕 과정에서 격발된 국족정체성과 신자유주의 구속 아래 기층과 민생에 관심을 가지는 정부의 행위는 어병하던 신세대를 하루 아침에 '성인'으로 만들었다. …재난에서 상실된 것을 마치 국족의 진보를 통해 보상받을 수 있는 것처럼 보였다.3) 이 국족의 희망과 미래는 마치 모종의 새로운 이미지를 산출해낼 수 있을 것만 같았다. 하지만 이런 기대는 암암리에 또 다른 의구심에 의해 희석되어 가고 있었다. 매우 주목할 만한 현상은 다음과 같은 것이었다. 많은 '포스트60 세대' 그리고 보다 젊은 일련의 학자들이 지진 재해를 통해 감동을 받고 이를 통해 국민국가에 대한 새로운 미래의 가능성이 열릴 것을 열렬히 기대하고 있었던 것이

---

2) '포스트80 세대는 모호한 연령적 개념으로 대략 1980년 이후 출생한 이들을 가리킨다. 일반적으로 말해, '포스트80 세대', '포스트70 세대', '포스트90 세대' 등의 세대 명칭은 통상 1989년 이후 성장한 세대가 국가와 민족 등 거대 담론에 관심을 갖지 않는 것을 은연중에 가리키는 말이었다. * '80後'의 중국발음은 '바링허우'로 이 글에서는 '포스트80 세대라고 번역했다.–옮긴이
3) 중국 국무원 총리 원자바오는 2003년 6월 사스(SARS)에 대한 방역을 진행하면서 "국족이 재난 중에 잃게 된 것을 반드시 국족의 진보 안에서 보충해야 한다"고 언급했다. 이후 2008년 원촨 지진 등의 재난 지역에 대한 시찰 과정 안에서 이와 같은 언급은 여러 차례 반복된다.

사실이다. 하지만 오랫동안 기다려왔던 이런 격정 및 순진함과는 상반되게도 오늘날 여전히 중국의 사상계 및 학계를 주도하고 있는 대다수 77, 78학번 학자들은 이에 대해 매우 냉정하고 침착한 태도를 보여주었다. 그들은 기본적으로 지진 등 일련의 사건들을 부분적인 사건으로 보았고 거리에 펼쳐진 열정과 기대를 이성적이고도 분석적인 시선을 통해 바라보았던 것이다. 그리고 그들은 이런 사건을 거대한 시대 혹은 거대한 변화의 희망을 품고 있는 것으로 바라보지 않았다. 물론 이런 예감이나 결론을 제시하는 이들에 '인과응보론자'(天譴論子)들은 포함되지 않는다.4) 이런 측면에서 보았을 때 중국 부동산업계의 거두 중 하나인 '완커(萬科)부동산 회장 왕스(王石)가 모든 사원들에게 10위안 이상의 돈을 기부하지 말라고 요구하고 '완커는 20만 위안 정도를 기부하는 것이 적합하다'5)고 말한 것은 특별하거나 우발적인 것이라고 할 수 없다. 지진 이후의 사회적 분위기에 급급하거나 도덕적 양심에 대한 회피로서 지진을 대하는 태도를 지켜보면서 앞서 언급했던 77, 78학번 세대의 학자들은 지진에 대한 비애의 감정과 국족 정서에 대해 냉정하고도 방관자적인 태도를 취했고, 이들은 지진 이후 젊은이들이 보여준 몇몇 행동 및 퍼포먼스를 포함한 일련의 사건들이 중국의 사회 문화적 과정 그리고 거시적 추세에 있어 기본적으로 별다른

---

4) 원촨 지진 이후 국내에서 줄곧 엘리트 지식인이자 자유주의자로 불리던 주쉐친(朱學勤)은 『남방도시보』(南方都市報)와의 인터뷰에서 '이것은 천벌인가? 사망자들과 피해자들은 불효자들이 아니다' 등의 언급을 해 곧바로 '인과응보론'자로 불리게 되고 여론의 광범위한 질책을 받게 되었다. 비슷한 예로 '우리는 또 어떠한 천벌을 받을 수 있나?'라고 언급한 극작가 샤예신(沙葉新)이 있다. '지진은 인과응보'라고 말한 미국의 연기자 샤론 스톤 역시 이 부류에 속한다.
5) 왕스의 언급과 완커의 행동은 당시 전형적인 졸부의 행태로 여겨졌다. 인터넷 언론은 당시 왕스를 일러 '십 위안짜리 왕스'라 칭했고 왕스와 완커가 '국민의 감정을 해쳤다'고 비판했으며 왕스의 사임을 요구했다. 이 사건은 이후 '완커 게이트'로 불리게 되었으며 결국 왕스가 직접 재난 지역에 방문해 구조 활동에 참여하고 완커가 1억 위안을 기부하기로 선언한 뒤에야 비로소 성난 언론을 잠재울 수 있었다.

영향력을 갖지 못할 것이라고 보았다. '과도하게 냉정한' 판단은 그들이 과거 '문혁' 등의 사건을 통해 얻게 된 사유의 단련과 연관된 것이기도 했지만 그들의 이런 태도에서 그들의 미래에 대한 비관을 읽어낼 수 있었다. 두 세대 간의 서로 다른 관점과 판단은 사적인 통로를 통해서만 서로 확인되고 부딪혔으며 전파되었다. 하지만 이런 상호 교류에 대한 직접적인 전개와 공개적인 발표는 이루어지지 않았다.

2008년은 처음부터 끝까지 예측가능하면서도 불가능한 각종 놀라운 사건들로 가득했다. 이런 일련의 사건들은, 일련의 학자들이 주장한 것처럼 '위대한 2008년'이 역사적으로 중대한 전환점이 될 수 있는 가장 중요한 원인은 아니었지만 분명 객관적으로 일어났던 사실이었다. 사람들을 침통하고 걱정스럽게 했던 5, 6월이 지나가고, 원촨 대지진과 그 여파로 생긴 옌싸이 호수(堰塞湖) 등의 사건이 수억 명의 이재민들의 시야에서 점차 사라져갈 즈음, 베이징 올림픽의 개막을 알리는 북소리가 울려 퍼졌다. 지속적으로 제스처를 바꾸며 행한 국가 지도자들의 연설, 대국 외교의 승리 그리고 관방 매체에 의해 부단히 고양되는 선전 구호들이 베이징 올림픽을 둘러쌌으며 사람들에게 이번 행사의 중요성을 일깨워주고 있었다. 한 국가를 들썩이게 할 파티는 최대한 성대해야 했다. 그것은 일반적인 성공이 아닌 대성공이어야만 했던 것이다. 당시 월스트리트의 먹구름이 몰려오고 있었지만 매체들은 베이징 상공에 상서로운 구름이 가득하다고 보도했으며 금융위기 보도는 연기처럼 사라져 버렸다. 대중매체의 강력한 지원을 등에 업은 올림픽 '강대국의 꿈'은 지진 이후 또 다른 측면에서 지속적으로 국민국가 정체성의 결집이라는 사명을 지속해 나갔다. 바로 이런 시국에 지식인 그룹의 독립적인 입장 그리고 무/의식적인 거리감은 국민국가의 정체성이라는 문제 앞에서 모호하고 유동적으로 변하기 시작했다. 일반 민중이 느끼기에, 베이징 올림픽은 삼엄한 경비 속에서 장엄하게 시작되었고 철저한 보안 속에서 조심스럽게 막을 내렸다. 첫 번째 금메달 혹은 '강대국의 꿈'을 일깨워주었던 자신감은 오히려 꿈에서 깬 낙담만을 남겨 주었을 뿐이었다. 마치 한 차례의 커다란 공연처럼, 8월 8일 베이징 상공의 불꽃은 빠르게 사라져 버렸고 기호화된 장애물 넘기 선수 'flying man' 류샹(劉翔)은 다친 다리를 안고 퇴장해 커다란 충격을 안겨주었다. 이후 상당히 오랜 시간 동안 그에 대한 의견들이 분분했다. 이런 장면 뒤에 숨겨진 상징과 은유가 미처 분석되기도 전인 9월 싼루(三鹿) 분유 사건이 터졌고 그 영향은 매우 거대하고도 악성적인 것이었다. 어렵게 수립한 '메이드 인 차이나'에 대한 신뢰와 '책임지는 대국'이라는 이미지가 심각한 타격을 입게 된 것이다. 이것은 또 무슨 황당함과 치욕이란 말인가? 각국 정부의 주요 인사들과 귀빈들이 베이징 올림픽을 성공적으로 개최한 중화민족을 찬사하는 말을 아직 다 마치지도 못했는데 말이다. 일반 국민들에게 식품 위기의 배후에 깔려 있는 것은 자신의 생활과 이 시대에 대한 보다 심각한 믿음의 위기였다.

이런 파편들을 꿰뚫을 수 있는 힘이 필요했고 일련의 사건들을 책임질 수 있는 정신적인 중추가 필요했지만 사람들이 본 것은 보다 많은 파편들과 이런 시대를 회피할 수 있는 도주로였다. 지식인 그룹은 이전과 마찬가지로 숨어서 그 모습을 나타내지 않았고 민생에 주목하고 있다던 정부는 위기관리에 몰두해 있었으며 두 달 전 마침내 '성인'이 되었다고 칭송받던 '포스트80 세대'는 자신이 더 이상 분유를 먹지 않아도 된다는 사실에 행복해하고 있었다. 10월 금융위기는 태평양을 건너 걷잡을 수 없는 기세로 덮쳐오고 있었고 경제지수는 하락하고 실업률은 증가했으며 각종 극단적인 사건들이 도처에서 벌어져 사회위기가 가중되었다. 이런 상황에서 정부의 방송과 정보에 대한 통제는 더욱 엄격해졌고 종전에 나타났던 각종 적극적이고 긍정적인 가치들의 가능성은 소실되었다. 때문에 '빌어먹은 화해 사회'('草泥馬'大戰'河蟹')[6]와 같은, 줄여서 '단자(段子)로 불리는 야하거나 조롱하는 단문 메시지들이 핸드폰을 통해 사람들 사이로 퍼져 나갔다.[7] 네티즌들의 창작물에 비해 단문 메시지의 형성과 전파는 그 배후에 상업적 이익이 숨어 있었기 때문에 더욱 복잡한 형세를 띠게 되었고 적지 않은 메시지들이 통신 및 인터넷 회사에 의해 상업적인 목적을 위해 전문적으로 생산되었다. 희비가 교차했던 그 위대한 2008년은 이렇게 '포스트모던'에 의해 접수되었다. '소비'주의의 해석과 행태에 의해 사로잡힘으로

---

6) 인터넷의 막대한 힘에 대응해 중국 정부는 2008년 '인터넷 저속어 특별 관리 행동'(整治互聯網低俗之風專項行動)을 전개하기 시작하고 여러 민감한 정치 및 생활 언어를 필터링하거나 차단했다. 네티즌들은 '화성글'(火星文, 완전히 무의미한 혼란스러운 글)을 만들어 표준적인 말에 저항했다. 특히 '草泥馬'('草泥馬'의 중국 발음은 '차오니마'인데 이는 중국의 욕설 '조니마'와 발음이 같다. '操伱媽'를 한국어로 옮기면 '씨발' 정도로 옮겨질 수 있을 것이다-옮긴이)는 널리 알려진 욕설의 배음으로 그 의미가 저속하고 발음 역시 듣기 좋지 않은 것이지만 그 의미가 널리 알려진 것이다. '河蟹'는 곧 '和諧'의 배음이다. 이 은어는 다음과 같은 어구로 널리 퍼졌다. "마르 거비에 있는 민물 게가 횡행해 草泥馬의 주식인 와초(臥草)를 모두 먹어 버려 草泥馬가 멸종하는 황당한 일이 발생했다. 때문에 草泥馬의 반격이 시작된 것이다." 간단히 말해 인터넷 상에서 '草泥馬'와 같은 단어가 생겨난 것은 '화해'(和諧)와 '반속어 정책에 대한 민초들의 저항이자 희롱이라고 할 수 있다.

7) 예컨대 2009년 춘제(春節)에 적지 않은 사람들이 다음과 같은 메시지를 받아보았을 것이다. "행복이란 무엇인가? 행복이란 08년 1월에 우루무치에 들어가지 않는 것이고, 2월에 광저우에 가지 않는 것이며, 3월에 라싸를 어슬렁거리지 않고, 4월에 산둥에 가지 않는 것이다. 5월에 원촨에 있지 않고, 6월에 구이저우 윙안(瓮安)에 있지 않은 것이다. 7월에 상하이에서 경찰을 하지 않은 것이고 8월에 신장에서 병사로 있지 않은 것이다. 또한 9월에 산시(山西) 샹펀(襄汾)에서 댐이 무너지는 것을 보지 않은 것이다. 당연히 가장 큰 행복은 올해 주식 시장에 손대지 않은 것으로 만약 손을 댔다면 BMW로 들어가서 자전거로 나오고, 양복을 입고 들어가 누더기로 나오게 된다. 사장이 들어가 아르바이트생이 되어 나오고 박사가 들어가 병신이 되어 나온다. 서서 들어가 누워 나오게 되고 개를 끌고 들어가 개에게 끌려 나오게 된다. 한 마디로 지구만한 것이 들어가 탁구공만한 것이 되어 나온다는 것이다. 실상 이것들은 아무 것도 아니다. 더욱 축하할 만한 일은 그리고 가장 큰 행복은 당신이 이미 성장해 매일 쌴류(분유)를 먹을 필요가 없다는 것이다. 2009년 근하신년!" 말에 조롱과 해학 그리고 재기가 가득하다. 하지만 이전의 연민, 격정 그리고 책임감은 완전히 없어져 버렸다.

써, 성인으로 성장한 '포스트80 세대' 그룹의 역사 감각은 희석되어 버렸으며, 1980년대 종결 이후 새롭게 정치화될 가능성은 마침내 아무런 형태 없이 해소되어 버렸다.

긍정적인 측면에 대한 기대와 희망은 마침내 긍정적인 가치에 대한 희롱과 공격으로 전환되었다. 세속적인 사람들은 종종 매우 '쿨하게' 사회 문화와 사고방식의 변화 및 유턴은 흔한 것이고 또 이해할 만한 것이라고 말한다. 하지만 이런 유턴은 지나치게 격렬하고 빠른 것이다. 그 짧은 일 년이라는 시간에 몇 차례의 회합이 오고 갔고, '희망'의 소실은 너무도 빠르고 깨끗해 '실망'이란 느낌마저 남지 않을 정도가 되었다. 전문적인 이론가들은 이토록 격렬하게 변화하고 유턴을 거듭하는 가치와 사고를 '포스트모던'하게 해석·소비하는 데 익숙해져 있지만 되돌아 생각해보면 그것 역시 이 시대의 징후 중의 하나라고 할 수 있을 것이다. 하지만 다음과 같이 물어본 적이 있는가? 이런 문화 유턴은 왜 이토록 신속하게 발생하지만 주체의 전복(顚覆)은 초래하지 못하는가? 새로운 가능성은 과연 존재하는가? '대국'(大國)은 무엇을 의미하는가? 우리 시대의 진정한 문제는 어디에서 발생하는가? 앞서 언급했던 것처럼, 이 글은 매체와 우리 시대, 국민국가의 정체성 그리고 '포스트80 세대'와 그 세대의 '성인되기' 등의 측면에서 분석을 진행하고자 한다.

1_ 대중매체와 문화 헤게모니

오늘날 모든 사건은 매체를 경유한다.

2008년 연달아 발생한 각종 사건들이 중국인들에게 남겨 준 인상 역시 재현(represent)과 산포(spread)를 거쳐 비로소 발생한 것이다. 1월에 발생한 남부지역의 폭설은 텔레비전 화면, 인터넷 사진, 휴대폰 메시지를 거쳐 전파되어 나가기 시작했고 이를 통해 사람들의 재난 이해가 보다 직접적으로 피부에 와닿게 되었다. 1월 25일을 전후해 사람들이 보게 된 것은 사람들로 가득 차 있는 대합실, 피로에 찌들어 황망히 움직이는 사람들의 물결, 고속도로 위에서 눈보라에 갇혀 그 끝이 보이지 않는 차량 행렬, 폭설에 무너져 내린 고압 송전탑, 재난 구조 활동을 벌이는 사람들, 너무 혼란스러워 그 시비를 가릴 수 없는 각종 정보들, 광저우와 창사를 오가며 지휘하는 원자바오 총리 등등이었다. 춘제를 하루 앞둔 이 날, 희망과 실망이 눈보라가 휘몰아치는 진흙탕 길에 얽혀 있었다. 각종 신문들은 사람들의 이목을 끄는, 감동적인 화면을 묘사·보도하고 이런 장면들은 사람들에게 충격을 주었다. 고향으로 돌아가 가족의 품에 안길 것을 기대하는 농민공들, 늦장 대응으로 골머리를 썩이는 정부의 행태, 흰 머리가 성성한 구조 현장의 총리, 사람들의 감정은 그야말로 복잡했다. 인터넷에는 분노와 무력함 그리고 축하하는 조롱들이 돌아다녔다. 상대적으로 3월에 발생한 라싸 사건은 엄숙하고 신비로웠다. 이 신비로움은 종교 성지에 대한 경외심이나 고원의 만년설에 대한 경이로움 때문이 아니라 티베트에 대한 무지와 티베트 문제의 심각성에 대한 공포에서 기인하는 것이었다. 심도 있게 공개적으로 토론할 수 없거나 곤란한 문제들에 대해 사람들은 기본적으로 단편적인 정보를 소화하고 받아들이는 처지에 놓이게 되며 관방의 일방적인 선전과 국민국가의 주류적 가치 이외에도 공포와 의구심 역시 존재하는데, 때맞춰 출현한 사진 보도는 사람들로 하여금 '현실'에 눈뜨게 했다. 4월 올림픽 성화가 런던과 파리 등지에서 봉송될 때 의외의 방해를 받게 되고, 티베트 문제를 둘러싼 해외의 반(反)중화 정서는 해외의 화인들 그리고 유학생들의 강렬한 애국 정서와 국족 감정을 불러일으켰다. 현실에서 복잡하게 꼬여있던 타이완 문제와 굴욕적인 중국의 백년 역사에서 분열과 외세 등의 개념이 쏟아져 들어왔고 하나의 기본적인 판단과 입장이 이런 과정에서 분명하게 확립되었다. 2008년 벽두부터 시작된 몇 가지 대형사건, 그리고 곧 개최될 베이징 올림픽을 앞두고 다소 '생각이 많았던' 국민들의 가슴속에 '아직 갈 길이 멀다'는 예감이 엄습해 왔다.

고립된 개인과 실시간으로 보도되는 정보들 그리고 직관적인 인상들이 다소 먼 미래의 사건에 대한 판단과 반응을 결정해 버렸다. 이런 정보의 전달방식과 효과가 가져온 심리상태 및 사회적 반응은 각자 다른 것이었다. 5월에 발생한 원촨 등지의 지진이 일으킨 광범위한 사회적 반응은 어떤 측면에서 보면 그러한 매체의 특성과 효과를 통해 해석될 수 있는 사안이었다. 지진은 5월 12일 오후 2시 28분 발생했고, 타이완과 상하이 등지에서도 진동을 느낄 수 있었다. 민감한 뉴스 기자들은 즉각적으로 이번 지진이 큰 사건이 될 것을 직감했다. 곧바로 지진 측정 네트워크는 쓰촨 원촨의 지진 강도를 7.8도로 측정했다.(이후 8도로 확정) 어떤 이들은 지도를 통해 원촨이 곧 중국 대륙의 심장에 위치했다고 측정했다. '조국의 심장'이 찢어진 것이다. 이 소식은 곧바로 전국 각지로 신속하게 타전되었다. 지진이 발생한지 채 한 시간도 되지 않아 CCTV는 '그 끝을 모르는 생방송—<지진과의 사투 인민의 뜻 모아>(抗震救災 衆志成城)—을 시작했다. 또한 지진 발생 이후 한 시간도 되지 않아 총서기 후진타오는 지시를 하달했고 두 시간 후 원자바오 총리의 전용기는 쓰촨 재난지역으로 급히 날아갔다. 국가 지도자들이 사건 현장에 가지고 온 것은 비단 재난 구호 활동에 필요한 정치적 행정적 자원만이 아니었다. 그들은 주류 매체의 시선 역시 가지고 왔던 것이다. 수많은 매체들이 쓰촨으로 몰려들었다. 이전까지 중국의 돌발 사건에 대한 보도는 대다수 비공개적인 방식으로 이루어졌고 재난 상황은 대부분 신화사(新華社)가 총괄적으로 정보를 배포하는 방식으로 이루어졌다. 뉴스 보도 통제가 느슨해지자 그 효과는 배가되었다. CCTV는 24시간 현장을 생방송했고 각종 위성TV들도 보도에 합세했다. 비정부기구, 대기업, 자선단체, 대중스타, 일반 네티즌 등은 모두 각각의 방식으로 재난 구호 활동을 전개해 갔고 외부세계에 자신이 목도한 재난 현상의 참상 그리고 자신과 주변 사람들의 구조 활동을 전달했다. 각종 비정부기구와 언론사들 역시 자신만의 방식을 통해 각종 재난 관련 소식을 선전 및 타전했고 자선 명목으로 개최된 갖가지 공연이 개최되어 방송, 텔레비전, 대중스타들의 목소리를 타고 각지로 전파되었다. 지진의 폐허 위에 재난을 당한 학생들의 책가방, 위기와 고난 속에서 천진함과 낙관을 잃지 않는 아이들은 사람들 마음속 깊은 곳의 동정심을 이끌어냈다. 대재난 앞에서 '사랑의 나눔'과 '휴머니즘' 등의 목소리가 후진타오 정권이 들어선 이래 강조되어 왔던 화해사회, 하층민에 대한 관심과 결합해 '일치단결', '큰 사랑', '국가 운명 공동체'를 주요 내용으로 하는 정서 공감대(dominant emotion)[8]로 전환되어 갔다. 이런 정서 공감대는 대중을 호명하고 정부의 구호 활동에 큰 도움이 되었다. CCTV의 매체로서의 강력한 지위에 기대어 기자들은 자신의 직업과 개인의 감정을 적절히 혼합해 정부와 민간의 목소리가 일치하고 있음을 보도했고 이를 통해 뉴스 보도의 공동화 상황을 피할 수 있었다. 이런 연유로 인해, 관방 주류 매체로부터 주변적인 인터넷 사이트와 일인 매체에 이르기까지 그 정보를 전하는 목소리는 다양했고 그 채널 역시 다차원적이었으나 내부적인 가치와 목표는 그 순간(moment)

---

8) 여기서 쓰인 'dominant emotion'은 감정의 결정에 대한 외재성의 요소가 더욱 강조된 것으로 중립적인 의미와는 다소 구별됨을 밝혀둔다.—옮긴이

상대적으로 일치했다. 분산되어 있던 힘이 집중되었고 정서적 공감대는 점차 문화적 헤게모니를 구성하는 주요 구성 부분이 되었다.

특정 순간의 의미는 중요하다. 하지만 그것은 또한 한 순간일 뿐으로 쉽사리 다른 상황에 의해 깨져버리고 만다. 혹자는 이성적인 사회 속에서 그 중요한 순간이 어떤 논리와 습관에 의해 이용되고 전환되어 버린다고 말한다. 미국의 매체학자 베네트(W. Lance Bennett)는 사람들이 매체가 제공하는 정보와 각종 문제에 대한 중시 정도에 습관이 되어 대상의 순서를 대하는 자신의 관점을 확립하게 된다고 주장한다. 고도로 상업화된 매체 사회 속에서 뉴스 매체는 의사 결정 시스템을 통해 뉴스에 관한 담론 권력을 갖게 되고 매체 배후에 있는 투자자 혹은 이익집단은 매체를 소유하고 조종해 자신의 담론적 패권을 현실화시킨다. 대통령과 국회의원에서부터 각종 주요 단체, 시민활동가에 이르기까지 모두 자신들의 권력을 사용해 뉴스와 뉴스 산업에 영향력을 행사한다. 뉴스가 사람들의 힘을 결집시킨다는 것을 이용해 민의를 선도하고 그것에 영향을 끼치며 때문에 '뉴스를 통한 통치'는 정치가와 위정자들이 국가를 통치하고 정책을 집행하는 데 중요한 수단이 된다.[9] 평화 시기 민의의 중요성은 그것이 일정 정도 통치 집단의 합법성 정도를 결정한다는 데 있다. 라싸의 3.14 사건 과정에서 영국 방송공사의 한 기자가 허가 없이 라싸 거리의 폭력 사건을 촬영해 서양 주류 매체에 보도했고 폭력분자들의 잔인함과 중앙정부의 통제를 설득력 있게 보도했다. 이는 곧 정부가 티베트 문제를 처리하는 방법과 입장에 유력한 근거를 제공해주었다. 이런 의외의 소득은 중앙정부에서 문화 분야를 담당하는 지도자들로 하여금 언론보도 통제만이 능사가 아니

---

9) W. Lance Bennett(W · 蘭斯 班尼特), 『신문: 정치적환상』(新聞: 政治的幻想), 양샤오훙 · 왕자추안(楊曉红 · 王家全) 驛, 當代中國出版社, 2005.

라 적절한 공개가 오히려 쓸모 있다는 것을 깨닫게 해주었다. 원촨 지진 보도과정에서 CCTV를 필두로 한 관방 매체의 시리즈 보도는 국가 지도자들의 찬사를 받았다.

매체의 본질과 운영 전략이라는 관점에서 보면, 현대의 매체는 대중의 관심과 지지가 없이는 대중매체가 될 수 없다. 매체학자 다니엘 다이안 (Daniel Dayan)과 엘리후 카츠(Elihu Katz)는 매체 사건을 3C로 분류한다. 경쟁 (contest-올림픽, 월드컵 등), 정복(conquest-에베레스트 산 성화 채취, 선저우 7호 발사 등), 대관식(coronation-국가 열병식, 국기 게양의식 등)이 그것이다. 이 3C 간의 긴밀한 연계와 상호침투는 매체가 군중을 집결시키는 중요한 방식이라고 할 수 있다.[10] 이런 매체가 반기는 것은 결코 경쟁과 정복 그리고 대관식과 같은 사건을 참여하고 만들어내는 것이 아니라 이를 계기로 주류 대중의 인기를 얻고 그러한 대중 속에서 지배적인 권력과 지위를 얻는 것이다. 때문에 각종 가능성들이 상술한 세 가지 사건을 만들어낸 후 신문, 텔레비전, 인터넷 등의 각종 매체들은 재난 지역의 각종 상황에 대한 보도에 적극적으로 참여해 대중의 주의를 끌고 신임을 얻어 매체의 사건에 대한 해석권과 대중의 신뢰를 얻게 된다. 이것이 바로 매체의 본질이자 전략인 것이다. 하지만 매체는 현재 생동하고 다변하는 사회, 정치적 상황과 밀접하게 연계되어 종종 더욱 복잡한 특성을 나타내게 된다. 극단적인 경우, 대중매체 산업은 '거대한 매체 시장에 자신의 의견을 주입하고' 여론의 형성을 통제해 '여론으로 하여금 그 영향력을 확대하고 자신의 신망을 높이며 보다 많은 재원을 얻도록 할 때' 보다 효과적인

---

10) Daniel Dayan, Elihu Katz(丹尼克·戴揚, 伊萊休·卡茨), 『미디어 이벤트』(媒介事件), 마정치(麻爭旗) 驛, 北京廣播學院出版社, 2000, 30-32쪽 참조.

안위의 도구가 된다. 또한 전체주의적인 사회에 있어 권력은 더욱 공개적이고도 적나라하게 사용된다. 매체의 신임도와 도구적 의미 그리고 그 작용의 측면에 있어 변화가 발생하게 되는 것이다. 극단적인 경우에는 대중매체가 단순히 물질과 제도를 이용해 정책적 선전을 진행시키는 부속품이 될 수 있다.11) 이런 상황 하에서 원촨 대지진에 대한 다중 채널의 매체 보도는 당연히 오랜 시간 지속될 수 없었다. 마찬가지로 다이안과 카츠의 매체 사건에 대한 연구 개념을 통해 말한다면 'contest'와 'conquest'를 통해 집결된 대중들이 'derailment'(탈선)과 'disruption'(충돌)을 불러올 수 있는 것이다. 또한 대관식(coronation)과 그것의 의식화(儀式化)가 목적인 커다란 사건이 비웃음을 촉발할 수도 있는 것이고 그에 따라 disenchantment(환멸)이 생겨날 수도 있다. 요컨대 3C가 3D로 변하고 집단적 정체성이 찰나에 흩어지고 정체성이 분화로 변하게 되는 것이다. 현실적인 상황 속에서 진정으로 다양한 목소리를 대변하는 보도 형태는 근본적인 문제를 건드릴 수 있고, 현 정부의 통치 합법성에 위해가 될 수도 있는 것이다.

여러 국가의 역사가 이미 증명하고 있듯이, 비정부조직의 확대는 대재난과 그에 대한 구조 활동과 연계되어 있다. 실상 어떻게 이런 비정부조직의 발전과 행동을 일정 정도 통제할 것인가는 정부가 줄곧 주목하고 고민하는 문제라고 할 수 있을 것이다. 때문에 매체에 대한 규제와 통제는 필연적인 것이 된다. 한 발 더 나아가 말한다면, 대중 매체 자체는 다원성을 가지고 있으며 서로 다른 매체 안에서 각종 언어, 기호, 이미지, 목소리와 음악들이 거대한 흐름을 형성하고 있다. 그리고 그 안에서 대량의 공개적

---

11) C. Wright Mills(米爾斯), 『파워 엘리트』(權力精英), 왕쿤, 쉬롱(王昆, 許榮) 譯, 南京大學出版社, 2005.

인 논쟁과 비판 역시 존재한다. 이런 성격 탓에 다차원적인 매체는 단일한 '감정적-문화적 헤게모니'를 집중적으로 형성해 정태적으로 존재하지 못한다. 보다 참혹한 상황에 대한 보도, 천재지변의 와중에 벌어지는 각종 인재(人災), 난민들이 겪는 일상생활 속의 곤란, 정부의 책임과 효율성, 지지부진하게 움직이는 관료체제는 모두 매체의 한 발 더 나아간 개방성에 의해 더욱 광범위한 주목과 비판을 받게 된다. 때문에 비상시국이 지나간 후 매체에 대한 통제는 즉각적으로 더욱 강화된다.

비극의 6월이 지나가고, 지진으로 인해 발생한 옌싸이호 문제에 대한 경보가 기본적으로 해제된 이후 지진에 대한 보도는 제한되었고 참혹하고 비극적인 장면은 방송할 수 없게 되었다. 다만 재난지역 주민들의 자강불식(自强不息), 당과 대중이 합심해 재난에 대응하는 내용만이 보도될 수 있었다. 매체의 초점은 점차 베이징 올림픽 보도로 전환되었다('conquest'에서 'coronation'으로의 전환). 성화 봉송, 모금 행사, 지도자의 연설, 올림픽 준비 상황, 각 종목의 올림픽 대비 상황 등, 매체 보도의 초점은 주류 목소리를 보도하는 데로 쏠리게 되었고 민간의 울음소리는 합창의 한 부분으로 빨려들어가 버리고 말았다. 이런 상황에서 선전 관리 기구의 매체에 대한 관리와 통제는 명약관화한 것이다. 중화민족의 응집력은 비극을 통해 호명되어야 했고 기지개를 활짝 편 순간은 화려한 순간으로서 증명되어야 했다. 중국 특색을 갖춘 찬란한 날들 속에서 2008년 8월 8일 저녁 9시 오랜 시간 기다려왔던 성대한 연회가 시작되었고 올림픽 주경기장 냐오차오(鳥巢) 상공 위에는 휘황찬란한 불꽃이 피어올랐으며 오성홍기가 나부꼈다. 단정하고 근엄한 국가 지도자들이 앞자리에 앉았고 웃고 떠들던 사람들은 질서정연하게 자리를 잡았다. 중화민족의 위대한 굴기는 결국 텔레비전 앞에 조용히 앉아서 지켜보아야 하는 대형 연회였다는 말인가? 격정으로 가득했던 주체인 광대한 민중은 다소 어리둥절해졌다. 백년 동안 기다려왔던 이 날이 이렇게 규격화되어야 하는 것이었는가? 기호화의 원인은 결국 기호의 결과가 되고 말았다. 사람들은 이제 모모가 봉송하는 성화가 얼마에 낙찰되었다느니, 몇 번째 봉송주자가 어떻게 정계 및 재계와 연계되었다느니, 어떤 종목의 금메달이 운동선수에게 얼마만큼의 상금을 지급해줄 것이라느니, 어느 브랜드가 어떤 운동선수를 홍보대사로 점찍었다느니 하는 문제들에 대해 토론하기 시작했다. 같은 국기가 게양되고 같은 국가가 제창되었지만 대중적인 대관식은 직접적으로 특정인(혹은 특정 그룹)의 이익과 연계되었다. 숭고함은 순식간에 무형으로 흩어져 버렸다. 특히 적지 않은 올림픽 종목에서 선수들이 금메달을 획득했지만 그것이 대중화되지 못한 관계로 민족적 자신감도 체육 정신도 그것과 유리되어 버렸다. 행복했던 각 가정도 마찬가지였다. 텔레비전은 답답하고 무료했다. 민중의 진실한 참여의식과 주체의식은 소리 없이 빼앗겨 버렸고 개인이 국민국가에 대해 느꼈던 책임과 영예는 이로써 의심스러워졌고 해체되어 버렸다. 그리고 나아가 공동화되어 버렸다. 주체로서의 민중은 주변부로 밀려났으며 금메달은 기대했던 격정과 자존감을 촉발시켜주지 못했다. 오히려 장애물 넘기 선수 류샹이 과도한 기대와 중압감을 견디지 못해 절뚝거리며 퇴장해 버린 모습이 보다 진실하고 상징적인 의미를 갖는 것이었다. 곳곳에서 환멸과 조소가 일어나기 시작했다.

비극을 통해 결집되었던 민족의 응집력이 화려한 불꽃과 함께 흩어져 버렸다.

오늘날 '감정적-문화적 헤게모니'는 빠르게 형성되고 더욱 빠른 속도로 해체되고 있다. 그리고 그것은 그러한 정보를 기록하고 방송하는 방식에서 기인하는 것이다. 방송 기술의 진보로 인해 정보의 전달은 광범위해지고 빨라졌다. 또한 '지식인'은 그저 '아는 사람'으로 탈바꿈해 버렸으며 고통스럽고 심도 있는 사유는 없어져 버리고 보다 많은 정보들 역시 사상적 역량으로 전환되기 어려워졌다. 휴대폰 메시지와 개인 블로그는 개인의 감수성을 전달하지만 그저 개인의 느낌에 그치고 만다. 그저 감수성만 있어서는 오래 지속되기 힘들다. 지금은 이미지를 읽는 시대이다. 시간은 너무도 중요하고 평범한 일상 속의 사람들은 너무도 바쁘다. 제대로 쓸 시간도, 제대로 읽을 시간도 없다. 휴대폰 메시지와 인터넷 전송의 속도 및 용량은 극단적으로 업그레이드되어 서술의 방식마저 완전히 변하게 했다. 실시간 방송과 그 방송을 받아들이는 대중들의 어마어마한 규모 때문에 그것을 읽고 듣는 사람들의 정보와 내용에 대한 반응 역시 변화를 일으키게 되었다. 이른바 '뉴스 도매'를 통해 사람들은 정보 전달의 속도와 그 양에서 만족을 찾게 되었다. 인터넷은 세계 각지의 컴퓨터와 휴대폰을 연결시켰고 이미지는 실시간으로 세계 구석구석으로 스며든다. 융합(convergence)은 기술적인 용어지만 사회 문화적 상황이기도 하다. 그것은 서로 분리되어 연결되어 있지 않은 사건들을 직관적으로 하나로 연결한다. 다시 말해 내부 논리와 연관 관계가 부족하고 서로 모순되고 분리된 몇몇 사물들이 외부 작용에 의해 하나로 뭉쳐져 새로운 물질 혹은 사회적 상황을 만들어 낼 수 있다는 것이다. 새로운 방송 기술은 지구상의 각기 다른 문화 형태와 물질들을 '지구화'라는 틀 안에서 서로 '융합'시킨다. 때문에 1960년대 마셜 맥루한(Marshall Mcluhan)이 예언했던 '지구촌'이라는 상황은 더욱 전면적이고도 심각한 방식으로 현실화되었다. 일단 각각의 PC가 가동되면 마치 마을 어귀의 큰 나무에 올라 마을 사정을 한 눈에 내려다보는 것과 같은 상황이 펼쳐진다. 새벽이고 밤이고 모든 사람이 각각의 나무에 올라 아무 때나 그리고 어느 곳에서나 각자의 '뉴스'와 관찰한 바를 생산하고 퍼트린다. 이런 편리함과 임의성은 곧 감수성의 질량과 자치를 현저하게 감소시킨다. 디지털 기술의 진보와 함께 카메라와 휴대폰이 이미지를 포착하는 것은 더욱 간편해지고 이미지는 보도의 주체가 된다. 일찍이 사고와 표현의 도구였던 문자는 주로 설명의 기능만을 담당하게 되었을 뿐 그 표현 과정 중의 심각성과 굴절 그리고 풍부한 의미는 점차 상실되었다.

이미지의 특징은 직관이다. 그것은 문자에 기반을 둔 전달/매개 방식과는 매우 다르다. 그 풍부한 의미는 사람들로 하여금 직접 체험하도록 하고 직접 사고해 발굴하도록 한다. '응시'가 결핍되면 발굴하는 '심도'와 역량 역시 결핍된다. 기술복제의 시대에 우리는 보다 강대하고 풍부한 감수성을 통해 벤야민(Walter Benjamin)이 언급한 '아우라'를 계발시킬 필요가 있다. 특히 오늘날 우리의 감수성은 무력하기만 하다. 이런 시대에 기술과 그 기술을 담는 매체의 중요성은 더욱 커졌다. 방송 기술의 편향성은 이미 반 세기 전 해롤드 이니스(Harold Innis)가 제시한 바 있다. 이니스가 보기에 매체는 문화와 문명에 매우 중요한 영향을 미칠 수 있다. 그는 이전 시기의 매체가 구술 전통에 의존하고 지식의 습득과 전파가 주로 상형 문자를 통해 이루어질 때 정보를 담는 수단의 주안점은 주로 그 내구성에 맞춰졌다. 때문에 이는 종교 등의 형이상학적 문화의 전승에 유리했다. 이와 대조적으로 공간적 전파에 힘을 쏟았던 매체는 서면(書面) 전통에 더욱 치중했고 대부분 표음문자를 선택해 정보의 전달 수단 역시 가볍고 제국의 공간적 확대에 유리한 것에 초점을 맞추게 되었다.[12] 여기서 그가 언급하고 있는 전파 시간의 지속성과 거리라는 것은 사유의 심각함과 가치

---

12) Harold Innis(哈羅德·伊尼斯), 『커뮤니케이션과 제국』(傳播與帝國), 허다오콴(何道寬) 驛, 中國人民大學出版社, 2003.

의 지속성 그리고 그 전파 거리의 넓이라고 이해될 수 있을 것이다. 모더니즘 사조가 막 상승하고 있던 20세기 초에 생활했던 이니스가 서사 매체의 중요성을 시간과 공간이라는 상이한 측면에서 논의한 것은 그의 사상적 입장과 지향점을 분명하게 보여주고 있는 것이다. 그는 곧 1930-40년대에 점차 확산되어가고 있었던 실용주의 사조가 인류의 기본적 가치와 사상적 존엄을 침범할 것을 우려하고 있었던 것이다.

이니스는 또한 상이한 매체가 사회심리와 문화형성에 미치는 역할을 논했다. 그는 예리하게 '확성기와 방송의 사용이 히틀러로 하여금 권좌에 오르게 했다'고 지적했다. 그 구어적 힘에 기대어 방송은 국가의 경계를 허물어 버렸고 민족주의적 측면을 이용하는 데 있어 민족주의가 전파되는 기초를 제공해 주었다. 방송은 보다 많은 사람에게 영향을 미칠 수 있었으며 "문맹 상태가 더 이상 중요한 장애가 되지 않게 되었다."[13] 이니스의 관점은 거시적인 것으로 그는 이런 영향력이 어떻게 구체적인 개인에게 작용을 하게 되는지 구체적으로 분석하지 않고 있다. 구체적인 개인에 대해 서로 다른 매체는 각기 다른 지식적 편향을 일으킨다. 지면 위의 문자를 읽을 때, 사람들은 보다 자주 멈추게 되고, 응시하게 된다. 이른바 사유와 이성이라는 것 역시 이런 응시와 사유를 타고 생겨나는 것이다. 하지만 이미지는 이와 다르다. 후기 복제시대의 디지털 이미지가 제공하는 것은 시각적 자극이며 찰나적 순간의 쾌감이자 인상이다. 시간은 이렇게 짧은 순간에 사라져 버린다. '인상'이 존재하는가 그리고 어떠한 인상을 형성하는가는 바로 그 '순간'에 결정된다. 서양 속담에 '한 시간은 황금이고 60초는 60캐럿짜리 다이아몬드'다라는 말이 있다. 상업주의의 시간에 대한 이

---

13) 같은 책, 65-66쪽.

해는 새로운 가치의 좌표가 되었다. 응시의 시각적 의미로부터의 분리는 눈이 '보는 것'을 처리하는 상이한 방식을 만들어냈다. 즉 주관의 분열을 만들어낸 것이며 또한 의미 세계의 변이를 초래한 것이다. 새로운 매체의 발전으로 인해 공간은 무한히 확장되었고 시간은 순간적으로 사라져 버리게 되었다. 너무도 빠른 시간의 흐름은 그 배후에 존재하고 있던 모든 현대적 의미들을 심각하게 변화시켰다. 상형문자는 이미지에서 유래하는 것이었다. 하지만 디지털 시대의 기술과 그 배후 의미는 상형문자와의 그것과는 완전히 다르다. 때문에 신속하고 직접적이지 않은 방식으로 사상의 성과를 표현하는 이미지가 전달하는 것은 문자적 정보와 의미와는 매우 다른 것이다.

2008년 상반기 각종 사건 보도에서, 비록 최후까지 그 주류적 위치를 차지하고 있었던 것은 텔레비전과 대형 포털 사이트 등의 주류 매체였지만, 개인, 특히 젊은이들은 휴대폰과 블로그, 이메일 등을 통해 개인과 개인 사이에 정보를 전달했다. 그리고 이를 통해 형성된 대체적으로 일치된 통념은 앞서 서술한 문화적 헤게모니의 형성을 위한 통념을 받아들일 수 있는 모종의 토양을 제공해 주었다. 이런 상황은 기본적으로 모종의 공통된 바람과 관심에서 출현한 것이기도 하지만 또한 정부의 행위와 주변 사회의 처지에 대한 불만에서 비롯된 것이기도 하다. 결국 그것은 현재 사회 문화적 상황에 대한 우려의 결과인 것이다. 20여 년 동안 점차 성장해온 개인주의, 타자와 집단적 의무에 대한 무관심 그리고 형이상학적 문제에 대한 도피는 사람들의 생활을 물질적인 측면에서 점차 풍부하게 해주었지만, 환경은 갈수록 악화되었고 정신의 무료함은 우려할 만한 지경에 이르게 되었다. 20여 년 동안 정부의 행위와 이데올로기 통제는 또한 '논쟁하지 않음'14)을 기본 태도로 거시적인 사회적 국면과 문제에 대한 토론과 사고를 회피해 왔다. '바람 소리 빗소리' '모든 소리를 듣는' 중국의 전통적 독서인[15]이 신속하게 기능인으로 전환되어 버린 것이다.

사회 전체가 거시적 문제를 '토론하지 않고', 지식인 그룹의 보편적인 기능화와 심도있는 사유의 결핍 그리고 고정관념과 그에 대한 해독에 의존하는 정보의 접수와 전달은 모두 신속한 '인상파'적 화면에 의한 것들이다. 이렇게 '사고하지 않는' '순간적 섬광'의 문화 속에서 성장한 '포스트80 세대'는 거대한 사건을 파편적으로 대하고 있다. 이런 상황은 어떠한 결과를 초래할 것인가? 그러한 파편적인 경로를 통해 집적되고 형성된 감정은 당연히 매우 빠르고 강렬한 것이겠지만 또한 바로 그러한 이유로 매우 빠르게 없어져 버릴 것이다.

5월 유치함과 열정의 구호와 집회를 담았던 광장은 7월에 이르러 올림픽을 환영하는 화려한 화단으로 바뀌어 버렸다.[16] 10월 북쪽에서 불어오는 바람이 점차 매서워질 무렵, 나는 대로를 걸었다. 사람들과 차량들이

---

14) 개혁개방 초기 덩샤오핑은 '논쟁하지 않고 과감하게 시도하며 대담하게 돌진한다'(不爭論, 大膽地試, 大膽地闖)는 구호를 제시했다. 30년 동안의 개혁 개방 과정 속에서 부단히 부딪히게 된 것은 바로 '좌우', '사회주의인가 자본주의인가'와 같은 노선문제였으며 중국 사회 전체가 모두 '논쟁하지 않음'이라는 기본태도로 이런 문제에 강력하게 대응했다. 2008년 말, 후진타오 총서기는 한 발 더 나아가 '동요하지 않고, 태만하지 않으며, 고민하지 않는다'(不動搖, 不懈怠, 不折騰)는 구호를 제시했다. 이런 구호의 배후에는 사회의 거시적 국면과 본질적 문제에 대한 사고를 취소하려는 책략이 놓여 있다. 이런 경제 실용주의적 사조는 이미 21세기 이후의 통치 전략이 되었다. 홍콩 특별 행정구역 장관인 정인추안(曾蔭權)이 언급한 '각자의 본분에 충실하자'(做好這份工) 역시 이런 부류에 속한다고 할 수 있을 것이다.

15) 전통적인 중국의 '독서안'에서 '독서'에는 치학(治學)과 정치(從政議政)가 결합되어 있다. 때문에 언제라도 천하를 평정하기 위한 준비를 할 수 있는 것이다. 그러므로 장즈둥(張之洞)은 국가의 흥망성쇠가 '정치를 통해 표현되고 그 이치는 학문을 통해 표현된다'고 언급한 것이다(張之洞, 『권학편·서』[勸學篇·序] 참조). 뤄즈텐(羅志田), 『근대 독서인의 세계 사상과 세계 치학·서』(近代讀書人的思想世界與治學世界·序), 北京大學出版社, 2009.

16) 올림픽을 환영하기 위해 08년 7월부터 시작해 베이징 톈안먼 광장에는 각양각색의 화단이 설치되기 시작했다. 여타 광장 역시 마찬가지였다.

동서남북으로 바삐 움직이고 있었다.

이 세계는 정말 빠르다.

2_ 국민국가의 정체성과 그 해체

많은 사람들은 티베트의 3.14 사건에서부터 파리 성화 봉송 방해 사건
을 거쳐 그리고 5월 19일 톈안먼 광장 앞에서의 격정의 분출에 이르기까지
일련의 과정을 지켜보면서 중화민족의 자녀들과 인민들이 2008년 상반기
일련의 사건 과정 속에서 강렬한 애국심을 표출했다고 생각한다. 특히 톈
안먼 광장에 자발적으로 운집한 젊은이들은 청년들과 전체 국족으로 하여
금 중국과 중국인 그리고 세계와 자아를 새롭게 인식하게 하는 계기가
되었다. 이 몇 년 간의 중국 청년들의 애국심과 국족정서를 어떻게 바라봐
야 하는가? 국민국가의 정체성 문제를 둘러싸고 나타나는 역설적 상황을
어떻게 이해해야 하는가?

원촨 대지진의 과정 속에서 폭발적으로 분출되어 나온 국족의 자구력
은 중국 국민성의 강인함과 소중함을 보여주기에 충분했다. 중화민족은
분명 위기의 시기에 거대한 역량을 보여주었으며 외부세계, 특히 서양이
의식 혹은 무의식적으로 오해와 압박 그리고 모욕적인 태도를 보여주었을
때 중국인들은 항상 자신의 목소리를 강하게 냈고 국족 자존심을 지키려
했다. 또한 한 발 더 나아가 위대한 국족정신과 용기를 보여주었다. 중화민
족의 5천년 문명은 무너지지 않았고 수차례 커다란 위기와 위험에 직면했
으나 항상 끝까지 살아남았다. 이런 생명력이 기댄 것은 불굴의 용기였다.
중국인들은 항상 이런 점에 대해 스스로 만족했으며 각 시대의 통치자들

역시 이를 통해 민중을 호명하고 격려했다. 하지만 또 다른 측면에서 본다면 이런 역사는 우리에게 스스로에 대한 새로운 이해를 가져야 함을 일깨워주고 있다고 할 수 있을 것이다. 원촨 대지진 이후, 비극적 감정은 8월 8일 베이징 올림픽을 환영하는 격정으로 빠르게 전환되었다. 톈안먼 광장에 자발적으로 모인 격정은 대관식으로 변해 버렸고, 잘 짜인 규칙과 각본에 의해 상연되었다. 모든 장소에서 진행된 선언식과 축사들은 모두 대도시에서 벌어진 올림픽 성화 봉송 행사를 위한 것들이었고 그러한 행사에 한 자리 얻을 수 있었던 이들은 모두 각종 정치, 경제적 이해관계로 얽혀 있던 인사들이었다. 또한 이렇게 정치와 경제가 서로 결합된 의식이 본 행사와 그 관객들에게 어떠한 영향을 끼쳤는가는 차치하고서라도, 그 격정적인 의식화에 대해서만 말하자면, 과도하게 명확한 공리주의적 목적은 결국 복잡한 국민국가 감정을 소외시켜 버리는 결과를 낳았다고 할 수 있을 것이다. 풍부한 기표를 지니고 있는 중화민족의 정체성은 구체적인 중국의 국가 상상으로 축소되어 버렸고, 또한 현 정부와 그 통치방식에 대한 승인으로 축소되어 버렸다. 체육정신과 중화민족에 대한 모종의 풍부한 인식은 개막식과 폐막식이라는 대연회로 기호화되어 버렸고 올림픽의 성공적 개최는 이를 통해 민중의 의지를 결집시키고 국민국가의 합법성에 대한 상징을 강조하고 공고화하는 데 성공했다. 경쟁은 우승을 위한 것이다. 이것은 기실 지난 20년간 국민국가 상상을 위한 또 한 차례의 연역적인 과정일 뿐 색다른 것은 아니다. 베네딕트 앤더슨의 사유에 기대어 이해해 보면, 현대 중화민족의 '국민국가' 개념은 최근 100여 년에 걸친 투쟁의 역사에서 연유한다. 각각의 역사적 변천과정에서 국족과 왕조 체제에 기반을 둔 제국의 결합은 '관방 국족주의'의 탄생을 초래했고 그것은 대중적인 국족운동에 대한 반작용으로 발전되어 나온 것이었다. 앤더슨의 해석에 따르면 ‘관방 국족주의’는 “왕조를 보존하는 권력과 결합 및 융합하며, 특히 그것은 중세 이후 축적되기 시작한 광대하고 다양한 언어를 가지고 있는 영토에 대한 통치권을 그 수단으로 한다.” 앤더슨은 19세기 차르 황제 치하에 놓여 있던 러시아 상황에 대한 분석을 통해 다음과 같이 말하고 있다. “관방 국족주의는 국족이라는 짧고도 팽팽한 피부를 제국의 방대한 신체를 덮을 수 있을 만큼의 크기로 늘리는 수단이다.”17) ‘관방 국족주의’는 국족주의를 통해 대중을 호명할 수 있으며 또한 국족 감정을 통제 가능한 범위 안으로 제한해 관방이 필요한 형태로 바꾸는 일종의 방식이라고 할 수 있다.

최근 20년 간 일반 민중에 대한 국민국가 관념과 그 함의에는 거대하고도 급박한 변화가 발생했다. 대외적으로 ‘중국’은 매우 큰 개념이고 또한 상징이다. 이 ‘대국’의 영토는 매우 광대하며 그 문명의 형태 역시 다채롭고 복잡하며 다양한 가능성을 가지고 있으며 극도로 거대한 포용성과 혼합성을 갖추고 있다. 역사는 유구하고 현실은 급박하다. 지구화된 정치경제적 경쟁 구도에서 ‘국족’, ‘국가’, ‘중화문명’, ‘현대화’, ‘세계화’ 등의 개념은 다소 모호하게 ‘중국’의 한 부분으로 흡수될 수 있다. 보다 현실적인 층위에서 말하자면 대내적으로 그것은 종종 구체적인 정부 혹은 그 정부의 구체적인 행위를 가리키는 것일 수 있으며 이 두 가지 측면은 서로 결합되어 매우 복잡한 감정을 조성할 수도 있다. 본질적으로 말해 국민국가는 분명 서양에서 유래한 개념이다. 어떤 학자는 ‘국가’라는 개념이 영어의 ‘country’ 혹은 ‘state’로 번역될 수 있다고 주장한다. country는 특정 지역에 연계되어 있는 정치조직으로 그것은 국민과 그 국민이 거주하고 있는 자연

---

17) Benedict Anderson(本·安德森), 『상상적공동체: 민족주의의 기원과 전파』(想像的共同體: 民族主義的起源興散布), 우루이렌(吳睿人) 譯, 時報出版, 1999, 97쪽.

적 영토 사이의 내재적 연계와 사람들의 해당 지역에 자연적 감정에 기대어 국민들을 하나로 단결시킬 것을 강조한다. 때문에 본 개념은 조국, 국토, 향촌과 같은 함의를 갖는다. 하지만 state는 추상적인 법률제도에 기탁해 건립된 정치조직을 말하며 공민과 국가 정체(政體) 사이의 내재적 연관관계와 법률관계를 통해 공민을 하나로 단결시키는 것을 강조한다. 때문에 이 개념은 정부와 공권력 그리고 정체라는 함의를 내포하게 된다. 현대 국가는 모든 공민이 지역, 출신, 국족, 종교 그리고 전통 등의 자연적 요소를 제거하고 자연권을 가진 이성적 인간으로 추상화되는 것을 그 전제로 한다. 이런 현대 공민은 이해관계에 대한 고려에서 출발해 사회계약의 법률 기제를 통해 국가를 건립한다. 때문에 현대 국가의 정치제도에 대한 철학적 기초는 state이지 country가 아니다.[18] 미국인들은 일상생활에서 종종 'State'라는 개념을 사용해 미국을 칭한다. 이것은 미국인들이 자신의 정치체제에 대한 자부심과 정체성을 함축하는 것이다. 하지만 실제 사회 상황은 그렇게 간단하게 분석할 수 없다. 오천 년의 문명과 역사가 '우리 국토 우리 국족'의 '중국'이라는 이 country에 대한 이해에 녹아들어 있고 이런 정서적 상황은 절대 '제국'은 '현대'에 존재하지 않는다는 말로써 논의에서 제외할 수 없는 것이다.[19] 최근 사람들은 지속적으로 지구화 시대에 접어들어 금융과두제와 초국적 기업의 CEO가 이 세계를 움직이므로 '국가'는 더 이상 중요하지 않다고 말하고 있다. 이들은 결국 정치와 사회 생활 속의 의미 취소에 주안점을 두고 사람들로 하여금 자본 제국의 그늘

---

18) 창스공(强世功), 「'일국'의 미로」('一國'之謎: Country vs. State—香江邊上的思考之八), 『두수』(讀書), 2008년 제7기 참조.

19) 언어 횡단적 실천을 행하는 사람들은 중국 문제를 논할 때, 종종 전통 중국은 '제국'이지 현대 국민국가가 아니라는 이유로 양자 간의 연관관계를 사유의 범위 안에 넣기를 거부한다.

아래서 돌아갈 곳이 없게 만들고 있다. 이들은 사람들의 생활을 더욱 파편화시키고 협소하게 만들어 버린다. 이런 해석 방식 내지 전략은 매우 악의적인 것이라고 할 수 있을 것이다. 그리고 이들이 제시하고 있는 것을 오늘날 중국 민중들의 생활 현실이자 감정이라고 할 수도 없다. 이론적 연역은 또 다른 문제의 것으로 신체적 감각이 오히려 더욱 절실한 것이라고 할 수 있을 것이다. 엄청난 인구에 방대한 영토를 가진 국가의 국민들은 최근 30년 간 오히려 서유럽과 비교해 더욱 낙후된 자신의 모습을 발견하고 매우 자괴감에 빠져 있다. 게다가 유구한 문명에 대한 역사 기억은 자연스럽게 집적되어 강대한 '중국'에 대한 애처로운 갈망으로 변하고 있다. 심지어 중화민족의 치욕적인 역사를 함축/대표하고 있는 위안밍위안(圓明園)의 청동상이 천문학적인 액수로 경매되고 프랑스 대통령 사르코지가 달라이라마를 고위급 인사로서 접견할 때 사람들은 당연히 기쁘지 않았다. 일본이 댜오위다오(釣魚島)를 침범하고, 필리핀이 황옌다오(黃岩島)와 남사군도(南沙群島)에 대한 자신들의 영유권을 주장할 때 사람들은 '중국'이 보다 강대하기를 기대했다. '우리 국토 우리 국족'이 어떻게 state와 country의 구분으로 분석될 수 있을 것인가!

신체적 감각이라는 것은 그것이 처해있는 현실 상황 속에서 이해되고 분석된다.

추상적인 개념의 층위에서 말하자면, '중국'의 의미 그리고 한 명의 '중국인'으로서의 감정은 복잡하고 혼합되어 있으며 유동적이기 때문에 그 표현형식은 이데올로기적 국가장치에서 그리고 일반적인 민중 사이에서 극도로 큰 격차를 보여주게 된다. 또한 그것은 종종 각기 서로 다른 힘들에 의해 이용되고 해석되기도 한다. 한편으로 국가와 정부는 사력을 다해 각종 지구적 활동과 회의를 통해(의식) 대국의 이미지(대관식)를 만들어낼 기회를 모색하고 있다. 그리고 중화문명의 굴기를 구체적인 국족의 강력한 요구로 전환시키거나 비극적인 역사와 외세의 위협을 동원해 민중적 지지와 응집력을 집결시키려 한다. 이것은 곧 민중의 응집력을 현 정부와 제도 및 정책에 대한 자발적 지지로 연역, 전환시키는 것이라고 할 수 있다. 다른 한편으로 이것은 대중들 사이에서 자발적으로 촉발된 국민국가 감정의 집합적 표현에 구체적인 분류와 제한을 가하는 것으로서 엄격한 규칙을 통해 그것을 의식화·제도화하는 것이다. 그리고 이런 과정을 통해 민중의 내재적 감정에서 '통제되지 않는' 부분의 '파괴력'을 제거하게 된다. 이런 상황에서 국민국가 관념과 상상력은 관방을 통해 갈망에 기댄, 응집력을 호소하는 일종의 도구와 수단이 된다. 하지만 이런 국민국가의 관념과 상상력은 오히려 민중 속에서 점차 그 신비함을 잃어간다. 19세기 이후에 진행된 국족 투쟁의 역사과정에 내재되었던 격정과 상상을 탈각시키는 과정에서 동시에 중화민족이라는 이 '상상의 공동체'를 떠받치는 민중적 기초 역시 탈각되었다. 이를 통해 우리는 '국민-국가'의 굴기에 대한 정체성이 '관방 국족주의'에 의해 부여된 후에야 비로소 올림픽 기념 불꽃놀이 속에 울려 퍼진 축가로 기호화되었음을 알 수 있다. 이런 현실적 행위는 곧 다이안 등이 언급한 '탈선'(脫軌)적인 상황과 결합하고 이로부터 '충돌'과 '환상'이 생겨나게 되는 것이다. 경쟁에 기반을 둔 스포츠 경기를 통해 호명된 국족정신은 민중이 보유한 거대한 호소력 안으로 흩어져 공동화된다. 홍콩의 비판적 학자 쉬바오창(許寶強)의 비판적인 사유를 통해 말해본다면 이런 '관방 국족주의'는 철저하게 '견유주의'(犬儒主義, cynicism)적인 것이다. 모든 이가 그러한 관방 국족주의가 국민-국가 이데올로기의 무용함을 부르짖고 있으며 관방에서 민간에 이르기까지 무의미함과 형식화된 틀에 박힌 공무를 부단히 반복하고 관방 국족주의를 재생산 및 강화하는 것을 알고 있다. 때문에 비판적인 지식인과 문화연구자는 마땅히 이런 상황을 정면으로 대면하고 비판해야 한다.[20] 하지만 관방의 측면에 대해 말하자면, '견유'라는 것은 일종의 대관의 방식이며 동시에 각종 사건을 혼란스럽게 만들어 사회의 생명력과 활력을 해체시키고 그를 통해 사회 통제를 지속시키는 기능을 얻게 되는 것이다. 관방의 앞잡이가 되어 주류 이데올로기의 허위적 숭고함에 철저하게 영합하는 것은 당연히 그 대가를 치르게 될 것이지만, 그 역량이 박약한 피지배자의 입장에서 말한다면 그러한 '견유주의'는 마치 얇은 막과도 같이 진실의 추악한 면을 덮어버리고 '벌거벗은 임금님의 보이지 않는 새 옷'으로 사회적 합법성이라는 표면적인 준칙들을 유지시켜 그것의 적나라한 폭력성과 원시성을 드러내는 것을 늦추게 해준다. 때문에 류샹의 퇴장에 대해 대중이 보낸 야유와 조롱은 실상 그 배후에 놓여 있는 상업적 의도를 간파한 것이고 그에 대해 책임을 물은 것이다. 이것은 또한 대중들이 보여준 순수하고 진실하며 거대한 탄식이었다고 할 수 있을 것이다. 이런 과정에서 사람들은 자신들의 탄식이 남긴 여전히 잔존하고 있는 희망의 온기를 분명하게 목도할 수 있었다.

한 발 더 나아가 구체적인 생활 현실을 분석해보자. 대지진이 불러일으킨 국민–국가 정체성 그리고 동시에 사람들이 지진 이후의 문제에 대한 주목과 '탈선' 때문에 원촨 대지진이 발생한 지 1년이 지나도록 관방은 여전히 학교가 무너진 것이 부실공사 때문이라는 것을 감히 인정하지 못하고 있으며 학교가 무너진 것은 시공의 품질 문제 때문이 아니라 지진

---

20) 쉬바오창(許寶强), 「교육개혁 맥락 속의 본토 교육개혁의 새로운 연계」(敎改脈絡下本土敎育的重新扣連), 載本土論述編輯委員會, 신역량 네트워크(新力量網絡) 編, 『본토논술 2008』(本土論述2008), 上上書局, 2008.

의 강도가 너무 컸기 때문이라고 주장하고 있다. 탐욕과 부패가 사회 구석구석까지 스며들고 매번 정부 고위관리들은 높은 자리에 오를 때마다 반부패와 청렴을 부르짖지만 자리에서 내려오고 나면 곧바로 재계와 유착한다. 본래 존재하던 사회 보호 기제들은 철폐되고 권력과 돈 그리고 성(性)이 빈번하게 거래된다. 기층의 약자들을 모욕하고 억압하는 사건들이 연이어 발생하고 사회 기층민들은 억울한 일이 있어도 하소연할 곳이 없다. 최근 몇 년간 비슷한 사건들이 부지기수로 일어나고 있다. 사람들은 부단히 인터넷과 휴대폰 메시지를 통해 이런 소식들을 접하고 텔레비전 화면을 통해 그러한 소식들을 보게 된다. 당신 역시 그토록 강대함을 표방하던 국가와 정부가 얼마나 낯설고 요원한 존재인지 느낄 수 있을 것이다. 비록 수많은 인민들을 대표한다고 일컫는 집정당의 통치 하에 있지만 지난 60여 년간 점차 방대해지는 관료집단은 그 현실적인 면에서 무책임하고 무능한 모습을 보여주었고 사람들의 정부의 합법성에 대한 신뢰와 믿음을 극도로 손상시켰다. 사회의 가장 기본적인 신뢰가 존재하지 않는데, '애국열정'이 다 무슨 소용이란 말인가? 심지어 그토록 강대한 정부가 사람들이 기대하던 것이었는가를 의심해봐야 할 처지에 놓여 있다. 마침내 '중국'의 강대함이란 것도 구체적으로 존재하는 정부와 정치제도를 회피해야만 사람들이 안심할 수 있게 되었다.[21] 이렇게 날이 갈수록 축적되고 있는 'state'에 대한 실망과 좌절 안에서 호흡하고 있는 사람들이 어떻게 자신의 중국이라는 'country'에 대한 열정을 오래도록 유지할 수 있을까?

---

21) 이에 대한 토론은 왕샤오밍(王曉明), 「중국정체성의 현황과 희망」(中國認同之現狀與希望), 『톈야』(天涯), 2008년 제6기. 또한 王曉明, 「새로운 국가 정체성과 미래」(新的國家認同及未來). http://www.cul-studies.com/Article/contribute/200811/5678.html 참조.

연초부터 연말까지 2008년에 발생한 문화 유턴 속의 국민국가의 문제는 이토록 사람들의 이목을 끄는 것이었다. 그렇다면 그것은 어떤 논리를 만들어내고 있는가? 내부 상황을 통해 본다면 티베트의 3.14 사건, 파리 소동 그리고 5.19 톈안먼의 격정적 시위는 민중들의 중화민족에 대한 기대와 상상을 분출시키는 사건이었다고 볼 수 있을 것이다. 그리고 외부적 측면에서 벌어진 잠잠한 적이 없었던 영토 분쟁, 무역 분쟁, 화인들이 겪은 해외의 이런저런 개별적인 갈등들은 모두 국족주의 정서와 밀접하게 연계되어 있었다. 최근 20년 동안 토지와 노동력 등을 포함한 자원이 개방되고 시장경제 개혁이 진행되면서 중국 경제는 빠른 속도로 발전했다. '중화민족의 위대한 부흥'은 혁명투쟁의 완성을 통해서가 아니라 부단하게 증강되는 경제 능력 그리고 부단하게 강해지는 국가 실력을 통해 실현될 수 있었다. 중국인들은 국제 문제에서 출중한 감각을 가지고 있다. 하지만 이런 과정 속에서 모욕감을 씻어준 것은 정의와 평등 그리고 도덕과 같은 '보편적 가치'에 대한 요구와 확립을 통해 완성된 것이 아니라 오히려 경제력으로 강대한 능력을 드러냄으로써 확립되었다. '베이징 콘센서스'가 '워싱턴 콘센서스'를 대체하고 서양 선진국 모임인 G8에 중국이 포함되어 G8+1되고 다시 G2(미국과 중국)가 되었다. 그리고 중국이 포함된 BRICs (브라질, 러시아, 인도, 중국)가 탄생했다. 이런 표현들은 백년 동안 수모를 당한 국족이 하루 빨리 그 치욕을 벗고 싶다는 욕망을 대변해 주었다. 무력의 역사와 논리에서 불평등함을 토로하던 국족이 이제 오히려 그와 같은 강자의 논리에서 자신의 굴기를 선언하고 있는 셈이다. 이런 '위대한 부흥'은 그 허약함과 허망함을 면하기 어려울 것이다. 위대한 중화민족은 세계에 대해 이와는 다른 책임감을 갖고 다른 형식의 공헌을 위해 고민해야 할 것이다.

몽매함을 통해 얻은 강대함과 부흥은 부단히 '타자'를 통한 승인과 증명을 필요로 한다. 이런 상황의 출현은 전체적인 국제 환경과 밀접한 관계를 맺고 있다. 최근 20년 간 세계는 적나라한 헤게모니 투쟁의 무대가 되었다. 소련의 해체, 걸프 전쟁, 유고슬라비아의 해체, 아프간 전쟁, 냉전 이후 미국에 의한 헤게모니 독점은 자유, 평등과 같은 세계 질서의 허위적인 가면을 완전히 벗겨버렸고 이후 사람들이 목도하게 된 것은 보편 가치의 허망함뿐이었다. 지난 20년 간 국제관계에서 유지했던 '도광양회'(韜光養晦)를 기조로 한 전략적 태도는 세계 문제에 대한 중국의 사고와 책임감을 억압했고 그러한 사유와 책임에 대한 민간 토양도 근절시켰다. 티베트 3.14 사건 배후의 국족 분열, 파리 소동을 통해 표출된 외부 간섭 그리고 중국 백년 역사의 서사 속에 내재되어 있는 '억압-저항'이라는 도식이 자극시킨 국족 정서 그리고 5.12 대지진을 통해 촉발된 자강(自强)과 자립이 표현해낸 것은 인민들의 재난에 대한 강인함과 불굴의 정신이었지만 또한 세계 상황에 대한 자신들의 취약함과 자신감 없음이었다. 이런 취약점과 관련해 수많은 외부적 시선들은 이런 국민국가 문제와 연관된 정서들을 『'노'라고 말할 수 있는 중국』(中國可以說不), 『차이나 앵그리』(中國不高興) 등과 같은 파편적인 현상들과 연계해 해독한다. 하지만 다른 측면에서 말한다면, 이것은 우리가 오늘날 우리의 곤경을 표현할 수 있는 어휘의 부족이 얼마나 심각한 지경에 이른 것인가라는 것을 보여주고 있는 것이기도 하다. 이것은 이런 말들이 어떤 특별한 무엇인가를 말하고 있기 때문이 아니라 그것이 우리가 그토록 좋아하고 흥미를 느끼는 화제가 되고 있기 때문이며 이것이 우리가 대면해야 하는 오늘날 '중국' 정체성의 내재적인 곤경과 문제를 정면으로 대면할 것을 요구하고 있기 때문이다.

3_ '포스트80' 세대와 '성인되기(長大成人)

앞에서 언급했던 것처럼 새로운 매체가 국민-국가 정체성과 그 미래를 서술하고 표현함에 있어 그것을 받아들이는 주체이자 대상은 바로 젊은이들, 특히 이른바 '포스트80 세대'라고 불리는 젊은이들이다. 이런 상황은 곧 '청년' 그리고 '포스트80 세대'가 오늘날 중국에서 도대체 무엇을 의미하는가라는 문제를 제기하며 나아가 우리는 '포스트80 세대'라는 문제를 어떻게 토론할 것인가라는 문제를 제기한다.

사회주의 중국에서 '청년' 의미의 변천은 곧 특정한 역사 맥락과 함의를 지니는 것이었다. 1957년 11월 당시 신생국이었던 사회주의 중국이 막 건립되었고, 마오쩌둥은 모스크바에서 중국 유학생들에게 다음과 같은 말을 전했다: "세계는 여러분의 것이며 또한 우리들의 것입니다. 하지만 결국은 여러분의 것입니다!" "여러분은 오전 8, 9시의 태양입니다", "중국의 앞날은 여러분의 것입니다. 세계의 앞날은 여러분의 것입니다. 여러분에게 미래를 맡기기를 희망합니다!" 이 희망의 소리는 이후 노래가 되어 여러 세대를 통해 전해져 몇 세대에 걸쳐 젊은이들을 격려하고 있다. 매 세대의 젊은이들은 자신들의 미래에 충만한 자신감을 가지고 있었고 국민국가와 전 세계에 대한 책임감 역시 이를 통해 촉발되어 나온 것이었다. 해마다 '세대가 갈수록 발전해간다'는 감탄이 이어졌고 마오쩌둥 시대에 오직 청년들만이 가슴을 펴고 다녔다. 또한 자신의 정체성과 책임을 확립한 이후에야 청년들이 비로소 자신의 운명을 외부 세계와 긴밀히 연결시킬 수 있었고 일어설 수 있었다. 이런 청년들의 자태는 상산하향(上山下鄕)을 실천하는 청년들의 모습에 그리고 1980년대 후반 '내가 아니면 누가 희생하겠는가'를 외치던 청년 대학생들의 모습에 투영되었다. 반세기가 넘는 지난 시간 동안 당시 청년들의 열정에는 '좌익', '유치' 심지어 '재난'이라는 꼬리표가 달렸고 그들의 열정은 이제 지나간 과거 그리고 개인적인 추억의 소재들이 되고 말았다. 사회와 국가에 대한 개인의 책임은 이렇게 소산되어 버리고 말았던 것이다. 이것은 역사에 대한 인식인 동시에 현실과 인생에 대한 태도였다.

중국 대륙에서 사람들은 보통 1989년 이전에 졸업한 대학생과 이후에 졸업한 학생을 구별한다. 이런 구분이 갖는 상징적 의미는 비단 신계몽운동의 종결 또는 확연한 중단에 의해 생겨난 모종의 휴지기 때문만은 아니다. 그 현실 의미는 한 시대의 청년이 세계, 국가, 국족에 대해 갖는 책임의식이 종결되었다는 데 있다. 또한 1980년대는 진정 한 시대의 종결이라 할 만한 시대였는데, 이전의 사상적 금기가 종결되고 있었고, 새로운 통치 방식이 아직 형성되지 않았던 시대였으며 잠깐이지만 자유로운 시공간이 형성되고 있었다. 이런 시대 조건은 활발하고 생기 넘치는 문화의 시대를 만들어냈다. 계몽의 사상과 정신은 청년세대를 일깨우고 단련시켰다. 국민-국가와 미래의 거대한 문제에 대한 사유는 당시 청년들의 남다른 문화적 관심과 정신적 기질을 제련해냈다.

앞서 언급했던 것처럼 '포스트80 세대'는 모호한 세대 개념이다. 이는 대체로 1989년 이후 성장한 세대를 가리킨다. 이런 개념은 중국 특색의 것이기도 하다. 중국은 '정치적 성격'이 매우 강한 사회로 10년을 단위로 중대한 정치적 전환이 발생하곤 했다. 이런 전환은 청년들을 통해 표현되면서 또 다른 정치적 특징을 갖게 되었다. 1966년 '문혁'이 발발할 때 학내에 있었던 66, 67, 68 학번 학생들, 초중등학생 대부분은 '홍위병'의 경험을 가지고 있으며 '라오싼제'(老三屆)라 불렸다. '문혁' 10년 '상산하향'에 참가했던 이들은 또한 '지식청년(知識靑年, '知靑'이라 약칭)이라는 별칭을 가지고 있다. 그들 가운데 '문혁' 후 77, 78, 79년에 대입시험(高考)을 통해 대학에 입학한 이들을 일러 '문혁 이후 첫 번째 대학생'이라고 부른다. 개혁개방 이후 1980년대에 대학에 입학한 학생들은 1989년의 세례를 겪었기 때문에 신계몽세대로 불렸고 그 중 적지 않은 수가 이후 정계에 진출해 '포스트60 세대'로 불렸다. '포스트70 세대'와 '포스트80 세대'는 1989년 당시 아직 어렸던 세대로 이들은 20년 동안의 '평화'와 '번영'의 시대를 누리며 커다란 사건 없는 시대를 보냈다. 때문에 이들은 매우 평범한 시대를 산 세대라고 할 수 있을 것이다. 베이징대학 총장을 역임한 쉬즈홍(許智宏)은 중국의 1980-90년대 이후 학생들이 대부분 외동인 관계로 모든 사랑을 한 몸에 안고 자랐고 많은 경험을 가지고 있으며 훌륭한 사유능력과 새로운 것을 접하는 능력을 갖추고 있어 자신들의 세대보다 강점을 가지고 있는 것은 확실하지만 많은 좌절을 겪어보지 않아 경쟁 능력은 부족하다고 공개적으로 말한 바 있다.22) 사회 여론은 일반적으로 '포스트70 세대'가 1989년을 겪어보지 않아 자신의 이상과 인생 목표를 갖지 않고 있으며 대학 수업에서도 질문을 제기하지 않고 수업도 빼먹지 않는다고 생각한다. 또한 이들을 낭만과 연애도 모르며 무엇을 생각하고 있는지 알 수 없는 '착한' 아이들이라고 여긴다. 졸업하면 일을 해야 하는데 직업이 없는 이들은 여전히 학교 혹은 학교 주변에 숨어 오락실에 들어가 밤낮없이 게임을 하고 부모에게 의존한다. 이런 이들을 일러 '캥거루족'이라고 하며, 일이 있으면서도 돈 쓰는 일에만 열중하고 미래에 신경 쓰지 않는 이들을 일러 '월광족(月光族)23)이라 한다. 그들의 정신생활 역시 고민스러운데, 자아인

---

22) 상하이(上海) 『선장 복무 보도』(申江服務導報), 2009. 3. 19, B-02版 참조.
23) '캥거루족'과 '월광족'은 모두 06-08년 사이 대륙의 매체에서 청년들을 묘사하기 위해 자주 쓰인 어휘들이다. '캥거루족'은 일할 나이가 되었음에도 일을 하지 않고 은퇴한 부모에게 의존해

식이 평온한 시대에 형성되어 아무런 이상도 추구도 없다. 또한 인간관계 역시 소원하다. 이들은 또한 실용주의 관점으로 주위 세계를 관찰하고 자신의 미래를 설계한다. 심지어 자신의 경험을 표현할 적당한 언어조차 찾지 못한다. 이런 시대에 문학계에서는 '신체서사'(身體寫作), '상하이 베이비'(上海寶貝) 등이 일종의 상징이 되었다. 어렵사리 2005년 봄 '반일시위'가 벌어지긴 했지만 그것 역시 '상하이', '화이트칼라' 등의 개념과 결합하면서 시위의 전 과정이 한 차례의 '봄 꽃놀이'가 되고 말았다. 한 마디로 '포스트80 세대'는 '큰일을 하지 못하고', '아직 성장하지 못한 것'이다. 이런 묘사와 이해는 각종 매체를 통해 보도되었고 특히 사람들의 일상적인 대화에서 많이 회자되었다.

이런 현상은 분명 그 원인이 있는 것이다. 1990년대에 이르러 '돌다리도 두드려보고 건너는' 시대가 지나가고 전 사회는 철두철미한 '개혁개방'을 진행했다. '시장경제 개혁'이 강온을 반복하며 시행되었고 이는 곧 사람들로 하여금 모든 가치와 기대를 물질생활 추구에 집중하게 만들었다. 강해지고 싶거든 부자가 되어라. 이런 구호는 사람들을 '숭고', '이상', '책임', '타인' 등으로부터 멀어지게 했고 소비를 통해 개인 '인생'의 즐거움과 '성공'의 의미를 체현하게 했다. 중국은 영토가 크고 인구가 많다. 특히 총명한 인재가 많다. 이런 세계관을 견지하는 에너지가 신속하게 촉발되어 거대한 소비 이데올로기 사조를 형성했다. 그들의 물질에 대한 소유욕과 사치스런 생활에 대한 욕망은 폭발적인 것이다. 이렇게 사회 재화에 대한 경쟁 속에서 물질적 자원을 획득하고 사회 조직과 문화적 자원을 장악하는 데 중장년층이 유리한 위치를 점하는 것은 당연하다. 개혁개방의 기치 아

생활하는 이들을 가리키며, '월광족은 고소득의 직업을 가지고 있지만 저축하지 않고 모두 써버리는 이들을 일컫는다.

래 그들은 게임의 룰을 정하는 위치를 점유하고 자신이 장악하고 있는 각종 담론 특권을 통해 그 규칙을 제어하고 공고히 한다. 이런 시대 상황에서 사회는 평온하지만 고착화된다. 새롭게 사회에 진입한 젊은이들은 경쟁에서 각종 자원을 장악하지 못했고 수중에 있는 것이라고는 젊음뿐이다. 하지만 젊음은 이제 더 이상 창조, 변혁 그리고 미래를 의미하지 않으며 그것은 일종의 마감일을 알 수 없는 어음과 같은 것이 되어버렸다. 젊은이들은 산전수전 다 겪은 그리고 사회적 자원을 장악하고 있는 앞 세대에 의해 억압받고 있다. 젊은이들이 제기하는 질문은 지나치게 간단하거나 순진할 수 있다(too simple, too naive). '세계는 너희 것이다'라는 노래는 예전에 사라졌다. 그들은 '아무 것도 없음'을 노래하고 '이러저리 쓸려 다님'을 노래한다. 일반적인 젊은이를 언급할 것도 없이, 대학생들이 이미 더 이상 특권적인 존재가 아니게 되어버렸다. 청춘은 이제 소중한 것으로 취급받지 못할 뿐만 아니라 사회의 주변부로 밀려났다. 그들은 이런 이유로 개인으로 전향하고 아무런 의미 없는 무료함으로 전향했다. 새로운 매체와 기술은 때에 맞추어 '슈팅 게임' 같은 각양각색의 게임을 제공하고 거기에도 성공과 쾌락과 같은 인생의 순간이 존재하고 있다. 여기서 젊음의 쾌감 그리고 의미는 당연히 매우 쉽게 소진되어 버린다. '포스트70 세대'의 어음은 이렇게 물질적, 기술적, 소비적 사회에 의해 소진되었고 눈 깜짝할 사이에 지나갔다. 그 공간의 발전에서부터 정신상태에 이르기까지 한 사회가 청년세대에 가하는 이런 압력은 이 사회의 전체 상황이 매우 엄혹함을 반영하고 있는 것이다.

젊은이들의 에너지와 욕망은 항상 그것을 투여하고 분출할 수 있는 장소를 원하기 마련이다. 비록 종종 참을성이 없다고 비판받지만 젊은이들의 피는 뜨겁다. 춘제 기간 남부 지방의 폭설, 3.14 사건, 파리 성화 봉송

사건 등 일련의 사건을 거치면서, 젊은이들은 휴대폰 메시지, 이메일 그리고 인터넷의 각종 정보들과 이미지들을 통해 대화를 이어가면서 그들의 관심거리와 감정들을 신속하게 표현했다. 원촨 지진이 발생하자 그들은 PC방에서 뛰쳐나와 한 번도 들어본 적 없는 재난지역으로 달려가 구호 활동에 나섰다. 또한 그들이 한 번도 해본 적 없는 고생을 자처하고 자신의 안위는 전혀 돌보지 않았다. 그들은 먼 지방에 떨어져 있던 사람들을 위해 울음을 토해냈고 감동했다. 그리고 냉담하고 쿨(cool)했던 그들의 가면을 벗어던졌다. 이런 태도 변화는 빠르게 매체와 줄곧 사회에 대한 새로운 서사를 찾고 있던 이들에게 신속하게 포착되었다. '포스트80 세대'가 시대의 전면에 나섰고 오랫동안 기다려왔던 책임과 이성을 떠맡기 시작했다. 그들이 마침내 '성인이 된 것이다!' '냉소의 시대'에 모든 긍정적인 가치들을 '허무'로 치부했던 젊은이들이 이제 진짜 노래를 부르기 시작한 것이다. 급속하게 인터넷과 각종 유명 잡지들 그리고 방송 매체들은 '트렌드 세터' (潮人, trend setter) 한한(韓寒)24)과 그 팬들을 '포스트80년대'의 우수작으로 묘사하기 시작했다. '돌아온 탕아'와도 같았던 그들이 이제 가치가 올바르고 겉보기에도 좋으니 '포스트80 세대'는 이제 자신의 체면을 세운 셈이다. 어디에서 이렇게 좋은 재료를 찾을 수 있단 말인가? 때문에 많은 사람들이 보기에 이제 '포스트80 세대'는 자신의 '역사 감각'을 세웠고 '성인이 된 것'이었다.

하지만 이것은 과연 어떠한 '역사 감각' 그리고 '성인됨'이었는가?

---

24) 한한(韓寒), 1982년생. 베스트셀러 작가이자 레이싱 드라이버, 가수. 종종 재기 넘치는 말로 유명 잡지의 표지를 장식했다. 매체에 의해 유행을 선도하는 '트렌드 세터로 불리게 되었다. 한한은 제1회 신개념 작문 대회에서 일등을 했지만 기말고사에서 7개 과목에 불합격했다. 그 작품과 언행이 도시의 청소년들에게 상당한 영향을 끼쳤다.

그 '성인됨'의 가장 중요한 근거인 '원촨 대지진'부터 분석을 시작해보자. 5.12 대지진 발생 이후 몇몇 젊은 친구들은 몇 차례 지진지역을 방문했다. 그들이 접촉한 자원봉사자 중에는 휴가를 내고 온 공무원도 있었고 퇴역군인도 있었다. 농민, 유랑 승려, 중소기업 사장, 인생이 허무하다고 느낀 교사 등등. 이들이 다년간 공익과 책임, 창업과 성공에 대한 교육을 받고 자원봉사자가 되었다고 생각한다면 그건 분명한 오류다. 그리고 그들을 사회주의 교육의 결과로 간주하는 것도 위선으로, 그들은 공산주의자는 더욱 아니다. 심지어 인생의 이상적인 경로에서 그들은 결코 인생을 의식적으로 계획하고 설계한 것이 아니다. 재난지역에 있었던 동년배 지원자들의 관찰에 따르면 '자원봉사자'라는 구호 아래 모인 수많은 이들은 종종 장난스럽게 행동했고 규율을 지키지 않았으며 주정을 부리고 때때로 싸우거나 소소한 연애를 즐기기도 했다. 그들의 짧은 인생 경력에서 적지 않은 이들이 실의에 빠졌을 것이고 생활이 그들 뜻대로 되지 않았을 것이다.[25] 당연히 그들 역시 '역사 감각'의 중요성을 알고 있으며 이 시대의 파편이 되는 것을 원치 않는다. 한 자원봉사자의 땀에 젖은 흰색 티셔츠에는 다음과 같은 문장이 쓰여 있었다고 한다. "피가 끓고 책임감 있어야 사나이이고, 넓은 가슴과 큰 기개를 품은 이가 대장부이다"(有血性有擔當是好男兒, 大心胸大氣度是大丈夫). 그리고 세로로 '바다가 온갖 강물을 품는다'(海納百川)라고 쓴 후 옆에 자신의 이름을 써 놓았다.[26] 이래야만 2008년 '성인이된' '포스트80 세대'로 상승할 수 있을까? 이재민을 구하는 기간 동안 인터넷에는 또 다음과 같은 뉴스가 보도되었다. 한 명의 레지던트가 소속 병원

---

25) 위량(余亮), 「쓰촨지진재난구역 지원자 소묘」(四川地震災區志願者素描), 『열풍학술』(熱風學術) 제2집, 上海人民出版社, 2009, 197-209쪽 참조.
26) 같은 책, 201쪽의 그림 참조.

의 동의도 얻지 않고 쓰촨 재난지역으로 달려가 자원봉사를 했고 이 때문에 병원에 의해 무단결근을 이유로 해고당하게 된 것이다. 이 사건은 인터넷에서 상당히 뜨거운 이슈로 떠올랐다.[27] 당시 사람들은 성공사회의 가치관과 주류 매체의 취사선택의 시선을 가지고 젊은이들의 행동을 지켜보았다. 그리고 젊은이들이 자신의 뜻에 부합하게 행동하는 것을 보고 그들이 역사 감각을 갖추었으며 어른들과 함께 책임을 짊어질 수 있으며 젊은이들에게 막중한 책임을 지워도 된다고 생각했다. 이러한 태도는 곧 천하를 장악한 입장에서 20-30대의 젊은이들을 여전히 자신에게 속한 부속물로 보는 것이며 자신의 미래를 그들에게 투영하는 것이다. 이것은 젊은이들의 미래에 대한 주도권을 빼앗는 것이며 그들의 미래를 마음대로 기획해버리는 것에 다름 아니다. 젊은이들을 통해 지속되고 있는 것은 결국 자기 자신의 '역사 감각'에 다름 아니다.

한 개인의 물질적 생활을 뛰어넘는 '정신', 인생의 의미 그리고 가치가 '성공' 사회의 의미 생산에 대한 일종의 대항으로서 기능할 수 있으려면 물질적인 그리고 주류적인 '성공'의 시야 밖에서 생명의 의미 공간을 찾아내야 하며 그를 위해서는 여전히 모종의 정신적 가치 그리고 물질생활 이외의 보다 큰 무엇에 대한 일체감이 필요하다. 때문에 물질적인 성공을 추구하며 '경제동물'이 되지 않으려는 젊은이들의 반항이 최근 점차 일어나고 있으며 새로운 문화적 경향성을 형성하고 있다. 만약 그러한 행동들 역시 일종의 반항으로 볼 수 있다면 상술한 젊은이들의 토론들에서 가장 적극적인 의미를 찾아낼 수 있을 것이다. 앞서 우리는 매체와 문화 방식 역시 그들의 직관적인 행동과 감정의 표현 방식이 서로 인과관계를 이루고

---

27) 「재난지역으로 달려간 여의사는 병원에 의해 해고되어야 하는가?」(女醫生赴災區該不該被醫院辭退?), 『중경만보』(重慶晚報). http://cqcb.cqnews.net/pk/?id=2144 참조.

있다고 말한 바 있다. 하지만 이성적인 시각을 통해 냉정하게 관찰해보면 '포스트80 세대'가 이러한 과정 속에서 보여주고 있는 것은 여전히 파편적인 개체이다. 그들의 표현과 행동은 주류 매체의 영향을 매우 강렬하게 받아들이고 있으며 일순간의 감정에 휘둘려 편협한 방식으로 행동한다. 그들은 공동화된 선전 용어와 표현 방식에 기대고 있고 그들이 체현하고 있는 것은 이미 탈가치화된 호소에 불과하다. 이것은 바로 그들이 자신들만의 언어와 표현을 가지고 있지 않기 때문이다. 이러한 사회적 상황과 마주치는 상황 속에서 그들은 사회의 주류가 기대하는 이야기를 만들어낼 수 없다. 그저 '열혈', '책임', '넓은 마음'(海納百川)과 같은 진부한 말들을 써 붙인 채 길에 오를 수밖에 없는 것이다. '포스트80 세대'에 대한 이야기는 당연히 매체를 떠나서 이야기할 수 없다. 재해, 지진 등의 위기 상황이 닥쳤을 때, 바로 매체가 '정복' 게임의 주체가 되어버렸다. 이미 표준화 유형화되어 버린 인물들이 출현하는 상황 속에서 긍정적인 측면이든 부정적인 측면이든 모두 매체가 그 열정을 집약하고 민중을 호명하며 유명 잡지의 표지를 장식하고 광대한 사회가 함께 국난을 극복하는 이미지를 만드는 데에 유리한 대상이 되어버렸다. 한한 등이 '포스트80 세대'의 대표로 해석되는 것은 곧 그 공공적 요소를 모두 배제시켜 버린 것이며 이것은 또한 현대 매체에 의한 것이라고 할 수 있을 것이다.[28] '포스트80 세대'라는 것은 매체 시대의 수많은 프로그램들 중의 하나에 불과하다.

---

[28] 「포스트80년대 지원자들이 쓰촨 지진구조 자원봉사자의 중심 역량이 되다」(80後志願者成爲四川抗震救災志願者的中堅力量),『성도일보』(成都日報), 2008. 5. 21. http://news.xinhuanet.com/edu/2008-05/21/content_8218669.htm;『애국주의가 포스트80세대를 다시 주조해내다』(香港『南華早報』: 愛國主義重塑80後一代. http://big5.xinhuanet.com/gate/big5/news.xinhuanet.com/world/2008-05/07/content_8121115.htm 등 참조. 또한 장후이위(張慧瑜),「'사랑의 공헌', 시민사회의 상상과 비판의 곤혹스러움」('愛的奉獻', 公民社會的想像及批判的尶尬),『대만사회연구(계간)』(臺灣社會研究[季刊]), 제71기, 323-26쪽의 '포스트80 세대'에 대한 상세한 설명.

때문에 '포스트80 세대'의 '성인되기'는 매체의 선전에 기댄 이전 세대의 성공 스토리에 불과하다. '포스트80 세대'라는 것은 대체로 이와 같은 방식으로 구축된 그리고 자신에게 속하지 않는 '역사 감각'을 진정으로 받아들이지 못한다. 혹은 '포스트80 세대'의 역사 감각은 여기에 있지 않다.

이어지는 문제는 바로 '포스트80 세대'를 어떻게 인식할 것인가이다. 앞서 언급했던 것처럼 우리는 사회에서 유행하는 대로 '모든 사랑을 한 몸에 받는 대학생, 계몽되지 않고 숭고함이 무엇인지 모르며 숭고에 대한 회피 역시 아무렇지도 않게 생각하는 '성장하지 못한 도시 청년을 일러 '포스트80 세대'라고 일컫는다. 그리고 이러한 통념에 기대 그들을 미래 사회의 주체로 상상한다. 하지만 '포스트80 세대'는 광범위한 영향력을 발휘하는 명칭으로 문학지에서 말하는 '포스트70 작가군' 다음 세대에 속하는 이들을 말한다. 2004년 2월 유명 시사지 『타임』은 중국에서 매우 상징적인 의미를 갖는 춘수(春樹)와 한한 등을 표지 인물로 내세우고 '포스트80 세대'의 특징을 독특함과 시대에 구애 받지 않음으로 정리했다. 일종의 문화의 역류라고 해야 할까? 『타임』지의 이 소개에 힘입어 '포스트80 세대'는 국내외에서 매우 잘 나가는 개념이 되었다. 지금은 이미 자명한 것이 되었지만, '포스트80 세대'의 독특한 기질을 주조하고 그것을 새롭게 규정한 배후에는 '포스트80 세대'를 유형화하고 새롭게 포장하려는 책략이 내재되어 있었는바, 그것은 바로 소비사회를 위한 것이었다. 새로운 명명과 귀납은 분명 쉽지 않은 과정이지만, 『타임』지의 명명과 기의를 지속시키는 것은, 독립적인 사고로 비판적인 역량을 형성하려는 담론에 대해서는, 일종의 도피에 다름 아니다. 실상 '포스트80 세대'가 1989년 이후 성장한 세대를 가리키는 것이라면 앞서 언급한 일군의 세대들은 그 중의 일부분일 뿐이다. '포스트80 세대'에 대해서는 아마도 또 다른 해석이 필요할 것이다. 2008년의 첫 번째 큰 사건, 즉 대폭설은 남부지방의 전신망을 붕괴시켰고 대부분의 열차가 운행을 중단하게 되었다. 창장(長江) 이남의 남북을 관통하는 교통 기반 시설이 봉쇄되어 수천만에 이르는 농민공들이 고향으로 돌아가 설을 쇠지 못하게 되었다. 중국 정부의 인력자원사회보장부의 보고에 의하면 2009년 일거리를 찾아 농촌을 떠난 인구가 1억 3천만 명을 넘어서고 있는 것으로 집계되었지만29) 실제 그 인구는 2억 명을 넘어설 것으로 추산된다. 춘제 기간 광저우 기차역에서 압사 당한 리훙샤(李紅霞)는 1991년 생으로 18세가 되지 못한 채 그 생을 다했다. 이렇게 이제 막 성장하여 아직 제대로 성숙할 기회마저 갖지 못한 '포스트80 세대'와 '포스트90 세대'는 '알바 소년', '알바 소녀'로 불리고 있다. 그들은 이제 막 자립하여 천지사방으로 시간제 아르바이트를 찾아 헤매고 제한된 수입을 집으로 보내 고향집 노년의 부모들을 봉양해야 한다. 일할 자격마저 상실한 부모를 부양하고 집에서 가정을 건사하고 있는 부모를 위해 이들은 한 해가 끝나면 무슨 일이 있더라도 집으로 돌아가려 한다. 남방의 폭설, 농민공, 청년 그리고 중국의 미래에 대한 수많은 토론 중 이러한 문제들과 청년 세대의 가정에 대한 책임, 부담을 함께 연계시켜 토론한 적이 있었던가? 그들은 '캥거루족', '월광족'과 같은 연령대인 '포스트70 세대, 포스트80 세대, 포스트90 세대'30)이다. 이들의 수는 훨씬 더 많으며

---

29) 신화망(新華網), 「인력자원사회보장부: 농민공취업현황, 대책과 건의」(人力資源社會保障部: 農民工就業形勢, 對策和建議). http://news.xinhuanet.com/politics/2009-02/06/content_10774352. htm
30) 이들 시간제 근로자들은 '포스트70 세대'가 대부분이다. 공장은 일반적으로 4, 50대 이상의 민공을 받으려 하지 않는다. 그들의 작업 속도가 더디고 난이도가 높은 공정 중 신체적인 문제가 일어나기 쉽기 때문이다. 또한 이들은 사회적 경험이 많아 지시에 잘 따르지 않기 때문에 사업장에 상당한 곤란함을 초래하기 일쑤다. 때문에 연장자는 시간제 일자리를 찾기 어렵다. 필자가 알고 있는 상하이의 몇몇 시간제 근로자들 역시 그 수의 90퍼센트 정도가 35세 이하이다. 공장에

그 분포 역시 더욱 광범위하다. 하지만 시간제 근무자들을 전문적으로 연구하는 학자라 할지라도 이러한 극빈 청년층과 주류 매체에서 열렬하게 토론하는 '포스트80 세대'를 연계시켜 토론하는 이는 매우 적은 것이 사실이다. 고향을 떠나 다시 실업자로 귀향하는 이들은 단지 농민공 혹은 시간제 노동자들에 속해 이야기될 뿐이다. 그들은 영원히 주류 매체와 주류 사회의 토론에서 제외되어 있으며 만약 포함된다고 해도 그것은 그러한 극빈층 청년들이 오래도록 체불된 임금(이것은 또한 주류 사회가 그토록 소중히 생각하는 자신의 돈이기도 하다)을 달라고 하기 때문이며, 또한 극빈층 청년들이 실업자가 되어 기차역과 부두를 부랑하여 사회 치안에 문제가 되기 때문일 뿐이다. '부유해진' 사회에 있어 이들은 그저 귀찮고 문제를 일으키는 존재들일 뿐인 것이다. 그들 중 일부는 대학 졸업생으로 이들이야말로 진정한 침묵하는 다수인 셈이다.

주류적 가치관과 주류 매체가 주목하는 초점에서 벗어난 또 다른 그룹의 '포스트80 세대'가 있다. 중국이 급속하게 '부자사회'를 향해 달려갔던 최근 10년 동안 적지 않은 수의 젊은이들이 시짱, 쓰촨, 산시(陝西) 등으로 가 자원봉사자로서 일했다. 쉬즈훙은 이들에게 연설을 한 적이 있다. 하지만 그들은 그의 연설을 듣자마자 잊어버렸을 것이다. 이들은 모두 대학생이었다. 그들 중 몇몇은 졸업을 했을 것이고 몇몇은 학업을 마치지 않고 대도시의 학업과 직업을 그만두고 시짱 등의 서부 지역에서 자원봉사자로 일하고 있었다. 그들은 오늘날 대도시의 생활에 실망감과 염증을 느끼고

서 비교적 오래 근무한 근로자라 할지라도 각종 원인으로 먼저 퇴직당하고 또한 다시 일자리를 찾는 것 역시 매우 어렵다. 적지 않은 연구자들이 농담 삼아 중국 대륙의 농촌에는 부녀자와 노인으로 이루어진 '3860부대'(3월 8일 부녀의 날과 60세 이상 노인을 합성해 일컫는 말)만 남아 자리를 지키고 있다고 말할 정도이다.

내심 '낭만적 감정과 영웅주의 이상'을 가지고 이곳에 왔을 것이다. 그들 중 어떤 이들은 '전통 맑스주의'를 '견지'하고 이 세계의 미래를 믿었을 것이다. 이들 중 어떤 자원봉사자는 감격에 젖어 "시짱 사람들은 이곳의 태양처럼 쾌활하다. 그들의 농담도 마음으로부터 우러나오는 것이다. 특히 같이 일하는 사람들끼리 모두 한 곳에 모여 살며 서로 쉽게 볼 수 있는 사이이기 때문에 상호 정이 매우 깊다. 내지 사람들과 다르게 이들은 서로 배려한다." 이들 '청춘의 세계관'은 '강산을 사랑하고 또한 아름다운 사람도 사랑한다.' 하지만 이들은 '리위춘'(李宇春)과 그 팬들을 극도로 무시한다.31) 그들의 말은 매우 소박한 듯이 보이지만 생활과 정신상태에 대한 이해에 있어 그 수준을 가리는 기준은 매우 분명하다. 이것은 아마도 대략 다음과 같은 이유 때문일 것이다. 적지 않은 수의 자원봉사자들이 가끔씩 시간을 내어 일찍이 자신이 일했던 편벽한 지역으로 달려간다. 이들이 바로 '포스트80 세대'이다. 그리고 그들 중 많은 수의 대학생들은 자발적으로 농촌으로 달려가거나 심지어 호적(戶籍) 자체를 농촌으로 옮겨 버리고 한 달에 800위안에서 1,000위안의 간단한 생활비만으로 농민 생활을 영위한다. 우리 주변의 적지 않은 친구들이 졸업 후 대도시에서 일할 수 있는 기회를 포기하고 험난한 농촌 건설 작업에 투신했다. 남에서 북으로 많은 사람들이 오랜 시간 그 일에 매달렸다. 한 통계에 의하면 이들 서부 지역으로 향한 지원자들은 대략 16만여 명에 이른다고 한다.32) 관방의 통계에

---

31) 여기서 인용하고 있는 말은 시짱 지역에서 활동하던 지원봉사자 류단(劉丹) 동학(同學)의 말을 직접 옮긴 것이다. 필자의 자원봉사자 인터뷰 기록을 보라. '愛江山, 也愛美人'은 유행하는 노래의 가사이며 '리위춘'(李宇春)은 2005년 후난(湖南) 위성 텔레비전에서 개최한 '울트라 걸 보이스'(超級女聲) 대회의 우승자이다. 그녀는 많은 팬을 거느리고 있다.

32) 「서부계획을 통해 대학생의 국가관을 보다」(從西部計劃看大學生的國家觀). http://www.nun. edu.cn/sa/Article/ShowArticle.asp?ArticleID=140

잡히지 않은 사람들과 단기 자원봉사자들까지 합하면 그 수는 20-30만에 이를 것이다. 그들 대부분은 '포스트80 세대'이다.

서부지역과 농촌은 당연히 순수한 에덴동산이 아니다. 위급한 시기에 재난 지역으로 달려갔던 지원봉사자들과 마찬가지로 서부지역과 농촌으로 간 자원봉사자들 역시 각양각색일 것이다. 당연히 적지 않은 수의 자원봉사자들은 서부와 농촌으로 자신들이 향한 것을 인생의 경력이자 경험이라고 볼 것이고 고진감래를 거쳐 얻게 될 '대관식'을 기대할 것이다. 때문에 이들은 '성인이 될 수 있는' 지름길에서 이탈한 것이다. 중난산(終南山)에서 창안성(長安城)으로 오는 길 위에서 새로운 정치 스타가 탄생할 수도 있다는 것을 의심하는 이는 아마 없을 것이다.

앞서 언급한 청년 그룹의 사상과 행동은 오늘의 중국, 혹은 '숭고에 대한 회피'가 모종의 표제어가 된 중국에서 별다른 중시를 받지 못하고 있거나 일종의 봉사, 희생 심지어 성숙하지 못한 사상과 행동이라고 평가받고 있다. 다시 말해 그것은 일종의 '특이함'으로 보이거나 청년의 에너지를 함부로 다루거나 방임하는 것으로서 사회의 위기를 떠넘기는 방식으로 보일 수도 있다. 청년이 성공할 수 있는 가능성과 그 경로(관방의 취업, 인재 정책 등의 방면으로의 유도를 포함하여)를 만드는 데 있어 그 안의 문제와 가능성의 역량들을 전제시킬 방법이 전혀 존재하지 않고 있는 것이다. 물론 여기에는 지역적인 문제가 포함되어 있다. 재계의 지정학 정치는 서부 지역에 대해 너무 가혹한 것이었다. 개체화, 파편화되고 다루기 힘든 성질의 것은 매체가 쉽게 내다팔 수 없는 사건이 되었고 날로 매체화 되어가는 사회는 그 초점을 '소비'를 중심으로 하는 그야말로 '가벼운' '부용언니'(芙蓉姐姐), '울트라 걸'(超女)과 같은 사람들에게 집중시키고 있다. 이 세계는 급속히 우향우로 돌아서고 있으며 잠시 옆으로 한 눈 파는 것 역시 용인하지 않으려 한다.

이를 통해 우리는 '포스트80 세대'가 역사 감각을 가지고 있는가 그리고 그들이 진정으로 성인이 되었는가가 문제가 아니라 우리가 과연 어떠한 사람들을 '포스트80 세대'의 주체로 볼 것인가가 문제라는 것을 알 수 있을 것이다. '포스트80 세대' 문제의 배후에 놓여 있는 것은 우리 자신의 문제이고 오늘날 중국 사회의 문제이다. 이 시대의 매체 그리고 중국 굴기 속의 '국민국가' 정체성에 대한 해석을 시도하고 익숙하면서도 낯선 '포스트80 세대'의 그림자가 2008년의 시작과 끝을 관통하여 어지럽게 얽혀 있는 것을 알 수 있다. 격정에서 희롱으로 뒤바뀐 문화의 반전은 일종의 표상인 동시에 우리 시대의 징후이다. '포스트80 세대'의 감동과 충동은 순간순간 한 시대의 풍경으로 연접된다. 하지만 오늘에 이르기까지 우리는 여전히 주류 매체 속에서 다시 유희와 조롱으로 돌아가버린 '포스트80 세대'가 어떠한 방식으로 새롭게 출현할 것인지 확실히 알 수가 없다. 때문에 만약 우리가 우리의 눈을 매체의 시각 안으로 한정시켜 버린다면 우리는 매체가 손쉽게 그리고 자기 입맛에 맞게 그려낸 즉자적 대중을 이 사회의 미래를 책임지는 전부이자 주체로 보게 되고, 자본에 쉽게 이용되고 흡수되는 사람들을 사회의 기본 토대라고 보게 되어 그들이 사회의 미래라고 여기게 된다. 이렇게 되면 진정한 문제가 제기되기는 아마도 힘들 것이다. 소년 시절 어른들을 부양하기 위해 고향을 떠나 외지로 가 일을 하면서 가정을 책임지고 사회적 책임을 지는 시간제 노동 청년들, 편벽된 고장으로 내려간 지원자들 그리고 그 이유가 무엇이든 간에 광활한 대지로 뛰어든 대학생들을 통해 우리는 진실한 감정이 여전히 중국이라는 country에 깊게 뿌리 내리고 있음을 볼 수 있다. 최근 20년간의 문화적 상황 그리고 사회적 환경 속에서 '여전히 그들은 어려', '이렇게도 저렇게도 안 된다'는 식의 화법들이 '포스트70 세대와 포스트80 세대'의 얼굴에 먹칠을 해놓았다. '성인이 되라'는 이 말에 기대어 우리는 그들에게 어떠한 위로를 해줄 수 있을까? '격랑을 헤치고 강 깊숙이 들어가 힘차게 배를 저어간다'(到中流擊水 浪遏飛舟)는 이미 예전에 지나가버린 마오쩌둥 시대 청년들의 이야기이지만 큰 뜻을 품었던 사람들에게는 새로운 느낌으로 다가올 것이다. 아마도 어떤 이는 세월이 노래와 같아 그 흐름에 따라 노래도 변하는 것처럼 매 세대마다 각자 자신의 노래를 부르는 것이며 말하지 않아도 옆길로 새지 않을 것이라고 말할지도 모른다. 뒤의 파랑이 앞의 파랑을 밀어내고 앞의 파랑은 모래톱에서 죽는 것이다. 이것은 당연히 가장 자연스러운 처리방식일 것이다. 하지만 자연은 각 시기의 서사 그리고 이야기 방식에 의해 결정된다.

대략 2, 3년 전, 필자는 여전히 문화연구가 다음과 같은 점에서 '문화혁명'과 구별되는 것이라고 생각했다. 즉 문화연구는 문화적으로 타협과 공존을 말하는 것이지 '혁명'을 논하는 것이 아니며 문화연구라는 작업을 통해 '유기적으로' 사회적 상황에 개입하여 세계의 미래에 대한 기대를 바꾸는 것이라고 말이다. 이러한 언급에는 폭력에 대한 거절과 기본 질서에 대한 의존이 내재되어 있다고 할 수 있을 것이다.[33] 하지만 최근 5년 필자는 이 사회가 자본과 권력으로 급속도로 전향하는 것을 경험 및 목도하고 사회에 대한 사상들이 이에 대한 기본적인 대응과 저항의 능력을 상실해가고 있으며 대다수의 문화연구자들이 야전에서 매체가 만들어낸 농약과 비료를 파종하고 '자신만의 누각에서 논문에만 몰두하는 것을 지

---

33) 레이치리(雷启立), 「후기」(後記), 『매체의 환상―당대 생활과 매체문화 분석』(傳媒的幻像―當代生活與媒體文化分析), 上海書店出版社, 2008.

켜보면서 이러한 상황은 곧 그 탈출구가 없는 그저 회피에 불과한 길이라는 것을 깨닫게 되었다. 때때로 '자객'의 마음을 품어보지만 이 또한 쉬운 일이겠는가? 최근 일련의 시간 동안 필자는 홍콩의 몇몇 친구들과 함께 들뢰즈(G. Deleuze)와 가타리(F. Guattari)를 읽었는데, 비록 그들의 저서가 일반적으로 매우 어렵고 사회에 대한 총체적인 비판을 전개하고 있지는 않다는 것을 발견했지만 그들의 저서가 모두 개인의 욕망이라는 뿌리로 파고드는 것만은 아니라는 것을 발견할 수 있었다. 정치 사회적 비판이라는 커다란 맥락에서 들뢰즈는 그 견실함과 날카로움을 결여하고 있지 않았던 것이다. 한 개인의 부단히 성장하는 욕망은 상아탑 안에 존재하는 것이 아니며 정신과 욕망의 회피 역시 합당한 피난처가 아니라는 것이다. 창조적인 피난 경로는 '총체적인 정치, 경제, 관료 그리고 법 체제를 함께 사유하는 것이다. 이러한 기제들은 흡혈귀처럼 사람들이 아직 알지 못하는 미래의 목소리들을 빨아 먹고 그것을 자신들에게 바치도록 만든다. …그들은 자신들의 욕망을 내뱉는 사악한 세력이다.' 이렇게 '표현행위 그 자체'는 "역사적이고 정치적이며 사회적인 것이다. 또한 표현행위는 욕망과 결합하여 법률, 국가 그리고 사회제도의 총체를 뛰어넘는다."[34] 이러한 언급은 확실히 사람들에게 믿음을 선사한다. 이들의 사유는 포스트모던 이론가가 그 사유의 이면에서 그것의 대상과 목표를 명확히 겨누고 있다는 것을 말해주고 있다.

들뢰즈가 우리에게 계시하고 있는 것은 현실적인 것이다. "『심판』을 시작으로 모든 것은 웃음 소리였다. 『펠리스에게 부치는 편지』(Letters to Felice)로부터 모든 것은 정치였다."[35] 개인이 방치한 욕망과 감정은 사회,

---

34) G. Deleuze, F. Guattari(德勒兹, 迦塔利), 「카프카: 소수문학을 위해 쓰다」(卡夫卡: 爲弱勢文學而作), 『철학이란 무엇인가』(甚麽是哲學), 장상젠(張祖建) 譯, 湖南文藝出版社, 2007, 91-93쪽.

정치적 배치와 결합되기 때문에 카프카는 '마음 깊은 곳에서 웃고 있는 사람'이 되고 '철두철미한 정치 작가'가 된다. 간단하고 간편한 매체의 서사를 비껴 현실적인 사회, 정치적 배치의 내부로 들어가 주변으로부터 시작하여 켜켜이 쌓여있는 현상의 연무를 꿰뚫고 이제 막 지나가버린 과거의 세월과 사건들을 진정으로 독립적으로 사유하고 혹은 그 배후의 진상을 파고들어 지식과 사상이 생산되는 모든 교차점에서 사상의 목소리를 토해내는 것은 침묵하는 다수를 대면하는 것이고 그를 통해 전환시대의 힘을 발견할 수 있을지도 모른다. 이것이 우리의 출발점이자 우리의 진지이다. 과연 이와 같이 2008년의 문화적 전환은 그 전환적 의미를 지니는 것이었고 이러한 과정 속에서 '포스트80 세대'는 '자연스럽게' 성인이 된 것이었다.

2009년 5-6월 香港

[요약]

레이치리는 「문화 유턴: 2008년의 '국민국가'와 '포스트80 세대' 문제」에서 베이징올림픽이 개최되었던 2008년의 상황을 '문화 유턴'이라는 키워드를 가지고 분석하면서 내셔널리즘 또는 국가주의와 1980년대 이후 출생한 포스트80 세대에 초점을 맞추고 있다. 2008년 중국대륙에서는 1월 남부 지방의 대폭설, 3월 라싸 사건, 5월 원촨 대지진 등 일련의 대형사건들이 연이어 터졌다. 민족감정, 국가 정체성, 개인의 생각과 행동들이 갑자기 이러한 것들과 상당한 거리를 두고 있는 것 같은 대형 사건들 및 그에 대한 책임과 연계되면서 이기적인 물질주의자로 여겨지던 '포스트80 세대'가 이러한 사건을 계기로 '성인으로 성장하고(長大成人)',

---

35) 같은 책, 93-94쪽.

자기 스스로의 '역사 감각'을 세우게 되었다. 연이어 8월의 베이징 올림픽, 9월의 싼루(三鹿) 분유 사건, 10월의 금융위기 그리고 연말의 '草泥馬大戰河蟹'을 거치면서 '포스트80 세대'가 위기 속에서 폭발적으로 보여준 책임감과 격정은 신속히 주변 세계에 대한 조롱과 학대 그리고 산발적인 공격으로 전환되었다. 그들이 보여주었던 그 '역사 감각'이라는 것은 또다시 순식간에 무너진 듯 보였다. 격정에서 환멸로 이토록 급속히 변화되어 버린 이 청년 세대의 거대한 감정-문화적 전향을 우리는 어떻게 이해해야 하는가? 이 글은 상술한 현상에 초점을 맞춰 최근 20년간 중국 대륙에서의 사회와 문화적 가치 변화를 결합, 매체와 문화적 상식의 문제에서부터 국민국가의 정체성 문제 그리고 '포스트80 세대'와 그 세대의 가치관을 갖춘 성인들의 문제에 이르기까지 다방면에 걸친 영역들을 통해 2008년을 휘감고 있던 일종의 표상이자 우리 시대의 징후라고 할 수 있는 격정에서 조롱으로의 문화 유턴을 분석해 보고자 한다. 이에 이 글은 자본의 운영 논리와 새로운 정보 전달 방식의 변화가 새로운 내러티브를 만들어냈고 이른바 '포스트80년대'에 성장한 '성인'들이 만들어낸 '역사 감각'이라는 것이 결국은 이러한 논리와 변화의 과정 안에서 서술된 이전 세대의 성공 스토리라고 생각한다. 이 글은 '포스트80 세대'의 청년 주체에 대한 이해와 확인을 통해 오늘날 중국 사회의 사상적 잠재성과 사회적 역량을 찾아내 보고자 한다. (피경훈)

집필자_논문 게재 순

임춘성(林春城, YIM Choonsung)_ 목포대학교 중어중문학과 교수, 중문학/문화 연구. 한국 중국현대문학학회 회장(2006-2007)을 역임했고 현재 동 학회 상임고문직을 맡고 있다. 『문화/과학』 편집자문위원, 『외국문학연구』 편집위원, 『석당논총』 편집위원, 상하이대학교 문화연구학과 국제위원 등을 맡고 있다. 지은 책으로 『중국 근현대문학사 담론과 타자화』, 『소설로 보는 현대 중국』, 『21세기 중국의 문화지도—포스트사회주의 중국의 문화연구』(공편저), 『상하이영화와 상하이인의 정체성』(공편저), 『동아시아의 문화와 문화적 정체성』(공저), 『20세기 상하이영화: 역사와 해제』(공저), 『홍콩과 홍콩인의 정체성』(공저), 『영화로 읽는 중국』(공저) 등이 있고, 옮긴 책으로 『문학이론학습』, 『중국근현대문학운동사』(편역), 『중국통사강요』(白壽彝主編, 공역), 『중국근대사상사론』(李澤厚著) 등이 있으며, 중국 근현대문학이론과 소설, 중국 무협소설과 중국영화, 상하이와 홍콩 등 중국 도시문화, 이주와 디아스포라, 정체성과 타자화 등에 관한 논문 90여 편이 있다. 중국어 저서로 『新世紀韓國的中國現當代文學硏究』(편저), 『視野與方法: 當代文學硏究版圖的重構』(공저), 『當代文學60年: 回顧與反思』(공저), 『雙城記: 上海・紐約都市文化』(공저), 『城市史與城市社會學』(공저), 『當代華語電影的文化美學與工業』(공저), 『臺灣想像與現實: 文學·歷史與文化探索』(공저), 『東亞文化與中文文學』(공저), 『文化上海』(공저), 『精神中國』(공저) 등이 있다. blog: http://blog.daum.net/csyim2938, 이메일: csyim2938@gmail.com

왕샤오밍(王曉明, WANG Xiaoming)_ 상하이대학 문화연구학과 교수 겸 화둥사범대학 중문학부 교수. 주요 저서로 『사팅과 아이우의 소설세계』(沙汀艾蕪的

小說世界, 1987), 『솔로몬의 병』(所羅門的瓶子, 1989), 『잠류와 소용돌이』(潛流與漩渦—論二十世紀中國小說家的創作心理障碍, 1991), 『추문록』(追問錄, 1991), 『인간 루쉰』(無法直面的人生—魯迅傳, 1992), 『가시덤불 속의 탐색』(刺叢里的求索, 1995), 『태양이 사라진 후에』(太陽消失以後, 1997), 『반쪽 얼굴의 신화』(半張臉的神話, 2000), 『사상과 문학 사이에서』(在思想與文學之間, 2004), 『문학경전과 당대의 삶』(文學經典與當代人生, 공역, 2008) 그리고 2012년에 출간된 삼십년 기념문집인 『근시와 망원』(近視與遠望) 등이 있다. 저서 이외에도 『이십세기 중국문학사론』(二十世紀中國文學史論, 1997), 『'새로운 이데올로기'의 포위 속에서』(在新意識形態的籠罩下, 2000), 『중문세계의 문화연구』(中文世界的文化研究, 2011) 등 단독 혹은 공동으로 펴낸 책들이 있다.

한국에 소개된 책으로는 저서 『인간 루쉰』(동과서, 이윤희 옮김, 1993년 초판, 1997년 개정판)이 있고, 임춘성 교수와 공동으로 펴낸 『21세기 중국의 문화지도: 포스트사회주의 중국의 문화연구』(현실문화연구, 2009)도 있으며, 그밖에 『중국현대문학』, 『황해문화』, 『문화/과학』, 『창작과 비평』 등의 간행물에 「문화연구의 세 가지 난제」, 「현대 중국의 민족주의」, 「최근 중국 문학의 육분천하」 등이 번역, 소개되어 있다.

뤼신위(呂新雨, LU Xinyu)_ 안후이(安徽) 허페이(合肥)에서 출생했다. 1993년 푸단대학에서 문예미학 전공으로 박사학위를 받고 현재 푸단대학 언론대학 교수로 재직중이다. 그 밖에 언론대학 방송텔레비전과 주임, 푸단-골드스미스 다큐멘터리 연구센터(Fudan-Goldsmith Documentary Research Centre) 주임, 푸단대학 정보와 미디어연구센터 연구원 및 중국텔레비전예술학회 다큐멘터리 학술위원회 이사, 중국 방송텔레비전협회 다큐멘터리 위원회 학술연구원 연구원, 상하이대학 중국당대문화연구센터 특약연구원 등을 겸임하고 있다. 현재는 문화연구, 미디어 및 사회, 영상이론, 중국 다큐멘터리의 발전, 연극 미학 등에 주로 관심을 갖고 연구 중에 있다. 주요 저서로 『신화, 비극,

『시학』: 고대 그리스 시학전통의 새로운 인식』(神話·悲劇·『詩學』: 對古代希臘詩學傳統的 重新認識, 1995), 『중국을 기록하기: 최근 중국의 신다큐멘터리 운동』(紀錄中國: 當代中國的新紀錄運動, 2003), 『글쓰기와 은폐』(書寫與遮蔽, 2008), 『대중매체와 상하이 정체성』(大衆傳媒與上海認同, 2012) 등이 있다.

쉐이(薛毅, XUE Yi)_ 상하이 출신. 현재 상하이사범대학 중문학부 교수로 재직 중이다. 중국 근현대문학 연구 및 도시문화 이론 연구, 루쉰(魯迅) 연구를 중심으로 활동하고 있다. 저서로 『당대문화 현상과 역사정신의 전통』(當代文化現象與歷史精神傳統) 등이 있고 『서양 도시문화 연구 독본』(西方都市文化研究讀本), 『향토중국과 문화연구』(鄕土中國與文化研究), 『루쉰과 다케우치 요시미』(魯迅與竹內好) 등을 주편했다.

진이훙(金一虹, JIN Yihong)_ 중국사회과학원에서 사회학을 전공했고 장쑤성사회과학원 사회학연구소 부소장을 역임했으며 진링여자학원(金陵女子學院) 노동 및 사회보장학부(勞動與社會保障系) 교수. 성별사회학 및 노동사회학 전공. ginyihong@163.com

니원젠(倪文尖, NI Wenjian)_ 상하이 화둥사범대학 중문학부 부교수. 중국 근현대문학과 문화연구에 종사하고 있으며 주로 상하이문학과 도시문화를 연구하고 있다. 저서로는 『욕망의 변증법』(慾望的辨證法, 1998), 『상하이: 기억과 상상』(上海: 記憶與想像, 1995, 공저), 『비평 공간의 창설』(批評空間的開創, 공저, 1998), 『90년대 사상문선』(90年代思想文選, 공저, 2000) 등이 있다.

쑨샤오중(孫曉忠, SUN Xiaozhong)_ 상하이대학 문화연구학과 부교수로 중국 근현대문학과 중국 도시문화를 주로 연구하고 있다. 주요 저서로는 『포스트 미국 시대에서 생활하기: 사회 사상 논단』(生活在後美國時代: 社會思想論壇, 2012), 『문학경전과 당대인생』(文學經典與當代人生, 공저, 2008), 『루쉰과 다케우치 요시미』(魯迅與竹內好, 공저, 2008) 등이 있다.

마오젠(毛尖, MAO Jian)_ 화둥사범대학 졸업, 동 대학원 중문과 석사. 홍콩 과기대학 인문학부 박사. 현재 화둥사범대 교수로 재직하면서 고품격 산문 작가로 이름을 날리고 있다. 20세기 중국 문학과 영화, 세계 영화와 영미 문학을 주로 연구하며 최근에는 당대 중국 영화와 드라마 그리고 도시문화를 집중적으로 연구하고 있다. 상하이, 홍콩, 타이베이, 싱가포르 등지에 특별 기고를 하고 있다. 산문집으로 『마오젠의 영화 기록: 가장 죄책감이 드는 것이 가장 아름답다』(非常罪, 非常美 毛尖電影筆記), 『세상이 오른쪽으로 향할 때』(當世界嚮右的時候), 『살며시 미소 짓기』(慢慢微笑), 『네 멋대로 해라』(亂來), 『요즘』(這些年), 『예외』(例外), 『욕실의 호랑이』(有一隻老虎在浴室), 『영원 그리고 3초 반』(永遠和三秒半), 『우리는 영화를 모른다』(我們不懂電影) 등이 있으며, 역서로는 『상하이 모던—중국의 새로운 도시문화 1930~1945』(上海摩登: 一種新都市文化在中國1930~1945)이 있다.

니웨이(倪偉, NI Wei)_ 장쑤(江蘇) 장인(江陰) 출신. 상하이 화둥사범대학에서 박사학위를 취득하고, 현재 푸단대학 중문학부에서 교편을 잡고 있다. 중국 근현대문학과 문화를 중심으로 연구활동을 펼치고 있다. 저서로 『'민족' 상상과 국가 통제—1928-1948년 난징정부의 문예정책과 문학운동』('民族'想像與國家統制—1928-1948年南京政府的文藝政策及文學運動, 2003)이 있고, 한국에는 「선전(深圳) 민속문화촌을 통해 본 기호 소비의 문화정치」와 「마도(魔都), 모던」이 소개되었다. 「당대 첩보드라마에 드러난 신앙과 문화적 징후」(當代諜戰劇中的信仰與文化徵候)는 2012년 7월 '드라마와 당대 문화'라는 주제로 개최한 학술대회에서 발표한 글을 저본으로 삼았다.

둥리민(董麗敏, DONG Limin)_ 푸단대학 문학박사. 상하이대학 문학원 중문학부 교수. 젠더, 매체 그리고 20세기 중국 문학과 문화를 주로 연구하고 있다. 저서로는 『격류 속의 외침』(激流中的吶喊, 1999), 『현대성 상상—혁신시기의 『소설월보』 연구』(想象現代性—革新時期的「小說月報」研究, 2006), 『성별, 콘텍스트, 글쓰기의 정치』(性別, 語境與書寫的政治, 2011)가 있으며, 공저 『도시의 기억』(城市的記憶, 2011), 『여성문학 교본』(女性文學教程, 2007)이 있다. 『문학평론』, 『중국현대문학연구총간』 등 핵심 기간지에 40여 편의 논문을 발표했다.

뤄강(羅崗, LUO Gang)_ 장시(江西) 간저우(贛州) 출신. 화둥사범대학 중문학부 교수로 재직하면서 동 대학 쓰몐(思勉) 인문고등연구원 당대중국문화연구센터 주임, 중국현대사상문화연구소 도시문화연구실 주임, 중국현대문학자료와연구센터 부주임을 맡고 있다. 그밖에 상하이대학 당대중국문화연구센터 연구원, 미국 뉴욕대학 동아시아학과 및 비교문학과 방문연구원, 홍콩침례대학(香港浸會大學) 방문연구원, 중국현대문학연구회 이사로 활동 중이며, 탕타오(唐弢) 문학연구상을 수상한 바 있다. 2011년 7월부터 충칭대학 인문사회과학고등연구원 겸직교수로 초빙되었다. 주요 저서로는 『기억의 소리』(記憶的聲音, 1998), 『가면의 이면』(面具背後, 2002), 『위기 순간의 문화 상상』(危機時刻的文化想象, 2005), 『도시 상상의 방식』(想象城市的方式, 2006), 『도시의 기억—상하이 문화의 다원적 역사 전통』(城市的記憶—上海文化的多元歷史傳統, 공저, 2011), 『인민지상』(人民至上, 2012) 등이 있다. 그 외에도 편저로 『90년대 사상 문선』(九十年代思想文選, 공저, 2000), 『시각문화독본』(視覺文化讀本, 공저, 2003), 『리와 강변에서 문학을 이야기하다』(麗娃河畔論文學, 공저, 2006) 등이 있다.

장롄훙(張煉紅, ZHANG Lianhong)_ 상하이 화둥사범대학에서 1950-60년대 희곡개혁운동에 대한 연구로 박사학위를 취득했으며, 현재는 상하이 사회과학원 문학연구소에 재직하고 있다. 희곡개혁운동에 대한 연구를 바탕으로, '옌안(延安)의 신(新) 앙가(秧歌)에서 문화대혁명 시기의 모범극까지: 중국 대중문예개조운동의 전제연구'를 주제로 프로젝트를 진행하기도 했으며, '20세기 상하이 지방 희곡사론'의 저술에도 착수하고 있다. 희곡 외에도 문화연구에 관심을 갖고 있는 그녀는 '상하이 문화연구 그룹'의 일원으로, 민중의 생활세계와 그 문화적 실천에 대한 역사적 정리와 현대적 해석 및 이론 구축에 관심을 갖고 있으며, 문화정체성, 윤리자각, 가치재건 등은 그녀의 연구에 종종 등장하는 핵심어들이다. 저술로는 공동 저술한 『도시문화배경과 대중문화: 상하이 도시문화공간분석』(城市語境與大衆文化, 2004)과 「해파 경극과 근대 중국 도시문화 오락공간의 구성」("海派京劇"與近代中國城市文化娛樂空間的建構), 「'유령'과 '혁명': '리후이냥' 귀신극 개편으로 본 신 중국 희곡개조 실천」("幽魂"與"革命": 從"李慧娘"鬼戲改編看新中國戲改實踐) 등의 논문이 있으며, 한국에 소개된 글로는 「'민간성'에서 '민중성'으로: 『양산백과 축영대』, 『백사전』 각색에서의 정치이데올로기화」가 있다.

쩡쥔(曾軍, ZENG Jun)_ 화중사범대학교에서 중국현당대문학 전공으로 석사학위를, 난징대학에서 문예학 전공으로 박사학위를 받았다. 현재 상하이대학 문학원 교수이자 부원장 겸 당위원회 부서기 등으로 활동하고 있다. 2002년-2005년 상하이 사회과학원 『사회과학신문』의 편집장 및 상하이 사회과학원 사상문화연구센터의 부연구원으로 활동하였으며, 2003년-2005년에는 인민대학교에서 포스트닥터 과정을 밟았다. 또한 중국바흐친학회 부비서장과 상무이사 및 상하이 사회과학원 사상문화연구센터 특약연구원으로도 활동하고 있다.

레이치리(雷啓立, LEI Qili)_ 화둥사범대학 매스미디어학원 매스미디어학과 교수 겸 동방출판중심 편집부 부주임. 주요저서로 『고난의 이야기—저우쭤런전』(苦境故事—周作人傳, 1996), 『매체의 환상—당대 생활과 매체문화 분석』(傳媒的幻象—當代生活與媒體文化分析, 2008)이 있고, 『상해: 기억과 환상』(上海—記憶與想像, 1996)을 정리, 편찬했으며, 「在"小報"的字裏行間—政治權力,市場與消費意識形態的建構」, 「新聞, 何以是一種幻想?」, 「粗話褲子上的政治—國際廣告資本與當代消費意識形態的建構」 등의 논문이 있다.

옮긴이_가나다 순

강내희(姜來熙, KANG Nae-hui)_ 중앙대학교 교수, 영문학/문화연구.『흔적』한국어
판 편집인, 문화연대와 맑스코뮤날레 공동대표이기도 하다. 한국 근대성, 인지
과학, 지식생산, 기호학, 서사이론, 문화정치경제 등에 관심을 갖고 있으며,『신
자유주의와 문화』(2000),『신자유주의 시대 한국문화와 코뮌주의』(2008) 등 다
수의 저서가 있으며,『신자유주의 금융화와 문화정치경제』(2014)를 근간할 예
정이다. kangnh09@ gmail.com

고윤실(高允實, KO Yoonsil)_ 숙명여자대학교 중문과 졸업, 상하이대학 중국현당대문
학 석사 졸업, 현재 상하이대학 중국당대문화연구 박사과정 중에 있음. 석사 졸
업 논문으로는「韓流在中國:以"大長今"爲例」가 있다. koyoonsil@126.com

김민정(金珉廷, KIM Minjeong)_ 이화여자대학교 중어중문학과를 졸업하고, 서울대학
교 중어중문학과 대학원에서「1934년의「대중어운동」에 관한 연구」로 석사학
위를 취득했으며, 동대학원 박사과정을 수료했다. 현재 중국 상하이 화동사범대
학 중문과 현당대문학 박사과정에 재학 중이다. mintingjin@gmail.com

김서은(金瑞恩, KIM Seoeun)_ 고려대학교 인문학과 중국학부를 졸업하고 중국 상하이
푸단대학교 중국어언문학부에서 석사 학위를 받고 현재 박사과정에 있다. 논문
으로는「胡適的白話文學: 理論與實踐」(中文)이 있다. seobar@hanmail.net

김소영(金昭英, KIM Soyoung)_ 이화여자대학교 중어중문학과를 졸업하고 연세대학교
대학원 중어중문학과에서 석사논문「쑤칭의「결혼십년」연구—여성 자아 형성
과 체험적 글쓰기」로 석사를 마치고, 동대학원 박사과정을 수료했다. 지금은 상
하이대학교 중문계 현당대문학전공에서 박사과정 중에 있다. 옮긴 책으로 미조
구치 유조의『중국의 충격』(공역)이 있다. rosine0116@gmail.com

김혜주(金慧姝, KIM Heajoo)_ 이화여자대학교 중어중문학과를 졸업하고, 동대학원에서 중국현대문학을 전공하여 석사학위를 받았다. 현재 중국 푸단대학(復旦大學) 박사과정에 재학 중이다. 석사논문으로 「胡適의 文學史 敍述에 관한 硏究」가 있다. huishu33 @hotmail.com

박혜정(朴彗珽, PARK Haejung)_ 숙명여자대학교 중어중문학과를 졸업하고, 푸단대학교 중어중문학과에서 「周作人의 宗敎觀─薩滿敎, 儒敎, 基督敎를 중심으로」로 석사학위를 받았다. 현재 동대학원에서 현당대문학 박사과정에 재학 중이다. 옮긴 글로 「현대 지식인의 직분(職分)을 확립하다─『지당문집(知堂文集)』」이 있다. piaohuiting10@gmail.com

손주연(孫湊然, SON Juyeon)_ 고려대학교에서 동양사학과 중어중문학을 공부하고 동대학원에서 중국현대문학을 전공하여 석사학위를 받은 후 현재 푸단대학 박사과정에 재학 중이다. 논문으로는 「穆時英 소설의 중층적 욕망 연구」와 「穆時英與朴泰遠小說中的都市體現模式比較硏究─「上海的狐步舞」與「小說家仇甫氏的一天」爲中心」(中文)이 있고, 옮긴 글로 「전위(前衛)와 일상(日常)─현대문학사의 두 가지 기본형태」가 있다. juyeon.clara.son@gmail.com

진성희(陳性希, JIN Sunghee)_ 숭실대학교 중어중문학과를 졸업하고 「張愛玲의 『半生緣』 연구」로 문학석사학위를, 「張愛玲 소설과 영화의 상호텍스트성 연구」로 문학박사학위를 받았다. 지금은 숭실대학교 중어중문학과 연구중점교수로 재직 중이다. 중화권 영화를 연구하고 있고, 논문으로는 「'경계'가 만들어내는 주변인의 서사─리안(李安) 영화론」과 「'97년 후 홍콩영화의 좌절과 도전」 등이 있다. xing-xi@hanmail.net

피경훈(皮坰勳, PI Kyunghoon)_ 고려대학교 및 동대학원 중어중문학과를 졸업하고 베이징대학(北京大學) 중문과 박사과정을 졸업하였다. 논문으로는 『趙樹理문학에 대한 비평담론 연구』(석사)와 『1980年代"科學"和"理性主體"的重建』(박사)이 있으며, 「민족국가 건설 과정의 시각으로 본 毛澤東 문예사상」, 「이분법적 인식론의 극복은 가능한가?— 80년대 인식론에 대한 비판적 독해」, 「해방으로서의 과학—신시기 과학담론의 사상사적 의미에 대한 고찰」 등이 있다. '포스트사회주의 중국'이라는 화두를 가지고 '문화대혁명' 이후 중국 지식 담론의 흐름을 '인간학'이라는 관점에서 분석하는 연구를 진행 중이다.

■ 참고문헌

김소영, 「·최근 30년 중국 사회와 문화의 변화: 여러 사조의 상호작용과 대화' 학회
참관기」, 『중국현대문학』 제62호, 2012.

둥리민, 「젠더와 '후궁'서사 그리고 영상 이데올로기—중국 드라마 『궁(宮)』을 통해
본 '시공 초월 드라마' 유행 현상」, 고윤실 옮김, 『중국현대문학』 제61호, 2012.

뤄강, 「상하이 노동자신촌: 사회주의와 존엄이 있는 '생활세계'—『상하이국자』의 샤오
우의 질문에 답함」, 김민정 옮김, 『문화/과학』 71호, 2012.

_____, 「중국의 인터넷 공공공간: 가능한 것과 불가능한 것」, 김수현 옮김, 임춘성 · 왕
샤오밍 엮음, 『21세기 중국의 문화지도—포스트사회주의 중국의 문화연구』, 중
국 '문화연구' 공부모임 옮김, 현실문화연구, 2009.

뤼신위, 「'농민공 조류'라는 문제의식」, 김혜주 옮김, 『문화/과학』 70호, 2012.

_____, 「젖값과 대중매체, 외지 아가씨의 상하이 이야기」, 임대근 옮김, 임춘성 · 왕샤
오밍 엮음, 『21세기 중국의 문화지도—포스트사회주의 중국의 문화연구』, 현실
문화연구, 2009.

리쩌허우, 『중국근대사상사론』, 임춘성 옮김, 한길사, 2010(2쇄. 1쇄: 2005).

_____, 『중국현대사상사론』, 김형종 옮김, 한길사, 2005.

박자영, 「1990년대 이후 중국에서의 문화연구」, 『중국현대문학』 제29호, 2004.

백승욱, 「중국 지식인은 '중국굴기'를 어떻게 말하는가—왕후이의 「중국굴기의 경험과
도전」에 부쳐」, 『황해문화』 72호, 2011.

쉐이, 「문화정치적 관점에서 본 중국의 도시와 농촌」, 손주연 옮김, 『문화/과학』 68호,
2011.

심광현, 『유비쿼터스 시대의 지식생산과 문화정치: 예술-학문-사회의 수평적 통섭을 위하여』, 문화과학사, 2009.

엥겔스 「주택 문제에 대하여」, 『칼 맑스 프리드리히 엥겔스 저작 선집 제4권』, 최인호 외 역, 박종철출판사, 1995.

왕샤오밍, 「문화연구의 세 가지 난제―상하이대학 문화연구학과를 예로 하여」, 김명희 옮김, 『중국현대문학』 제55호, 2010.

_____, 「상하이의 새로운 '삼위일체'」, 고윤실 옮김, 『문화/과학』 63호, 2010.

_____, 「새로운 '이데올로기 지형'과 문화연구」, 박자영 옮김, 임춘성 · 왕샤오밍 엮음, 『포스트사회주의 중국의 문화연구』, 현실문화연구, 2009.

_____, 「천하 6할: 오늘날의 중국문학」, 변경숙 옮김, 『중국현대문학』 제61호, 2012.

_____, 「최근 중국의 문화연구」, 박자영 옮김, 『문화/과학』 42호, 2005.

_____, 「현대 중국의 민족주의」, 최정옥 옮김, 『황해문화』 40호, 2003.

_____ · 백원담, 「21세기 중국과 중국문화, 이해와 소통 그리고 연대의 전망」, 임우경 번역 정리, 『실천문학』 68호, 2002.

_____ · 임춘성, 「왕샤오밍-임춘성 인터뷰」, 朱傑 · 김소영 녹취 번역, 『오늘의 문예비평』 87호, 2012.

왕후이, 「세계화 속의 중국, 자기 변혁의 추구―근대 위기와 근대 비판을 위하여」, 이희옥 옮김, 『당대비평』 10-11호, 2000.

_____, 「중국 사회주의와 근대성 문제」, 이욱연 옮김, 『창작과비평』 86호, 1994.

_____, 「중국굴기의 경험과 도전」, 최정섭 옮김, 『황해문화』 71호, 2011.

_____, 「충칭 사건―밀실정치와 신자유주의의 권토중래」, 성근제 옮김, 『역사비평』 99호, 2012.

원톄쥔, 『백년의 급진―중국의 현대를 성찰하다』, 김진공 옮김, 돌베개, 2013.

이동연, 「아시아 문화연구는 있는가?: 비판적 재구성을 위한 질문들」, 『문화/과학』 43

호, 2005.

임춘성, 「동아시아인의 정체성 형성, 장애와 출구—비판적 동아시아담론을 중심으로」,
『문화/과학』 61호, 2010.

_____, 「'서유럽 모단'과 '동아시아 근현대'에 대한 포스트식민적 고찰」, 『현대중국연
구』 제9집 2호, 2008.

_____, 「포스트사회주의 시기 상하이 글쓰기와 도시공간 담론」, 『중국현대문학』 제52
호, 2010.

_____, 「포스트사회주의 중국의 도시화와 도시영화의 정체성」, 『중국현대문학』 제64
호, 2013.

_____ · 왕샤오밍 엮음, 『21세기 중국의 문화지도—포스트사회주의 중국의 문화연구』,
중국 '문화연구' 공부모임 옮김, 현실문화연구, 2009.

진이홍, 「성별 관점에서 바라본 도시 신빈곤 연구」, 박혜정 옮김, 『문화/과학』 72호,
2012.

첸리췬(錢理群), 『毛澤東 시대와 포스트 毛澤東 시대 1949-2009 (상하)』, 연광석 옮김,
한울아카데미, 2012.

하남석, 「칼 폴라니와 세계체제론 수용을 통해 본 왕후이의 정치경제학적 사유의 특징」,
『젠더 · 정치 · 지역』(2013년 한국 중국현대문학학회 춘계 학술대회), 2013. 6. 8.

하트, 마이클, 『들뢰즈 사상의 진화』, 김상운 · 양창렬 옮김, 갈무리(2쇄. 1쇄: 2004),
2006.

한국 철학사상연구회 편, 『철학대사전』, 동녘, 1997.

二月河, 『雍正皇帝』, 三卷本, 長江文藝出版社(초판: 1991, 재판: 1993, 3판: 1994).

[美]斯塔夫里阿諾斯著, 吳象嬰 · 梁赤民譯, 『全球通史－1500年以後的世界』, 上海: 上海社會科學
院出版社, 1992.

【英】賈斯廷·羅森伯格著, 洪郵生譯, 『市民社會的帝國－現實主義國際關系理論批判』, 南京: 江蘇人民出版社, 2002.

【美】C.萊特·米爾斯, 周曉虹譯, 『白領: 美國的中產階級』, 南京大學出版社, 2006.

【美】邁克爾·哈特(Michael·Hardt)·【意】安東尼奧·奈格裏(Antonio Negri), 「帝國和後社會主義政治」, 羅崗主編, 『帝國, 都市與現代性』, 江蘇人民出版社, 2006.

【美】約翰·菲斯克(John Fiske)著, 祁阿紅等譯, 『電視文化』, 商務印書館, 2005.

【美】海登·懷特, 「歷史主義: 歷史與比喻的想象」, 『後現代歷史敘事學』, 中國社科院出版社, 2003.

【意】毛裏齊奧·拉紮拉托(Maurizio Lazzarato), 高燕譯, 「非物質勞動」(Immaterial labor), 『國外理論動態』, 2005年第3輯.

【荷】祖倫(L.VanZoonen)著, 曹晉等譯, 『女性主義媒介研究』, 桂林: 廣西師範大學出版社, 2007.

GCAP-China(국제 빈곤퇴치 자선단체), 「中國農村外出務工者生存狀況民間報告」, 2009. 11. 23.

V·富勒, 「在同化上的作用與影響」, (美)R·D·羅得菲爾德等編, 安子平·陳淑華等譯, 『美國的農業與農村』, 北京: 農業出版社, 1983.

W·蘭斯 班尼特, 楊曉紅·王家全譯, 『新聞: 政治的幻想』, 當代中國出版社, 2005.

強世功, 「'一國'之謎: Country vs. State－香江邊上的思考之八」, 『讀書』, 2008年第7期.

康有爲, 『大同書』, 鄺栢林選注, 『中國現代思想文選』上卷, 遼寧人民出版社, 1994, 495-527쪽.

_____, 「禮運注敘」, 『中國現代思想文選』上卷, 45-47쪽.

高力克, 「第七章 如何認識轉型中國──關於自由主義與新左派的論爭」, 許紀霖·羅崗等, 『啓蒙的自我瓦解: 1990年代以來中國思想文化界重大論爭研究』, 長春: 吉林出版集團有限責任公司, 2007.

「高山下的花環之導演闡述」, 『謝晉電影選集戰爭卷』, 上海大學出版社, 2007.

「高山下的花環之電影完成本」, 『謝晉電影選集戰爭卷』, 上海大學出版社, 2007.

高曉聲, 「對於陳奐生」, 『人民文學』第2期, 1980.

國家婦女兒童權益保障協調組, 『2006年全國農村婦女權益狀況和維權需求調查報告』.

國家人口計劃生育委員會流動人口服務管理司, 『中國流動人口發展狀況報告』, 中新社北京, 2010. 6. 26.

國家統計局社會和科技統計司, 『中國婦女兒童狀況統計資料 2009』.

_____, 『中國社會中的女人和男人─事實和數据 (2007)表10-10分地區居民最低生活保障情況』.

國務院發展研究中心課題組, 「中國失地農民權益保障及若干政策建議」, 『改革』, 2009年第5期.

屈鳴, 「美國以女性爲戶主的家庭的貧困及其根源探究」, 『太原理工大學學報─社會科學版』, 2004
　　　年第4期.

記者張曉晶, 劉鑫, 「農村孩子"心病"比城裏孩子高一倍多」, 新華社濟南3月9日電, 『新華每日電訊』,
　　　2003. 3. 10.

金大陸, 『非常與正常─上海"文革"時期的社會生活』, 上海: 上海辭書出版社, 2011.

羅崗, 「上海: 再生與毀滅之地─上海的殖民經驗與空間生産」, 『杭州師範大學學報(社會科學版)』,
　　　2006年第1期.

「勞動力市場主要指標(KILM)体系」, 『勞動世界』, 2006.

魯迅, 「拿來主義」, 『中華時報』副刊『動向』, 1934.

_____, 「破惡聲論」, 『河南』第8期, 1908.

_____·許廣平, 『兩地書』, 『魯迅全集』11, 人民文學出版社, 1992.

丹尼克·戴揚, 伊萊休·卡茨, 『媒介事件』, 麻爭旗譯, 北京: 廣播學院出版社, 2000.

當代文化研究網編, 『"城"長的煩惱』, 上海: 上海書店出版社, 2010.

戴季陶, 「孫文主義之哲學的基礎」, 『中國現代思想文選』下卷, 16-33쪽.

德勒兹, 迦塔利, 「卡夫卡: 爲弱勢文學而作」, 張祖建譯, 『甚麽是哲學』, 湖南文藝出版社, 2007.

董麗敏, 『性別·語境與書寫的政治』, 北京: 人民文學出版社, 2011.

杜鳳蓮, 董曉媛, 「中國城鎭的失業人口持續時間性別差异」, 『世界經濟文匯』, 2006年第2期.

鄧英陶, 『新發展方式與中國的未來』, 中信出版社, 1991.

羅小茗, 『形式的獨奏─以上海"二期課改"爲個案的課程改革研究』, 上海: 上海書店出版社, 2012.

_____編, 『制造『國民』: 1950-1970年代的日常生活與文藝實踐』, 上海: 上海書店出版社, 2011.

羅蘇文, 『高郞橋紀事─近代上海一個棉紡織工業區的興起與終結(1700-2000)』, 上海: 上海人民出版社, 2011.

羅志田,「近代讀書人的思想世界與治學世界·序」, 北京大學出版社, 2009.

駱俊澎,「湖南衛視穿越劇'宮'挑戰央視春晚」,『東方早報』, 2011. 1. 31.

呂新雨等著,『大衆傳媒與上海認同』, 上海: 上海書店出版社, 2012.

盧躍剛,「鄕村八記」,『在底層盧躍剛自選集·觀察中國 (上卷)』, 廣東: 南方日報出版社, 2000.

盧卡契,『盧卡契文學論文集』(2), 中國社會科學出版社, 1981.

盧漢超著, 段煉·吳敏·子羽譯,『霓虹燈外: 20世紀初日常生活中的上海』, 上海: 上海古籍出版社,
    2004; Hanchao Lu, Beyond the Neon Lights: Everyday Shanghai in the Early
    Twentieth Century, Berkeley, Calif.: University of California Press, 1999.

雷啓立,『傳媒的幻像─當代生活與媒體文化分析』, 上海: 上海書店出版社, 2008.

廖仲愷,「中國和世界」,『中國現代思想文選』下卷, 433-35쪽.

陶春軍,「解構歷史: 新曆史小說與穿越小說」,『廣西社會科學』, 2010年第5輯.

劉復生,「蛻變中的歷史復現: 從'革命歷史小說'到'新革命歷史小說」,『文學評論』, 2006年第6期.

李歐梵著, 毛尖 譯,『上海摩登: 一種新都市文化在中國, 1930-1945』, 北京: 北京大學出版社,
    2001; Leo Ou-Fan Lee, Shanghai Modern: The Flowering of a New Urban Culture
    in China, 1930-1945, Cambridge, Mass.: Harvard University Press, 1999; 한국어
    판: 리어우판,『상하이 모던: 새로운 중국 도시 문화의 만개, 1930-1945』, 장동
    천 역, 고려대학교출판부, 2007.

李實,「中國的城市貧困現狀及其原因」,『經濟管理文籍』, 2003年第4期.

李榮時,「對中國流動人口的認識與思考」, 魏津生, 盛朗, 陶鷹主編『中國流動人口研究』, 北京: 人民
    出版社, 2002.

馬克斯·韋伯, 甘陽選編,『民族國家與經濟政策』, 上海: 三聯書店, 牛津大學出版社, 1997.

梅斯納,『毛澤東的中國及其發展』, 社會科學文獻出版社, 1992.

毛澤東,「新民主主義論」,『中國現代思想文選』下卷, 84-86쪽.

_____, 「在延安文藝座談會上的講話」.

_____, 「組織起來(一九四三年十一月二十九日)」, 『毛澤東選集(第三卷)』, 上海: 人民出版社, 1991.

聞黎明, 『聞一多傳』, 人民出版社, 1992.

聞一多, 「人民的世紀」, 『大路週刊』 創刊號, 1945. 5; 『聞一多全集』 第2卷, 湖北人民出版社, 1993.

未詳, 「同濟四學者酷評上海市民文化」, 『市民』, 2006年9期.

米爾斯著, 王昆·許榮譯, 『權力精英』, 南京: 南京大學出版社, 2005.

裴宜理著, 劉平譯, 『上海罷工─中國工人政治研究』, 南京: 江蘇人民出版社, 2012; Elizabeth J. Perry,
   Shanghai on Strike: The Politics of Chinese Labor, Stanford, Calif.: Stanford
   University Press, 1993.

白小易, 「論涉案劇到諜戰劇的策略轉型」, 『中國廣播電視學刊』, 2010年第5期.

本·安德森(Benedict Anderson), 吳睿人譯, 『想像的共同體: 民族主義的起源與散布』, 臺北: 時報
   出版, 1999.

「北京白領女性狀態調查」, 『精品購物指南』, 2007. 7. 25.

費孝通, 『江村經濟─中國農民的生活』, 北京: 商務印書館, 2001.

斯特倫, 『人與神─宗敎生活的理解』, 上海: 上海人民出版社, 1991.

史曉芳, 「職場白領生存壓力調查: 女性壓力更大」, 『中華工商時報』, 2004. 1. 9.

常凱, 「公有職工的失業及再就業問題的調查與研究」, 『社會學研究』, 1995年第3期.

上海 『申江服務導報』, 2009. 3. 19, B-02版.

徐德明, 「歷史與個人的衆生話語」, 『文學評論』, 2001年第1期.

西門送客, 「棒喝穿越小說: 誰在扼殺歷史寫作」, 『社會觀察』, 2008年第3輯.

席絹, 『交錯時空的愛戀』, 萬盛出版社, 1993.

薛毅編, 『鄕土中國與文化研究』, 上海: 上海書店出版社, 2008.

孫中山, 「民報發刊詞」, 『中國現代思想文選』 下卷, 7-8쪽.

_____, 『三民主義』, 新時代敎育社, 1927.

孫曉忠編, 『巨變時代的思想與文化—文化研究對話錄』, 上海: 上海書店出版社, 2011.

_____編, 『魯迅與竹內好』, 上海: 上海書店出版社, 2009.

_____編, 『方法與個案: 文化研究演講集』, 上海: 上海書店出版社, 2009.

_____編, 『生活在後美國時代—社會思想論壇』, 上海: 上海書店出版社, 2012.

宋金緒, 「作家出版社百萬簽四部穿越小說」, 『南方都市報』, 2007. 7. 24.

施存統, 「中國革命底理論問題」, 『中國現代思想文選』下卷, 38-60쪽.

新華社調查研究組, 「貧富差距逼近社會容忍紅線」, 『經濟參考報』, 2010. 5. 11.

梁啟超, 「敬告我同業諸君」, 『新民叢報』第17期, 1902.

_____, 「復張東蓀書論社會主義運動」, 『中國現代思想文選』下卷, 138-47쪽.

楊 度, 「金鐵主義說」, 『中國現代思想文選』上卷, 187-210쪽.

梁衛星, 「文化植民, 抑或是意識形態奴隸?」, 天涯關天茶舍.

嚴復, 「論世變之亟」, 『中國現代思想文選』上卷, 16-19쪽.

呂新雨, 『紀錄中國: 當代中國新紀錄運動』, 北京: 三聯書店, 2003.

_____, 『書寫與遮蔽: 影像·傳媒與文化論集』, 桂林: 廣西師範大學出版社, 2008.

餘 亮, 「四川地震災區志願者素描」, 『熱風學術』第二輯, 上海: 上海人民出版社, 2009.

閻晶明, 「周乙的信仰和馬迭爾的"范兒"」, 『天津日報』, 2012. 2. 14, 第12版.

葉文心, 『上海繁華—都會經濟倫理與近代中國』, 臺北: 時報文化出版企業股份有限公司, 2010;
Wen-Hsin Yeh, Shanghai Splendor: Economic Sentiments and the Making of
Modern China, 1843-1949, Berkeley and Los Angeles, Calif.: University of
California Press, 2007.

吳縛龍, 「中國城市的新貧困」, 『二十一世紀』, 2009年6月號.

吳心怡, 「穿越小說的基本模式與特點」, 『文藝爭鳴』, 2009年第2集.

溫鐵軍, 「"市場失靈＋政府失靈": 雙重困境下的"三農"問題」, 『讀書』, 2001年10期.

王國維, 「紅樓夢評論」, 『中國現代思想文選』上卷, 446-49쪽.

王德威, 『想像中國的方法』, 三聯書店, 1998.

王　韜, 「<普法戰紀>後序」, 『中國現代思想文選』上卷, 31-33等.

_____, 「變法自強(下)」, 『中國現代思想文選』上卷, 13-15等.

_____, 「原道」, 『中國現代思想文選』上卷, 493-94等.

王紹光, 「探索中國式社會主義3.9 重慶經驗」, 『馬克思主義研究』, 2011年第2期.

王安憶, 「我不是張愛玲的傳人」, 『北京娛樂信報』, 2001. 6. 18.

_____, 『長恨歌』, 人民文學出版社, 2004.

_____, 『啓蒙時代』, 人民文學出版社, 2007.

王有捐, 「對目前我國城市貧困狀況的判斷分析」, 『市場與人口分析』, 2002年第6期.

王章輝, 黃柯可主編, 『歐美農村勞動力的轉移與城市化』, 北京: 社會科學文獻出版社, 1999.

王朝明, 「中國新貧困問題: 城市貧困的新特征及社會影響」, 『新華文摘』, 2005年第24期.

_____, 『中國二十一世紀城市反貧困戰略研究』, 中國經濟出版社, 2005.

王　俊, 「會診城市人文困境 王安憶: 取其中段是生存良策」, 『青年報』, 2004. 6. 20.

王曉明, 『近視與遠望』, 上海: 復旦大學出版社, 2012.

_____, 「文化研究的三道難題: 以上海大學文化研究系爲例」, 『上海大學學報(社會科學版)』, 2010
年第1期.

_____, 「從"上海"到"重慶": 中國"經濟"和"城市化"的新路?」, 『Cultural Economies and Cultural
Cities in Asia』, 한국문화연구학회 발표문, 2012. 2. 10.

_____, 「從"淮海路"到"梅家橋"―從王安憶小說創作的轉變談起」, 『文學評論』, 2002年第3期.

_____, 「中國認同之現狀與希望」, 『天涯』, 2008年第6期.

_____編, 『中文世界的文化研究』, 上海: 上海書店出版社, 2012.

_____・朱善傑編, 『從首爾到墨爾本: 太平洋西岸文化研究的歷史與未來』, 上海: 上海書店出版社,
2012.

_____・周展安編, 『中國現代思想文選』(I・II), 上海: 上海書店出版社, 2013.

_____·陳淸僑編, 『當代東亞城市: 新的文化和意識形態』, 上海: 上海書店出版社, 2008.

汪 暉, 「當代中國的思想狀況與現代性問題」, 『文藝爭鳴』, 1998年第6期.

_____, 「"新自由主義"的歷史根源及批判」, 『台灣社會硏究』季刊 第四十二期, 2001年6月.

苑潔主編, 『後社會主義』, 北京: 中央編譯出版社, 2007.

袁進, 丁雲亮, 王有富, 『身份構建與物質生活』, 上海: 上海書店出版社, 2008.

魏斐德著, 梁禾譯, 『紅星照耀上海城(1942-1952): 共産黨對市政警察的改造 1942-1952』, 北京:
　　人民出版社, 2011; Frederic Evans Wakeman Jr., Red Star Over Shanghai: The
　　Communist Transformation of The Municipal Police 1942-1952.

魏津生, 「中國大城市的貧困問題硏究」.

劉師培, 「無政府革命與農民革命」, 『中國現代思想文選』下卷, 89-93쪽.

尹志剛, 「北京市城市居民貧困問題調查報告」, 『新視野』, 2002年第1期.

尹海潔, 『城市貧困人口的經濟支持網硏究』, 哈爾濱工業大學出版社, 2008.

李 楊, 『50-70年代文學經典再解讀』, 廣東敎育出版社, 2002.

任思燕, 「穿越類電視劇熱潮探析」, 『電影評介』, 2011年第5輯.

林春城·王光東編, 『新世紀韓國的中國現當代文學硏究』, 上海: 復旦大學出版社, 2013.

張慶國, 「中國農村婦女高自殺率的原因對策分析——一個實證社會學的視角」, 『世紀中國』網站.

張 閎, 「上海: 記憶與幻想之都」, 『同濟大學學報』, 2005年6期.

章士釗, 「農國辨」, 『中國現代思想文選』下卷, 270-75쪽.

_____, 「評新文化運動」, 『中國現代思想文選』下卷, 416-22쪽.

張英進, 「批評的漫游性: 上海現代派的空間實踐與視覺追尋」, 『中國比較文學』, 2005年1期.

蔣永萍註編, 『中國社會轉型中的婦女社會地位』, 中國婦女出版社, 2006.

張旭東, 「現代性的寓言: 王安憶與上海懷舊」, 『中國學術』, 2000年3期.

張偉群, 『上海弄堂元氣——根据壹千零壹件檔冊和文書復現的四明別墅歷史』, 上海: 上海人民出版社,
　　2007.

章太炎,「俱分進化論」,『中國現代思想文選』上卷, 50-56쪽.

_____,「國家論」,『中國現代思想文選』上卷, 456-62쪽.

_____,「五無論」,『中國現代思想文選』上卷, 534-44쪽.

_____,「中華民國解」,『中國現代思想文選』上卷, 211-18쪽.

_____,「革命之道德」,『中國現代思想文選』上卷, 153-61쪽.

張慧瑜,「'愛'的奉獻, 公民社會的想像及批判的尷尬」,『臺灣社會研究』(季刊), 第71期.

全國維護婦女兒童權益協調組,「全國農村婦女權益狀況和維權需求調査報告」,『中國婦運』, 2007年
     第3期.

錢秀銀,「'80後'女性寫手與網絡穿越小說」,『哈爾濱師範大學社會科學學報』, 2011年第1輯.

齊紅·林舟,「王安憶訪談」,『作家』, 1995年10期.

趙彤,「新世紀的'諜戰劇'熱: 轉型期的個體焦慮」,『當代電視』, 2010年第2期.

周林樹,「失地農民再就業問題研究綜述」,『經濟研究導刊』, 2008年第4期.

周而復,『上海的早晨』, 北京: 人民文學出版社, 2005.

周曉虹,「中産階級: 何以可能與何以可爲」,『江蘇社會科學』, 2002年第6輯.

竹內好,『近代的超克』, 三聯書店, 2005.

曾軍,「文化研究視野中的海派與韓流」,『奧海風』, 2006年1期.

池子華,「中國民工潮的歷史考察」,『社會學研究』, 1998年第4期.

「職場劇熱映折射社會轉型期壓力與焦燥感」,『決策』, 2010年第12期.

陳映芳主編,『棚戶區—記憶中的生活史』, 上海: 上海古籍出版社, 2006.

陳惠芬,「'文學上海'與城市文化身份建構」,『文學評論』, 2003年3期.

陳熙涵,「穿越小說成青春文學頭牌」,『文滙報』, 2008. 3. 6.

蔡昉註編,「中國人口與勞動問題報告No.8: 劉易斯轉折點及其政策挑戰」, 社會科學文獻出版社,
     2007.

蔡翔, 「城市書寫以及書寫的禁言之物—關於＜城市地圖＞的文本分析和社會批評」, 『視界』,

2004年14輯.

蔡元培,「對於教育方針之意見」,『中國現代思想文選』上卷, 431-36쪽.

總報告起草組,『中國農民工問題研究總報告』, 中國言實出版社, 2006.

崔之元,「重慶模式的意義」,『熱風學術』第四輯, 上海: 上海人民出版社, 2010.

七格·任曉雯,『神聖書寫帝國』, 上海: 上海書店出版社, 2010.

彭小蓮·賈磊磊,「都市的文化影像與心理空間―關於<美麗上海>的對話」,『電影藝術』, 2004年2期.

包亞明·王宏圖·朱生堅,『上海酒吧空間, 消費與想像』, 江蘇人民出版社, 2001.

哈羅德·伊尼斯, 何道寬譯,『傳播與帝國』, 北京: 中國人民大學出版社, 2003.

許寶强,「教改脈絡下本土教育的重新扣連」, 載本土論述編輯委員會, 新力量網絡編,『本土論述2008』,
　　　香港: 上上書局, 2008.

_____,「反市場的資本主義·導言」, 見許寶强, 渠敬東選編,『反市場的資本主義』, 北京: 中央編譯
　　　出版社, 2001.

胡漢民,「三民主義之認識」,『中國現代思想文選』下卷, 451-57쪽.

洪秀全,『原道醒世訓』,『中國現代思想文選』上卷, 491-92쪽.

洪仁軒,『資政新篇』, 1859.

黃易,『尋秦記』, 華藝出版社, 1997.

劉偉, 李可, 陸飛傑,「對失地農民群体的研究」. http://rurc.suda.edu.cn/ar.aspx?AID=516
　　　(2010. 1.)

西霞區司法局, 趙家宝, 餘蓉,「關於建立失地農民社會保障机制的思考」. www.njsfj.gov.cn/
　　　www/njsfj/njsf-mb_a39051 (2011. 1. 26.)

黃宗智,「探尋中國的現代性」. http://baike.baidu.com/view/983394.htm#sub10961620
　　　(2013. 7. 8.)

徐友漁,「評中國九十年代的新左派之一制度創新與國情」. http://www.china-review.com/sao.

asp?id=6157
蔣永萍,『非正規就業與勞動力市場性別分化』. www.nongjianv.org/old/club/.../12.htm (2005. 9. 11.)
吳永建, 『城市新貧困, 同一屋檐下的窘迫』. http://www.chinaelections.org/newsinfo.asp?newsid=94240 (2006. 8. 16.)
民政部,『2009年度全國民政事業發展統計報告』. http://www.chinanews.com.cn/gn/news/2010/06-10/2335629.shtml (2010. 6. 10.)
「湖南衛視'宮'再掀網絡文學穿越潮」. http://news.xinhuanet.com/newmedia/2011-02/23/c_121114907.htm
「瞄準暑期市場作家出版社百萬豪賭穿越類小說」, 起點中文網. http://www. qidian.com/Publish/ShowNewsTS.aspx?newsid=1002368 (2008. 3. 20.)
金 子,『夢回大淸』. http://www.jjwxc.net/onebook.php?novelid=12779
______,『夢回大淸·第六章』. http://www.xiaoshuoku.com.cn/sub_list/6470.html
琉璃薄蘇, 『大淸遺夢·第三十一章』. http://www.jjwxc.net/onebook.php?novelid=94958
http://women.sohu.com/43/70/article214727043.shtml
Pence, 「作家出版社以百萬高價簽下四本'穿越小說'」, 文學博客網. http://blog.readnovel.com/article/htm/tid_830378.html (2007. 7. 30.)
翾雯, 『大淸情事』. http://www.inbook.net/bookDetail_22870.html
長醉不醒, 『淸宮遺夢』. http://www.jjwxc.net/onebook.php?novelid=94958
金鷹獨播劇場. http://baike.baidu.com/view/1689583.htm
「湖南衛視三張王牌: 我們做的都是離經叛道的事」. http://bbs.rednet.cn/forum.php?mod=viewthread&tid=3054766&extra=%26page%
國家廣播電影電視總局. http://dsj.sarft.gov.cn
「看『潛伏』, 思考雜談(一): 關於信仰」. http://blog.tianya.cn/blogger/post_show.asp?BlogID=

2030008&PostID＝17093785

「＜潛伏＞之李涯－祖峰飾:什麼叫"低調"」. http://hi.baidu.com/baitiantian1994/blog/item/c2877
42d116d8c3d359bf754.html

「[電影衆論]『潛伏』, 余則成和李涯的信仰選擇」. http://bbs.tianya.cn/post-filmtv-254720-1.
shtml

「＜懸崖＞裏的信仰與主義」, 百度懸崖吧. http://tieba.baidu.com/p/1358279737

「華誼大佬批電視劇産業資源瘋搶1/4産量無市場」. http://yule.sohu.com/20120704/n347261661.
shtml

王曉明, 「新的國家認同及未來」. http://www.cul-studies.com/Article/contribute/200811/5678.html

『重慶晚報』報導, 「女醫生赴災區該不該被醫院辭退?」. http://cqcb.cqnews.net/pk/?id=2144

「80後志願者成爲四川抗震救災志願者的中堅力量」, 『成都日報』, 2008. 5. 21. http://news.xin
huanet.com/edu/2008-05/21/content_8218669.htm

『香港「南華早報』: 愛國主義重塑80後'一代』. http://big5.xinhuanet.com/gate/big5/news.
xinhuanet.com/world/2008-05/07/content_8121115.htm

新華網, 「人力資源社會保障部: 農民工就業形勢, 對策和建議」. http://news.xinhuanet.com/
politics/2009-02/06/content_10774352.htm

「從西部計劃看大學生的國家觀」. http://www.nun.edu.cn/sa/Article/ShowArticle.asp?ArticleID＝140

＜낭떠러지＞(懸崖) 드라마 내용, http://baike.baidu.com/view/552443.htm

＜두라라 승진기＞(杜拉拉昇職記) 드라마 내용, http://baike.baidu.com/view/1199945.htm

＜암산＞(暗算) 드라마 내용, http://baike.baidu.com/view/161231.htm

＜양성암초＞(羊城暗哨) 드라마 내용, http://baike.baidu.com/view/608155.htm

＜여명이 오기 전＞(黎明之前) 드라마 내용, http://video.baidu.com/v?ct＝301989888
&rn=20&pn=0&db=0&s=8&word=%C0%E8%C3%F7%D6%AE%C7%B0&fr=ala0

<영원히 사라지지 않을 전파>(永不消失的電波) 드라마 내용, http://baike.baidu.com
/view/137163.htm

<잠복>(潛伏) 드라마 내용, http://video.baidu.com/v?word=%C7%B1%B7%FC&fr
=ala6&ct=301989888&rn=20&pn=0&db=0&s=8

<총을 빌리다>(借槍) 드라마 내용, http://baike.baidu.com/view/2365796.htm

Arif Dirlik, "Postsocialism? Reflections on Socialism with Chinese Characteristics," in Arif
Dirlik and Maurice Meisner, eds., Marxism and the Chinese Experience, Armonk,
N.Y.: M. E. Sharpe, Inc., 1989.

A. Whitehead, "Falling Women, sustaining poverty: Gender in Poverty Reduction
Strategy Papers," Report for the UK Gender Development Network, 2003.

Cheris Kramarae, Dale Spender, 『國際女性百科全書』, 國際女性百科全書課題組 譯, 高等教育出
版社, 2007.

Diana Pearce, "The Feminization of Poverty: Women, Work and Welfare," Urban and
Social Charge Review (1978).

Diane Elson, and Nilufer Cagatay, "The Social Content of Macroeconomic Policies," World
Development, vol. 7, no. 28 (2000).

Dorothy J. Solinger, "Labour Market Reform and the Plight of the Laid-off Proletariat,"
The China Quarterly, No. 170 (2002).

Edward Palmer Thompson, The Making of the English Working Class, New York:
Vintage, 1963; 한국어판: 『영국노동계급의 형성』(상, 하), 나종일 역, 창작과비
평사, 2000.

Elizabeth J. Perry and Li Xun, Proletarian Power: Shanghai In The Cultural Revolution,
Boulder, Colo.: Westview Press, 1997.

Hann, Chris M, ed., Postsocialism: Ideals, Ideologies and Practices in Eurasia, London & New York: Routledge, 2002.

Jeremy Brown & Paul G. Pickowicz, eds., Dilemmas of Victory: The Early Years of the People's Republic of China, Cambridge, Mass.: Harvard University Press, 2008.

Meredith Edwards, "Women, Children, and Family Poverty: Causes and Cures," Australian Quarterly, 54 (1982).

N. Kabeer, "Agency, Well-being and Inequality: Reflections on Gender Dimensions of Poverty," IDS Bulletin, vol. 1, no. 27 (1996).

P. Townsend, Poverty in the United Kingdom: A Survey of Household Resources and Standards of Living, London: Allen Lane, 1979.

Paul Pickwicz, "Huang Jianxin and the Notion of Postsocialism," in Nick Browne, Paul Pickowicz, Vivian Sobchack, and Esther Yau, eds., New Chinese Cinemas: Forms, Identities, Politics, New York: Cambridge University Press, 1994.

S. Baden, K. Milward, Z. Oxaal, etc., "Gender Inequality and Poverty: Trends, Linkage, Analysis and Policy Implications," Sida (1998).

Valentine M. Moghada, "The Feminization of Poverty," 馬元曦註編, 『社會性別與發展譯文集』, 三聯書店, 2000년판 참고.

Zhang, Yingjin, Screening China: Critical Interventions, Cinematic Reconfigurations, and the Transnational Imaginary in Contemporary Chinese Cinema, Ann Arbor: The University of Michigan Press, 2002.

Zhang, Zhen, ed., The Urban Generation—Chinese Cinema and Society at the Turn of the Twenty-first Century, Durham and London: Duke University Press, 2007.

Zygmunt Bauman, Work, Consumerism, And The New Poor, 仇子明 · 李蘭譯, 吉林出版集團有限集團公司, 2010; 한국어판: 지그문트 바우만, 『새로운 빈곤』, 이수영 옮김,

천지인, 2010.

유엔인구국(UNPD), 『인류발전보고 1995』, 1995.

란샤오룽(蘭曉龍) 극본, 캉훙레이(康洪雷) 연출, <우리 부대장과 우리 부대>(我的團長我的
團, 43부작), 화이형제(華誼兄弟), 2009.

쉬지저우(徐紀周) 극본・연출, <영원불멸의 번호>(永不磨滅的番號, 34부작), 화루바이나
(華錄百納), 2011.

두량(都梁)・장치타오(江奇濤) 극본, 장첸(張前)・천젠(陳健) 연출, <량검>(亮劍, 36부작),
하이룬영화텔레비전(海潤影視), 2006.

징쉬펑(景旭楓) 등 극본, 하오웨이(鎬威) 등 연출, <흰표범>(雪豹, 40부작), 베이징멍저우
원화(北京夢舟文化), 2010.

장치타오(姜奇濤) 극본, 한싼핑(韓三平) 연출, <세상 바른길은 굴곡이 많다>(人間正道是滄
桑, 50부작), 중국영화그룹(中國電影集團), 2011.

장웨이(姜偉) 극본・연출, <잠복>(潛伏, 30부작), 둥양칭위영상문화(東陽靑雨影視文化),
2009.

리쥔(李準)・리춘바오(李存葆) 시나리오, 셰진(謝晉) 감독, <고산 아래의 화환>(高山下的
花環), 상하이영화제작소(上海電影制片廠), 1984.

류헝(劉恒) 시나리오, 펑샤오강(馮小剛) 감독, <집결호>(集結號), 화이형제(華誼兄弟),
2007.

천시멍(沈西蒙) 등 시나리오, 청인(成蔭)・탕샤오단(湯曉丹) 감독, <남정북전>(南征北戰),
상하이영화제작소(上海電影制片廠), 1952.

장원(姜文) 감독・시나리오, <일본 놈이 왔다>(鬼子來了), 중국합작영화제작사(中國合作
制片公司), 2000.

루촨(陸川) 감독・시나리오, <난징! 난징!>(南京! 南京!), 중국영화그룹(中國電影集團) 등

연합, 2009.

왕싱둥(王興東) 등 시나리오, 한싼핑(韓三平) 등 감독, <건국대업>(建國大業), 중국영화그
　　룹(中國電影集團), 2009.

둥저(董哲) 등 시나리오, 한싼핑 등 감독, <건당위업>(建黨偉業), 중국영화그룹, 2011.

<Seediq Bale>(賽德剋·巴萊), 웨이더성(魏德聖) 감독·시나리오, 웨이스영화공사(威視
　　電影公司), 2011.

찾아보기

<용 어>

문화과학 이론신서 67

상하이학파 문화연구: 비판과 개입

글쓴이 ┃ 임춘성, 왕샤오밍, 뤼신위, 쉐이, 진이훙, 니원젠·쑨샤오중 외,
　　　　마오젠, 니웨이, 둥리민, 뤄강, 장롄훙, 쩡쥔, 레이치리
엮은이 ┃ 임춘성
옮긴이 ┃ 강내희, 고윤실, 김민정, 김서은, 김소영,
　　　　김혜주, 박혜정, 손주연, 진성희, 피경훈

초판인쇄 ┃ 2014년 3월 7일
초판발행 ┃ 2014년 3월 15일

펴낸이 　┃ 손자희
펴낸곳 　┃ 문화과학사

출판등록 ┃ 제1-1902 (1995. 6. 12)
주소 ┃ 120-831 서대문구 연희동 421-43호
전화 ┃ 02-335-0461
팩스 ┃ 02-334-0461
이메일 　┃ transics@chol.com
홈페이지 ┃ http://cultural.jinbo.net

값 24,000원

ISBN 978-89-97305-04-9　93910